내 영혼의 방들

Mansions of the Heart: Exploring the Seven Stages of Spiritual Growth by R. Thomas Ashbrook

Copyright © 2009 by R.Thomas Ashbrook. All rights reserved.

Published by Jossey-Bass

A Wiley Imprint

989 Market Street, San Francisco, CA 94103-1741 - www.josseybass.com

All Rights Reserved. This translation published under license with the original publisher John Wiley& Sons, Inc. License arranged through rMaeng2, Seoul, Republic of Korea.

This Korean translation Edition © 2020 by PrayAllTheTime Press, Inc., Seoul, Republic of Korea

이 한국어판의 저작권은 알맹2 에이전시를 통하여 Jossey-Bass과 독점 계약한 도서출판 항상기도에 있습니다.

신 저작권법에 의하여 한국 내에서 보호 받는 저작물이므로 무단 전재와 무단 복제를 금합니다.

영적 성숙의 일곱 단계

내
영혼의
방들

R · 토마스 애쉬브룩 ― 박동건 공저

항상기도

추천의 글

유진 H. 피터슨

목사가 되기 위해 신학교에서 훈련을 받는 동안 나는 성경에 빠져들었고(참 잘한 일이라고 생각한다), 루터와 칼뱅을 비롯한 수많은 신학 사상가들의 방대한 지식을 습득하며 거기에 점차 익숙해졌다(이 역시 잘한 일이다!). 그러나 매일매일의 삶에서 실제 크리스천으로 어떻게 살아가야 하는지, 미국과 같은 문화적 상황에서 일평생 주님을 따르며 살아가기 위해 필요한 것이 무엇인지는 아무도 가르쳐주지 않았다.

목사가 되었을 때 나는 크리스천의 삶에 관한 권위 있는 교본인 성경에 대해 훈련받을 수 있었다는 사실에 감사했다. 그리고 크리스천의 삶에 대해 올바로 사고할 수 있도록 도와주는 면밀한 신학 체계에도 고마움을 느꼈다. 하지만 머지않아 나는 목사라는 직분이 나에게 맡겨진 독특하고도 영원한 품성을 가진 개개인의 영혼을 돌보는 문제에서 홀로 헤쳐 나가야만 하는 고된 일임을 깨닫게 되었다. 나는 무엇을 믿어야 하며, 하나님의 진리를 어떻게 가르쳐야 하는지에 대해서 만반의 준비가 되어 있다고 생각했다. 도덕적이고 윤리적인 문제들, 즉 하나님 앞에서 어떻게 행해야 하는지 사람들을 인도하는 일에 대해서도 신학교에서 충분한 훈련을 받았다고 자부했다. 그렇지만 하나님과의 관계 즉 하나님과 함께 거하며, 하나님의 음성을 듣고 순종하는 일들에 대해서는 내가 여기저기서 단편적으로 배운 지식과 다른 사람들로부터 얻어들은 몇 마디의 경구와 예화들에 의존할 수밖에 없었다. 이것들만으로는 부족했기에, 내게 도움이 필요하다는 사실을 인정하지 않을 수 없었다.

그때 내게 도움이 된 것이 한 친구가 소개해준 아빌라의 테레사와 십자가의 요한의 저서들이었다. 이 두 사람은 깊은 영성의 소유자였을 뿐 아니라 영혼과 기도의 본질에 대한 지식이 풍부한 신앙의 대가들이었다. 당시 나는 이 두 사람의 이름을 처음 들었는데, 둘 다 스페인 태생이었다. 나의 신학적 스승인 루터와 칼뱅이 북쪽으로 수천 킬로미터 떨어진 독일과 스위스에서 종교개혁에 몰두했던 때와 거의 비슷한 시기에 활동하던 사람들이었다. 당신이 이 책을 손에 들고 있는 이 순간은 50년 전 내가 한 친구를 통해 큰 도움을 받았던 그때의 상황이 재연되는 장면이다. 즉 심오한 통찰력과 열정으로 영성의 삶을 살면서 그 주제에 대한 이론들을 정리하고 발표했던 이 두 사람을 만나는 순간이다. 나는 애쉬브룩 박사가 이 책을 썼다는 사실이 무척이나 기쁘고 반갑다. 이 책이 출판되기에 지금보다 더 적절한 시기는 없을 것이다. 요즘에는 영성 훈련이나 영적 성숙에 대한 관심이 높아지면서 "그리스도의 장성한 분량이 충만한 데까지" 자라가는 삶을 살기 원하는 사람이 급격히 늘고 있다. 우리 모두는 이 부분에서 도움이 절실히 필요한 형편이다. 『내 영혼의 방들』은 현대에도 완벽하게 적용될 수 있는 옛 고전의 거룩한 지혜로 우리를 인도한다. 이는 기독교 공동체에 주어진 큰 선물이다. 받아서 진지하게 읽어보기를 바란다.

크리스천의 삶에서 제대로 아는 것보다 더 중요한 것은 제대로 사는 것이다. 하나님의 진리이자 복음인 성경 말씀을 배운다는 것은 그 뜻과 개념과 역사를 이해하는 것이다. 그러나 말씀대로 산다는 것은 의혹과 고통이 팽배하고 기만이 가득 찬 세상, 미움과 배신과 우상숭배가 넘쳐나는 이 세상에서 자신이 기도하면서 깨달은 진리대로 살아가는 것을 의미한다. 설교를 듣고, 신앙서적을 읽고, 예배 공동체에 참여하는 것은 우리를 하나님의 제단으로 나아가도록 준비시켜 준다. 그러나 영적인 변화라는 것은 우리 일상의 평범한 삶들, 우리의 부모와 자녀들, 배우자와 친구들, 일터와 직장 동료들, 부질없는 망상과 집착, 도처에 산재한 오락거리, 친밀한 관계를 해치는 못된 습관, 진리를 상업화해서 우상 숭배로 만드는 그 모든 일을 제단의 불 앞에 바침으로써(우리 하나님은 소멸하는 불이심이라!) 그 모든 것이 거룩한 삶으로 구속되는 것을 체험하는 것이다.

많은 사람들, 아마도 거의 대부분이 자신의 영혼이나 기도보다는 성경 말씀이나 성경의 진리에 대해서 더 많이 알고 있을 것이다. 그러나 영혼과 기도에도 마찬가지의 관심을 기울여야 한다. 그저 여기저기서 주워들은 지식과 경험이 아니라 포괄적이고 깊이 있는 이해가 필요하다.

이 책은 아빌라의 테레사와 십자가의 요한이 밟았던 풍요로운 기도의 세계로 우리를 조심스럽고 신중하게 이끌어간다. 테레사와 성 요한은 루터와 칼뱅에 뒤지지 않는 신학자들이었고, 그들의 글은 어느 모로 보나 '신학적'이다. 단지 개신교도인 우리에게 때로는 낯선 용어를 사용하고 있을 뿐이다. 테레사는 많은 책들을 저술했다. 그중에서 이 책의 근간이 된『영혼의 성』은 걸작 중의 하나다. 십자가의 요한은 탁월한 시들을 지었기에 그를 스페인 최고 시인으로 생각하는 사람들이 많다. 스페인 북방에서 사역했던 동시대의 신학자들처럼 두 사람도 성경 말씀에 몰입했고 신학적으로 빈틈이 없었다. 다만 논리를 따지고 정의를 내리고 해석하는 데 몰두하는 대신에 그들은 독자의 감정을 넘어서 하나님의 임재를 표현하고 증거하고 역설하고자 노력했다. 루터와 칼뱅은 진리를 명확히 이해시키려 애썼으며 실제로 그 일을 훌륭하게 해냈다. 테레사와 성 요한은 하나님을 실제로 체험하는 결코 녹록지 않은 문제를 정직하고 분별력 있게 다루고자 노력했으며, 그리스도인들이 더욱 거룩한 존재가 되고자 한다면 우리 삶에서 피할 수 없는 애매모호함과 불확실성도 받아들여야 한다고 주장했다. 우리는 하나님을 우리 방식대로 이해하거나, 우리 필요에 맞게 순화시키거나, 그분이 이렇게 하셔야 한다고 우리의 논리와 사고방식에 끼워 맞춰서는 안 된다. 기도란 우리가 이해하든 못하든 혹은 좋아하든 싫어하든 간에, 우리와 함께 거하시는 하나님의 방식대로 그분의 임재에 몰입하는 것이다. 그것이 바로 기도하는 삶이고, 믿음과 사랑의 삶을 사는 것이고, 자기중심적인 삶에서 떠나는 것이고, 자유로운 영혼이 되어 하나님과 다른 사람들을 위해 살아갈 수 있는 길이라고 그들은 역설했다.

나를 비롯한 내 동료들 대부분은 명석하고 해박한 사상가이며 저술가이자 성경 해석학자였던 마틴 루터와 장 칼뱅의 신학을 기반으로 신앙생활과 사역을 배워왔다. 루터와 칼뱅은 우리에게 하나님과 성경을 폭넓게 이해하도록 가르쳐주었다. 그들에게 신앙개혁이란 기본적으로(전적으로가 아니라) 올바른 사고와 교리, 바른 성경 해석을 회복하는 것이었다. 하지만 테레사와 성 요한은 다른 방향에서 출발했다. 그들은 영혼의 문제에 집중해 진지한 기도의 삶을 살아가는 방법을 회복시킴으로써 그리스도인의 삶을 개혁하고자 노력했다. 무엇보다 그들이 주력했던 것은 하나님을 향한 사랑과 경배와 신비의 관계를 제쳐두고 기도를 자신에게 도움을 주는 방편 정도로 격하시켜 하나님이 주시는 풍성한 것들을 받지 못하도록 만드는 오류와 함정들을 걸러내는 일이었다.

루터와 칼뱅이 산지에 사는 사람으로서 산 위에서 넓은 지평선을 바라보았다면, 테레사와 요한은 마을 사람으로서 밭을 갈고 시장에 다니며 음식을 요리했다. 그들은 나로 하여금 우리 주위에서 살아가는 영혼들을 존귀하게 여기고, 매일의 삶에서 기도의 감미로운 신비에 빠져들도록 도와주었다.

들어가며

『내 영혼의 방들』은 저자들의 (혹은 당신도 경험했을지 모르는) 혼돈과 좌절 속에서 탄생한 책이다. 목사이자 영성개발 훈련가, 코치, 교회 상담가, 영적 인도자로서 우리는 하나님께서 행하시는 선한 일들 가운데에서 목사들에게는 부담스러운 두 가지 동향을 보게 되었다. 그리스도인이라면 모름지기 자신의 영적 성장에 깊은 관심을 기울이고 다른 그리스도인들의 성장에도 관심을 기울여야 한다고 생각한다. 복음서나 서신서를 읽고 예수님의 제자와 사도들의 삶에 감동을 받으면서, 한편으로 자신의 삶과 교회는 무엇이 잘못되어 있는지 고민하게 된다. 우리는 분명 현재보다 더 나은 신앙생활을 할 수 있다. 그러나 수많은 성도들이 새신자 교육을 받으며 열정적인 삶을 살다가도 교회에서의 훈련이 끝나고 나면 성숙한 그리스도인이 되기 위한 제자훈련은 한계에 부딪치는 경우를 흔히 보게 된다. 영적으로 성장하지 못했기 때문에 갈망이 채워지지 않은 상태에서 아쉬워하거나 영적 미성숙으로 문제가 발생하는 경우도 보게 된다. 어느 쪽이든 결국은 좌절감과 혼란을 가져오게 마련이다.

또 하나의 동향은 교회가 좀 더 세상 밖으로 나가야 한다는 시대적 깨달음과 연관이 있다. 많은 그리스도인들이 주의 사랑으로 세상에 복음을 전해야 한다는 전도의 사명을 인식하고는 있지만 실제로 주변 이웃이나 세상 어두운 곳에서 빛과 소금의 삶을 살기 위해서는 더 깊은 영적 성숙이 필요하다는 사실을 뼈저리게 깨닫게 된다. 예수님이 우리에게 원하시는 것이 무엇인지 깨달았다 하더라도 개인적으로나 공동체적으로 영적 권위와 능력을 갖고 주님을 따르기에는 우리가 너무도 무력한 존재라는 사실에 좌절감을 느끼게 되는 것이다. 개인이나 교회 차원에서 영적 성숙을 추구할 때에 잘 안 되어간다는 느낌을 받는 것이다. 그것은 우리 중 대부분이 영적 여정의 목표가 불분명하거나 그 과정에서 어떻게 순종하며 하나님과 협조해가야 하는지를 제대로 깨닫지 못하고 있기 때문이라고 생각한다. 예전에 도움을 주었던 신앙훈련들을 기계적으로 반복해보지만 그것도 별 소용이 없어 보인다. 하나님과 더욱 가까워지기 위해 가뜩이나 바쁜 삶에 부흥회, 세미나, 기도 모임 등을 열심히 쫓아다니거나 최근에 나온 자기계발에 관한 책을 사서 탐독하기도 하지만 그럼에도 자신이 별로 변화되지 않음을 깨닫는 순간 우리에게는 혼돈과 좌절감만이 남는다. 대체 우리는 삶에서 무엇을 기대해야 하며 이 과정에서 하나님께 어떻게 나아가야 한단 말인가? 오랜 세월 동안 신앙생활을 했던 성도들 중에는 그러한 혼돈과 좌절 속에서 영적 성숙 과정 자체를 포기하거나 교회가 자신의 필요를 채워줄 것이라는 기대를 아예 접어버린 사람이 많다.

이 책은 그동안 우리 자신이 겪었던 좌절과 혼란, 목회자로서 큰 교회를 세워나가는 것보다 더 중요한 일들이 있음을 깨닫게 되는 이야기에서 시작한다. 예수님이 교회의 머리 되심을 고백하고 오직 그분의 인도하심을 따르겠다고 결심하고 시작했지만, 돌아보면 하나님을 향한 우리의 사랑은 고작 우리가 하나님으로부터 무엇을 얻을 수 있는가에 머물러 있었음을 인정하지 않을 수 없다. 기도할 때에는 주제넘게도 하나님이 무엇을 하셔야 하는지, 언제 하셔야 하는지, 어떻게 우리 교회를 도우셔야 하는지(그러기 위해 세상을 어떻게 다스리셔야 하는지) 등을 지시하려 들었다. 만일 예수님이 진정 우리 삶과 우리 교회를 인도하시는 분이라고 생각했다면 "예수님은 어떻게 하셨을까?"에서 한발 더 나아가 진지하게 그분의 말씀을 듣고 그 말씀에 순종했어야 마땅했다. 그러나 그것은 우리의 현실과 전혀 다른 형태의 관계를 의미했다.

우리는 우리가 속한 세대만이 좌절과 혼란을 겪는 것이 아니라는 사실을 알게 되었다. 믿음의 선배들은 성경과 자신들의 경험을 연구하고 정리하여 영적 성숙으로 가는 로드맵을 우리에게 제공해주었다. 이제 우리는 하나님이 어디로 이끄시는지, 자신이 영적 성숙에서 어느 지점에 와 있는지, 우리 내면에서 일하시는 하나님의 역사를 방해하지 않고 거기에 협조하기 위해서 어떻게 해야 할지를 알 수 있게 되었다. 우리는 영성 훈련을 시작하던 무렵에 아빌라의 테레사를 알게 되었고, 그녀가 쓴 『영혼의 성』을 읽으면서 성령의 역사를 따라 예수님과 함께 하나님 아버지 마음을 향해 가는 신앙 여정이 훌륭하게 설명되어 있다는 점에 깊은 감동을 받았다. 그 책에 나오는 영적 성장의 일곱 단계는 하나님께서 우리를 어떻게 성삼위와 더 깊은 관계로 나아가도록 이끄시는가, 그리고 어떻게 세상을 향한 그분의 과업에 동참하도록 이끌어 가시는가를 보여준다. 그녀의 통찰력은 오랜 세월 동안 수많은 사람을 도왔을 뿐 아니라 우리의 신앙 여정에도 뚜렷한 방향을 제시해주었다. 이 책은 영적 성숙 과정에서 우리가 겪는 어려움들을 다루며, 그 목적을 향해 나아가는 로드맵을 보여주고, 개인과 교회의 신앙 여정에서 앞으로 나아갈 방향을 제시한다. 이 과정을 위해 성령께서 우리를 하나님과의 놀라운 사랑의 관계로 인도해 가시는 일곱 가지 단계들이 묘사되어 있다. 그러나 한 가지 안타까운 것은 많은 교회들이 성도들을 훈련하는 데 이 과정의 절반에도 못 미치는 단계에서 멈춰 있다는 사실이다.

모쪼록 이 책이 주님을 닮기 원하는 예수님의 제자들에게, 하나님과 더 친밀한 관계를 맺기 원하는 성도들에게, 멀찍이 뒤쳐지지 않고 예수님과 동행하는 삶을 살아가고자 하는 모든 이들에게 좋은 참고 서적이 되기를 희망한다. 또한 하나님의 백성을 인도하는 목자들, 즉 교인들이 영적으로 성숙하도록 믿음의 공동체를 세워갈 책임이 있는 지도자들에게도 이 책이 좋은 자료가 되기를 바란다. 교회에 오랫동안 뿌리내린 전통을 바꾸기란 쉽지 않다. 주님이 원하시는 교회가 되기 위해 무엇을 어떻게 하면 좋을지 이 책에서는 여러 제안을 하고 있다. 교회는 구원 없이 죽어가는 세상을 향해 주님의 사랑과 임재를 드러내는 사명을 감당해야 하기 때문이다.

우리는 이 책을 읽는 독자들이 새롭게 주님을 만나고 그분의 사랑을 더 깊이 체험하고 그분과의 밀접한 관계 속에서 하나님이 각자에게 주신 사명을 완수할 수 있기를 소망한다. 영혼의 성에는 많은 문들이 있어 우리 주님과의 새롭고 멋진 삶으로 들어가는 방들로 인도한다. 예수님은 당신 앞에 문을 열어놓으시고 그 다음에 있는 사랑의 방들로 들어오라고 초대하신다.

"볼지어다. 내가 문 밖에 서서 두드리노니 누구든지 내 음성을 듣고 문을 열면 내가 그에게로 들어가 그와 더불어 먹고 그는 나와 더불어 먹으리라. 이기는 그에게는 내가 내 보좌에 함께 앉게 하여 주기를 내가 이기고 아버지 보좌에 함께 앉은 것과 같이 하리라. 귀 있는 자는 성령이 교회들에게 하시는 말씀을 들을지어다(계 3:20-22)."

한국어판에 부쳐

박동건

톰 애쉬브룩 박사를 통해 '이마고 크리스티 영적 여정의 발견 과정' 프로그램이 한국 교회에 소개된 지 어언 10년이 지났다. 이 과정은 아빌라 테레사의 역작 『영혼의 성』을 개신교의 입장에서 해석하여 정리한 내용으로 교회 지도자들이 자신의 영적 발전 과정을 스스로 확인하고 성장할 수 있도록 구체적인 지침들을 제공해줌으로써 그들의 영적 성숙 과정에 도움을 주기 위해 만들어진 프로그램이다.

그동안 한국과 미주에서 20여 회에 걸쳐 열린 CRM/NOVO Korea의 워크숍과 코칭 과정을 통해 다양한 신학적 배경을 가진 교회와 지도자들이 이 프로그램을 알게 되었고 좋은 평가를 내렸다. 그리고 실제로 참가자들의 삶과 사역 속에 구체적인 변화와 성장의 열매들을 맺어왔다. 이 과정에서 우리는 이 프로그램의 내용이 보수주의적이고 복음주의적인 한국 교회의 영성에 부합되도록 꾸준한 검증과 토착화 작업에 힘써왔다.

이번에 출간되는 『내 영혼의 방들』은 이러한 노력의 결과라고 말할 수 있다. 톰 애쉬브룩 박사의 목회학 박사 논문에 근거한 『Mansions of the Heart』이라는 책은 위에 언급한 아빌라의 테레사가 쓴 『영혼의 성』을 정통 신학적으로 해석하고 복음주의적으로 정리한 내용으로 '이마고 크리스티 영적 여정의 발견 과정'의 바탕을 이루고 있다. 이 책 『내 영혼의 방들』은 애쉬브룩 박사의 책을 한국적인 상황에 맞도록 번역한 내용일 뿐만 아니라 그 책에 근거해 개발한 '이마고 크리스티 프로그램'을 한국 교회에서 실시하며 얻었던 실제의 경험과 열매들을 통합하여 보완하고 확장한 내용이다. 번역은 제2의 창작이라는 전제와 성경적 개혁주의적인 관점에 근거하여 이 책의 내용을 검증하며 원 저자의 의도와 취지를 한국적인 상황에 충실하게 반영하도록 노력했다. 워크숍과 코칭 과정을 통해, 그리고 참가자들의 참여를 통해 애쉬브룩 목사의 저서에 나오는 주요 전제와 과정을 실제의 삶과 사역에서 직접 실행하고 점검해봄으로써 우리는 그 이론의 대부분이 한국적인 상황에서도 그대로 적용될 수 있다는 확신을 갖게 되었다.

달라스 윌라드는 저서 『영성 훈련 The Spirit of the Discipline』에서 현대 교회가 세상에서 영향력을 잃어가는 주요한 이유는 교회가 인간 변화의 필요성을 절감하지 못할 뿐 아니라 변화에 대한 현실적이고 구체적인 방안과 절차들을 제시하지 못하기 때문이라고 말하고 있다. 이 말은 한국 교회에도 어느 정도 적용될 수 있을 것이다. 교회가 변화되기 위해서는 지도자가 먼저 변화되어야 하고, 지도자가 변화되기 위해서는 외형적인 성과 위주의 지도력에서 내면적인 존재로부터 나오는 영적 권위로의 전환이 필요하다. 이런 면에서 이 책이 구체적인 방향과 과정을 제시함으로써 교회 지도자들의 내면적 의식 전환과 한국 교회의 변화에 쓰임받을 수 있기를 간절히 소원한다. 워크숍에 참석했던 한 참가자가 말했듯이 영적 여정의 지도를 손에 쥔 후 목적지가 명확히 밝혀지고 그곳에 도착할 수 있는 능선이 파악되면 진군하는 것은 각자의 책임이다. 이 책을 읽는 분들이 주님의 부르심과 나팔소리를 듣고 힘차게 진군하면서, 책의 후반부에 제시되는 구체적인 기도 전략과 영적 공동체를 통해 서로 지원받고 격려받으며 지치지 않고 최종 목적지까지 달려가는 모습을 그려본다.

모든 사역에서 선교적인 관점과 토착화의 중요성을 강조하며 한국 교회의 변화를 위해 교회 개척, 교회 건강/활성화, 코칭 및 지도자 개발을 위한 CRM/NOVO 자원들을 마음껏 활용할 수 있도록 허락해 준 CRM/NOVO 총재 샘 멧캐프 Sam Metcalf 박사와 영성개발 부분에서 이 책을 새롭게 기획하고 재구성할 수 있도록 격려해주고 용기를 준 톰 애쉬브룩 박사에게 깊은 감사를 전한다.

목차

추천의 글 · 4
들어가며 · 8
한국어판에 부쳐 · 12

1장 이것이 신앙생활의 전부인가? · · · · · · · · · · · · · · 15
2장 막다른 골목으로 이끌어 가는 오류와 착각 · · · · · · · 41
3장 하나님의 사랑을 향해 떠나는 여정 · · · · · · · · · · · 67
4장 첫 번째 방: 새로운 출발(그리스도 안의 새 생명) · · · · · · 91
5장 두 번째 방: 신앙과 세상 사이(분열된 충절과 영적 전쟁) · · · 121
6장 세 번째 방: 예수님을 따라감(제자도와 바른 삶) · · · · · 151
7장 네 번째 방: 예수님과 사랑에 빠짐(그리스도와의 사랑의 관계) · · · · · 181
8장 다섯 번째 방: 하나님과 하나 됨을 갈망함(그리스도와의 연합으로 부르심) · 217
9장 길고도 어두운 복도: 영혼의 어둔 밤 · · · · · · · · · · · 253
10장 여섯 번째 방: 하나님을 향한 열정적인 삶(그리스도와의 영적 약혼) · · · 283
11장 일곱 번째 방: 성삼위 안에서의 사랑의 삶(성삼위와의 신비로운 연합) · · 317
12장 각자의 특성에 맞는 영성개발 · · · · · · · · · · · · · 355
13장 교회 안에서의 영성개발 · · · · · · · · · · · · · · · · 379
14장 우리의 소명 · 409

나가며 · 422
주 · 424

1
이것이 신앙생활의 전부인가?

"내 아버지 집에 거할 곳이 많도다. 그렇지 않으면 너희에게 일렀으리라. 내가 너희를 위하여 거처를 예비하러 가노니 가서 너희를 위하여 거처를 예비하면 내가 다시 와서 너희를 내게로 영접하여 나 있는 곳에 너희도 있게 하리라(요 14:2-3)."

1장
이것이 신앙생활의 전부인가?

예수님을 따라가는 삶……. 신앙 여정에 대한 나의 의문은 매우 뜻밖의 장소에서 불거져 나왔다. 반원형 막사 같은 닭장에서 키가 크고 여윈 한 수도사와 함께 하나님의 음성을 듣는 법에 대해 이야기를 나누고 있을 때였다. 당시 나는 솔트레이크 시에 있는 루터교단 교회에서 목회를 하고 있었다. 영적 성숙에 많은 의문을 품고 있었지만 그때는 별다른 기대 없이 어느 트라피스트회 수도원을 찾아갔던 것이다. 그 수도원에는 혼자 기도하며 묵을 수 있는 조용한 방들이 잘 마련되어 있다는 소문을 들었기 때문이다. 내가 찾아간 홀리트리니티Holy Trinity 수도원은 경치 좋은 산자락에 자리 잡고 있었는데 1,800에이커(대략 728만 4,300㎡, 220만 3,500평)에 달하는 농장 부지와 목초지에서 신부와 수사들이 농사를 지으며 자급자족하고 있었다. 푸른 채소밭이 드넓게 펼쳐진 주위에는 하얀 눈을 이고 있는 높은 산들이 병풍처럼 둘러서 있었다. 입이 떡 벌어질 만큼 아름다운 경치였지만 수도원 시설은 다소 실망스러웠다. 외벽을 단열재로 감싼 수수한 반원형 건물들이 안뜰을 중심으로 정방형으로 다닥다닥 붙어 있었다. 나중에는 그곳의 단순함, 침묵, 소똥 냄새 같은 것들도 하나님이 나를 위해 예비하신 변화의 은혜를 되새기는 추억이 되었지만 처음에는 그저 밀린 일들을 처리하며 혼자 지내고 싶은 마음밖에 없었다.

수도원에 도착하자 방문객 안내를 맡고 있는 이매뉴얼 신부가 나를 작은 거실로 안내했다. 방 안에는 일인용 침대와 옷장, 의자, 책상이 전부였고 벽에 외투를 걸 수 있는 옷걸이가 하나 붙어 있었다. 장식이나 꾸밈새라곤 눈을 씻고 봐도 없었다. 저녁을 먹는 자리에서 나는 이매뉴얼 신부에게 이곳에서 드리는 미사에 참석해도 되느냐고 천진난만한(?) 질문을 던졌다. 가끔 그곳을 방문한 가톨릭 신부나 수사들이 그들과 함께 시편으로 찬송을 드리는 경우는 있었지만 개신교 신자가 동석하는 일은 매우 드물었고, 더욱이 루터교 목사가 그들의 미사에 참석한다는 것은 어림도 없는 일이었다! 이매뉴얼 신부는 수사들이 하루에 미사를 일곱 번이나 드린다는 말로 나의 기를 죽여놓았다. 그것도 새벽 3시 30분부터! 과연 내가 그 미사들에 참석할 수 있을까?

그날 저녁, 이매뉴얼 신부는 나를 데리고 커다란 나무문을 지나 2층으로 되어 있는 반원형 예배당 건물로 들어갔다. 내부에는 거친 재질의 긴 나무의자들이 주변에 놓여 있고 중간에는 개인 좌석들이 서로 마주보는 형태로 일렬로 놓여 있었다. 중앙의 제단 앞에는 좌석들이 오른쪽에 두 줄, 왼쪽에 두 줄로 나란히 놓인 게 보였다. "토머스 목사님을 보니페이스 수사 옆에 앉게 해드리겠습니다. 그 수사는 손님들을 좋아하거든요"라고 이매뉴얼 신부가 내게 나지막한 음성으로 말했다.

과연 나이가 지긋한 수사 한 명이 내 옆에 앉았다. 키가 크고 깡마른 체구에 푸른 눈과 인자한 미소가 인상적인 사람이었다. 일단 보니페이스 수사가 할 일은 미사 중에 무엇을 읽어야 하고, 어떤 노래를 불러야 하고, 무슨 말을 해야 하고, 언제 앉거나 일어서야 하는지를 내게 가르쳐주는 것이었다. 사실 나에게는 신기한 체험이었다. 시편을 바탕으로 한 그레고리오 성가, 성경 봉독, 침묵과 기도의 시간들은 엄숙하다 못해 신비로운 분위기를 자아냈고 내가 다녔던 교회들이나 현재 목회하는 교회의 예배와는 전혀 다른 모습이었다. 그곳에서 묵은 지 하루하고도 반나절이 지나자 수사들과 함께 미사를 드릴 때나 방에 홀로 있을 때, 그리고 주변 언덕을 산책할 때 예전과 달리 하나님의 깊은 임재가 느껴지는 것에 다소 충격을 받았다. 무엇보다 신기했던 것은 '콰이어'(미사 전례를 일컫는 줄임말)동안 보니페이스 수사 곁에 서 있으면 예수님의 사랑이 마치 피부로 와 닿는 듯 생생하게 느껴지는 것이었다. 그건 정말로 희한한 일이라고밖에 할 수 없었다. 그런 사랑의 교감을 언어로는 어떻게 표현할 방법이 없었다. 수사들은 그저 예배당에 모여 하나님을 예배했을 뿐 어디를 방문하거나 누구를 만난 게 아니었다. 말을 하지도 않았고, 내게 무슨 도움이 필요한지 살피려는 눈길조차 준 일이 없었다. 보니페이스 수사가 자리에 앉으면서 나를 향해 윙크를 한 적은 있었지만 예배 시간에는 내게 말을 단 한 마디도 걸지 않았다. 그럼에도 그 장소는 뭔가 묘한 매력을 발산하고 있었다. 이번 방문 기간이 끝나면 이 수도원에 다시 한 번 와야겠다는 생각이 들었다.

    두어 달이 지난 후 나는 시간을 내어 다시 그곳을 찾았다. 이번에도 하루에 일곱 번씩 드리는 미사에서 나는 보니페이스 수사 옆자리에 앉았다. 그리고 이번에도 지난번처럼 사랑의 교감이 느껴졌다. 나는 더 이상 잠자코 있을 수가 없어 규정을 어기고 미사가 끝날 무렵 그에게 다가가 "드릴 말씀이 있어요"라고 속삭였다. 그러자 그는 낮은 음성으로 "8시 반에 닭장 앞으로 나오세요"라고 속삭인 후 그대로 예배당 밖으로 걸어 나갔다. 나는 어리둥절한 표정으로 멍하니 서 있었다. 오전 8시 반을 말하는 건가, 오후 8시 반을 말하는 건가? 대체 닭장은 어디 있는 건가?

그날 저녁, 나는 이매뉴얼 신부를 만나 내가 미사의 규정을 어기고 보니페이스 수사에게 말을 걸었다는 참회를 하고 나서 그의 조언을 구했다. 알고 보니 보니페이스 수사는 양계 책임자였고, 오전 8시 반이면 일이 끝난다고 했다. 다음 날 아침 나는 그와 약속한 닭장으로 나갔다. 그곳은 3천 마리의 닭과 달걀을 포장하는 전자동 기계장치까지 갖춘 어마어마한 크기의 헛간이었다. 안을 들여다보니 수사복 위에 해어진 작업복을 걸치고 있는 보니페이스 수사가 보였다. 그는 막 달걀 선별 작업을 끝마치고 밖으로 나오려는 참이었다. 잠시 서성거리며 그를 기다리고 있는데 키 크고 깡마른 보니페이스 수사가 다가오더니 다짜고짜 내 앞에 무릎을 꿇고 자기에게 축복기도를 해달라고 했다. 나는 이번에도 어안이 벙벙해진 채 그에게 몇 마디 기도의 말을 중얼거렸다. 그러고는 자리에서 일어난 그에게 내 소개를 한 후 그의 안에서 예수님의 사랑을 느꼈기에 만나고 싶었다고 자초지종을 이야기했다. 닭장을 나와 함께 걸어가던 그가 내 말에 이렇게 대꾸했다. "오, 저도 목사님 안에서 예수님의 사랑을 느꼈고, 그래서 저도 목사님을 만나고 싶었습니다. 하지만 주님께서는 목사님이 먼저 만나자고 할 때까지 기다리라고 하시더군요." 그렇다, 내가 아는 사람들 중에도 그런 식으로 말하는 사람들이 있다. 하나님이 이러이러한 말씀을 하셨다고 하는데 실제로 그런 말씀을 하셨는지는 영 의심스러운 사람들⋯⋯. 하지만 보니페이스 수사는 달랐다. 실제로 그는 하나님께 나를 만나게 해달라고 기도했고, 하나님은 그에게 기다리라고 말씀하셨다고 했다. 그 말에 갑자기 더 흥미가 당겼다. 나는 하나님과의 그런 관계를 얼마나 갈망하고 있었던가? 내 영혼은 하나님을 더 깊이 느끼고 싶어했고 그분의 인도와 지시의 음성을 들을 수 있기를 갈망했다. 당시에는 몰랐지만 하나님이 나를 홀리트리니티 수도원과 보니페이스 수사에게로 인도하신 이유도 그런 내 마음의 갈망을 아셨기 때문이었다. 우리는 잠시 동안 함께 산책을 했다. 나는 나중에 또다시 그곳을 찾겠다고 결심했다.

몇 개월이 지나 세 번째로 그곳을 방문했을 때에는 머무는 동안 계속해서 눈물이 나왔다. 미사를 드릴 때에도, 혼자 방에 있을 때에도, 수도원 주변의 산길을 산책할 때에도 눈물을 주체할 수 없어 창피하게도 코를 훌쩍거리고 다녔다. 희한한 것은 내가 흘리는 눈물이 어떤 특정한 감정과 아무런 연관이 없었다는 사실이었다. 성경 구절이나, 꽃이나, 사람이나, 그 어떤 것 때문이 아니었다. 예정한 기간이 지나고 떠나는 날이 되었을 때 나는 아내 샬럿에게 전화를 걸었다. "무슨 일이 일어나고 있는지는 나도 모르겠지만 하나님이 하시고자 하는 일이 더 남아 있는 것 같으니 아무래도 여기에 좀 더 있어야 될 것 같아요." 그때뿐 아니라 그 이후에도 아내는 하나님의 역사에 나를 전적으로 맡겨드렸다. 그것은 내 삶의 크나큰 축복이 아닐 수 없었다. 이튿날, 이매뉴얼 신부를 찾아간 나는 계속해서 눈물이 나는 이유가 무엇 때문인지를 모르겠다고 말했다. 그는 잠시 생각에 잠기더니 이윽고 입을 열어 이렇게 대꾸했다. "토머스 목사님, 아무래도 예수님이 목사님을 그분의 마음 가까이로 부르고 계신 것 같습니다. 그냥 그분이 무엇을 말씀하시는지 잠자코 들어보세요." 들어보라고? 도대체 어떻게 들을 수 있다는 말인가? 하나님은 내게 큰 소리로 말씀하신 적도 없고 벽에 글씨를 써서 읽게 하신 적도 없는데…….

나중에 나는 보니페이스 수사를 만나 하나님의 음성을 듣는 법을 물어보았다. 그의 대답은 간단했다. "바로 그게 기도입니다. 우리가 하나님께 하는 말보다 그분이 우리에게 하시는 말씀이 더 중요한 것은 당연하니까요. 그분은 우리에게 무엇이 필요한지 이미 알고 계시지 않습니까?" 그는 이번에도 어느 책에서 읽었던 진부한 충고가 아니라 본인의 경험과 영적 권위에서 우러난 말을 들려주었다. 그제야 내가 성경책에 기록된 말씀 이외에 하나님의 말씀을 '듣는' 것에 너무도 무지했다는 생각이 들었다. 더욱이 내 기도는 하나님의 말씀을 듣기보다 마치 하나님이 아무것도 모르시는 것처럼 그분이 무엇을 하고 언제 해야 할지를 내가 하나님께 지시하는 형태가 아니었던가!

가만히 생각해보니 내 신앙생활은 늘 그런 식이었다. 그런 나에게 이제 새로운 과정이 시작되는 것 같았고, 눈앞에 펼쳐진 장관을 바라보기 위해 산꼭대기에 올라와 있는 나 자신을 발견할 수 있었다. 그런 일들이 가능한지조차도 몰랐던 나에게 하나님의 음성을 듣는 신앙생활이 바로 눈앞에 펼쳐지려 하고 있는 것이다! 하지만 갈 길은 아직도 너무 멀었다. 하나님이 원하시는 삶을 살짝 엿보는 것만으로도 내게는 새로운 희망이 솟았고 가슴이 설렜다. 그때 사도 바울이 에베소 교인들을 위해 드렸던 기도가 생각이 났다.

"…그의 영광의 풍성함을 따라 그의 성령으로 말미암아 너희 속사람을 능력으로 강건하게 하시오며 믿음으로 말미암아 그리스도께서 너희 마음에 계시게 하시옵고 너희가 사랑 가운데서 뿌리가 박히고 터가 굳어져서 능히 모든 성도와 함께 지식에 넘치는 그리스도의 사랑을 알고 그 너비와 길이와 높이와 깊이가 어떠함을 깨달아 하나님의 모든 충만하신 것으로 너희에게 충만하게 하시기를 구하노라(엡 3:16-19)."

하나님을 깊이 알고 싶은 갈망

나는 하나님의 지시 사항을 배우고 거기에 순종하는 것 이상의 무언가를 원하고 있었다. 정말로 하나님을 알고 싶었고 그분의 사랑을 깊이 체험할 수 있기를 원했다. 그래서 나 자신에 대한 혐오감을 떨쳐

내고 진정으로 주변 사람들을 사랑할 수 있는 자가 되기를 바랐다.

처음에는 두 달에 한 번 정도 수도원에 들러서 며칠씩 묵었다가 돌아오곤 했다. 하지만 얼마 못가 한 달에 사흘씩 묵었고, 나중에는 일년에 한 번 휴가를 내어 한 달간 장기 체류를 했다. 장기 체류를 할 때면 날마다 보니페이스 수사를 만났다. 우리는 신앙에 대해, 특히 기도에 대해 많은 이야기를 나누었다. 보니페이스 수사의 기도의 삶은 내가 알고 있던 기도 생활과 분명히 차원이 달라 보였다. 성인이 되어 예수님을 영접한 후에 나는 기도가 하나님과의 대화라고 배웠다. 그러나 보니페이스 수사에게 기도란 하나님의 음성을 듣고 그분을 기뻐하는 일에 가까웠다.

하나님을 향한 나의 새로운 갈망은 새로운 문제를 가져다주었다. 대체 어디에 가서 하나님 음성을 듣는 것과 그분을 깊이 체험하는 법을 배운단 말인가? 나는 당시에 소위 은사운동이라는 것에 참여하고 있었는데 이 은사운동이 강조하는 것 역시 체험적인 신앙이었다. 하지만 이 은사운동의 초점은 '하나님을 위해 일하는 것'이었다. 나는 '하나님과 함께 거하는 것'에 대해 알고 싶었고 더 깊이 체험해보고 싶었다.

내가 당시에 새롭게 깨달았던 사실은 인간의 재능과 은사도 중요하지만 무엇보다 목회는 성령의 능력으로 이루어져야 한다는 것이었다. 하지만 시간이 가면서 그보다 더 중요한 것이 있음을 알게 되었다. 바로 순종하는 목회, 말하자면 예수님이 인도하는 대로 따라가는 목회였다. 마치 양이 목자의 음성을 듣고 따라가듯이 말이다. 항상 그랬던 것은 아니지만 교회의 프로그램과 사역들을 행하면서도 이 급변하는 세상에서 예수님을 따라가는 데는 한계가 있다는 생각을 많이 했다. "예수님이라면 어떻게 할까?"라는 상투적인 문구도 그 해답이 될 수 없었다. 성경 말씀에서 배운 기본적인 도덕관념과 다른 사람들을 따라 행하는 범위를 벗어나서 내가 할 수 있는 일은 도대체 무엇이란 말인가?

예수님을 따라가기 위해서는 실제로 예수님께서 하나님 아버지를 따라 살아갔던 방식을 좇을 필요가 있었다. "내가 진실로 진실로 너희에게 이르노니 아들이 아버지께서 하시는 일을 보지 않고는 아무것도 스스로 할 수 없나니 아버지께서 행하시는 그것을 아들도 그와 같이 행하느니라(요 5:19)." 변화산 위에서 하나님은 베드로와 야고보와 요한에게 예수님의 말씀을 잘 들으라고 말씀하셨다(마 17:5; 막 9:7 참조). 하나님의 말씀은 오늘날에도 아무 변함이 없다. 하나님의 음성을 듣는 데 일평생을 바친 수사를 만난 뒤부터 나는 완전히 새로운 차원에서 하나님을 섬겨야겠다는 생각이 들었다. 새로운 차원이란 기술적으로 더 능숙하게 일을 성취하는 방향이 아니라 하나님의 음성을 듣고 진정으로 그분을 알아가는 친밀한 관계를 의미했다. 새로운 삶은 내가 새로워져야만 가능했다. 사역으로 자기 자존심이나 세우려는 한심한 목사가 아니라 예수님의 뜻을 받들고 따라가는 목사가 되려면 먼저 내 마음밭이 변화되어야 하지 않겠는가? 바야흐로 토기장이이신 하나님께서 이 진흙 덩어리를 붙잡고 대대적인 작업을 벌이려 하고 계셨다.

나는 수사들과의 만남뿐 아니라 '레노바레'라는 모임에 참석하면서 큰 힘을 얻게 되었다.[1] 리처드 포스터Richard Foster 목사가 이끄는 레노바레는 전 세계에 걸쳐 여러 나라에서 개최되는 국제적 모임으로 달라스 윌라드Dallas Willard나 유진 피터슨Eugene Peterson과 같은 저명한 강사들을 초청해 강의와 훈련을 제공했다. 그들의 강의와 책을 통한 영적 훈련은 내 신앙생활에 새로운 지표를 제공해주었다. 나는 친하게 지냈던 몇 명의 지인을 모아서 고전 신앙 서적을 읽으며 각자의 신앙 체험을 나누고 서로의 영적 성숙을 위해 기도하는 레노바레 서약 그룹을 만들었다. 우리 모임에서는 사막의 교부들이나 초기 교부들이 지은 영성 서적들을 비롯해 기도와 신앙생활에 관한 현대 저술가들의 책들을 탐독했다. 또한 기독교적인 묵상과 가톨릭식의 묵상기도도 실천했다. 그러는 가운데 마음속의 기도 골방에서 하나님의 생각과 감정을 조금씩 더 깊이 알아가게 되었고, 무엇보다 달콤한 침묵 속에 그분의 임재가 느껴졌다.

이런 과정을 통해 놀랍게도 나 자신과 하나님과의 관계가 질적으로 깊어가는 것도 느낄 수 있었다. 단지 지식적인 차원이 아니라 영적이고 관계적인 차원에서 점차로 성숙해지고 있었다. 이러한 체험이 계속되면서 영적 성숙이나 훈련 과정에 더 많은 의문들이 생겨났고 나의 독서 범위도 점차 넓게 확대되었다. 아울러 하나님의 임재 의식이 충만해져 갔다. '기도의 골방'에서 하나님의 임재를 인식하게 되자 일상의 삶 도처에서 내 마음이 하나님을 찾아내기 시작한 것이다.

언젠가 나는 아들들과 함께 솔트레이크 시 남부에 있는 팀파노고스 산에 오른 적이 있다. 우리는 해발 3천 미터에 있는 에메랄드 호수 근처에 텐트를 쳤다. 다음 날 새벽, 마치 누가 나를 깨운 것처럼 눈이 일찍 뜨였다. 나는 외투를 걸치고 동트기 전의 서리 내린 새벽을 보러 텐트 밖으로 기어나갔다. 그러고는 호숫가의 커다란 바위 위로 걸어가 그곳에 앉아 기도를 하면서 해가 뜨기를 기다렸다. 떠오르는 해의 첫 햇살이 내 얼굴을 비추는 순간, 갑자기 주변에서 뭔가 부스럭거리는 소리가 들렸다. 감았던 눈을 천천히 뜨자 긴 뿔이 멋지게 난 산염소들이 물을 마시러 호수로 내려오는 모습이 눈에 들어왔다. 내 존재를 눈치채지 못하는 것 같아서 나는 염소들이 가까이 다가올 때까지 꼼짝 않고 가만히 앉아 있었다. 참으로 대단한 광경이었다. 멀리 절벽에서나 가끔 볼 수 있는 산짐승을 그토록 가까이에서 보다니 엄청난 행운이 아닐 수 없었다. 햇살이 온 누리를 비추는 그 새벽, 바위 위에 가만히 앉아 있는 나를 향해 하나님이 이렇게 말씀하시는 것만 같았다. "저 염소들은 내가 너를 위해 창조한 것이다. 네가 보고 기뻐하라고. 왜냐하면 내가 너를 사랑하니까." 그 뒤에 이어진 산행은 마치 구름 위의 정원을 걷고 있는 것 같았다. 오로지 나를 위해 만들어지고 가꾸어진 정원……. 그 정원의 정원사가 나와 함께 산을 오르고 있었다.

구체적으로 예수님을 따르라는 부르심

하나님의 음성을 듣고 그분을 따라가야겠다는 생각은 그해 내가 목회하고 있던 교회와 사역에도 영향을 미쳤다. 교역자들과 장로들이 어떤 특정 문제를 놓고 하나님의 뜻을 알기 위해 고심할 때 우리 교역자들은 나흘간 수도원에 들어가서 하나님의 음성을 듣고 서로의 의견도 들어보기로 했다. 처음에는 문제를 각자 자기 나름대로의 시각에서 바라보았다. 하지만 나흘이 지난 뒤 하나님께서는 기적적으로 우리를 한마음이 되게 해주셨다. 우리는 '수도원 모임에서의 묵상들'이라는 문서를 작성해서 장로들에게 보여주고 하나님이 하신 일을 설명했다. 그 결과 교회 안에서 변화가 일어났고, 이는 오늘날까지도 교인들을 위한 기본지침서가 되고 있다.

그와 비슷한 시기에 '영성 지도자Spiritual Director'를 만나 상담을 받고 있다는 친구 목사들의 이야기를 듣게 되었다. 생전 처음 듣는 얘기였다. 알고 보니 영성 지도자란 그리스도인들의 삶에 대한 이해에 근거해서 사람들의 말을 들어주고 하나님이 그들에게 무엇을 말씀하고 계신지 들을 수 있도록 도와주는 특별한 신앙 훈련을 받은 사람들이었다. 상담자가 자신의 상황을 차근차근 돌아볼 수 있도록 질문을 던져서, 그들이 스스로 하나님의 섭리를 분별할 수 있도록 돕는 것이었다. 나는 그 친구들을 만나서 그들이 영성 지도를 받으며 체험하고 느낀 점들을 물어보았다. 그들의 대답에는 두 가지 공통점이 있었다. 첫 번째는 영성 지도에서 나누었던 대화들이 실제로 도움이 된다는 것이었고, 두 번째는 그들이 나눈 대화의 방향이나 초점이 몇 가지 경우를 제외하고는 전부 달랐다는 점이었다. 영성 지도자들은 분명히 심리적인 측면에서 문제들에 접근하고 있었다. 영적 훈련에 대한 이야기가 거론되기도 했지만 다 그런 것은 아니었다. 한 가지 공통적인 사항은 상담을 받는 사람들이 모두 깊은 영적 갈망을 갖고 있다는 사실이었다. 그들 대부분이 나와 비슷하게 하나님을 더 깊이 체험하기 원했고 날마다 더 온전한 믿음의 삶을 살고 싶어했다. 말하자면 영적으로 '성숙한' 사람이 되기를 원했다.

하지만 희한하게도 영적 성숙이 무엇을 의미하는지에 대해서는 저마다 생각이 달랐다. 어떤 이들은 더 거룩해지는 것이라고 했고, 어떤 이들은 인격의 성숙을 이야기했다. 더 건전한 생활방식으로 살아가는 것이라고 말하는 사람들이 있는가 하면 하나님께 더 유용한 사람, 즉 더 나은 제자, 설교자, 전도자가 되는 것이라고 생각하는 사람들도 있었다. 대부분 자신들의 영적 성숙을 위해 어떤 방향으로 나아가야 하는지 갈피를 못 잡고 있었다. 한때는 영성 지도를 간절히 원했던 그들이었지만 이제는 대부분이 여러 이유에서 더 이상 영성 지도를 받지 않고 있었다. 더욱이 자신들이 밟은 과정을 완료했다거나 목표를 성취했다고 말하는 사람은 거의 없었다.

나는 속으로 이렇게 부르짖고 싶었다. '대체 영적 성숙이란 것이 무엇인가?' 토머스 두베이Thomas Dubay가 『내면의 불Fire Within』이라는 책에서, 신자들이 믿음이 퇴보하고 있다고 생각할 때가 사실은 중요한 영적 성장이 일어나고 있는 때라고 말한 대목이 기억났다.[2] 나 역시 그런 경우였다. 언제나 믿음이 퇴보할 때가 영적 성숙을 가장 갈망하던 때였다. 영적 경험들을 하는 과정에서 내가 이제까지 가지고 있던 믿음이 조금이라도 흔들리거나 낙심이 찾아오면 뭔가 잘못된 게 틀림없다고 어림짐작함으로써 그 경험들을 잘못 이해했다는 것을 깨닫게 되었다. 그렇다면 도대체 영적 성숙을 어떤 근거로 평가하고 측정해야 한단 말인가? 더 깊이 파고들수록 내가 느끼고 있는 영적 갈증을 다른 그리스도인들도 똑같이 느끼고 있다는 사실을 알게 되었다. 최근에는 기독교 대학들을 비롯해 신학대학원과 미국의 기독교 전문 기관들이 영성개발 과정을 개설해서 영성 지도 자격증을 발급하기 시작했다. 하지만 그 과정들을 검토해본 결과 나는 이미 알고 있는 사실만 재확인하게 되었다. 즉 영적 성숙의 목표나 방법에서 여전히 아무런 일관성도 발견할 수 없다는 것이었다.

그와 같은 혼란과 애매모호함은 내가 속한 교단의 기독교 교육 교과과정에 대해 내가 항상 느끼던 아쉬움을 떠올리게 했다. 성경이나 기독교 윤리관, 교리, 신학에 대한 자료들은 풍성했지만 그리스도인의 실제적인 삶에서 그 여정의 목표와 방법론을 제대로 설명하는 자료들은 거의 없었던 것이 늘 아쉬웠기 때문이다. 만일 우리가 현재의 익숙한 제자훈련 과정을 그대로 따라간다면 결국 그리스도인의 삶은 예수님을 영접하고, 성경 지식을 쌓고, 도덕적으로 바르게 살고, 복음을 증거하고, 일부는 교회 사역에 참여하는 데서 그치고 만다. 다시 말해서 그런 기본적인 사항들만 제대로 지킨다면 삶은 순탄하고 아무런 문제가 없을 것이라는 얘기였다.

그러나 주변의 동료들과 교인들만 보아도 언젠가 '현실'에 부딪치고 만다는 사실은 불을 보듯 명확했다. 신앙생활은 그렇게 간단한 게 아니다. 인생은 단순한 것이 아니라 복잡하고, 자기 뜻대로 될 때가 거의 없다. 깊이 없는 신앙관은 언젠가 밑천이 드러나기 마련이고 그리스도인들이라고 해서 시련과 고통을 피해 가지는 못한다. 나는 그런 식으로 단순 일변도의 가르침을 받은 교인들이 환멸을 느끼고 교회를 떠나는 것을 수없이 보아왔다. 어떤 이들은 영적으로 하나도 양육받은 것이 없다며 목사와 교회 프로그램을 비난한다. 예수님과의 더 친밀한 관계를 진지하게 구하는 사람들도 있었다. 그렇다면 도대체 더 친밀한 관계란 무엇이며 어떻게 우리가 그런 관계를 이룰 수 있다는 말인가?

　현재 나와 공동저자인 박동건 목사는 '이마고 크리스티Imago Christi'라는 CRM/NOVO 선교단체의 영성개발 훈련팀에서 영성개발 코치 겸 지도자로 일하고 있다. 그 사역을 하면서 새삼스럽게 알게 된 사실은 전 세계의 많은 선교사와 목사와 헌신된 성도들도 똑같은 의문과 갈증을 갖고 있다는 것이었다.³ 그 하나의 예로, 이그나티우스의 영신수련을 개신교 형태로 바꾸어 목사와 선교사들에게 영성개발 과정을 인도할 때에 훈련에⁴ 참가했던 한 사람이 우리에게 이런 글을 써 보낸 적이 있다. "몇 년에 한 번씩 새로운 베스트셀러가 등장해서 성공적인 목회를 위한 획기적인 프로그램이라며 대대적인 선전을 합니다. 그런 프로그램들을 열심히 따라 하다가 결국에 가서는 예전의 자리로 되돌아와 있는 저와 우리 교회를 보는 것도 이제는 신물이 날 지경입니다. 저는 예수님이 정말로 무엇을 원하고 계신지를 알아내어 그 일을 하고 싶습니다." 얼마 뒤에 그는 일기장에 다음과 같은 고백을 적었다. "내가 탈진의 벼랑 끝에 서 있다는 걸 깨달았다. 만일 예수님이 무언가를 해주시지 않고 도와주시지 않는다면 나는 여기서 살아남지 못할 것이다." 어쩌면 이와 같은 상황에 처한 독자들이 꽤 있을 것이라고 생각한다.

　지치고 낭패한 가운데 그리스도인들은 묻고 있다. "영적으로 성숙하려면 어떻게 해야 합니까? 왜 예전에 하던 제자훈련이나 성경 공부, 교리 공과, 전도 훈련들은 상처받은 사람들을 그리스도의 강한 용사로 변화시키지 못합니까? 왜 저는 교회 다니는 것이 하나도 신이 나지 않을까요?" 우리는 그 해답을 지금 우리가 '영성개발'이라고 부르는 것에서 발견할 수 있다고 생각한다.

전통적인 제자훈련의 시각과 영성개발

아마도 당신은 이렇게 묻고 싶을 것이다. "잠깐만요, 수십 년간 교회 사역의 일부가 되다시피 한 '제자훈련'이 아무것도 아니라는 말씀인가요? 지금 당신이 말하는 '영성개발'은 예전의 그 제자훈련과 뭐가 다르다는 거죠?" 이것은 정말 좋은 질문이다.

원래 '제자disciple'라는 말에는 일반적으로 생각하는 것보다 더 깊은 의미가 있다. 우리는 제자훈련을 일종의 하나님을 따르는 생도가 된다는 의미로 제한적으로 해석해서 날마다 성경을 읽고 암송하거나, 다른 사람들을 위해 중보기도하거나, 도덕적으로 올바른 행동을 하거나, 불신자에게 전도하거나, 착실하게 교회에 다니거나, 진리를 바로 믿거나, 간혹 진지한 마음가짐으로 단기 선교여행을 다녀오는 등 바람직한 일을 '행하는' 것에 초점을 맞추고 있다. 물론 '예수 그리스도와의 인격적인 관계'에 대해서도 가끔 얘기하지만 그보다는 하늘 높이 계신 하나님을 위해 무엇을 해야 할 것인가를 더 열심히 가르치고 배우는 게 사실이다. 그러다 보니 자연히 그런 일들이 신앙생활의 전부라는 인식을 갖게 된다. 그렇다면 이런 질문을 던질 수밖에 없다. 그와 같은 제자훈련이 오늘날의 세상에서 의미 있고 충만한 삶을 살 수 있도록 개인적인 변화를 가져왔느냐는 것이다. 우리가 정말 솔직하다면 그 질문에 "아니요"라고 대답할 수밖에 없다. 분명 부족한 면이 있기 때문이다. 풀러 신학대학원에서 전도와 영성개발을 가르치는 리처드 피스Richard Peace 교수는 진정한 영적 성숙을 가져오지 못한 많은 기독교 사역들의 실패 요인을 다음과 같이 분석했다.

"그 모든 훈련에서 강조하는 본질적인 핵심은 열심히 인내하고 노력하면 성장할 것이라는 점이었다. 우리의 목표는 곧 성숙한 그리스도인으로 살아갈 수 있도록 자라가는 것이었다. 우리는 정말로 예수님처럼 되기를 원했다. 문제는 그런 기대대로 일이 풀리지 않았다는 것이다. 물론 우리는 성경 말씀을 잘 알게 되었고 교회에서도 적극적으로 봉사했다. 그러나 우리의 핵심적인 인격은 아예 성숙하지 않았거나 변화가 상당히 더디었다. 우리가 추구했던 영성의 무엇이 잘못되었기에 그토록 바라던 성숙이 우리를 비켜갔단 말인가? 적어도 그게 아니라면 왜 우리를 이처럼 오래도록 기다리게 한단 말인가?"[5]

당신도 다른 사람들처럼 열심히 노력했지만 기대했던 성숙은 이루어지지 않았다고 생각하고 있을지 모른다. 나의 아쉬움과 한탄에 동조하는 사람이 많으면 많을수록 나에게는 새로운 갈망이 고개를 쳐든다. '예수님의 음성을 듣고, 예수님을 더 깊이 알고, 예수님을 따라가는 법에 대해 예전에 경험했던 전통적인 방법들보다 더 확실한 것을 배우고 싶다. 나는 하늘에 계신 주님을 위해 일하고 싶은 것만이 아니라 그분을 더 잘 알고 싶다.'

비록 소극적이기는 했지만 나는 은사운동에 참여함으로써 전통적인 제자훈련의 시각을 조금 더 넓힐 수 있었다. 그것은 성령의 임재와 더불어 성령의 어루만지심, 치유, 사역을 강화하는 능력을 새롭게 알게 되면서 생긴 변화였다. 그러나 기본적인 제자훈련의 교과과정에 성령의 은사를 더했음에도 불구하고 영적 성숙에 대한 이해는 바뀌지 않았다.

미국에서는 1980년대에 지도력 개발이라는 분야에서 소위 '인격 개발'을 강조하는 움직임이 일기 시작했다. 성경에 나오는 도덕적 명령들을 확실히 깨우치고 서로 지원하는 책임 관계를 형성해서 그 명령을 지킬 수 있도록 돕자는 것이 그 운동의 가장 큰 골자였다.[6] 안타깝게도 그것은 예수님 닮은 인격을 우리 방식대로 강요하는 데 그치고 말았다. 죄는 여전히 우리가 극복하지 못하는 장애물이었다. 우리에게 필요한 것은 진정한 변화였다.

1990년대에는 성령께서 새로운 방식으로 역사하기 시작하셨다. 주님을 따르는 헌신된 성도들은 고전적인 형태의 영성을 재발견하는 일에 온 힘을 쏟았다. 리처드 포스터가 쓴 『영적 훈련과 성장』[7]은 아빌라의 테레사가 지은 『영혼의 성』[8]이나 토머스 아 켐피스가 쓴 『그리스도를 본받아』[9]와 같은 고전에 눈을 뜨게 해주었다. 헨리 나우웬Henri Nouwen이나 토머스 머튼Thomas Merton과 같은 현대 저술가들도 기도의 삶과 하나님과의 친밀감을 현대적인 언어로 묘사해서 가톨릭은 물론이고 개신교 신자들에게도 그와 같은 영성이 가슴에 와 닿도록 만들어주었다.

이제 사람들은 '제자훈련'보다 '영성개발'이라는 표현을 더 선호하게 되었다. 리처드 피스 교수는 그 차이를 다음과 같이 설명했다. "개신교 교계에 늘 존재했던 갈망은 지금도 변하지 않았다. 사람들은 여전히 예수님의 형상으로 변화되고 싶어한다. 다만 지금은 고대의 영성을 실천함으로써 그런 변화를 시도한다는 사실이 다를 뿐이다."[10]

실제로 영성개발은 제자훈련보다 차원과 폭이 더 깊다고 말할 수 있다. 밴쿠버의 리젠트 대학에서 영성개발 과정을 개설하여 가르치는 제임스 휴스턴James Houston 교수는 그리스도인의 영성을 가리켜 '하나님과 깊은 관계 속에 들어간 상태'라고 정의했다.[11] 제자훈련이 일차적으로 초기의 신앙 성장 단계에 필요한 것이라고 한다면 영성개발은 그리스도인의 삶 전반에 걸쳐 필요한 과정이라고 말할 수 있다. 그러나 문제는 제자훈련이 특정한 개념(신앙 서적이나 교과서나 소책자들을 통해서 형성된 개념)으로 구체적으로 표현되어 있는 데 반해 영성개발의 개념은 너무 넓고 모호한 상태에 머물고 있다는 사실이다. 제자훈련은 성도들을 훈련시켜 교회 사역을 하도록 만드는 것이 목적이었다. 인격 개발을 하는 이유는 그리스도인으로서의 윤리 의식을 키워 올바른 행동을 하게 만들려는 목적이었다. 반면에 영성개발이 목표로 하는 것은 그보다 크고 원대하다. 한 인간이 하나님과의 깊은 관계를 통해 평생 동안 전인격적인 변화를 경험하며 예수님의 형상이 되어가는 것이다.

영성개발의 목표는 무엇인가?

　현재까지 발간된 책들을 읽어도 영성개발의 목표가 여전히 불투명해 보인다. 영성개발에서 추구하는 '그리스도의 형상'이란 도대체 무엇을 의미하는가? 그 목표를 달성하기 위해 어떤 과정을 거쳐야 하는가? 하나님과의 '깊은' 관계와 '얕은' 관계의 차이점은 무엇인가? 우리는 영성개발에 대해 미숙한 견해와 방식으로 섣불리 결론을 내리거나 고정관념의 틀에 집어넣으려 하는 시도를 경계해야 한다. 이제까지 영성개발에 대해 책을 쓴 현대 저술가들도 이 주제에 관해 '이것도 조금, 저것도 조금'식의 어설픈 시도를 해온 것이 사실이다. 그 한 예로 리처드 피스 교수는 "그러므로 금세기에는 하나의 모델을 제시하는 대신에 여러 형태가 혼합된 방식이 대두되리라고 생각한다. 복음주의 서가에 (…) 여러 교파의 다양한 책들이 꽂혀 있는 모습을 상상할 수 있다"[12]고 말하고 있다.

　문제는 포괄적이고 종합적이 되려는 노력이 지나쳐 영성개발의 목표나 과정에 명확성이 결여될 수 있다는 것이다. 그렇다면 두 가지를 절충한 자료들과 구체적인 영적 훈련에 몰두함으로써 우리 안에 진정한 내면적 변화가 일어날 수 있다는 말인가? 나는 그것으로는 충분치 않다고 생각한다. 뒤에 가서 더 자세히 이야기하겠지만 하나님의 목표는 예수님을 통해서 우리와 사랑의 관계를 회복하는 것이다. 어쩌면 이 목표는 너무 간단하고 단순해서 믿기가 어려운 나머지 쉽게 간과해버리고 마는 것이 아닐까?

　오늘날 그리스도인들이 직면하고 있는 문제는 우리 스스로가 영적으로 성숙해지는 과정을 제대로 이해하지 못하고 있다는 것이다. 대부분의 교회와 신학교에서도 그런 것들을 가르치지 않고 있다. 우리 예수님의 제자들은 영적 성숙에 대한 정확한 이해 없이 각 개인의 영적 여정에서 지속적으로 성장할 수 있는 도움을 받지 못하는 상태에서 홀로 살아가고 있다. 이러한 이유로 그리스도인들은 교회에 착잡한 감정을 가지게 되었다. 교회에 아무리 열심히 다녀도 자신에게는 별다른 변화가 일어나지 않음을 보기 때문이다. 최근에 윌로우크릭 교회에서 펴낸 조사 보고서를 보면 교회 사역과 영적 성장 사이에 커다란 간극이 있음을 알 수 있다. 더 충격적인 사실은 교회 사역에 참여하는 것과 개인의 영적 성장 사이에 실제로 아무런 상관관계가 없음이 증명된 것이다.[13] 영적으로 성장하고자 하는 그리스도인들에게 예수님과 동행하는 여정에 대해 제대로 설명해주는 자료들이 절실히 필요하다. 그리하여 우리가 올바른 길을 가고 있는지 스스로 확인하고 우리의 삶을 인도하며 변화시키는 하나님의 역사에 더 효과적으로 동참할 수 있는 방법을 찾아내야만 한다.

지속적인 영적 변화를 위한 로드맵

여기에 좋은 소식이 있다! 우리는 평생의 영적 성숙 과정을 이끌어줄 설명서, 즉 하나님과 더 친밀한 관계로 나아갈 수 있는 로드맵(지도)을 갖고 싶었다. 그 로드맵은 우리의 영적 여정에서 우리가 대략 어느 지점에 와 있는지 보여줄 것이고, 하나님께서 우리를 영적 성숙 과정으로 이끌어가실 때에 각 단계에서 우리가 어떻게 협조해야 하는지를 깨닫게 해줄 것이다.

성장 과정에서 각 단계의 특성을 보여주는 영성개발 로드맵을 갖게 된다면 '우리의 현재 위치를 파악하는 법'도 개발해서 우리가 대략 어디에 있는지를 알아낼 수 있을 것이다. 그 안에서 하나님이 이루어가시는 역사를 인식하고 기뻐할 때 우리는 더 큰 희망과 믿음을 갖게 되고 신앙생활에서 오는 혼돈의 안개를 걷어낼 수 있다. 그런 로드맵과 위치 파악 도구가 당신 개인뿐 아니라 지역 교회와 기독교 대학, 신학교에서 어떤 영향을 줄 것인지 생각해보라. 그런 기관들이 영성개발 과정이나 영성 사역들을 시작한다면 성도들은 더 성숙한 신앙인이 되고 교회에도 활력이 넘칠 것이다. 영적 성숙도를 나타내는 로드맵은 실제로 존재한다. 이러한 도구들은 수 세기 동안 우리 주변에 있었다. 아빌라의 테레사가 설명한 일곱 개의 방Seven Mansions 도 그중 하나인데 우리는 이 책의 3장 이후에서 그것을 구체적으로 살펴볼 것이다.

자, 그럼 이제부터 발견의 대모험을 시작해보자. 아빌라의 테레사가 제시한 영성 성숙의 일곱 단계는 고전에 속하는 내용이지만 시대를 초월하는 영성개발의 로드맵으로써 우리 신앙의 현주소를 깨닫게 해주는 데는 전혀 손색이 없다. 이 과정이 당신의 신앙생활에도 획기적인 전환점이 되리라고 확신한다. 그 뒤에 이어지는 장에서는 우리가 깨달은 사실들을 하나하나 펼쳐 보이고 다양한 영성개발 단계에서 당신의 삶과 하나님과의 관계를 재조명해볼 수 있도록 도울 것이다.

당신이 목회자나 교사라면 분석적이고 비판적인 시각만이 아니라 마음을 활짝 열고 이 책을 읽어주기 바란다. 단순히 정보를 얻으려는 목적보다는 자신의 과거를 회상하고, 현재의 삶을 돌아보고, 미래를 향한 하나님의 음성을 듣는 기회로 삼아주기를 부탁드린다. 부디 이 책이 하나님의 음성에 귀를 기울이며 새로운 세계로 나아가는 탐험의 무대가 되길 바라며, 단순히 사역을 위한 자료를 얻으려 하는 대신 당신 자신의 성장에 도움을 줄 수 있는 자료로 소화해주기를 소망한다. 누구든지 자신이 가보지 않은 길을 안내할 수는 없는 노릇이다. 따라서 이 책을 읽은 지도자들에게 더 보람찬 여정이 이어질 것을 기대해본다.

혹시 주님의 음성을 '듣고' 싶거나 다른 사람이 주님의 음성을 듣도록 도와주고 싶은 마음이 있다면, 혹은 저자들처럼 하나님과의 친밀함에 목마르거나 주님을 제대로 따르기 위한 영성 훈련이 필요하다면 하나님이 당신을 위해 귀한 것을 준비해놓으셨다는 확신을 가지고 이 책을 읽어주기 바란다. 예수님은 이렇게 약속하셨다. "의에 주리고 목마른 자는 복이 있나니 그들이 배부를 것임이요(마 5:6)." 주님이 우리를 그의 풍성한 식탁에 초대하고 계신다.

이제 이 책이 어떻게 진행될지를 간략히 소개하겠다.

2장에서는 우리를 막다른 골목으로 인도하는 영적 성숙의 잘못된 속설들, 일반적으로 사람들이 오해하고 착각하는 부분들을 면밀히 분석해볼 것이다. 예수님과의 친밀한 관계로 이끄는 길은 하나밖에 없다. 그 길만이 그동안 막혔던 길목에서 우리를 이끌어내어 우리가 갈구하고 있던 것들을 얻을 수 있도록 도와줄 것이다.

3장에서는 평생에 걸친 영적 성숙 과정을 위한 적절한 모델이 필요하다는 사실을 지적하고 교회에서 보편적으로 사용되는 영적 성숙의 로드맵이 없다는 사실과 그 종착점마저 명확하지 않다는 사실을 언급한다. 여기에서 제시할 대안은 수백 년간 사랑을 받아온 영적 성숙의 옛 로드맵을 새롭게 발견하는 것이다.

4장에서 11장까지는 영성개발의 각 단계들을 구체적으로 살펴볼 것이다. 첫 번째 단계는 이제 막 예수님을 영접한 초신자 과정에서 시작한다. 마지막 단계는 성삼위와 연합함으로써 내적 평안을 누리고 하나님을 사랑하며 다른 사람들을 사랑하는 충만한 삶이다.

각 단계마다 당신 자신이나 주변 사람들이 지나온 신앙의 발자취를 자세히 살펴볼 수 있을 것이다. 현재 당신의 영적 성숙 상태에 해당된다고 짐작되는 단계를 발견하면 그 단계에 필요한 '성장의 열쇠들'을 활용해서 하나님의 인도하심에 효과적으로 협조할 수 있는 방법들을 찾아보길 바란다.

9장에서는 잠시 '곁길'로 빠져 그리스도인에게 가장 신비롭고 수수께끼 같은 '영혼의 어두운 밤'에 대해 알아보겠다. 누구든 신앙생활을 하다 보면 내리막길이 있고 좌절할 때가 있다. 문제는 영적으로 성숙한 사람에게는 오직 순조롭게 올라가는 길만 있다는 식으로 잘못 인식하는 경우가 있다는 것이다. 실제로는 영적으로 성숙한 사람들에게 가장 극심한 갈등의 시기가 찾아온다. 여기서는 십자가의 요한이 '영혼의 어두운 밤'에 대해 어떻게 이야기하는지를 상세히 다룰 것이다.

12장에서는 우리 각자의 고유한 특성을 살펴보면서 그것이 하나님과의 관계에 어떤 영향을 끼치는지를 알아볼 것이다. 영적 성숙의 구체적인 단계들을 탐색해본 후에는 우리 각자의 개성과 그런 개성을 감안한 하나님의 역사를 이해할 필요가 있다.

13장에서는 영적 성숙의 길을 걸어가는 동료 순례자들과 함께 신앙의 공동체를 이룬다는 것이 얼마나 중요한 일인가를 보게 될 것이다. 나아가 당신이 속한 지역 교회에서 초신자부터 성숙한 성도들까지 영적 성숙의 불꽃을 새롭게 당길 수 있는 구체적인 방안들을 생각해보고, 영적으로 굶주리고 목마른 세상에 그리스도의 몸이 가진 소명과 모든 가능성을 최대한 성취할 수 있는 방법들도 논의하게 될 것이다.

14장에서 살펴볼 내용은 역사상 가장 급변하는 이 시기에 당신이 하나님나라에 공헌할 수 있는 부분이 무엇인가 하는 점이다. 하나님은 우리 시대에 새로운 일을 이루고 계신다! 당신 혼자만이 영적으로 갈급함을 느끼는 것이 아니다. 하나님이 창조하신 본래의 아름다움을 되찾을 수 있도록 예수님은 지금도 우리를 빚어가고 계신다. 14장이 그려내는 것은 바로 그런 당신의 자화상이다. 지금 이 시대에 성령은 교회를 전혀 다른 모습으로 거듭나게 하셔서 신랑을 위한 아름다운 신부가 되게 하신다. 전 세계적으로 펼쳐질 놀라운 성령의 역사를 통해 세상은 예수 그리스도의 사랑과 구원의 능력을 알아갈 것이고 당신 자신도 그 안에서 한몫을 담당하며 그들과 함께 영적 성숙의 열매들을 맛보게 될 것이다.

이 글을 처음으로 쓰게 된 것은 앞서 이야기한 대로 25년 전의 유타 주에 있는 수도원의 작은 방에서였다. 당시 보니페이스 수사는 여든일곱의 노령이었지만 여전히 그리스도의 사랑으로 주위를 환하게 비추고 있었다.[14] 그날 밤 저녁을 먹는 자리에서 수도원을 방문한 손님 중 한 명이 이런 말을 했다. "모든 수사님들이 하나님을 사랑하지만 보니페이스 수사님은 그게 그냥 눈에 보입니다!" 그 말에 나는 고개를 끄덕일 수밖에 없었다. 동시에 나에게는 이루 말할 수 없는 고마운 감정이 가슴속으로 밀려들었다. 나는 지금 가르침과 코칭 사역으로 정신없이 바쁘게 지내지만 여전히 침묵과 고독은 하나님과 나의 관계의 기반이고 그분의 마음을 이해하는 지름길이다. 처음에는 수도원 농장의 거름 냄새가 싫어 고개를 돌렸다. 그러나 지금은 그것이 내 삶에서 악취 나는 부분을 돌아보게 하는 하나님의 치유와 능력의 상징이 되었다.

나와 당신이 하나님의 사랑을 비추는 존재가 되어 사람들이 우리 안에서 주님의 향기를 맡게 되기를 기도한다. 우리를 만난 사람들은 주님과 나란히 손을 잡고서 그 사랑의 실체이신 하나님 아버지께 더 가까이 나아가고 불타는 사랑 안에서 성령이 주시는 순전한 기쁨을 맛보게 되길 소망한다. 이제 당신은 새로운 발견을 향해 항해의 돛을 올리려 하고 있다. 하나님이 하시는 말씀에 귀를 바짝 기울인다면 당신의 삶이 놀랍게 변화되는 것을 경험할 것이다.

생각해보기

- 당신이 영적 성숙을 갈망하도록 이제까지 하나님이 사용하신 효과적인 방법들은 무엇이었는가?
- 예수님과의 관계에서 '궁극적으로' 중요한 것은 무엇이라고 생각하는가?
- 당신의 신앙생활이 퇴보할 때의 상태나 감정을 기억나는 대로 설명해보라.
- 현재 당신의 영적 성숙에 가장 실망스럽고 좌절되는 부분은 무엇인가? 그 이유는 무엇이라 생각하는가?

2
막다른 골목으로 이끌어 가는 오류와 착각

"좁은 문으로 들어가라. 멸망으로 인도하는 문은 크고 그 길이 넓어 그리로 들어가는 자가 많고 생명으로 인도하는 문은 좁고 길이 협착하여 찾는 자가 적음이라(마 7:13-14)."

2장
막다른 골목으로 이끌어 가는 오류와 착각

그렇다. 우리가 원하는 것은 우리의 삶을 변화시킬 수 있는 진지하고도 깊은 깨달음이다. 하지만 아직도 많은 사람이 그런 깨달음을 터득하지 못하고 있다. 하나님이 항상 멀게만 느껴지는가? 지금도 계속해서 하나님과 멀어지고 있는 것 같은가? 어쩌면 그것은 사실일지도 모른다.

나와 당신은 날마다 영적인 삶을 살아가고 있다(사실 인간은 누구나 그 나름대로의 영적인 삶을 살고 있다). 하지만 그 '영적'인 삶이 정말로 우리가 원하는 그런 '영적'인 삶인가? 주변 세상은 우리를 그들의 형상으로 만들어내기 위해 온갖 애를 쓰고 있다. 우리가 사는 세상은 교회와 하나님만이 영향력을 미치는 기독교의 세상이 아니기 때문이다. 지금 당장 텔레비전을 틀고 그 안에서 가르치는 세계관이나, 사람들이 정상적이라고 인식하는 가치관이나, 생의 의미와 목적 등을 살펴보라. 세상에서는 그러한 부정적인 영적 영향력들이 항시 우리 주변을 맴돌며 우리의 삶을 강타하고 있다. 통계 자료에 따르면 그런 부정적 사고방식이 실제로 많은 그리스도인에게 영향력을 끼치고 있는 것을 볼 수 있다. 안타깝게도 이혼율과 중독을 비롯해 많은 문제들에서 우리 그리스도인들과 불신자들 간에 크게 다른 점을 찾아볼 수 없다.

헌신된 그리스도인들은 세상의 영향력에 맞서 싸우기 위해 의도적으로 세상적인 것들을 피하고 오직 성경 말씀과 교회의 봉사에만 주력하려고 한다. 더욱 자애로운 사람이 되고, 하나님을 더 열심히 섬기고, 더 신실하게 기도 생활을 하고, 교회에서 더 많은 일을 감당하기 위해 최선을 다한다. 하지만 안타깝게도 많은 그리스도인이 그러한 생활에서 별다른 만족감을 느끼지 못하고 있다. 영적으로 성숙해지려고 노력하지만 하나님과의 관계에는 아무 진전이 없는 것 같고, 급기야 실망과 좌절의 막다른 골목에 부딪치는 것을 보게 된다. 최근 어느 성도에게서 들은 이야기가 그런 고민을 여실히 보여준다.

록산나와 몇 명의 친구들이 우리 집에서 저녁 식사를 하던 날이었다. 식사를 마치고 후식을 먹으면서 록산나가 자신의 이야기를 털어놓기 시작했다. 기독교 가정에서 자라난 록산나는 교회 일이라면 발 벗고 나서서 언제나 열심히 봉사했다고 한다. 그녀는 다른 사람들을 돕고 섬기는 것이 주님과 가까워지는 길이라고 굳게 믿었다. 아이들에게 성경 말씀을 가르치면서 정말로 예수님이 가깝게 느껴질 때도 있었다. 더욱이 아이들의 믿음이 성장하는 것을 보면서 큰 기쁨을 느끼기도 했다. 그러나 록산나에게는 신앙에 관한 말 못할 고민이 몇 가지 있었다. 기도의 응답에 확신이 없다는 것과 매일 갖는 개인 경건 시간이 너무 무미건조하다는 것이었다. 아무리 교회 봉사를 열심히 해도 고민은 해결될 기미가 보이지 않았다. 교회에 가봤자 항상 같은 내용에, 같은 설교에, 같은 사람들의 틀에 박힌 행동들뿐이었고 어느 누구도 자신의 갈급함에 관심조차 보이지 않았다. 결국 주일 예배만 성실하게 참석하면 잘되리라 생각해서 실제로 그렇게 노력했지만, 록산나의 마음 한구석에는 갈급함과 좌절감만이 점점 자리를 잡아가고 있었다.

　록산나는 열심히 신앙생활을 함으로써 하나님을 기쁘게 해드리는 성도가 되려고 노력했다. 그러나 그녀에게 돌아온 건 좌절감뿐이었다. 자신이 걸어온 영적 성숙의 길이 완전히 실패였다는 생각도 들었지만 어디 가서 하소연할 데도 없었다. 그동안의 모든 노력이 수포로 돌아간 듯한 느낌이었다.

　이것은 비단 록산나만의 문제가 아니다. 어쩌면 이 글을 읽는 독자들도 같은 심정일지 모른다. 아니, 최소한 그와 같은 사람이 어디인가 또 있다는 사실을 깨닫게 될 것이다.

　최근에 윌로우크릭 교회에서 펴낸『발견Reveal』이라는 책을 보면 신앙생활을 오래 한 성도들 중에 영적 성장이나 신앙생활 자체에 불만족을 느끼는 사람이 상당히 많다고 한다.[1] 윌로우크릭 교회가 수천 개 교회를 통해 조사한 바에 따르면 교회에서 열심히 봉사하는 헌신된 교인들 중 63퍼센트가 교회에 불만을 갖고 있으며 자신의 믿음이 자라도록 돕지 못하는 교회의 무력함에 실망하여 교회를 떠날 생각을 하고 있다고 한다.

　교인들이 왜 그토록 실망하게 되었을까? 자신의 신앙이 성장하지 못한다고 불만을 품게 되는 주된 이유는 예수님에 관한 잘못된 속설을 믿기 때문이다. 그런 속설이 우리를 막다른 골목으로 이끈다. 나의 경험을 봐도 그 사실을 증명할 수 있다. 주님을 영접하고 처음 신앙생활을 할 때 나는 하나님이 우리 교회에 함께하셔서 나를 더 좋은 평신도로 만들어주시고, 이후에는 더 좋은 목사, 남편, 아버지로 만들어주실 것이라고 기대했다. 이 모두가 좋은 일이었지만 나는 그 이상을 원했다. 내 믿음이 성장하여 더 성숙한 사람이 되기를 바랐던 것이다. 록산나처럼 내 안에도 나를 괴롭히는 많은 의구심들이 있었다. 기독교의 진리에 대한 의심이라기보다는 현실의 삶에서 하나님을 신뢰하는 부분에서의 의구심이었다. 나는 모든 삶과 재정적인 면에서도 주님을 의존할 수 있을 것인가? 그분은 과연 내가 원하는 미래와 내가 장래에 되기 원하는 존재로 나를 변화시켜 주실 수 있을 것인가? 그분의 사랑을 어디까지 신뢰할 수 있을 것인가?

나는 "사랑해"라는 말이 실제의 행동으로 나타나지 않는 가정에서 자라났다. 아버지는 알코올중독에 시달리고 있었고 부모님들의 불행한 결혼생활은 나에게 실패에 대한 두려움을 안겨주었다. 다른 사람들로부터 사랑과 진정성을 확신하지 못하고 불안해 하는 것도 그런 가정 배경 때문이었다. 어쩌면 그런 문제들은 영적 성숙보다 상담이 필요한 문제들일지도 모른다. 하지만 그런 문제들이 하나님과의 관계에 부정적인 영향을 끼쳤다는 것은 명백한 사실이었다. 나는 내가 사랑해야 할 '그분'을 신뢰하지 못하는 내 자신이 싫었다. 하나님은 과연 내 마음을 변화시키셔서 그분을 마음껏 사랑하도록 만드실 계획이 있으신가? 아니면 내가 열심히 봉사하는 데에만 관심이 있으신 걸까? 추측컨대 이러한 의문들은 나만이 아니라 당신에게도 있을 것이다.

하나님이 원하시는 것이 단순히 사랑의 관계라는 사실을 그때는 미처 깨닫지 못했다. 아니, 사랑의 관계가 무엇인지 제대로 알 수도 없었다. 영성개발에 대한 책들을 읽으면 읽을수록 일반적인 신앙생활의 목표가 뚜렷이 제시되지 않는 것에 실망을 금할 수 없었다. 간혹 목표를 제시하는 경우도 있었지만, 판이하게 다른 신앙생활의 목표들을 제시하고 있었다. 신앙이라는 것이 살아가면서 가끔 하나님의 도움이나 받기 위한 방편은 아닐진대 하나님은 우리 각자를 위한 목적이나 목표, 섭리 같은 것들을 분명히 갖고 계실 것이다. 하나님께서 예레미야에게 주신 말씀을 지금 우리에게도 주고 계시지 않는가? "여호와의 말씀이니라. 너희를 향한 나의 생각을 내가 아나니 평안이요 재앙이 아니니라. 너희에게 미래와 희망을 주는 것이니라(렘 29:11).”

사도 바울은 또 이렇게 말하지 않았던가? "푯대를 향하여 그리스도 예수 안에서 하나님이 위에서 부르신 부름의 상을 위하여 달려가노라(빌 3:14)." 여기에서 푯대란 무엇인가? 위에서의 부름이란 무엇을 말하고 있는 것인가?

우리는 '의로움으로 연단된다'는 것의 의미와 목표가 무엇인지, 성경 말씀이 궁극적으로 우리에게 가르쳐 주시기를 기대한다. 그런데 문제는 성경에서도 그 목표를 여러 가지로 이야기하고 있다는 사실이다. 우리는 하나님을 사랑해야 하고, 예수님을 따라야 하고, 이웃을 사랑해야 하고, 또한 수많은 것들을 멀리해야 한다. 그중에서 우리가 선택하는 하나의 목표가 우리의 신앙생활과 다른 사람들의 신앙을 이해하고 가늠하는 잣대가 될 수 있을 것이다. 그런데 심각한 문제는 교파나 교단마다 자신의 입장에서 중요하다고 여기는 것만을 신앙의 목표로 강조한다는 것이다. 당신이 로마 가톨릭을 믿는 집안에서 자라났다면 성찬 예식에 성실하게 참여하는 것을, 감리교회를 다녔다면 올바른 행동을, 루터교회나 장로교회를 다녔다면 올바른 신학을, 복음주의 교회를 다녔다면 불신자들에게 전도하는 것을 우선시하도록 배웠을 것이다.

하나님이 우리 삶에서 한 가지를 중요하게 여기신다고 믿게 되면 우리는 그 잣대에 맞춰 삶을 이해하고 살아가려고 노력한다. 록산나는 교회 봉사를 열심히 하는 것이 하나님을 기쁘시게 하고 하나님과의 관계를 더 깊게 만들어줄 것이라고 생각했다. 하지만 아무리 봉사를 하고 사람들을 섬겨도 하나님과의 관계가 깊어지지 않자 좌절감과 상처만 안고 교회를 떠나게 되었다. 나도 하나님이 내가 원했던 완벽한 남편과 아버지와 목사가 되게 해주지 못했을 때 화가 났고 혼란스러웠다.

록산나와 나는 불안과 실패로 향하는 내리막길을 걸어가고 있었다. 어쩌면 당신도 그럴지 모른다. 그럼 우리를 혼란스럽게 만드는 속설들, 예수님을 따르는 길처럼 보이지만 실제로는 실망과 좌절로 이끄는 몇 가지 속설들을 하나씩 살펴보기로 하자.

실망으로 이끌어가는 속설들

하나님은 우리가 거룩해지기를 바라고 계시다.

거룩함을 목표로 내세우는 사람들은 하나님의 최우선적 목적이 우리를 더 선하게 만들어 예수님이 거룩하신 것처럼 우리도 거룩하게 되는 것이라고 말한다. 이러한 영적 변화에서 핵심이 되는 것은 인격, 성화, 경건, 성령의 열매, 그리고 물론 거룩함이다. 거룩함이 목표라는 관점에서 볼 때는 마음가짐과 감정보다 우리의 행동이 영적 성숙의 중심이 된다. 하나님의 역사는 우리가 하나님의 성품을 온전히 닮을 수 있도록 죄의 성향을 억누르고 행동을 교정하는 일에 초점이 맞추어진다. 성경 말씀은 분명히 우리에게 거룩하라고 말씀하고 있다. "하늘에 계신 너희 아버지의 온전하심과 같이 너희도 온전하라(마 5:48)."

독자들 중에도 이와 같이 영적 성숙의 일차적 목표가 거룩한 삶을 사는 것이라고 믿는 사람들이 있을 것이다. 물론 우리 모두 거룩한 삶을 살아야 한다. 그러나 현실은 어떠한가? 1장에서 말했듯이 그리스도인이라고 하는 사람들도 이혼이나 술, 학대 등의 문제에서 세상 불신자들과 별 차이가 없음을 조사 결과가 증명하고 있지 않은가![2]

그렇다면 하나님이 우리에게 원하시는 유일하고 궁극적인 목표가 '거룩함'이라고 말하는 것이 왜 잘못된 속설에 불과하다는 말인가? 적어도 두 가지 이유에서 그렇다고 말할 수 있다. 첫째로는 우리가 결코 그 목표에 도달할 수 없기 때문이다. 아무리 좇아가도 그와 같은 목표는 언제나 우리를 앞질러 갈 것이다. 아무리 노력해봤자 다른 사람과 비교할 때의 상대적인 거룩함만이 우리가 얻는 최선의 결과일 것이다. 그리고 이러한 상대적인 우월감은 오히려 우리의 영성과 대인관계에 해를 끼칠 수 있다. 두 번째 이유는 예수님과의 관계에서 우리가 맞혀야 할 '과녁'이 시간이 갈수록 무한대로 높아진다는 점이다. 성경 시대를 비롯해 인류 역사상 위대한 성인이라 해도 하나님과 가까워지면 가까워질수록 하나님이 얼마나 거룩하시고 상대적으로 인간의 죄는 얼마나 흉악한 것인지를 깊이 깨달을 수밖에 없었다. 그래서 사도 바울도 "죄인 중에 내가 괴수니라(딤전 1:15)"고 말하지 않았던가! 또한 그는 로마서 7장 15절에서 이런 말도 했다. "내가 행하는 것을 내가 알지 못하노니 곧 내가 원하는 것은 행하지 아니하고 도리어 미워하는 것을 행함이라." 당신도 그런 고민을 해본 적이 있는가?

우리가 아무리 최선을 다해 노력한들 목표 달성은 고사하고 목표에 근접하기조차 어렵다는 것을 깨닫게 되고 친밀한 관계에서 오는 기쁨과 충만함을 누릴 수 없을 것이다. 거룩함의 렌즈를 통해 본다면 진정으로 거룩하신 예수님께서는 우리를 그저 사악하고 죄에 물든 인간이라고 판단하시고 멀리 떨어져 계신 것 같은 느낌만을 받을 따름이다. 거룩함이 우리가 도달하기 위해 노력해야 하는 위대한 미덕임에는 틀림없지만 영적 성숙의 목표가 거룩함이라고만 믿고 살아간다면 그 삶은 좌절감으로 끝날 수밖에 없다.

하나님은 우리가 유능한 일꾼이 되기를 바라고 계시다.

영적 성숙의 목표를 유능함이나 유용성에 두는 것도 거룩함의 목표와 크게 다를 것이 없다. 왜냐하면 그 역시 우리 자신, 즉 우리의 행동에 초점을 맞추고 있기 때문이다. 유능함이란 하나님을 신실하게 섬기는 우리의 능력과 연관이 있다. 이 관점에서 볼 때 우리 삶을 향한 하나님의 목적은 공식 · 비공식적으로 우리가 행하는 기독교적 사역의 성과에 머무르게 된다. 거룩함이 하나님을 위해 어떤 사람이 '되느냐'에 관한 것이라면 유능함은 하나님을 위해 무엇을 '하느냐'에 관한 것이다. 하나님이 우리의 인격적 결함을 다듬어주신다면 그것도 우리가 사역을 더 잘 할 수 있도록 하기 위해서일 것이다. 결국 이런 관점의 핵심은 전도, 정의, 긍휼, 제자도, 섬김, 영적 은사, 소명 등이 된다. 영적 성숙의 목표가 유능한 일꾼이 되는 것이라고 주장하는 사람들은 열매, 탁월성, 공헌, 목숨을 건 충성 등을 중요시한다.

물론 충성된 종이 되어 하나님을 잘 섬기라는 말씀이 성경 전반에 걸쳐 강조되어 있다. "나를 따라오라. 내가 너희를 사람을 낚는 어부가 되게 하리라(마 4:19)"는 예수님의 저 유명한 명령은 주님을 따르는 제자도의 핵심이기도 하다. 예로부터 교회에서는 하나님을 섬기는 능력을 영적 성장과 제자도의 중요한 부분으로 보았다. 그러나 서구 문명이 발달하고 업적과 성취를 중요시하는 풍토가 강화되면서 생산성이 최고의 미덕으로 자리를 잡았다. 이제 성공과 성취는 개인과 사회의 거의 전 영역에서 추구하는 제일 중요한 목표가 되었다. 신앙의 목표도 주변 문화의 영향을 받는 경우가 많다.

거룩함의 목표처럼 유능한 일꾼이 되어야 한다는 목표도 완전한 달성이 불가능하다. 우리가 도저히 도달할 수 없는 종착역이기 때문이다. 우리가 주를 위해 열심히 노력하고 아무리 일을 잘한다고 해도 유능한 섬김이라는 것은 언제나 상대적인 개념일 뿐이다. 주변 사람들보다 더 많이 일하고 더 잘할 수는 있겠지만 언제나 자신보다 더 많은 희생을 하고, 더 많은 영향을 미치고, 더 유능하게 섬기는 사람이 있기 마련이다. 유능한 일꾼이 되어야 한다는 속설을 그대로 믿는 사람에게는 예수님이 저만치 앞서가면서 늘 멀리서 재촉만 하고 계신 것처럼 느껴질 것이다. 밤마다 녹초가 되어 침대에 쓰러지면서 좌절감 속에서 하나님이 더 이상 요구하시면 무리라고 혼자 중얼거리는 자신을 발견하게 될 것이다. 거룩함과 마찬가지로 유능한 종이 되겠다는 목표도 성경적이며 아주 중요한 목표인 것은 사실이다. 하지만 하나님과의 관계에서 그것만이 궁극적인 목표라고 한다면 우리는 실패와 절망의 종국으로 향할 수밖에 없다. 잠시만 멈추어 서서 곰곰이 생각해보라. 당신은 주를 위해 일만 하는 것보다 뭔가 그 이상의 것을 원하고 있지 않는가?

하나님은 우리가 온전한 사람이 되기를 바라고 계시다.
　세 번째로 살펴볼 속설은 '영적 성숙의 궁극적인 목표는 온전한 인간이 되는 것이다'라는 것이다. 온전함이란 한마디로 육체와 정신과 영혼이 조화롭게 균형을 갖춘 건강한 상태를 말한다. 앞서 언급한 거룩함이나 유능함처럼 온전함도 초점의 중심이 우리 자신에게 있다. 특히 목양적 돌봄이나 기독교 상담에서 현대 심리학의 영향이 커지고 치유 운동이 확산되면서 온전함을 영적 성숙의 목표로 잡는 사람들이 많아졌다. 어쩌면 서양의 극단적인 일중독 경향에 균형을 맞추기 위해 육체와 정신과 영혼의 조화를 강조하면서 이것이 세속적인 사회에서 중심 화두가 되었는지도 모른다. 온전함의 목표에서 핵심이 되는 것은 균형, 경계선, 평화, 건강, 안온함, 치유 등이다.
　우리의 영혼과 육체와 정신의 건강이 중요하고 서로 균형을 맞추어야 한다는 말씀이 성경에도 여러 군데 나와 있다. 사도 바울은 이렇게 말했다. "형제들아, 권하노니 더욱 그렇게 행하고 또 너희에게 명한 것 같이 조용히 자기 일을 하고 너희 손으로 일하기를 힘쓰라. 이는 외인에 대하여 단정히 행하고 또한 아무 궁핍함이 없게 하려 함이라(살전 4:10-12)." 현대의 몇몇 저술가들도 우리에게 세상 사람들처럼 성공과 업적에 매달리지 말고 균형 잡힌 삶과 영혼의 건강에 힘써야 한다고 충고하고 있다.
　그러나 온전함의 목표가 불가능한 이유는 이것도 우리의 능력으로 달성할 수 있는 것이 아니며 행여 달성했다고 하더라도 상대적인 성취에 불과하기 때문이다. 예를 들어 성경에 나오는 사도들을 생각해 보라. 그들은 하나같이 극단적이고, 힘들고, 희생적인 삶을 살았다. 모두가 순교를 당했고, 사도 요한도 밧모 섬에 유배되어 홀로 죽음을 맞이했다. 교회 역사 속에도 오늘날 우리가 말하는 소위 '균형 잡힌 삶'과는 거리가 먼, 극도의 가난과 질병으로 희생적 삶을 살았던 성도들이 수없이 많았다.

다른 때보다 좀 더 온전한 상태가 되는 시기가 온다 해도 그때의 '행복'이란 성경적인 목표라기에는 미국적인 환상과 이상론에 가깝다. 인간의 악한 본성과 항상 급변하는 외부적 요인들은 평화로운 삶을 한순간에 악몽과 절망의 나락으로 떨어뜨릴 수 있다.

지금까지 우리는 영적 성장의 세 가지 가능한 목표와 각각의 성경적 기반을 살펴보았다. 거룩함, 유능함, 온전함은 모두가 어느 면에서 보나 하나님께서 우리에게 원하시는 것이며 영적 성숙의 결과인 것만은 분명하다. 하지만 이 중 어느 하나도 우리가 하나님과의 관계에서 궁극적으로 추구해야 할 유일하고 최종적인 목표가 될 수는 없다. 결국에 가서는 동일한 의문만이 남을 것이다. "왜 내가 기대한 대로 이루어지지 않는 거지? 하나님이 왜 이러시나? 내가 뭘 잘못한 걸까……?"

우리가 진리를 올바로 깨닫기만 하면 된다.

'내가 이해할 수만 있다면…….' 개신교 종교개혁이 낳은 위대한 유산 중의 하나는 성경을 자신의 모국어로 읽고 성경 말씀이 무엇이라고 말씀하는지를 확실하게 이해하게 되었다는 것이다. 종교개혁가들은 그리스도 중심의 신학으로 돌아가자고 주장했다. 즉 믿음과 은혜에 의한 구원을 강조했다. 시간이 흐르면서 특정한 신학적 견해들을 토대로 새로운 교단과 교파들이 생겨났다. 설교와 기독교 교육을 중시하는 경향도 그런 움직임을 따라갔다.

비록 신학적으로는 은혜로 구원을 받는다고 말하지만 신학을 지나치게 강조하다 보니 '정확한 신학'을 알아야 구원을 받는 것처럼 교묘히 왜곡되는 경우가 생겨났다. 지금까지 많은 사람들이 정확한 신학 지식을 전달하고자 수많은 책을 써냈다. 그 바탕에는 '교리를 제대로 알기만 한다면, 정말로 제대로만 믿는다면, 우리 삶이 바뀌고 영적으로 성숙한 삶을 살게 될 것'이라는 아주 미묘한 가정과 속설이 깔려 있다.

이를테면 요즘 쏟아지는 영성개발 책들이 주장하는 것 중에 영적 성숙의 열쇠가 '올바른 깨달음'이라는 전제가 있다. 성경의 진리를 '이해'하고 그리스도인으로 올바로 살아가는 법을 깨닫기만 하면 우리의 삶은 자동적으로 하나님의 뜻에 맞추어질 것이라고 생각하는 것이다. 물론 말씀을 이해하지 못하고 잘못된 신학을 따른다면 문제가 생기고 올바른 방향으로 나아갈 수 없겠지만 그 반대의 논리가 꼭 맞는다고 할 수도 없다.

정확한 지식이 변화된 삶을 낳는다는 주장이 진리인지 아닌지를 가려내기 위해서는 우리 자신의 삶을 들여다봐야 한다. 당신은 자신이 아는 지식의 어느 정도를 실제 삶에서 실천하고 있는가? 당신이 하나님과 친밀한 관계를 맺지 못하는 이유는 그저 깨달음과 지식이 부족해서라고 생각하는가? 몇 년 전의 일이었다. 나는 설교 도중 교인들에게 '내 얼굴에 침 뱉는' 식의 질문을 던지고 말았다. 내 설교를 듣고 자신의 삶이 크게 변화되었다고 생각하는 사람이 있으면 손을 들어보라고 했다. 정직하게 손을 들라고 하자 한 명인가 두 명만이 손을 들었다. 설교가 영적 성숙에 도움이 될 때도 있고 다른 사람의 간증이 내 눈을 뜨이게 할 수도 있겠지만 그보다는 공동체, 기도, 순종, 삶의 사건들을 통해 하나님을 체험하는 것이 훨씬 더 영적으로 성숙하는 계기가 되는 것을 볼 수 있다. 게다가 지식이나 깨달음을 얻으려는 노력조차도 알고 보면 자신의 삶을 자기가 조종해서 하나님만이 하실 수 있는 일을 자기가 이루어보려는 야심에 지나지 않는 경우도 자주 볼 수 있다. 이것들이 도교나 불교에서 말하는 '득도'의 경지와 무엇이 다르겠는가?

그럼 당신은 아마 이렇게 묻고 싶을 것이다. "올바른 깨달음마저 영적 성숙의 열쇠가 되지 못한다면 대체 무엇 때문에 이 책을 쓰시는 겁니까?" 이것은 매우 중요한 질문이다. 나는 당신이 우리가 쓴 이 책을 읽는다고 예수님께 한 치라도 더 가까워진다거나 영적으로 더 성숙해질 것이라고 믿지는 않는다. 뒷장에서 설명할 변화의 여정을 당신이 일평생 걸어가면서 직접 하나님을 체험할 때 변화와 영적 성숙은 가능해질 것이라고 우리들은 생각한다.

영적 성장이란 예측 불가능하다.

하나님은 우리 삶에서 일관되게 일하시는가, 아니면 때에 따라 잠시 잠깐 도와주는 것으로 끝내시는가? 나는 하나님과의 관계에 혼란을 겪는 수많은 사람들과 이야기를 나누어보았다. 그들은 자기 삶에서 일어나는 일에 기뻐해야 할지 좌절해야 할지도 모르고 있었다. 처음에는 단순해 보이던 것들이 시간이 갈수록 복잡해지고, 영적 성장에 관한 책들은 목표만 아니라 그 과정조차 이해하기가 어려웠다. 굳게 결단하고 영적 훈련에 돌입하면 영적으로 성숙할 수 있다는 식으로 이야기하는 책들이 많다. 열심히 기도하고, 홀로 하나님 앞에 거하고, 금식을 실천하면 기대했던 일이 일어난다는 것이다. 하지만 영적 성숙이 그렇게 예측 가능한 것인가, 아니면 예측 불가능한 것인가? 그렇게 우리의 육체를 단련하는 방법으로 우리의 영성도 단련할 수 있다는 말인가? 하나님이 과연 우리를 그렇게 만드셨을까?

영적 성숙이라는 영역에서 하나님의 역사에 협조하고 싶다면 먼저 우리가 영적 성숙 여정의 큰 그림과 그 안에서 일어나는 과정들을 이해할 수 있어야 한다. 이 과정에서 하나님이 우리 안에서 어떤 일을 하고 계시는지 깨닫게 해주고 우리가 겪는 일들을 설명해줄 수 있는 좌표들이 필요하다. 우리 자신이 현재 어느 지점에 와 있고 어디로 가야 하는지 파악하기 위해 영성개발의 로드맵이 필요한 것이다.

하나님과의 사랑이 진정한 목표다

지금까지 거룩함, 유능함, 온전함, 올바른 이해를 영적 성숙의 유일하고도 궁극적인 목표로 삼을 때 결국은 막다른 골목에 부딪힐 수밖에 없다는 사실을 이야기했다. 그렇다면 도대체 무엇을 궁극적인 목표로 삼아야 한다는 말인가? 영적 성숙의 궁극적 목표는 하나님과의 사랑의 관계다. 하나님과 우리의 사랑의 관계가 왜 궁극적인 목표일까? 그것은 위대한 목적을 이루기 위한 방편이 아니라는 말인가? 이 책을 통해 '예수 그리스도를 통해 하나님과 사랑의 관계를 회복하는 일'이 어떤 목적을 이루는 방편이 될 수 없음을 당신이 깨달을 수 있게 되기를 간절히 바란다. 그 일만이 영적 성숙의 일차적이고 가장 근본적인 목표이다.

성경을 자세히 훑어보면 우리가 종종 지나치는 아주 단순한 진리를 발견하게 된다. 하나님이 우리를 창조하시고 구원하시고 인도하시는 것은 우리를 사랑하시기 때문이라는 것이다. 하나님과 맺은 사랑의 관계가 구약성경이 보여주는 가장 기본적인 전제다. 천지창조에서부터 이스라엘 백성과의 언약, 선지자들의 이야기, 시편의 내용까지 모든 이야기의 주제는 하나로 귀결되며 그것은 다시 예수님과 사도들의 가르침으로 이어졌다. 하나님의 사랑을 받고 그에 대한 반응으로 하나님을 사랑하는 것이 사막의 교부들, 교회 성인들, 종교개혁가들, 오늘날 수많은 기독교 저술가들과 교회 지도자들의 삶의 핵심이었다.

하나님은 우리가 무언가를 성취하게 하기 위해 우리를 부르신 것이 아니다. 그냥 그분과 우리 자신의 사랑의 관계를 위해 우리를 만드셨고 우리를 부르신 것이다. 앞서 언급된 목표들은 초점이 우리 자신에게 맞추어져 있지만 이번 목표는 하나님 자신에게 초점이 맞추어져 있다. 하나님이 우리를 사랑하시는 데 다른 속셈이 있지 않다는 게 얼마나 다행인가? 그리스도 안에서 하나님과 친밀해지는 것은 우리 삶의 모든 면에 엄청난 변화를 가져온다. 예수님은 단지 우리가 천국에 들어가게 하기 위해서, 또는 우리가 고쳐지고 다듬어져서 사역에 쓰임받게 하기 위해서가 아니라 우리를 하나님의 사랑으로 구속하기 위해 십자가 위에서 죽으셨다.

예수님을 믿는 사람들은 모두 요한복음 3장 16절의 말씀을 좋아한다. "하나님이 세상을 이처럼 사랑하사 독생자를 주셨으니 이는 그를 믿는 자마다 멸망하지 않고 영생을 얻게 하려 하심이라." 인간에게 가장 중요한 계명이 무엇이냐는 물음에 예수님은 이렇게 대답하셨다. "네 마음을 다하고 목숨을 다하고 뜻을 다하여 주 너의 하나님을 사랑하라(마 22:37)."

성경을 보면 당신을 향한 하나님의 궁극적 목적이 무엇인지 명확해진다. 하나님의 사랑 안에서 온전하고 자유롭게 살며 그 응답으로 당신도 그분을 사랑하는 것이다. 하나님은 당신이 그저 그분의 사랑 안에서 아들, 딸, 친구, 동반자가 되기를 바라신다.

모든 목표들은 '하나의 목표'에서 흘러나온다

하나님과의 사랑의 관계가 영적 성숙의 궁극적 목표임이 명확해졌지만 앞서 언급한 세 가지의 잠재적 목표도 역시 중요하다는 점을 인식해야 한다. 이번에는 하나님과 맺는 사랑의 관계가 앞서 언급한 목표들과 어떤 연관이 있는지 한 번 살펴보도록 하자.

하나님과의 사랑의 관계가 거룩함보다 더 근본적인 목표가 되는 이유는 무엇인가? 성경은 하나님과의 사랑의 관계로부터 거룩함이 비롯된다고 말씀한다. 거룩함은 우리의 노력으로 이룰 수 있는 것이 아니다. 로마서 8장이 그 사실을 명료하게 짚어준다. 하나님의 성령은 우리에게 생명을 주시지만 율법은 우리를 정죄한다(롬 8:1 참조). 로마서 12장에 보면 그리스도 안에서 하나님과 사랑의 관계를 맺을 때 그 관계를 통해 내면의 변화가 일어나서 우리가 거룩해진다고 말씀하고 있다(롬 12:1 참조). 거룩함은 성삼위와의 친밀한 관계를 통해 일어나는 변화이기에 주된 목표라기보다는 부차적인 목표라고 할 수 있다.

그렇다면 하나님을 잘 섬기는 제자가 되어야 한다는 목표는 어떠한가? 이번에도 신약은 우리가 자신의 힘만으로 하나님을 섬기는 것은 불가능하다고 말씀한다. 하나님과 친밀해질 때 제대로 섬기는 것이 가능해진다는 말이다. 예수님은 요한복음 14장과 16장에서 성령을 통해서만 제자들이 자신을 섬길 수 있을 것이라고 말씀하셨다. 심지어 예수님 자신도 하나님 아버지의 도움 없이는 스스로 아무 일도 할 수 없다고 말씀하셨다(요 5:30 참조). 요한복음 15장 5절에서는 예수님과의 관계가 우리의 생명과 섬김의 원동력이라고 단언하셨다. "나[와의 친밀한 관계]를 떠나서는 너희가 아무것도 할 수 없음이라." 예수님을 배신했던 베드로에게 하신 말씀도 그 점을 분명히 나타내고 있다. "시몬아, 네가 나를 사랑하느냐. (…) 내 양을 치라(요 21:15-17)." 거룩함과 마찬가지로 섬김 역시 영적 성숙의 부산물이다. 섬김은 하나님과의 사랑의 관계에서 흘러나오는 자연스러운 결과이며 그 관계에 의존하는 부수적인 것이다.

마지막으로 온전함의 목표는 하나님과 맺는 사랑의 관계와 어떤 연관성이 있을까? 성경에서는 온전한 삶이 매우 바람직한 것이기는 하지만 결국은 하나님과의 사랑에서 파생되는 것이고 우리의 마음가짐에서 비롯된다고 이야기한다. 그리고 온전함을 그리스도인들이 겪는 현실적인 고난을 부정하는 쪽으로 해석해서는 안 된다. 예수님은 자신의 생애에 고난이 따를 것이라고 말씀하셨다(마 17:12; 눅 9:22 참조). 복음을 위해 고난을 받는 것이 제자로서의 삶의 일부임을 사도들은 잘 이해하고 있었다(행 5:41; 빌 1:29 참조). 온전함은 이러한 상황들 가운데 그리스도를 통한 하나님과의 관계에서 오는 것이지 삶의 안락함이나 행복감에서 오는 것이 아니다. 이 말을 종합해 보면 온전함은 영적 성숙의 부산물인 동시에 하나님과의 사랑의 관계에서 나오는 이차적인 결과임을 알 수 있다.

신앙의 목표가 사랑의 관계라는 것은 성경 말씀이 분명히 보여주고 있다. 다른 목표들은 그 관계에서 비롯된 자연스러운 결과일 뿐이다. 사랑은 우발적인 것도 아니고 더 위대한 목표를 이루기 위한 수단도 아니다. 사랑은 하나님께서 먼저 베풀어주신 것으로 그분과의 관계에서 핵심이자 목표다. 성경적인 관점에서도 보면 하나님과 맺는 사랑의 관계는 거룩함과 섬김과 온전함의 열매를 맺는다.

성삼위에 대한 이해도 사랑의 관계가 얼마나 중요한지를 뒷받침해준다. 성삼위를 연구한 신학자들은 하나님을 아는 것과 교회에서의 신앙생활도 하나님과의 관계를 중심으로 이루어져야 한다고 말한다. 성삼위 신학에서는 성부와 성자와 성령이 나누시는 사랑의 관계가 하나님의 본성, 즉 사랑의 관계를 맺으시는 하나님의 특성을 보여주는 것이라고 주장한다. 요한복음 17장에서 예수님이 교회를 위해 하셨던 기도 역시 그 사실을 말해주고 있다. 예수님은 믿는 성도들이 사랑 안에서 하나가 되게 해달라고 기도하셨다. 그 사랑의 기반과 기준은 성도들 내면에 거하시는 성부와 성자와 성령 간의 사랑의 관계라고 말씀하셨다.

그렇다면 당신은 '사랑' 역시 다른 잠재적 목표들과 마찬가지로 우리가 결코 이룰 수 없는 불가능한 목표가 아니냐고 반문하고 싶을 것이다. 우리는 결코 완벽하게 거룩해지거나, 완벽하게 주님을 섬기거나, 완벽하게 온전해질 수 없다. 그렇다면 완벽하게 하나님을 사랑할 수는 있을까? 이것은 아주 중요한 질문이며 우리가 반드시 짚고 넘어가야 할 문제다. 그러나 '하나님과의 사랑의 관계'가 목표라는 이야기는 우리를 향한 하나님의 사랑 안에서 살아가야 한다는 말이지, 우리가 완벽하게 그분을 사랑하는 것이 목표라는 말이 아니다. 우리를 향한 하나님의 사랑은 선물이며 우리가 예수님의 주권 아래에서 살아갈 때 무한하게 누릴 수 있는 것이다. 하나님을 향한 우리의 사랑은 그분의 사랑에 대한 응답으로 저절로 우러나오는 것에 불과하다. "우리가 사랑함은 그가 먼저 우리를 사랑하셨음이라(요일 4:19)." 이웃에 대한 사랑도 마찬가지다. 영적 성숙의 목표는 하나님과의 친밀한 사랑의 관계이며 그것은 우리가 달성하는 것이 아니고 하나님이 이루시는 일이다. 우리의 하나님을 향한 사랑이나 이웃에 대한 사랑은 그로 인한 자연스러운 결과물이다.

정말 하나님을 사랑하는 것만으로 충분한 걸까?

사랑이 궁극적 목표라는 주장에 동의한다고 하더라도 개인적으로 그것을 받아들이느냐 않느냐는 별개의 문제다. 서양 문화권을 비롯해 많은 나라들이 무엇보다 능력과 생산성을 최고의 가치로 생각한다. 요즘에는 행복과 쾌락을 인생의 우선적 목표로 삼는 경향도 있지만 그래도 생산성을 중요시하는 문화는 여전하다. 신앙의 목표가 사랑이라고 한다면 즉각 정말 사랑으로만 충분한 것인지 의문이 들것이다.

나 역시 그런 의문을 품고 있었다. 그것은 내가 자라난 환경적 요인 탓이기도 했다. 가난이 뼈에 사무친 가정에서 성장한 나는 넉넉한 삶을 동경했고 열심히 일해서 가족을 부양하며 누구에게도 무시받지 않고 살고 싶었다. 학교에서 엔지니어와 경영 상담가 교육을 받은 것도 모든 것이 실용 가치가 있어야 하며 생산적인 결과를 보장받아야 한다는 믿음을 강화시켜주었다. 머리로는 하나님과 맺는 사랑의 관계가 필요하다는, 아니 가장 중요하다는 것을 인정하면서도 현실적으로는 언제나 그 관계에서 얻는 '실질적인' 것에 더 큰 가치를 두고 있었다. 그리스도인들의 영적 생활을 코칭하며 함께 사역을 하다 보니 그런 문제를 갖고 있는 사람들이 의외로 많았다. 머릿속으론 하나님의 사랑이 중요하다고, 가장 핵심이라고 생각하면서도 실제적으로는 그로 인해 생기는 결과들을 더 중요시했다.

하나님은 우리 부부 관계와 자녀 관계를 통해 생산성의 세계관 너머에 있는 것들을 보게 해주셨다. 만일 아내로부터 무엇을 얻어내기 위해, 혹은 아내와 함께 무엇을 성취하기 위해, 필요하기 때문에 아내를 사랑한다면 얼마나 비극적인 일일까? 내가 아이들을 양육하는 근본적인 이유가 부모의 말을 잘 듣고 바르게 살거나 성공한 사람을 만들기 위한 것이라면 어떨까?

그건 아니다. 그들이 내게서 필요로 하고 내가 그들에게서 필요로 하는 것은 결과에 연연하지 않는 무조건적인 사랑을 주고받는 것이다. 예수님은 우리에게 이렇게 말씀하셨다. "내가 너희를 사랑한 것 같이 너희도 서로 사랑하라(요 13:34)." 예수님은 조건 없이 우리를 사랑하신다. 왜냐하면 사랑하는 것이 그분의 본성이기 때문이다. 그래서 주님은 온 세상을 사랑하신다. 심지어 그분을 멸시하고 거역하는 자들까지도……

하지만 그런 사실을 아는 것과 그 사실대로 사는 것은 완전히 별개의 문제였다. 나는 기도를 하면서 하나님의 음성을 '듣지' 못했다는, 즉 '생산적인' 목적을 이루지 못했다는 좌절감에 빠질 때가 매우 많았다. 하나님은 "너는 나만으로 충분치 않다는 거냐?"라고 내게 물으셨고, 그때 나는 그것이 바로 내 진정한 심정이었음을 인정하지 않을 수 없었다. 나는 하나님과 함께 지내며 그분을 사랑하는 것으로만 만족할 수 없었다. 그분과의 관계로부터 무언가를 얻어내길 원했고 받지 못하면 불만족스러웠다. 그런데 알고 보니 그것은 나 혼자만의 문제가 아니었다.

하나님의 부르심의 우선순위

어떤 사람이 되느냐being와 무엇을 하느냐doing의 문제-하나님을 사랑하는 것과 섬기는 것-에서 우선 하나님이 원하시는 것이 무엇인지 살펴보는 게 좋을 듯하다.

첫 번째 부르심 First-Order Calling: 주님이 우리를 부르신 일차적인 목적은 우리가 하나님과 사랑의 관계를 맺는 것이다. 하나님은 우리를 택하셔서 "네 마음을 다하고 목숨을 다하고 뜻을 다하여 주 너의 하나님을 사랑하라"는 명령대로 살 수 있도록 인도해주신다(마 22:37).

두 번째 부르심 Second-Order Calling: 그런 후에 예수님은 "나를 따라오라"고 우리를 부르신다(마 4:19). 그와의 사랑의 관계 안에서 그의 마음을 알고 그가 하시는 일에 동참하도록 초대하시는 것이다.

예수님을 잘 알고, 따르고, 섬기는 능력은 그분과의 관계가 얼마나 깊은가에 달려 있다. 애석하게도 현대의 가치관은 첫 번째 부르심being보다 두 번째 부르심doing에 더 높은 점수를 부여한다. 첫 번째 부르심은 일회적인 사건에 불과하다고 생각하는 경향도 있다. 예수님을 사랑하는 것보다 실제로는 그분을 섬기는 것에 더 집중하는 것이다. 그것이 우리 사회만이 아니라 교회들이 갖고 있는 문화요, 규범이다. 사람들은 목사인 나에게 다가와서 요즘 어떻게 지내느냐고 묻는다. 그 질문의 속뜻은 "목회는 잘 되고 있나요?"임을 서로가 잘 알고 있다. 그리스도인들끼리도 요즘 예수님과의 관계가 어떠냐고 묻는 경우는 거의 없다. 예수님이 에베소 교회를 향해 하셨던 책망을 오늘날 우리도 귀 기울여 들어야 하지 않을까?

"또 네가 참고 내 이름을 위하여 견디고 게으르지 아니한 것을 아노라. 그러나 너를 책망할 것이 있나니 너의 처음 사랑을 버렸느니라. 그러므로 어디서 떨어졌는지를 생각하고 회개하여 처음 행위를 가지라. 만일 그리하지 아니하고 회개하지 아니하면 내가 네게 가서 네 촛대를 그 자리에서 옮기리라(계 2:3-5; 요 21장 참조)."

어느 시대, 어느 누구를 막론하고 하나님의 뜻을 혼동해서 두 번째 부르심을 첫 번째 부르심보다 앞세우는 일이 흔히 일어나는 것을 보게 된다. 그러나 우리의 진정한 행위는 사랑에서 나오는 것이다.

영적 성숙은 내면에만 국한되는가?

신앙의 일차적인 목표가 하나님과 맺는 사랑의 관계라고 하면 자칫 자기도취에 빠지지 않을까 하는 우려가 생긴다. 우리 대부분은 전도를 무엇보다 중요하게 여기는 배경에서 자라난 사람들이다. 만일 하나님과의 관계라는 내면적 신앙에만 온 힘을 쏟는다면 전도하고 제자 삼으라는 지상 대명령을 소홀히 하게 되지나 않을까? 하나님과 사랑의 관계를 맺는 데에만 집중하면 가난하고 소외되고 믿지 않는 사람들을 잊고 지내게 되지 않을까? 이것은 매우 중요한 질문이고 진지하게 그 대답을 찾아야만 한다. 우리는 모두 이기적이며 자기에게만 몰입할 가능성이 충분한 존재들이기 때문이다.

먼저 이런 질문부터 해보아야 한다. "예수님을 모르는 사람들에게 전도하고 싶은 동기는 무엇인가? 굶주린 사람을 먹이고 정신 지체자와 노숙자와 가난한 사람을 도와주고 싶은 마음은 어디에서 생기는가?" 물론 인간적인 동정심에서 그럴 수 있다. 정도의 차이는 있겠지만 누구나 '가난한' 사람들을 보면 불쌍한 마음이 든다. 우리는 하나님의 형상으로 창조되었기에 불우한 사람을 보면 돕고 싶은 마음이 자연스럽게 우러나온다. 그와 동시에 주변에서 고통당하는 사람들을 무시하고 내 자신의 안락함만을 추구하는 이기적인 모습도 있다. 하지만 성경에서는 영적으로나 육체적으로 고통받는 사람들을 도와주는 것은 단순한 동정심의 발로 이상이라고 말씀한다. 그것은 우리 안에서, 그리고 우리를 통해 일하시는 하나님의 역사라는 것이다. 예수님을 세상에 오시게 한 것은 우리를 향한 하나님의 사랑이었다. "하나님이 세상을 이처럼 사랑하사 독생자를 주셨으니(요 3:16)." 예수님은 하나님이 자신을 세상에 보내신 것처럼 우리를 세상에 보내시겠다고 말씀하셨다. 전도를 하는 진정한 동기는 믿지 않는 사람을 구원하겠다는 일종의 의무감만이 아니라, 우리 마음에 하나님의 사랑이 역사해서 우리를 새롭게 빚으시고 죄의 허물을 벗겨주시고 하나님의 사랑으로 채워주셨기 때문이다.

우리는 하나님의 사랑 때문에 이웃을 사랑할 수 있게 되었다. "우리가 사랑함은 그가 먼저 우리를 사랑하셨음이라(요일 4:19)." 율법이나 도덕적 규범은 우리가 이웃을 사랑하도록 만들어주지 못한다. 하나님의 사랑으로 가득 채워진, 변화된 심령만이 다른 사람을 진정으로 사랑하고 그 사랑을 실천할 수 있게 한다. 하나님을 진정으로 사랑하는 마음은 언제나 이웃 사랑으로 이어진다. 전도라는 것은 결국 우리 마음에 있는 하나님의 사랑을 그 사랑이 필요한 다른 사람에게 부어주는 것이다. 즉 하나님에 대한 사랑이 궁극적인 원동력이 되어 우리가 전도와 선행을 하도록 이끌어주는 것이다.

영성개발이란 무엇인가?

우리 삶을 향한 하나님의 궁극적인 목표가 무엇인지 알았으니, 이제 영적 성숙을 이루기 위한 영성개발의 정의를 내려보자.

"영성개발이란 성령의 능력이 우리 안에서 성부와 성자와 성령과의 친밀함과 사랑을 깊게 함으로써 우리의 삶을 변화시키며, 우리를 하나님과 세상에 대한 예수 그리스도의 사랑 안에서 그의 형상으로 만들어가는, 우리 내면에서 일어나는 일련의 과정을 말한다."

하나님은 우리 마음을 변화시켜 그분의 사랑 안에서 살게 하고 그분과 더 가까워질 수 있도록 인도해주신다. 예수님을 닮아간다는 것은 결국 우리가 점점 더 예수님 같은 사람이 되어 예수님이 하나님 아버지와 성령과 사랑의 관계를 맺은 것처럼 우리도 그런 관계를 맺어간다는 뜻이다. 그런 관계 안에서 성령의 열매와 은사들이 나타나고 이 세상에서 예수님을 따라가면서 다른 사람들에게 축복의 통로가 되어 하나님께 영광을 돌리게 되는 것이다. 이제 마지막으로 중요한 질문 한 가지가 남아 있다.

어떻게 하면 그렇게 될 수 있을까?

최근에 한 노부부와 함께 커피를 마시며 대화를 나누는 중에 교회에 대해 느낀 그들의 실망과 신앙생활의 불만을 들어본 적이 있다. "교회에서는 진짜 중요한 이야기는 안 하고 우리가 더 잘 해야 한다는 이야기만 해요." 나는 그분들에게 "진짜 중요한 이야기가 뭔데요?"라고 물었다. 그러자 조금의 망설임도 없이 "하나님이죠!"라는 대답이 돌아왔다.

그 노부부는 교회에서 봉사란 봉사는 도맡아 하시는 분들이었고 현재도 부부들을 위한 성경 공부반을 인도하고 있었다. 비록 '영성개발 과정'이라는 말은 사용하지 않았지만 그들이 표현하고자 했던 것은 하나님을 위해 무엇을 하느냐가 아니라 하나님과 더 깊은 관계를 갖고 싶은 갈망이었음이 분명했다. "하나님의 사랑을 더 깊이 체험하고 그분을 더 많이 사랑할 수 있도록 교회에서 가르쳐야 한다고 말씀하시는 거죠?" 내가 그들의 말뜻을 넘겨짚자 할머니의 눈에는 이슬이 맺혔고 할아버지는 나를 응시하며 "어떻게 그렇게 될 수 있을까요?" 하고 나지막이 한숨을 쉬었다. 신앙의 목표가 성경과 신학과 역사에서 말하는 대로 '그리스도 안에서 하나님과 맺는 사랑의 관계'라는 데에는 아무 이의가 없지만, 문제는 우리도 그 노부부처럼 "어떻게 하면 그렇게 될 수 있을까요?"라고 묻게 된다는 것이다. 그리스도 안에서 하나님과 더 깊은 사랑의 관계를 맺으려면 어떻게 해야 하는 것인가? 우리 안에서 일하시는 하나님의 역사에 동참하는 길은 무엇인가?

그것은 나와 당신의 뇌리를 떠나지 않는, 그리고 수많은 그리스도인들이 오늘도 동일하게 묻고 있는 질문이다. 거룩함이나 섬김이나 온전함에 있어서는 어느 정도 발전과 진보를 나타내는 사람들도 마음속으로는 여전히 깊은 갈망과 갈증을 느끼고 있다. 그런 면에서 우리는 하나님이 우리 삶에서 어떻게 역사하시는지, 영적 성숙이 실제로 어떻게 이루어지는지를 확실하게 짚고 넘어가야 한다. 자, 그럼 이제부터 흥미진진한 탐험을 시작해보자.

생각해보기

- 거룩함, 유능함, 온전함, 교리에 대한 정확한 이해가 신앙 성숙의 궁극적인 목표라는 생각들 중에서 이제까지 당신이 추구해오던 것은 무엇이었는가? 그 결과는 어떠했는가?
- 당신을 향한 하나님의 목표가 단순히 그분과 더 깊은 사랑의 관계를 맺는 것이라고 할 때, 당신이 그 말을 개인적으로 받아들이기 힘든 이유는 무엇인가?
- 당신은 삶에서 하나님의 첫 번째 부르심과 두 번째 부르심에 어떻게 순종하고 있는가?
- 하나님의 사랑을 향해 가는 삶을 살기 위해서 우선 다른 사람들과 사랑의 관계를 맺으려면 당신이 무엇을 해야 할지 생각해보라.

3

하나님의 사랑을 향해 떠나는 여정

"내 아버지 집에 거할 곳이 많도다. 그렇지 않으면 너희에게 일렀으리라. 내가 너희를 위하여 거처를 예비하러 가노니 가서 너희를 위하여 거처를 예비하면 내가 다시 와서 너희를 내게로 영접하여 나 있는 곳에 너희도 있게 하리라(요 14:2-3)."

3장
하나님의 사랑을 향해 떠나는 여정

어느 날 아침 10대가 된 아들을 차에 태우고 학교에 데려다 주던 참이었다. 우리 아들은 평소처럼 "왜 그걸 하면 안 되나요?"라는 질문으로 나와 실랑이를 벌였다. 아이를 학교에 내려주고 차를 몰고 돌아오면서 나는 아들이 정말 철이 없다고 생각했다. 그 순간, 아이가 아직 철들 나이가 아니라는 생각이 퍼뜩 머리를 스쳤다. 아직 자라고 있는 아이가 아니던가! 그와 동시에 하나님이 내 머릿속에 또 다른 생각을 넣어주셨다. '너도 마찬가지란다, 너도 영적으로 철이 덜 들었지.' 나는 그 말에 실소를 금할 수 없었다. 하나님이 나를 사랑하시며 아직도 '자라고 있는 중'인 나를 그대로 받아주시니 얼마나 감사한 일인가! 우리 아들의 성장 과정을 이해하고 그 과정 중에 있는 아이를 있는 그대로 받아들이고 사랑할 수 있다는 것도 얼마나 감사한 일인가! 신앙생활을 하다 보면 영적 성숙의 큰 그림을 갖고 싶을 때가 있다. 현재 자신이 어디에 있고 어디로 가야 하는지를 알고 싶기 때문이다.

혹시 성경에 그런 로드맵이 나와 있다면 얼마나 좋을까? 영적 성숙에 대해 알아야 할 모든 것이 성경에 있는데, 영적 성숙을 직접적으로 언급하는 말씀들을 들어보면 다음과 같다.

- 에베소서 3장 14-19절은 우리를 향한 하나님의 목적이 그분과 맺는 사랑의 관계이며 그런 관계는 예수님을 인격적으로 잘 알아감으로써 가능해진다고 말한다.
- 로마서 12장 2절과 고린도후서 3장 18절은 하나님과의 사랑의 관계 속에서 우리의 영적 성숙이 지속적으로 이루어지며, 영적 성숙은 평생 이루어지는 순종의 과정이라고 말한다.
- 요한일서 2장 12-13절과 히브리서 5장 13절에서 6장 1절까지의 말씀은 우리의 영적 성숙이 점진적으로 발전해가는 하나의 과정이라고 말한다.
- 데살로니가전서 5장 23절에서는 하나님이 우리를 각자의 독특한 개성에 맞추어 그분의 형상으로 빚어가신다고 말한다.
- 에베소서 4장 1-16절을 보면 영적 성숙은 공동체와 깊은 연관성을 갖고 있어 하나님이 다른 사람을 통해 우리에게 말씀하시고 우리의 은사와 재능을 계발하신다고 말한다.

영적 성숙의 전체 과정을 요약적으로 설명해주는 성경 구절은 없지만 이 모든 말씀을 참고할 때 성경이 영성개발에 대해 어떤 가르침을 주고 있는지 하나의 밑그림을 그릴 수는 있다. 영성개발 모델은 지속적이고, 단계적이고, 개인적이고, 또한 공동체적인 성격이 있으며 체험적인 믿음을 통해 성삼위와의 친밀한 관계로 나아가게 해주는 것이다. 그리스도인의 영성개발 모델에 대한 정의나 설명은 다음과 같은 기준에 부합되어야 한다.

- 성경의 명백한 가르침에 충실해야 한다(딤후 3:16 참조).
- 오랜 세월의 경험을 거쳐 역사적으로 검증된 것이어야 한다.
- 영적 성숙 과정의 요소와 단계들을 구체적으로 설명하고, 각자가 처한 위치를 알 수 있게 해줘야 한다.
- 우리 인간의 성장 발달 단계를 반영해야 한다.
- 어느 문화, 어느 환경의 사람들에게도 적용될 수 있도록 보편적이어야 한다.

일반적인 영적 성숙 과정의 본보기를 제시한 사람은 다수 있을 것이다.[1] 그러나 우리는 하나님과 사랑의 관계를 발전시키는 데 가장 좋은 본을 보여주며 기독교 역사상 가장 존경받았던 영성 저술가 한 명을 찾아낼 수 있었다. 기독교 역사의 암흑기로 불리는 스페인 종교재판이 한창이던 시절에 하나님은 용기와 신앙심을 겸비한 독보적인 존재를 세상에 보내주셨다. 그녀의 이름은 아빌라의 테레사이다. 그녀는 자신의 생명도 아끼지 않을 정도로 예수님을 지극히 사랑했고, 다른 사람들도 그 사랑의 길로 이끌어주었다. 그녀는 오랜 세월 동안 사람들을 전도하면서 그들을 믿음 안에서 양육했고, 그 경험에 근거하여 영적 성숙의 일곱 단계에 대한 놀라운 책을 썼다. 이 책은 사람들이 하나님의 사랑 속으로 깊이 들어가면서 이웃까지 사랑하게 되는 단계에 이르는 과정을 우리에게 보여준다. 테레사가 말한 영적 성숙의 일곱 단계는 위에서 언급한 영성개발 모델의 기준들과 정확히 부합된다.[2] 즉 성경적이고, 오랜 세월에 걸쳐 역사적으로 가치가 증명되었고, 우리 자신의 경험을 이해할 수 있도록 과정에 대한 설명이 충분하며, 정상적인 인간의 발달 단계와 일치하고, 어느 문화권에 속한 사람에게든 적용 가능한 보편적인 영적 성숙 과정을 그려내고 있다.

아빌라의 테레사와 동시대에 살았던 십자가의 요한은 '영혼의 어두운 밤'이라는 가르침을 통해 영적 성숙의 로드맵에 중요한 부분을 첨가해주었다.

테레사가 쓴 『마음의 성』에 나오는 '일곱 개의 방'을 논하기에 앞서 그녀가 처했던 역사적 상황을 설명함으로써 그가 저술한 내용과 가치를 잘 이해할 수 있도록 돕고자 한다(역사와 인물에 대한 더 자세한 소개는 두 사람의 전집을 참고하기 바란다).[3]

아빌라의 테레사

테레사는 1515년 3월 28일, 스페인의 아빌라에서 태어났다. 부유한 귀족 집안에서 성장한 그녀는 1535년 11월 2일에 카르멜 수녀원에 들어갔고 아우구스티누스가 지은 『참회록』을 읽고 '두 번째 거듭남'을 경험했다.[4] 많은 그리스도인이 그렇듯이 테레사도 독실한 믿음의 가정에서 태어나 아주 어린 시절부터 예수님을 믿었다. 그리고 어린 나이부터 자신은 하나님만 섬기며 살겠다고 결심했다. 그 당시 하나님만을 섬기며 살 수 있는 방법은 오직 수도원에 들어가서 수녀가 되는 길뿐이었다. 아우구스티누스의 책을 읽던 테레사는 그가 하나님과 인격적이고도 친밀한 관계를 맺고 있다는 사실에 놀라움을 금치 못했다. 헌신적인 신앙생활만으로는 충분치 못함을 깨달은 그녀는 자신의 온 마음을 예수님께 바쳐 그분이 아낌없이 주시는 사랑을 받고 싶어했다. 하나님은 테레사의 철저한 순종을 보시고 그녀의 마음을 예수님을 향한 깊은 사랑으로 풍족히 채워주셨다. 그녀는 그 이후에도 수년 동안 하나님에 대한 환상을 여러 차례 경험하면서 오직 하나님만을 사랑하는 기도의 공동체를 꿈꾸기 시작했다.

자신은 주님을 섬기는 데 일생을 바칠 각오였지만 그 당시 물질주의에 젖은 교회의 분위기나 수도원 상황은 그녀에게 고민과 시련을 안겨주었다. 당시 유럽 전역에서 진행되고 있던 종교개혁에 참여하지는 않았지만 테레사 자신은 엄연한 개혁가였다. 결국 그녀는 엄격한 규율을 준수하고 오직 기도와 하나님 사랑과 이웃 사랑에 전념하는 개혁 카르멜파('맨발의 카르멜 수도원'이라고도 불린다)를 설립했다. 그 같은 개혁 운동으로 핍박을 받은 것은 물론이고 그녀가 저술한 내용들도 종교재판소의 끊임없는 감시를 받아야 했다. 테레사는 1622년에 여성으로서는 최초로 '교회의 박사'라는 칭호를 받았다. 그 사실은 테레사가 생전과 사후에 교회에 끼친 영향력과 그녀에 대한 존경심이 어떠했는지 보여준다. 테레사 성녀가 신비적인 체험을 많이 한 것은 사실이지만, 기독교 신비주의자나 성자들이 흔히 그랬던 것처럼 수도원의 울타리 안에서만 은둔하는 수녀는 아니었다. 그녀는 개혁가였을 뿐 아니라 당대의 뛰어난 교회 지도자였다. 그녀는 여러 개의 수도원을 감독하고 지도할 책임을 맡고 있었으므로 항상 이곳저곳을 돌아다녀야 했다. 요즘으로 말하면 전역에 새로운 교회들을 세우는 교회 개척자였다고 할 수 있다. 바쁘고 복잡한 현대인들의 생활과 크게 다를 바가 없는 삶이었다. 어쩌면 그래서 그녀가 말하는 영적 성숙 과정이 더 실제적이고 우리의 일상생활에 가깝게 와 닿는지도 모른다.

 달라스 윌라드 박사는 영성 컨퍼런스 강의 중에 아빌라의 테레사야말로 성경의 저자들 이래 영적 성숙을 가장 깊이 이해할 수 있도록 도와준 위대한 공헌자라고 몇 차례 언급한 바 있다. 『잊혀진 제자도』라는 그의 책을 보면 이러한 대목이 나온다. "『영혼의 성』은 내가 그 어느 곳에서도 발견하지 못했던 하나님과의 친밀한 관계 안에 살아가는 법을 가르쳐주었다. (…) 하나님이 우리에게 말씀하신다는 현상학에 대한 나의 지식은 대부분 테레사 성녀가 여섯 번째 방, 세 번째 장에서 말한 내용을 읽고 실천한 데에서 얻은 것이다. 나는 지금도 하나님이 그분의 자녀들에게 말씀하신다는 주제를 그녀보다 더 깊이 있게 다룬 책은 없다고 생각한다."[5]

십자가의 요한

예수님을 열정적으로 사랑했던 또 한 명의 수도승이 '영혼의 어두운 밤'이라는 가르침을 통해 영적 성숙 로드맵의 중요한 부분을 보완해주었다. 십자가의 요한은 테레사와 동시대에 태어나 그녀와 함께 동역을 했던 수도승이었다. 그가 쓴 시와 글은 하나님의 마음을 향한 사랑의 여정을 이해하는 데 큰 도움을 주고 있다.[6] '영혼의 어두운 밤'이라는 가르침은 우리가 영적 성장 과정에서 경험하게 되는 광야의 시간들, 즉 세상의 것들을 내려놓고 그리스도에게 온전히 순복하는 시간을 더 깊이 이해할 수 있도록 도와주었다.

십자가의 요한은 1542년 6월 24일, 스페인의 폰피베로스에서 태어났다. 아빌라의 테레사가 태어난 지 27년 후였다. 테레사와는 달리 요한은 철학과 신학에서 풍부한 학문적 소양을 쌓았다. 그가 테레사를 만난 것은 그의 고향에서 첫 번째 미사를 드리던 날이었다. 테레사와의 만남은 그의 삶을 송두리째 바꾸어놓았다. 그는 테레사에게 어떻게 하면 진정으로 경건한 수도원을 찾을 수 있느냐고 물었고 그녀는 아마도 그런 수도원을 찾기는 힘들 테니 직접 설립해보는 게 어떻겠느냐고 충고했다(오늘날 성공 지상주의에 빠진 교회에 염증을 느끼는 젊은 지도자들이 연상되지 않는가?). 얼마 후에 그는 남자 수도승들을 위한 '맨발의 카르멜 수도회'를 설립했고 테레사와 친분을 쌓으면서 그녀의 영성 지도를 받았다. 자신이 주도한 개혁의 여파로 감옥에 갇힌 그는 옥중에서 기독교 신비신학의 최고봉이라고 할 수 있는 『어둔 밤』과 『카르멜산의 등정』을 저술했고[7] 그 후 1591년 마흔아홉의 나이로 세상을 떠났다.

십자가의 요한도 개혁 운동으로 핍박을 받았다. 테레사가 그랬던 것처럼 그가 영성개발에 전념한 것도 하나님이 주신 사명감에서 비롯되었다. 그의 사명은 교회가 성경적이고 역사적 진정성을 갖춘 교회로 회복되도록 돕는 것이었다. 오늘날에도 그와 동일한 사명을 받은 그리스도인들이 그리스도의 신부인 교회를 회복하여 주님이 전 세계에서 찬양을 받게 하고자 애쓰고 있다. 우리는 지금 많은 교회들이 사회적 압력에 굴복하고 성경의 권위가 짓밟히는 시대에 살고 있다. 신학적 차이와 교리의 정확성을 강조하는 현대 사조로 인해 주관적인 영적 체험에 대해서는 대부분 회의적인 시각을 갖고 있다. 오로지 '올바른' 신학만이 신앙생활을 바른 방향으로 나아가게 하고 하나님과의 관계에 안전한 토대가 된다고 주장한다. 그래서 영적 체험이나 개인적 경건을 입에 올리기 꺼려하거나 심지어 금기시하는 교회들도 많다. 그렇지만 우리가 사는 세상은 테레사나 요한이 살던 시대와 크게 다르지 않다. 따라서 우리가 더 집중해야 할 부분은 오직 성경에 기반을 둔 가르침이다. 영적 성숙의 본질을 비롯해 그 목표와 지속적인 과정에 대해 성경적인 가르침을 받아야 한다. 영적 성숙에 대한 테레사나 요한의 가르침은 일단 시간이 흐르며 성경적인 검증을 받았고, 최근 들어 그들의 저작물에 대한 관심이 부쩍 증가했을 만큼 현대에도 그 가치를 인정받고 있다. 테레사의 영적 성숙론은 이해하기가 쉽기 때문에 오늘날 현대인의 신앙 여정에도 좋은 길잡이가 되어줄 것이라고 믿는다.

믿음은 모든 그리스도인에게 동일하다

개신교회의 성도들에게 몇 가지 당부할 말이 있다. 이 책에서는 가톨릭 작가의 저작물을 제2의 참고 서적으로 사용하고 있다. 처음에는 우리 역시도 가톨릭의 문화가 무척이나 낯설었다. 트라피스트회 수도원을 처음 방문했을 때나 초기 교회 교부들의 책을 읽을 때에도 개신교와는 다른 가톨릭교회(특히 테레사와 요한 시대의 교회)의 교리와 의식들이 상당히 낯설고 거북했다. 물론 수도원에 머물면서 은혜를 받기는 했지만 '만일 이 사람들이 하는 게 옳다면 종교개혁이 왜 필요했겠는가?'라는 의문을 마음속에서 떨칠 수가 없었다. 교파마다 신학적 견해는 다르다. 하지만 우리가 홀리트리니티 수도원의 수도승이나 테레사와 요한에게서 발견한 것은 예수님에 대한 진실한 사랑과 모든 그리스도인이 공통적으로 갖고 있는 성경적 신앙이었다.

성령 하나님께서는 어느 시대든지 주님을 따르는 사람들에게 진리를 깨닫게 해주신다. 이는 특정 교파나 교단에 한정되지 않는다. 우리는 우리와 다른 교파의 신학이나 그 시대 교회 의식의 전부를 수용하지는 않는다 하더라도 얼마든지 그들로부터 필요한 교훈을 배울 수는 있다. 성령님은 인류 전체의 역사 가운데 일하시며 특히 교회 안에서 하나님을 알고 사랑하는 법을 가르치신다. 자신이 속한 교회의 신학과 전통을 소중히 여기는 것은 좋으나 외부로부터 배우며 좋은 점들을 본받는 일도 멈추지 않기를 바란다. 가끔은 다른 관점과 전통이 자신들의 맹점과 편견을 드러낼 때가 있다. 아빌라의 테레사와 십자가의 요한도 그 시대 그 상황에서 최선을 다해 예수님을 따랐던 성도들이었음을 기억하고, 그들의 신앙 체험에서 배울 것이 있으리라는 기대를 갖고 이 책을 읽어주길 바란다.

일곱 개의 방: 영적 성숙으로 가는 로드맵

테레사는 그녀가 지도하고 감독했던 사람들과의 경험을 살려 영적 성숙의 과정에 대해 책을 써보라는 권유를 받았다. 어떻게 하면 영적인 성숙 과정을 설명할 수 있을까 고심하던 테레사는 영혼(혹은 마음)을 의미하는 한 가지 생생한 환상을 보게 되었다. 바로 한 개의 다이아몬드, 혹은 투명한 수정으로 만들어진 성의 모습이었다. 그 성 안에는 수많은 방들이 있었고 중심부에는 '태양'이 있어 주변으로 빛을 발산하고 있었다. 수정으로 된 성에는 동심원을 이루는 일곱 개의 방이 있었다. 그리스도인들은 하나님께 나아가기 위해 그 방들을 하나씩 거쳐가는 영적 순례자와 같았다. 영광의 왕이신 하나님은 일곱 번째 방, 즉 중앙에 있는 방에 거하시면서 모든 방들을 찬란히 비추시고 계시며 그 빛은 성 외곽까지 위엄 있게 빛나고 있었다. 하나님과의 관계가 깊어지면 깊어질수록 그리스도인은 중앙에 계신 하나님께로 더 가까이 나아가게 된다. 중앙으로 다가가면 그리스도인이 경험하는 하나님의 빛은 더욱 강렬해진다. 이러한 과정을 거쳐 우리는 점차 주님의 형상으로 변화되어가며 성삼위와의 더 깊고 친밀한 관계와 동역으로 들어가는 것이다.

 방들은 일직선으로 늘어선 것이 아니라 여러 겹의 껍질을 벗겨야 속살을 먹을 수 있는 과일처럼 겹겹이 층으로 이루어져 있다. 그리스도인들은 보통 바깥에 있는 층에서 중앙을 향하여 이동하지만 단순히 직선으로 나아가지는 않는다. 마치 임시 숙소에 머무는 순례자처럼 한 곳에서 머물다 다른 곳을 기웃거리기도 하고, 그러다 다시 자신의 임시 숙소로 돌아오기를 반복한다. 그러다 어느 순간 중앙에 가까운 방으로 이동해 있는 자신을 발견하게 되고 그곳이 새로운 거처가 되는 것이다.

 테레사가 요한복음 14장을 인용하지는 않았지만 그녀가 본 그림은 여지없이 그 구절의 말씀을 반영하고 있다. 테레사의 그림을 생각하며 예수님이 하신 말씀을 되새겨볼 때, 천국의 모습만이 아니라 우리가 현재 주님과 맺고 있는 관계적 차원에서 생각해보기를 바란다. "너희는 마음에 근심하지 말라. 하나님을 믿으니 또 나를 믿으라. 내 아버지 집에 거할 곳이 많도다. 그렇지 않으면 너희에게 일렀으리라. 내가 너희를 위하여 거처를 예비하러 가노니 가서 너희를 위하여 거처를 예비하면 내가 다시 와서 너희를 내게로 영접하여 나 있는 곳에 너희도 있게 하리라(요 14:1-3)."

　사람들은 이 말씀이 천국을 묘사하는 것이라고 생각하지만 이 말씀은 현세에서 영적 성숙 과정을 이해하는 데에도 매우 중요한 열쇠를 제공한다.

- 영적 성숙은 행동이나 일의 성과가 아닌 믿음을 토대로 이루어진다.
- 믿는 성도들에게 하나님의 거처는 자신의 마음속이다. 외적인 거처가 아니라 내적인 거처이다.
- 하나님과의 관계는 다양한 면모를 보여주는 하나의 여정이다.
- 예수님은 우리보다 앞서가시면서 다음의 성숙 과정을 개별적으로 준비해주신다.
- 하나님은 우리의 영적 성숙 과정을 적극적으로 주도하신다. 우리가 다음 단계를 찾아갈 때까지 기다리지 않으시고 먼저 우리에게 오셔서 권면하신다. 그리하여 우리가 그분이 계시는 곳에 함께 가도록 인도해주신다.
- 영적 성숙은 평생에 걸친 순례 과정이며 그 목표는 그리스도 안에서 하나님과 친밀해지는 것이다.

우리의 노력과 하나님의 은혜

"모두 내려놓고 하나님이 행하시게 해Let go and let God!"라는 멋진 문구가 있다. 테레사는 우리가 하나님과 친밀해질수록 우리 노력보다는 하나님 은혜에 의지하게 된다는 저 유명한 관계의 변화를 역설함으로써 우리가 지나치게 애쓰는 모습을 스스로 보게 해준다. 하나님과의 관계를 설명하기 위해 테레사가 사용한 것은 밭에 물을 주는 비유였다. 밭은 우리 영혼을 뜻하고 물은 하나님의 은혜를 의미한다. 우리의 영혼이라는 밭에 성령이 '물을 주시는' 네 가지 방식이 있는데, 테레사는 그 방식들을 '네 가지 물'이라고 불렀다. 토머스 두베이는 '네 가지 물'과 '일곱 개의 방'이 갖는 연관성을 다음과 같이 설명했다.

"테레사는 영혼의 밭에 여러 가지 방법으로 물을 줄 수 있다고 말한다. 첫 번째는 두레박을 사용해 우물에서 물을 길어다가 붓는 것인데 그러기 위해서는 막대한 인간의 노력이 들어가야 한다. 두 번째 방법은 물레방아를 돌리고 수로를 파서 밭에 물을 대주는 것인데, 힘을 덜 들이고 더 많은 물을 얻을 수 있다. 세 번째는 그보다 더 손쉬운 방법으로 강이나 시내에서 물을 끌어들여 밭을 적시도록 하는 것이다. 네 번째는 가장 좋은 방법인데, 자애롭고 풍부한 수량을 갖고 계신 주님께서 단비를 내리셔서 직접 밭에 물을 주시고 우리는 아무 일도 안하는 것이다."[8]

테레사는 네 가지 물과 마음속에서 각 방으로 이행하는 영적 성숙 과정 간의 관계를 설명하면서, 우리가 네 번째 방에서 마지막 방까지 성숙의 과정을 진행해갈 때 인간적인 노력과 우리의 주도권은 점차 줄어들고 하나님의 영향과 주도권은 점차 강해진다고 말했다. 보통은 정반대로 생각하기 쉬운데 이것은 참으로 반가운 이야기가 아닐 수 없다. 우리는 영적으로 성숙하면 성숙할수록 더 많은 노력과 희생이 필요하다고 믿는다. 사는 게 너무 바쁘고 교회 봉사도 이미 포화 상태라 한가지 봉사라도 더 참여하는 것은 불가능하다고 말하는 성도들을 많이 본다(그들은 "만일 영적으로 성숙하기 위해 더 열심히 노력해야 한다면 저는 그냥 여기에 머물겠습니다"라고 말할 것이다).

이처럼 '계속 애쓰며' 노력하는 성도들이 신앙의 열매를 보지 못하고 좌절하는 경우가 많다고 테레사도 말했다. 네 가지 물과 영적 성숙 과정에서 우리가 취해야 할 태도는 응당 하나님의 인도하심과 능력을 더욱더 갈망하는 쪽이어야 한다. 테레사에게도 그 사실이 대단히 중요했기 때문에 첫 번째 방에서 세 번째 방까지를 '능동적인 방들'이라고 했고, 나머지 네 개의 방을 '수동적, 혹은 부어짐의 방'이라고 이름 붙였다.[9] (도표 1 참조)

테레사가 말하는 방의 위치들은 기본적으로 우리의 기도 생활과 다른 사람들과의 관계에도 반영된다. 그와 더불어 각 방으로의 이동은 하나님과의 관계가 깊어짐, 즉 하나님에 대한 사랑이 깊어짐에 따라 일어나는 행동과 감정과 영혼의 변화도 의미한다. 성삼위와의 친밀감이 우리를 변화시키고 우리 안에 있는 하나님의 형상을 회복하려는 욕구와 힘을 불어 넣어주는 것이다. 또한 하나님과의 점진적 연합으로써 앞서 언급했던 부차적인 목표들, 즉 거룩함과 유능함과 온전함 같은 영적 성숙이 가능해진다고 테레사는 설명하고 있다.

영적 성숙 로드맵을 사용할 때 주의할 점

아무리 좋은 것이라도 오용될 여지가 있다. 그러므로 영적 성숙의 로드맵을 이야기할 때에도 각별한 주의를 기울여야 한다. 여기에서는 몇 가지만 짚고 넘어가겠다.

안내서일 뿐 규례집이 아니다

첫째로, 어떤 로드맵이든지 단순한 지도라는 사실을 잊어서는 안 된다. 그것은 누구를 막론하고 모든 사람에게 똑같이 적용할 수 있는 완벽한 법칙의 규례집이 아니다. 인간의 언어로는 하나님 역사의 신비를 제대로 표현할 방법이 없기 때문에 이 과정을 완전무결하게 설명하기란 불가능하다고 테레사는 토로했다.

부분적이 아니라 총체적이다

이 책을 읽는 독자들은 자신이 어느 곳에 있는지 알고 싶어서, 혹은 자신에게 해당하지 않는 방들은 알 필요가 없을 것 같아서 내용을 건너뛰고 싶은 충동이 일어날 것이다. 이미 지나온 길이나 아직 가지도 않은 길에 대해 왜 알아두어야 한단 말인가? 그러나 예전에 지나온 지역들을 명확히 이해해야 지금의 현주소도 제대로 알 수 있다. 과거 중요한 시기에 하나님이 이루셨던 일들을 새롭게 깨닫는 순간 현재 자신의 영적 위치를 깨닫게 되는 경우가 많기 때문이다. 이미 영적으로 성숙한 사람들은 지나온 방들의 특징을 잘 알고 있어야 아직 자신의 영역에 도달하지 못한 성도들을 인도하고 도와줄 수 있다. 자신이 위치한 방보다 앞선 방들, 즉 영적으로 더 성숙한 상태들을 보여주는 것이 사람들을 혼동시키고 용기를 꺾을 수 있다는 주장에 테레사는 그렇지 않다고 반박했다. 오히려 하나님이 우리를 위해 예비해두신 축복이 어떤 것인지 앎으로써 큰 위로를 받을 수 있다고 말이다. 우리는 자신의 힘만으로 이 방에서 저 방으로 옮겨 갈 수는 없지만, 영적 성숙이 이루어질 때 하나님이 우리 삶에서 새로운 일을 하고 계시다는 사실을 즉시 인식할 수 있도록 그에 대한 준비를 할 수는 있다. 끝으로, 영적 성숙은 영적 순례와 같은 성격을 갖고 있어 똑바른 직선으로 전진하는 것이 아니라 앞으로 나아갔다가 다시 안전한 제자리로 돌아오는 일을 반복한다. 따라서 일곱 개의 방들을 전부 알고 있어야 전진과 후퇴의 방향을 분별할 수 있다.

처방이 아니라 설명이다

테레사는 자신의 책에서 설명한 모든 내용을 모든 성도들이 체험하는 것은 아니라고 말했다. 그렇기 때문에 그녀가 말하는 체험들은 일반적으로 나타나는 현상들에 대한 묘사일 뿐 정해진 규범이라고 할 수 없다. 상대적으로 광범위한 여러 차원의 현상을 이해시키기 위해 그녀가 사용하는 하나의 도구일 뿐이다. 영적 성숙의 일반적인 설명을 들으면서 자신의 경험이 대략 어느 위치에 속했는지 알게 되고 이로써 다른 성도들의 수준도 가늠할 수 있게 된다. 따라서 이 로드맵은 정확한 현실에 대한 묘사라기보다는 우리 영적 성숙을 이해할 수 있도록 도와주는 일반적이고도 대략적인 윤곽 제시의 도구 정도로 생각해야 한다.

우리의 노력이 아니라 하나님의 역사다

영적 성숙의 로드맵을 보면서 자신이 올라가야 할 사다리, 혹은 자신이 성취해야 할 목표로 착각하기 쉽다. 그러나 우리를 변화시키는 분은 성령님이시다. 우리 자신의 힘으로는 절대로 영적인 성숙을 이룰 수 없다(롬 12:1 참조). 또한 다른 사람과 비교하거나 경쟁의식을 가져서도 안 된다. 우리 각자를 향한 하나님의 사랑은 이 세상의 기초가 놓이기 전부터 완벽했고(엡 1:4 참조) 우리의 구원은 하나님의 은혜로 이루어지며 믿음으로만 받을 수 있는 것이다(엡 2:8-9 참조). 하나님은 우리를 현재의 상태 그대로 전심으로 사랑하며 받아주신다. 영적 성숙의 로드맵은 우리 자신이 무엇인가를 성취하기 위해 사용하는 도구가 아니라 우리가 지금 어디에 있는지를 발견하고 하나님께서 우리와 친밀한 관계를 맺으시기 위해 현재 행하시는 역사에 더 효율적으로 반응하고 협조하기 위한 방편이라고 보면 된다.

방들의 비교

일곱 개의 방들은 주님을 영접하는 순간부터 하나님과의 연합에 이를 때까지 영적 성숙의 일반적 단계들을 설명하는 비유라고 할 수 있다. 많은 사람이 테레사의 글들을 연구했지만 방에 대한 비유는 이해하기가 쉽지 않았다. 테레사의 글이 체계 있고 논리적인 글이라기보다 그때그때 생각나는 대로 써 내려간 글이기 때문이다. 예를 들면 어느 방에 대해 설명하다가 갑자기 다른 중요한 사항이 기억나서 그것을 중간에 적어놓는 식이다. 처음에 방들에 대한 설명을 읽으면서 테레사가 이야기하는 내용을 잘 이해했다고 생각하지만 다른 곳에서 같은 방에 대한 설명이 나오면 이전에 이해했던 내용과 맞지 않는 경우가 있다. 그래서 독자들이 각 방의 특징을 잘 이해하고 비교할 수 있도록 이 책에서는 일부 내용들을 체계화하여 정리해보았다. 테레사는 각 방에 이름을 붙이지 않고 그저 '거처들'이라고만 했다. 이 책에서는 독자들의 이해를 돕기 위해 각 방마다 이름을 붙여서 부르겠다.

- 성의 외곽: 아직 그리스도인이 되지 못한 사람들, 즉 불신자들이 있는 곳
- 첫 번째 방: 새로운 출발
- 두 번째 방: 신앙과 세상 사이
- 세 번째 방: 예수님을 따라감
- 네 번째 방: 예수님과 사랑에 빠짐
- 다섯 번째 방: 하나님과 하나 됨을 갈망함
- 여섯 번째 방: 하나님을 향한 열정적 삶(영적 약혼)
- 일곱 번째 방: 성삼위 안에서의 사랑의 삶

아빌라의 테레사는 그리스도인의 영적 성숙 과정이 인간의 성숙 과정과 비슷하다고 생각했다. 말하자면 성인으로 자란 후 사랑에 빠지고, 약혼을 하고, 마침내 결혼을 하는 과정과 동일하다고 본 것이다. 실제로 테레사가 관찰한 영적 성숙의 과정은 전 인류가 공통적으로 거치는 인간의 성숙 과정과 놀랄 만큼 닮았다. 성경은 우리가 예수님을 구주로 영접할 때 거듭나게 된다고 말씀한다. 예수님을 따르는 그

리스도인이 되었으면 '성장'을 해야 한다. 우리가 진정으로 사랑해야 할 분이 어떤 분인지 깊이 알아가면서 남은 평생을 하나님과 사랑의 관계 속에서 살아가는 그런 사람이 되어야 한다.

이 책에 나와 있는 각 방의 설명은 대부분 아빌라의 테레사가 쓴 『영혼의 성』이라는 책에서 가져왔지만 그녀의 다른 책도 아울러 참고했음을 밝힌다.[10]

방들을 비교할 때 한 가지 어려운 점은 각 방마다 전혀 새로운 영적 체험이 이루어지는 것이 아니라, 앞선 방에서 이미 경험했던 영적 체험이 정도는 다르지만 반복된다는 사실이다. 예를 들면 우리는 모든 방에서 하나님의 사랑을 체험한다. 하지만 네 번째 방에서 일곱 번째 방으로 갈수록 그 사랑이 더욱 깊고 강렬해진다. 마찬가지로 모든 그리스도인이 기도하지만 하나님과 더 친밀해질수록 기도가 확연하게 달라진다. 따라서 방들을 서로 비교하기 위해서 각 방마다 몇 가지 범주, 표시, 진단의 조건 등을 제시해두었다.

각 방에 있는 공간들

여행 가이드나 지도는 몇 가지 특정한 범례를 표시해서 찾기 수월하게 만들어놓는다. 가령 'AAA 트립틱'이라는 지도를 보면 주요 도로, 간선 도로, 휴양지, 도시, 음식점, 숙박업소 등으로 범주를 나누어 표시해놓고 있다. 마찬가지로 우리의 영적 성숙 로드맵에도 각 방의 특성을 나타내주는 몇 가지 공통적 범주를 정해두었다. 물론 테레사 성녀는 그런 범주를 정하지 않았지만 방들에 대한 설명을 읽다보면 공통적인 범주를 발견하게 된다. 이렇게 생각하면 된다. 하나의 방은 성 안에 있는 커다란 한 개의 공간이 아니라 여러 개의 작은 공간들이 그물처럼 연결된 방이다. 각 방들을 살펴볼 때 그런 공간들,

즉 우리가 경험하는 영적 체험의 범주들을 보게 될 것이다. 그런 공간들(범주들)을 사용해서 각 방의 특징을 구체적으로 이해하고 각 방마다 우리의 영적 체험이 어떻게 달라지는가를 보게 될 것이다. 또한 각 방은 하나의 이정표가 아니라 성숙의 단계라는 점도 명심해야 한다. 살아가는 동안 어느 때든지 여러 방들을 동시에 광범위하게 체험할 수 있다. 예를 들어 신앙이 어느 정도 자라게 되면 처음 그리스도인이 되었을 때 가졌던 의심들은 사라진다. 하지만 위기가 찾아오고 기도가 응답되지 않는 것처럼 느껴지면 예전의 의심들이 되살아나기도 하는 것이다. 마찬가지로 기도 생활에서도 예외적인 체험들을 할 때가 있다. 하나님께 간구하는 것이 '통상적' 기도 생활이었는데 어느 날 갑자기 영적 성숙의 나중 단계에 해당하는 긴 침묵 기도를 경험할 수도 있다. 13장에는 영적 성숙 로드맵 활용에 관한 설명이 나온다. 각 범주나 표시를 근거로 각 방의 독특한 특성을 사용해서 지도를 보는 것이다. 그러면 영적 성숙의 여정이라는 큰 그림 안에서 현재 우리가 어디쯤 와 있는가를 짐작할 수 있다. 다음에 나열한 범주들은 일곱 개의 방에서 테레사가 언급한 영적 체험들을 이해하기 쉽도록 정리한 것이다.

- 하나님과의 관계에서 '당신의 마음이 갈망하는 것'
- 하나님을 향해 나타나는 당신의 '주요 반응/행위'
- 하나님을 향한 '기도의 변화 양상'
- 우리를 하나님께로 이끄시는 '예수님의 역사'
- 우리의 영적 성숙을 방해하려는 '원수의 계략'
- 하나님께 협력하게 만드는 '성숙의 열쇠'

놀라운 발견 과정

내가 만난 수백 명의 그리스도인은 일곱 개의 방들을 공부하면서 자신이 어느 정도 성숙했는지를 파악할 수 있었다. 그 경험을 놓고 볼 때 당신도 이 책을 읽으면서 분명 놀라운 발견들을 하게 되리라 확신한다. 아마 생각했던 것보다 더 정확히 목표를 향해 가고 있는 자신을 발견하게 될 것이다.

도표 1 영혼의 성에 있는 일곱 개의 방

마음의 갈망(Heart's desire) – 영혼의 상태

주요 반응들(Key activities) – 나타나는 행위

기도의 변화 양상(Patterns of prayer) – 기도의 특징

예수님의 역사(Jesus' initiatives) – 하나님의 영향

원수의 계략(Schemes of the enemy) – 사탄의 책략

성숙의 열쇠(Keys for growth) – 성장 방향

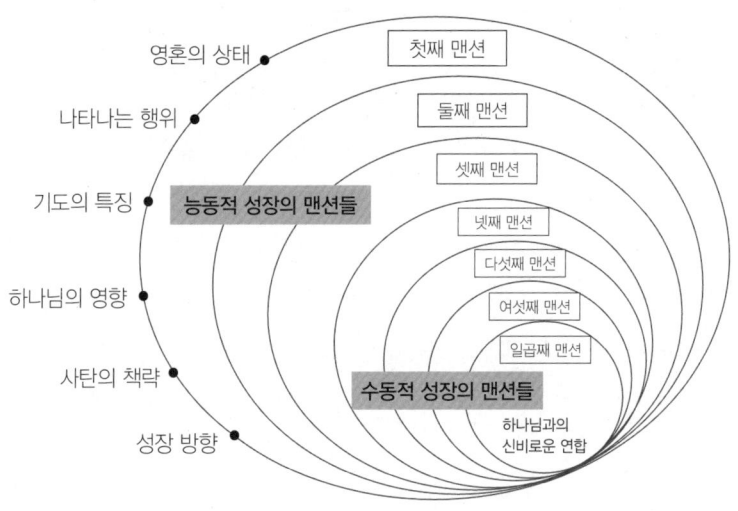

위의 도표는 각 방들을 설명하기 위한 시각적 이미지와 개략적인 모습이다. 외곽에서 출발해서 능동적 방들과 수동적 방들을 지나 마지막으로 성삼위와의 연합을 이루는 일곱 번째 방까지 이행하는 것을 도표로 나타낸 것이다.

각 방에 대해 공부할 때 명심할 점은 방에 대한 지식적인 설명에 집중하기보다는 그 내용을 이제까지 자신의 개인적인 여정과 연관시키고 스스로 그 과정의 역동을 이해하는 데 관심을 두어야 한다. 우리가 현재 있는 위치에서 하나님이 지금 무엇을 하고 계시는지를 깨닫게 되면, 거기에 어떻게 순종하고 협조해야 하는지 알 수 있게 되기 때문이다.

"여호와의 말씀이니라. 너희를 향한 나의 생각은 내가 아나니 평안이요 재앙이 아니니라. 너희에게 미래와 희망을 주는 것이니라(렘 29:11)."

생각해보기

이 책을 읽고 생각하는 시간도 영적으로 성숙하는 기회로 삼기 바란다. 책을 읽는 동안 당신 자신과 하나님께 주의를 집중하라. 아울러 당신 자신의 영적 성숙 '여정표'에 대해 생각해보고 기도하는 기회로 삼아도 좋을 것이다. 당신을 현재의 신앙으로 이끌어준 과거의 모든 영적 체험들을 떠올려보라. 이때 다음의 사항들을 참고하기 바란다.

- 당신의 가정 배경부터 시작해서 처음으로 하나님, 혹은 교회에 대해 알게 된 순간을 기억해보라.
- 중요한 사건, 인물, 당시 가졌던 의구심, 신앙에 열심을 내던 시기, 인생의 전환점 등을 생각해보라.
- 인생의 전환점이나 어렵고 힘들었던 시기, 혹은 성공과 기쁨의 순간에 하나님이 어떻게 역사하셨는지를 생각해보라.
- 인생의 전환점들에서 당신은 하나님과 어떤 관계에 있었으며 당신은 그 상황에서 어떻게 반응했는가를 이야기해보라.
- 다음의 사항들을 곰곰이 생각해보라.
  - 하나님은 주로 어떤 방법을 통해 당신이 그분의 뜻을 깨닫게 하셨는가?
  - 당신은 어떤 상황에서 하나님을 가장 가깝게 느끼는가?
  - 당신은 어느 때 하나님께 가장 사랑받고 있다고 느끼는가?
  - 당신은 어떤 상황에서 하나님과 가장 멀리 떨어져 있다는 느낌을 받는가?
  - 하나님과 더 친밀한 관계를 맺지 못하도록 방해하는 장벽이나 걸림돌은 무엇인가?
  - 당신에게, 그리고 당신 안에서 일하시는 하나님의 역사에는 어떤 특징들이 나타나는가?

이처럼 자신의 과거를 회상해보는 일은 일곱 개의 방을 이해하는 데 중요한 열쇠가 될 뿐 아니라 그 방들의 일부 혹은 전부를 거쳐가거나 각 방에서 머물 때 그 의미와 중요성을 깨닫는 데도 큰 역할을 하게 된다. 당신의 과거를 되짚어보고 지나온 신앙생활을 회상해볼 때 하나님의 놀라우신 은혜의 위대함과 신비로운 역사가 새롭게 드러날 것이라고 믿는다.

4
첫 번째 방:
새로운 출발
(그리스도 안의 새 생명)

"너희는 그 은혜에 의하여 믿음으로 말미암아 구원을 받았으니 이것은 너희에게서 난 것이 아니요 하나님의 선물이라. 행위에서 난 것이 아니니 이는 누구든지 자랑하지 못하게 함이라. 우리는 그가 만드신 바라. 그리스도 예수 안에서 선한 일을 위하여 지으심을 받은 자니 이 일은 하나님이 전에 예비하사 우리로 그 가운데서 행하게 하려 하심이니라(엡 2:8-10)."

4장
첫 번째 방: 새로운 출발
(그리스도 안의 새 생명)

당신은 처음 예수님을 영접하고 신앙생활을 시작하던 때를 기억하는가? 기독교 가정에서 자라 어릴 때부터 주님을 믿었든지 뒤늦게 주님을 영접했든지 간에 신앙생활의 출발점, 즉 예수님을 처음으로 영접했을 때의 경험은 당신의 인생에서 가장 중요한 부분이라고 할 수 있다. 이제부터 영적 성숙의 일곱 단계를 소개하면서 애비게일과 마이클, 상규라는 세 사람의 생생한 간증을 통해 하나님의 놀라운 변화 사역을 독자들에게 보여줄 것이다. 그들의 이야기는 실제로 우리가 아는 사람들의 체험을 가명으로 실은 것이며 테레사가 설명한 내용에 근거를 두고 있다. 이 이야기들이 비록 당신의 경험과 똑같지는 않더라도 앞의 3장에서 언급한 여섯 가지 범주를 참고하면서 여러분의 경험에서도 공통적인 주제와 경험들을 발견할 수 있으리라고 생각한다. 지금부터 그들의 이야기를 주의 깊게 읽어주기를 당부한다. 당신이 깨달아야 할 사항뿐만 아니라 기억하고 묵상해야 할 일들도 머릿속에 떠오르게 해달라고 성령님께 간구하라. 당신은 이 첫 번째 방을 무심코 그냥 지나쳤을지 모르지만 당신의 영적 성숙에서 첫 번째 단계가 되는 이 시기에 나타났던 체험들을 이제 새로운 관점으로 살펴볼 수 있기를 바란다.

애비게일

애비게일은 신앙생활의 즐거움에 푹 빠져 있는 스무 살의 여대생이었다. 어릴 때부터 보수적인 교회에서 자라난 애비게일은 하나님의 존재에 의심을 품어본 적이 한 번도 없었다. 그녀는 도덕적으로 바른 삶을 살고 부모님을 기쁘게 해드리려고 노력했다. 가족들도 모두 신실하게 교회에 나갔고 애비게일은 중고등부에서 봉사하기도 했다. 그녀가 정식으로 주님을 영접한 것은 열 살 무렵 교회에서 예배를 드릴 때였다. 예수님이 용서와 사랑의 선물을 주신다는 말씀을 듣고, 목사님이 예수님을 영접할 사람은 앞으로 나오라고 했을 때 그녀의 가슴은 뛰고 손에는 땀이 배어나왔다. 주님을 영접하자마자 애비게일은 얼른 부모님께로 달려갔다. 눈에서는 눈물이 흘렀고, 온 가족이 함께 기뻐해주었다. 참으로 잊지 못할 순간이었다. 그때는 마치 하나님이 다정하게 그녀의 마음을 어루만지는 것만 같았다. 애비게일은 전에도 항상 '착한 아이'였지만 그때 이후 더 열심히 집안일을 도왔고 교회에 가는 시간을 마냥 기다렸다. 부모님은 그런 딸에게 성경책을 선물했으며 매일 밤 잠자리에 들 때마다 그녀를 위해 기도해주었다. 사람들은 애비게일의 믿음이 부모의 신앙과 교회 친구들의 영향이었다고 생각했을지 모르지만 어쨌든 그녀의 믿음은 진실하고 확고했다.

열아홉 살이 되어 애비게일은 대학에 입학했다. 여느 친구들처럼 그녀도 생전 처음으로 자유분방한 생활을 하는 것이 무척이나 좋았다. 가끔 참석하는 맥주 파티나 남자 친구와의 흥분된 데이트가 마음에 걸리기는 했지만 그것은 그녀로서도 어쩔 수 없는 일이었다. 자신이 얻은 새로운 자유에 적응하려면 예전의 종교적 신념들을 조금은 양보할 수밖에 없다고 생각했다. 그런데 비교종교학을 공부하면서 그녀의 믿음에 일대 위기가 찾아오고 말았다. 그녀의 말을 들어보라.

"물론 세상에는 많은 종교가 있고 모든 사람이 그리스도인이 아니라는 것은 알고 있었지만 기독교를 그저 많은 종교 중의 하나로 간주하는 줄은 꿈에도 몰랐어요! 그런데 우리가 믿는 모든 것이나 우리가 내리는 도덕적 판단이 반드시 옳다고 생각하는 이유는 뭘까요? 제가 아는 어떤 사람들은 무엇이든 우리를 행복하게 해주고 남에게 해를 주지만 않는다면 옳은 것이라고 생각하는 것 같아요. 어쩌면 그런 생각이 맞을지도 모른다는 생각도 하게 돼요. 교회는 그저 나이 든 사람들이 마음의 위로나 받으러 오는 곳인지도 모른다는 생각도 들고……. 예수님이 유일한 구원의 길이 아닐 수도 있지 않을까요?"

일 년 정도 지나서 애비게일은 자신이 다니는 대학 근처에 있는 교회를 찾아가 목사님과 이야기를 나누었다. 몇 주 전에 기숙사에서 같은 방을 쓰는 그리스도인 친구와 밤을 새워 신앙에 대한 얘기를 하고 난 직후였다. 그 친구의 진심 어린 우정과 충고가 애비게일의 마음을 움직였던 것이다. 만일 예수님이 정말로 유일한 구원의 길이라면 어떻게 할 것인가? 며칠 후에 애비게일은 다시 한 번 목사님을 만나 이야기를 나누었다. 그리고 그 자리에서 주님께로 돌아와 다시 예수님을 따르겠다고 헌신했다. 그 순간, 그녀를 항상 짓누르고 있던 죄책감이 사라지고 깊은 평안과 기쁨이 찾아왔다. 애비게일은 정말로 예수님을 잘 믿고 싶었고, 예전처럼 타성에 젖은 신앙생활은 하고 싶지 않았.

목사님은 애비게일에게 몇 명의 성도들을 소개시켜 주었고 그녀는 매주 그들과 만나 성경 공부와 기도를 하게 되었다. 그 교회 예배에도 빠지지 않고 출석했다. 하지만 학업과 친구와 운동으로 언제나 바쁜 애비게일이었기에 하나님을 위해 시간을 내는 것이 그리 쉽지는 않았다. 애비게일은 그 몇 달 동안에 느꼈던 자신의 심정을 일기장에 다음과 같이 적었다.

"하나님께 돌아오고 나니 얼마나 좋은지 모르겠다. 와! 하나님이 나를 이렇게도 사랑하고 계신다는 사실이 믿어지지 않는다. 내가 드린 기도가 바로 눈

앞에서 응답되고 있지 않은가! 예전 같았으면 그냥 우연이라고 지나쳤겠지만 이제는 하나님의 손길을 분명하게 느끼게 된다! 물론 여전히 학교 공부나 친구들 만나는 데 계속 신경을 써야 하지만 어쨌든 하나님을 기쁘시게 하는 올바른 신앙생활을 위해 최선을 다하고 싶다. 어쩌면 하나님이 나를 도와주셔서 이번 치어리더 경연대회에서 우승을 하게 되는지 누가 알겠는가? 어젯밤의 성경 공부는 정말 은혜로웠다. 참석한 모든 사람이 그렇게 솔직할 수가 없었다. 모두가 정말 변화되어 예수님을 닮아가고 싶어하는 것 같다. 그러기 위해서는 포기해야 할 것들도 분명히 있을 것이다. 하지만 설령 실수를 한다고 해도 하나님이 나를 매정하게 내치지는 않으실 것이라니 천만다행이다. 전보다 더 열심히 기도하고 오직 나만을 위해 기도하지 말자. 성경을 읽는 것이 아직은 좀 지루하지만 그것은 아마 내가 성경의 내용과 의미를 잘 몰라서 그럴 것이다. 기숙사에 있는 다른 여자 아이들에게 전도하고 싶은 마음도 있지만 지금은 엄두가 안 난다. 하나님, 아무튼 저를 이곳까지 인도해주셔서 감사합니다. 다가올 미래가 기대됩니다!"

애비게일은 신앙생활에서 첫 번째 방을 경험하고 있다. 하나님의 은혜와 능력으로 자신의 마음에 있는 '내면의 성'으로 다시 들어왔고 그곳에서 하나님의 사랑과 용서를 체험했다. 당신에게도 그런 시기가 있었을 것이다. 아니면 지금 이 순간이 그 시기일지도 모른다. 자, 그럼 영적 성숙의 첫 번째 방을 더 구체적으로 살펴보고 애비게일에게 무슨 일이 일어나고 있는지를 알아보자. 그 과정에서 하나님이 우리 삶에서 어떤 일을 하시는지 더 확실히 깨닫게 될 것이다. 하지만 그에 앞서 아빌라의 테레사가 성 밖에 있는 인생들에 대해 말했던 내용들을 살펴볼 필요가 있다.

성의 외곽 : 그리스도인이 아닌 불신자의 상태

테레사는 성의 외곽에 대해 구체적으로 언급하지는 않았지만 그곳에서도 하나님의 빛은 느낄 수 있다고 했다. 그리스도인들이 복음을 전파하고 복음대로 살아갈 때 그들을 통해 하나님의 빛이 성 밖에 있는 사람들에게도 전달된다는 것이다. 인간은 하나님의 형상대로 창조된 존재이기에 무조건적으로 사랑받고 용납되고 싶은 욕구를 갖고 있다. 나쁜 방향이든 좋은 방향이든 그리스도인이 되기 전부터 영성이 형성되고 있는 것이다. 성 외곽에는 죄와 죽음과 사탄의 영향력이 불신자들을 짙게 감싸고 있으며 그들의 영혼을 변질시키려고 애쓰고 있지만 성령님께서도 모든 방법을 동원해서 그들이 하나님께로 돌아오도록 이끌고 계신다(요 16:7-11; 욜 2:28-29 참조). 성령님은 세상의 질서, 마음속의 갈망, 교회의 복음 전파를 통해 모든 영혼들을 지속적으로 하나님 앞으로 이끌어가고 계신다. 그래서 예수님을 자신의 주님과 구세주로 믿고 하나님의 은혜를 받아들일 때 인간은 첫 번째 방에 들어가 새로운 출발을 하게 되는 것이다. 부정적이든 긍정적이든 이때 겪는 모든 일은 이후의 영적 성숙에 지대한 영향을 미친다.

새로운 출발

테레사는 기도가 어떤 면에서 영적 성숙의 출발점이라고 믿었다. "내가 지금까지 알고 있는 바로는 기도와 묵상이 이 성으로 들어가는 입구입니다."[1] 성령께서 애비게일에게 수년 동안 구애를 하셨음에도 불구하고 그녀가 비로소 첫 번째 방으로 들어간 것은 기도 중에 하나님을 만났을 때였다. 즉 자신의 죄를 고백하고 예수님을 주님과 구세주로 받아들이고 순복했을 때였다. 첫 번째 방에 들어간 사람들은 세상에 살면서도 세상에 속하지 않은 삶을 산다는 게 어떤 의미인지를 비로소 배우게 된다. 하지만 여전히 그들의 주된 관심사는 세속적인 복을 누리는 것이고, 자기 힘으로 이루지 못하는 것들에 하나님의 도움을 받는 것이다. 이때 중독이라든지 고통을 유발하는 잘못된 습관에서 벗어나기 위해 하나님을 찾기도 한다.

하나님은 도움을 요청하는 간구에 응답하심으로써 계속해서 그들을 자신에게로 부르신다. 초신자들은 교회에 등록해서 세례를 받고 신앙생활의 지도를 받아야 한다. 하지만 이때 그리스도의 빛을 명확히 분별하기란 어려울 것이다. 사탄의 계략과 자기기만이 여전히 막대한 영향력을 미치고 있기 때문이다. 테레사는 첫 번째 방에서 겪는 어려움을 다음과 같이 묘사한다.

"이 첫째 방에는 왕이 계시는 중심에 있는 방에서 나오는 빛이 조금도 비치지 않는다는 점을 명심해야 합니다. 그렇다고 영혼이 죄 한 가운데 있을 때처럼 아주 어둡거나 칙칙하지는 않지만, 그래도 어둡기 때문에 그 방에 있는 자들은 빛을 볼 수가 없습니다. 빛을 보지 못하는 것은 방에 문제가 있어서가 아니고 (…) 다만 뱀이며 독사며 독충들이 영혼 안에 들어와서 빛을 보지 못하게 하기 때문입니다. 마치 햇볕이 환하게 내리쪼이는 방에 들어갔으나 눈에 흙이 덮여 있어 그 빛을 볼 수 없는 상태와 동일합니다."[2]

C.S. 루이스는 『천국과 지옥의 이혼The Great Divorce』이라는 책에서 그리스도인들에게 남아 있는 세속적인 애착에 대해 이야기했다. 그런 애착이 악과 선을 분별하는 능력을 방해하고 하나님이 주신 선물과 헛된 쾌락을 혼동하게 만든다는 것이다.[3] 애비게일을 보더라도 그녀 자신이 여전히 세상의 중심에 있고 성공이란 사람들의 사랑과 존경을 받으며 중요한 존재가 되는 것이라고 믿고 있다. 애비게일이 영적으로 훨씬 더 성숙해져야 하나님 중심이 되고 그분의 한량없는 사랑

을 누리는 것이 곧 성공임을 깨닫게 될 것이다.

그럼 지금까지 훑어본 첫 번째 방에 대해 성경은 어떤 근거를 제시하고 있는지 두 성경 구절을 통해 살펴보겠다. 다음의 성경 구절들을 선택한 이유는 이 말씀들이 막 구원을 받은 사람에게 세속적 가치관이 여전히 남아 있는 상태를 잘 보여주기 때문이다.

"형제들아 내가 신령한 자들을 대함과 같이 너희에게 말할 수 없어서 육신에 속한 자 곧 그리스도 안에서 어린 아이들을 대함과 같이 하노라. 내가 너희를 젖으로 먹이고 밥으로 아니하였노니 이는 너희가 감당하지 못하였음이거니와 지금도 못하리라. 너희는 아직도 육신에 속한 자로다(고전 3:1-3)."

"너희 중에 싸움이 어디로부터 다툼이 어디로부터 나느냐. 너희 지체 중에서 싸우는 정욕으로부터 나는 것이 아니냐. 너희는 욕심을 내어도 얻지 못하여 살인하며 시기하여도 능히 취하지 못하므로 다투고 싸우는도다. 너희가 얻지 못함은 구하지 아니하기 때문이요 구하여도 받지 못함은 정욕으로 쓰려고 잘못 구하기 때문이라(약 4:1-3)."

주님을 믿고 구원을 받았다고 해도 그 즉시 생각과 마음이 변화되는 것은 아님을 이 구절들이 명확하게 보여준다. 말씀의 내용으로 미루어 볼 때 바울과 야고보가 말하는 대상들은 갓 믿은 초신자는 아니지만 여전히 세속적인 문제로 씨름하고 있음을 알 수 있다.

우리는 예수님을 구세주로 믿고 하나님의 은혜로 구원을 받지만(엡 2:8, 9; 롬 10:8, 9 참조) 마음의 동기나 생활방식은 쉽게 바뀌지 않는다. 그렇기 때문에 로마서 12장 1절은 모든 성도들에게 해당되는 말씀이다. 우리는 세상을 닮은 자에서 예수님을 닮은 자로 끊임없이 변화하고 있다. 그럼 이제 상규와 마이클이 경험한 첫 번째 방은 어떠했는지 보도록 하자.

상규

상규는 군대를 제대한 후 곧바로 미국으로 향했다. 한국 군대에서, 특히 강원도 산골에 위치한 교육사단에서 3년 동안 극심한 훈련을 받아온 그가 어느 해 7월 하와이 호놀룰루 공항에 도착했을 때 태평양 한가운데 활활 타는 태양과 와이키키 비치의 현란한 색깔은 그의 정신을 어지럽게 하기에 충분했다. 아열대기후와 색깔에 적응하면서 상규는 하와이 특유의 생활양식에 빠르게 길들여졌다. 급한 것이 하나도 없는, 다른 사람들을 의식하지 않고 마음 편하게 자신을 즐길 수 있는, 그러면서도 무언가 단조로운 섬사람들의 삶에 익숙해지고 있었던 것이다.

무엇보다 한국에서 살다가 하와이에 와서 보니 다양한 민족이 함께 평화롭게 살아가는 모습이 인상적이었다. 상규가 미국에 온 이유 중 하나는 미국과 일본의 다국적 기업에 관해 공부하고, 그들에 관한 지식과 경험을 쌓아서 귀국한 후 당시 한창 성장세였던 한국 기업에 들어가 한몫을 감당하려는 것이었다. 그래서 그는 미국에 살고 있던 친척의 가게에서 일하는 틈틈이 그 지역에 있는 일본 회사의 간부들을 훈련하는 일미 경영연구소에 등록하여 일본어를 배우고, 일본 회사에 대한 경영 지식을 습득해가고 있었다. 그즈음 그는 미국 본토에서 하와이로 관광여행을 왔던 한 가족을 소개받았고, 그 집 딸과 교제하게 되었다. 몇 달간의 편지 왕래를 통해 관계가 깊어지면서 미국 본토에 있는 대학원에서 공부하기 위한 입학 과정을 밟을 때 발걸음은 자연히 그 사람이 살고 있는 미국 서부로 향하게 되었다. 그곳에서 공부를 시작하면서 그 사람과 결혼하여 가정을 이루었고, 학교를 마치자마자 꿈에도 그리던 미국 회사에 취직하여 온가족이 본사가 있는 동부로 이사했다.

미국 서부에서 지내는 동안 상규에게 일어난 가장 큰 변화는 하나님께서 그 가정에 두 명의 자녀를 주신 것과 그가 무교인에서 크리스쳔이 되었다는 사실이다. 그가 교회에 나가게 된 것은 물론 아내의 영향이었다. 아내와 온 처가 식구가 교회에 나가는데 본인만 안 가겠다고 버티는 것은 그의 성품에 어울리지 않는 일이었다. 그도 어차피 미국에서 살 바에야 미국 문화의 근저를 이루는 기독교에 대해 잘 배워보자는 생각을 스스로 했던 것이다. 그래서 아내를 따라 교회에 가고 성경 공부에도 관심을 보이며 열심히 참석했는데, 작은 가족 교회 같았던 그 교회에서는 웬 청년이 나와서 열심을 내니 그렇게 좋아할 수가 없었다. 담임목사는 그에게 특별한 관심을 보이며 매주 집으로 와서 부부에게 성경 공부를 가르쳐주셨다. 성경 말씀을 꾸준히 공부하는 동안 상규에게도 믿음이 들어가기 시작했다. 대학 다닐 때 절간도 찾아다니고 종교와 철학에 관한 책도 어느 정도 섭렵했으며 예수의 일생이나 기독교 교회사 등에 대해서도 어느 정도 읽어서 알고는 있었다. 그런데 성경을 진지하게 공부하고 예수님에 대해서 배우면서 그가 우리의 죄를 대신 지고 죽으셨으며 그 십자가로 인해 우리의 모든 죄가 사해졌다는 말을 들으면서 황당하게 들릴 법 했음에도 이상하게 그럴 수도 있겠다는 생각이 들기 시작했다. 그리고 시간이 지남에 따라 그 사실들이 하나씩 마음으로 믿어지기 시작하는 것을 경험하게 되었다. 기도에 관해서도 여러 가지로 듣고 배우게 되었다. 기도는 살아 계신 하나님과의 대화라는 말씀을 배우고 나서 실제 기도를 하자 하나님이 나와의 대화에 관심을 갖고 계시며 그분이 나의 기도에 귀를 기울이신다는 사실이 놀랍게만 느껴졌다. 특히 미국에서 새로운 삶을 개척하면서 하나님의 도우심과 인도하심이 필요하다고 느끼고 있었는데, 기도하면 하나님께서 들어주신다는 사실이 마음으로 믿어졌다. 실제로 기도를 해보면 예전에 경험해보지 못한 평강과 확신이 삶 속에 찾아드는 것도 느끼게 되었다. 교회에 나간 지 1년이 되지 않아 그는 예수 그리스도를 구주로 영접하고 세례를 받았으며, 교인 수는 적었지만 정이 넘치는 그 교회의 서리집사가 되어 주일학교에서 섬기기 시작했다.

마이클

현재 스물일곱 살이 된 마이클은 어느 누구와도 관계를 제대로 유지하지 못하고 있었다. 고등학교를 졸업하자마자 결혼했지만 결혼생활은 몇 년을 가지 못해 파경에 이르렀다. 활달하고 사교적인 성격 탓에 쉽게 친구를 사귀기는 했어도 대개는 불량한 사람들과 어울려 다녔다. 그는 교회를 다닌 적도 없었고 그의 부모도 그리스도인이 아니었다. 또한 하나님을 믿을 만한 이유도 찾을 수 없었다. 그저 마약, 섹스, 격렬한 운동만이 그가 원하는 '신비한 경험'의 전부였다. 취업을 하는 것도 그저 인생을 즐길 자금을 벌기 위해서였다. 따라서 직장일도 자신의 삶을 즐기는 데 지장을 주지 않아야 했다. 마이클은 마음이 약해서 쉽게 상처를 받았지만 우락부락한 겉모습이 그 사실을 감춰주었다. 그는 자신의 거짓된 이미지를 유지하기 위해 온갖 노력을 다했다. 그러다 들통이 나서 경찰에 잡히기도 하고 감옥이나 중독 치료소로 보내지기도 했다. 인생의 막다른 골목이었다.

중독 치료소에서 '익명의 알코올 중독자들의 모임Alcoholics Anonymous'에서 12단계의 프로그램을 거치면서 마이클은 자신의 삶이 통제 불능 상태에 있지만 '전능하신 분'만이 그의 삶을 정상으로 회복시켜 주실 수 있다는 사실을 비로소 깨닫게 되었다. 중독 치료소에 들어간 지 몇 주 만에 마침내 마이클은 마음을 열고 통회의 눈물을 흘리며 생전 처음으로 알게 된 하나님이란 분에게 자신을 맡기기로 결심했다. 그 뒤 몇 달간은 자신이 과거에 저지른 잘못과 상처를 준 사람들을 생각하면서 뼈를 깎는 회개를 했다. 잘못을 빌기 위해서 부모와 전처를 만나고 싶었지만 아직은 마음의 준비가 되어 있지 않다는 생각이 들었다. 또한 이제부터 새 삶을 살아야 하는데 그것도 하나님으로 인해서만 가능한 일이었다. 그는 성경을 읽으며 기도하기 시작했다. 전에도 금주와 금연을 시도했다가 실패해서 오히려 더 악화된 경험이 있었기 때문에 기적 없이는 정상적인 삶을 산다는 것이 불가능하게 느껴졌다.

중독 치료소를 나온 뒤 몇 달간 마이클은 한 지역 교회의 치료 모임에 나가면서 주일 아침 대예배도 가끔씩 참석했다. 예전의 습관으로 돌아가고 싶은 충동이 일어날 때마다 교회에서 새로 사귄 성도들이 도와주었고 계속해서 모임을 통해 치료를 받으라고 권했다. 교회에서의 시간이 지나면서 예수님이 자신의 구세주라는 확신이 들었다. 그는 점차로 주님을 의지하며 올바른 삶으로 주님을 기쁘게 하고자 노력했다.

체육관에 취직이 되어 과거의 운동 경력을 살릴 수 있는 기회도 주어졌다. 점차 미래에 대한 소망이 생겨났다. 이제는 술과 마약을 끊고 예수님을 믿으며 정상적인 삶을 살아갈 수 있을 것 같았다. 그는 부모님께 편지를 보내 그간 자신의 사정을 나누었다.

"사랑하는 아버지, 어머니께
너무 오랫동안 뵈러 가지도 못하고 편지도 못 드렸습니다. 그동안 두 분의 속을 너무 많이 썩여드려 정말로 죄송합니다. 중독 치료소에서 치료를 받는 동안 제가 얼마나 잘못 살아왔는지 깨달았고, 앞으로는 새로운 삶을 살기로 결심했습니다. 믿기지 않으시겠지만 저는 지금 교회에 다니고 있습니다. 이제부터 올바로 살 수 있도록 예수님이 저를 꼭 도와주시리라고 믿습니다. 하나님은 저를 용서해주셨습니다. 부모님께서도 저를 용서해주시기를 바랍니다. 두 분을 사랑하고, 다시 연락하며 지내고 싶습니다. 또한 하나님이 그동안 제 삶에 베풀어주신 은혜들도 말씀드리고 싶습니다. 이 모든 걸 믿기 어려우시겠지만 저는 꼭 이 말씀을 드리고 싶습니다. 저는 날마다 성경을 읽고 장래에 대해 기도하고 있습니다. 저 혼자의 힘만으로는 정상적인 삶을 살기도 힘들고 문제에서 벗어나기가 불가능하다는 것을 잘 알기 때문입니다. 오직 하나님만이 저를 인도하시고 보호해주시리라 믿고 있습니다. 실제로 하나님이 그렇게 하고 계십니다! 물론 저는 여전히 유혹을 느끼기도 하고 어떤 경우에는 참기 힘들 때도 있습니다. 그러나 하나님이 저를 도와주시고 교회 사람들도 진심으로 저를 도와주고 있습니다. 아버지, 어머니. 저는 두 분을 위해서도 날마다 기도드리고 있습니다. 두 분을 사랑하며 저를 용서해주시기를 바랍니다. 다시 편지를 하든지 전화를 드리도록 하겠습니다.
사랑을 전하며, 마이클 올림"

앞서 3장에서 언급했던 범주들을 첫 번째 방에 적용해서 살펴보자.

이 책에서 말하는 각 방은 하나의 공간으로 이루어진 방이 아니라 여러 개의 공간으로 이루어진 방임을 명심하라. 그 공간들 안에서 우리는 하나님과 개인적인 관계를 맺게 되는 것이다. 애비게일과 마이클, 상규의 이야기는 첫 번째 방에 들어갈 때의 상황을 잘 보여주고 있다. 이제 첫 번째 방을 여섯 가지의 범주, 즉 여섯 개의 공간으로 나누어 살펴보면 더 구체적으로 이해가 되고 다른 방들에서 겪는 경험들과도 비교하기가 쉬워질 것이다.

하나님과의 관계에서 '당신의 마음이 갈망하는 것'

우리가 예수님을 구주로 믿고 영접할 때 하나님의 은혜로 우리의 영혼은 예수님 안에서 되살아난다. 아울러 십자가에서 돌아가신 예수님의 구속의 역사로 우리의 죄가 용서받는다. 하나님과의 회복된 관계 안에서 그분의 모든 선물과 능력을 받아 누릴 수 있게 된 것이다(엡 1:3-14 참조). 다만 명심할 것은 각 방에서의 영적 성숙이 하나님으로부터 '새로운 축복'을 받는다는 의미는 아니라는 점이다. 우리가 예수님을 영접하는 순간에 하나님은 이미 모든 선물을 아낌없이 우리에게 베풀어주신다. 영적 성숙이란 하나님을 인격적으로 더 깊이 체험하는 것이고 그 결과 하나님이 이미 주신 것들을 더 풍성하게 누릴 수 있게 되는 것을 말한다. 첫 번째 방에 있는 사람은 여전히 그들을 둘러싸고 있는 세상적인 것에 마음을 두고 그런 것들에 신경을 더 집중하고 있다.

하나님을 향해 나타나는 '주요 반응들'

첫 번째 방에 들어간 초기에는 하루하루 죄를 짓지 않는 것이 주요 과제가 된다. 테레사가 살던 시대에는 죄에 대한 정의가 오늘날보다 더 구체적이고 명확했다. 십계명을 어기는 것뿐 아니라 수많은 종교의식을 지키지 않는 것도 죄에 속했다. 그런 면에서는 상당한 격세

지감을 느끼지 않을 수 없다. 오늘날의 그리스도인들은 포스트모던 문화에 젖은 나머지 십계명을 정면으로 어기지 않는 이상 죄를 죄로 여기지 않는다. 성경을 도덕적 행동의 기준으로 삼지 않는 교회들도 많아졌다. 교회 상담가로 유명한 톰 클레그Tom Clegg는 이렇게 말했다. "교회 다니는 상당수 사람들의 신앙 체계는 신약에 기록된 초대교회의 믿음과 심각할 정도로 어긋나 있다."4 그리스도인으로서 사회학자이자 연구가인 조지 바나George Barna는 세속주의와 쇠퇴의 길에 들어선 미국 교회들을 향해 한마디 했다. "지난 수십 년간 상대주의를 받아들인 그리스도인의 수가 절반을 넘어섰으니 참으로 통탄할 일이다. 현재 거듭난 그리스도인 중에 62퍼센트는 절대 진리라는 것이 없다고 말한다. 놀랍게도 복음주의 그리스도인의 절반(42%) 역시 진리에서 절대적인 것이란 있을 수 없다고 이야기한다."5 포스트모던주의자들은 그리스도인이든 아니든 윤리라는 것이 자기가 속한 집단에 따라 상대적인 것이 될 수도 있다고 믿고 있다. 요즘 시대에 (적어도 신앙 초기에는) 죄를 안 지으려는 노력은 테레사가 살던 시대에 비해 그다지 동기가 강하다고 볼 수 없다. 사람들은 '무엇이든' 거리낌 없이 행하며 살아가고 있고 특별히 지옥에 대한 두려움도 없는 편이다. 그러나 우리는 성경과 교회에서 서로를 사랑하는 것이 중요하다고 배웠고, 하나님을 기쁘시게 하고 다른 사람을 도와주고 싶은 마음으로 더 열심히 선을 행하려고 한다. 그래도 일상적인 생활양식은 세상의 것과 크게 다를 바가 없다. 시간이나 돈을 사용하는 기준이 여전히 생계를 꾸리고, 가족을 부양하고, 여가를 즐기기 위한 소위 '필요한 일들'에 맞추어져 있다. 테레사는 이렇게 말했다.

"비록 그들이 세상에 깊이 빠져 있다 해도 가끔씩은 건전한 욕구를 나타내기도 하니 이는 아주 잠깐씩이라 해도 그들 자신을 주께 맡기며 자신이 누구인가를 생각하는 것입니다. (…) 하지만 보통 그들의 생각은 분주한 세상일들로 가득 차 있고 그것들은 모두 일상의 사소한 것들입니다. 그런 일들에 집착하고 있으니 그들의 보물이 있는 곳에 마음이 가지 않을 수 없는 것입니다(마 6:21 참조)."[6]

하나님을 향한 '기도의 변화 양상'

초신자로서 우리는 여전히 세상에 관심의 초점이 맞추어져 있으므로 기도 역시 문제를 해결해달라는 간구가 대부분을 이룬다. 기도의 성격도 하나님께 일방적으로 자신의 이런저런 생각들을 이야기하는 식이다. 자신이 속한 교파나 교회 전통에 따라 어떤 이들은 기도서에 적힌 기도문을 낭송하고 예배 의식의 하나로 기도를 드리기도 한다. 이제는 하나님의 사랑이 우리의 마음속에 역사하고 있으므로 다른 사람을 위한 중보기도도 하게 된다. 교회에서 드리는 기도를 제외하면 개인 기도 시간은 들쭉날쭉한 편이며 생각이 나거나 필요가 있을 때만 기도한다.

우리를 하나님께로 이끄시는 '예수님의 역사'

하나님은 우리와 함께하시며 이제 갓 믿기 시작한 우리의 믿음에 화답하여 우리의 생각과 믿음을 뛰어넘는 세심한 보호를 베풀어주신다. 성경을 읽을 때나 교회에서 예배를 드릴 때, 또는 다른 그리스도인들의 격려를 통해, 성령님은 계속해서 우리 마음에 말씀하신다. 하나님은 기도 중에, 그리고 일상생활 속에서 우리에게 자신을 나타내보여주기를 원하시지만 아직은 우리의 영적 분별력이 발달하지 못해서 그분의 빛을 거의 알아보지 못한다. 테레사는 계시의 은혜를 베풀어주기 원하시는 하나님에 대해 다음과 같이 이야기했다.

"주님은 원하시는 누구에게나 그분의 위엄을 나타내실 수 있습니다. 때로는 그저 그분의 영광을 보여주시기 위해 일하실 때가 있습니다. 맹인이 앞을 못 보는 것이 그 사람의 죄 때문인지 부모의 죄 때문인지를 묻는 제자들에게 그 맹인을 고쳐주시면서 주님께서 하신 대답처럼 말입니다(요 9:2-3). 그러므로 주님은 우리가 다른 이들보다 더 거룩하기 때문에 우리에게 은혜를 베풀어주시는 것이 아니라 그분의 영광을 드러내기 위해서 행하신다는 것을 알아야 합니다. 사도 바울과 막달라 마리아가 그런 경우였습니다. 그러므로 우리는 불완전한 피조물 가운데 역사하시는 그분을 찬미할 수밖에 없습니다."[7]

기도의 시작

하나님과의 대화

주님을 영접한 사람에게는 기도가 자신을 사랑하는 주님과의 대화라고 가르쳐야 한다. 하나님이 어떻게 여기실지 걱정하지 말고 자신의 생각과 감정을 솔직하게 표현하도록 해야 한다. 하나님은 우리의 마음과 생각을 이미 알고 계신다. 하나님과의 대화는 시간과 장소를 불문하고 언제 어디서든 가능하다. 또한 이 대화는 쌍방 통행이어야 한다. 하나님도 우리에게 '말씀하고' 싶어하신다. 신앙생활 초기부터 하나님의 음성 듣는 법을 가르칠 필요가 있다. 하나님은 성경 말씀, 다른 그리스도인들, 상황, 마음속의 작은 속삭임을 통해 우리에게 말씀하신다.

내면의 대화

성경은 우리가 주님을 영접하여 구원을 받으면 하나님이 성령을 통해 우리 마음에 들어와 거하신다고 분명히 밝히고 있다. 우리는 더 이상 삼층적 우주 즉 하늘에는 하나님이, 땅에는 인간이, 땅 밑에는 지옥이 있다는 식의 이야기를 믿지 않아도 된다. 그러나 우리는 여전히 예전 사고방식대로 생각하고, 말하고, 심지어 기도까지 한다. 마치 하나님이 다른 일로 바쁘신 분인 것처럼 기도할 때 그분의 주의를 끌려고 애를 쓴다. 하나님께 "이곳에 임하십시오!"라고 애원한다. 사실 하나님과의 대화는 우리 마음속에서 일어나며(골 1:27 참조), 성령께서 우리의 영과 교통하시며 우리의 기도를 돕고 계신다(롬 8:26 참조). 우리는 '위에 계신다'는 하나님과 '대화'를 하면서도 그분의 음성은 잘 듣지 못한다. 하나님이 우리의 내면에서 말씀하시는데 자꾸 외부로부터 말씀해주길 기대하기 때문이다. 우리의 마음이 곧 기도의 골방이다.

테레사는 첫 번째 방을 설명할 때 이 말을 했지만 하나님이 스스로를 계시하신다는 사실에 대한 그녀의 통찰력은 영적 성숙 과정 전반에 걸쳐 우리가 반드시 기억해야 할 사항이다. 하나님의 은혜란 바로 그런 것이다. 우리의 미덕이 아닌 오로지 하나님의 전폭적인 은혜와 뜻에 달려 있는 것이다. 특히 초신자 단계에서는 우리를 도와주시기 위해, 나아가 우리를 더 자라도록 북돋아주기 위해 한량없는 은혜를 베풀어주신다.

우리의 영적 성숙을 방해하려는 '원수의 계략'

첫 번째 방에서 영적 성장 과정이 시작될 때에 불행하게도 원수들은 전보다 우리를 더 경계하게 된다. 그러나 즉각적으로 우리를 공격하지 않는 경우도 있다. 그리스도인 중에는 기독교 가정에서 태어나 어려서부터 신앙생활을 해온 사람들이 많다. 신앙 초기에 나타나는 사탄의 공격은 주로 의심이 일게 하거나 사소한 일에 반항하도록 만드는 일이다. 그러나 청소년기와 청년기에 접어들면 사탄은 본격적으로 우리 마음에 불을 질러서 믿지 않는 친구들에게 인정받는 게 얼마나 중요한지, 자신이 받아온 가정교육이 얼마나 엄격하고 고지식했는지, 세상에서 누리는 '쾌락'들이 얼마나 기분 좋은 것인지, 온갖 헛된 망상과 유혹에 젖어들게 만든다.

세월이 흘러 나이가 들어가면 사탄은 우리에게 세상과 세상이 주는 쾌락에 마음을 빼앗기도록 유도한다. 그래서 세속적인 명예와 부귀에 그릇된 자부심을 느끼도록 만든다. 유혹이 쉴 새 없이 찾아오는 이때 사탄이 사용하는 가장 강력한 무기가 수치심이다. 또한 자신은 하나님의 은혜와 복을 받을 자격이 없다고 여기게 하거나 하나님이 도와주실 인물이 못 된다는 식의 자괴감에 빠지게 해서 교회나 그리스도인들 사이에 있는 것보다 세상 속에 있는 것을 더 편하게 느끼도록 만든다. 성인이 되어 예수님을 영접한 사람들은 과거 세상에 젖어 있던 사람들이므로 원수들은 그들을 계속해서 세상에 묶어두려고 한다. 첫 번째 방에서 원수들이 어떤 계략을 펼치는지 테레사는 다음과 같이 설명했다.

"…여기 들어오는 영혼들은 모두가 좋은 의도를 갖고 여러 통로를 통해 들어옵니다. 하지만 악마는 항상 나쁜 뜻을 품고 있는 놈이며 방마다 그 패거리들이 득실거려 영혼들이 이 방에서 다음 방으로 옮겨가지 못하도록 그들에게 싸움을 겁니다. 가엾은 영혼들이 전혀 그런 사실을 모르는 상태에서 악마는 별의별 수단을 다 사용합니다. 왕이 계시는 곳 가까이에 있는 자들에게는 악마가 거의 접근을 하지 못합니다만 여기 첫 번째 방에 있는 사람들은 아직도 세속에 젖어 있고 쾌락에 빠져 있고 명예와 야욕에 들떠 있기 때문에 (…) 하나님께서 그들의 본성에 주신 힘을 제대로 사용하지 못합니다."[8]

C.S. 루이스가 쓴 『스크루테이프의 편지』는 첫 번째와 두 번째 방에서 원수가 어떤 계략을 펼치는지 훌륭한 예화들을 통해 보여준다. 악마의 우두머리인 스크루테이프가 자신의 졸개인 웜우드에게 어떤 말로 조언하는지를 잘 들어보라.

"우리는 그저 인간들을 살살 부추겨서 우리의 원수 된 하나님이 만들어낸 쾌락을 즐기게 해주면 되는 거야. 그중에 하나님이 금지한 것들을 가끔씩 요런조런 방법으로 정도를 조절해가며 맛을 보게 하는 거지. 우리는 정상적인 상태에서 맛보는 기쁨과는 거리가 먼 것들을 골라야 해. 그러니까 가능한 한 비정상적이고, 조물주 냄새가 덜 나고, 고약한 것들을 고르라는 말이지."[9]

한마디로 사탄은 우리가 하나님의 빛을 알아채지 못하도록, 또는 더 열심히 그분을 찾지 못하도록 세상의 속임수를 극대화시킨다. 물론 우리 안에는 그 힘에 저항할 수 있는 성령의 능력이 있지만 사람들은 보통 영적 전쟁에 대해 제대로 배우지 못했기 때문에 그 전쟁을 어떻게 치러야 할지 모른다. 그 결과 머릿속에 일어나는 나쁜 생각들을 자기 탓으로 돌리고 그것이 설령 원수의 짓임을 알더라도 그 일로 인해 수치심과 죄책감을 느낀다. 이로써 하나님을 더 의존하려 드는 것이 아니라 어떻게든 자기의 힘으로 해결해보려고 애쓴다.

하나님께 협력하도록 이끄는 '성숙의 열쇠'

우리가 어느 정도 성숙했느냐와 상관없이 성경 공부는 영적 성숙에서 필수적인 부분이다. 성경을 깊이 알아갈수록 이전과는 다른 가치관을 갖게 된다. 구약과 신약은 하나님과의 관계적 측면에서 인류의 역사가 어떠했는지 다양한 예화를 통해 보여준다. 성경에 나오는 하나님과 인간 사이의 관계와 반응들은 현재 우리가 처한 상황에서 하나님이 어떻게 반응하실지 예측할 수 있는 중요한 단서가 되어준다. 하나님과 친밀한 관계를 맺고 싶다면 성경의 가르침과 그 의미가 무엇인지를 분명하게 깨달아야 한다. 우선 하나님이 어떤 분이신지 알아야 그분과 친해질 수 있지 않겠는가? 하나님에 대한 편견과 오해가 있다면 그분과의 관계는 어긋날 것이고 영적 성숙도 지연될 수밖에 없다. 하나님은 누구신가? 나는 하나님에게 어떤 존재인가? 이 세상은 무엇이 문제인가? 하나님은 타락한 이 세상에 어떤 해결책을 제시하셨는가? 예수님은 누구신가? 하는 질문에 대한 해답을 찾아야 한다. 성경을 안다고 모든 가치관이 일시에 바뀌지는 않겠지만 적어도 지식은 변화의 출발점이며 자신에게 무슨 일이 일어나고 있는지 이해하도록 도와준다. 궁극적으로 그러한 지식이 성경적인 의미로서의 깊은 '앎knowing'의 단계로 넘어가야 한다. 이것은 우리가 하나님이라고 부르는 분을 개인적이고 인격적으로 체험해야 한다는 뜻이다.

영적 성숙에서 빼놓을 수 없는 또 한 가지 요소는 그리스도인 공동체 안에서 진실한 교제를 나누는 것이다. 그래야 신뢰를 바탕으로 수치심이나 정죄감 없이 자신을 객관적으로 바라볼 수 있게 되고 하나님께 성장과 변화의 능력을 담대하게 간구할 수 있다. 루이스 스메디스Lewis Smedes라는 저명한 기독교 심리학자는 우리가 수치심과 직면했을 때 치유가 일어난다고 말했다. "어디에서 하나님의 은혜를 발견할 수 있는지 궁금하다면 비판적인 친구를 찾기 바란다. 오로지 당신이 최대한 선한 사람이 되기를 바라는 마음으로 당신의 잘못과 실수를 따끔하게 지적해주고 당신의 전 존재를 사랑으로 받아주는 친구를 찾으라."[10] 애석하게도 지역 교회에서 그런 진실한 관계를 찾기란 쉽지 않다. 초신자는 기존 교인들이 자신의 연약함을 어떻게 받아들이는지에 대해 상당히 두려워하고 민감한 마음을 갖는다.

교회에서 참여하는 소그룹 안에서는 성경 말씀을 토론하고 자신의 영적 체험을 이야기할 수 있는 친밀한 관계가 형성된다. 소수의 참석자들끼리 속내를 이야기할 수 있는 안전하고 열린 분위기가 조성되기 때문에 대화 가운데서 성경의 진리를 깨닫게 될 뿐 아니라 그 진리대로 살아가는 법을 상호간에 배울 수 있다. 이러한 성도들 간의 대화와 기도와 격려가 영적 성숙에 대단히 중요한 역할을 하는데 이것들은 특히 첫 번째 방에 있을 때 더욱 중요하다. 《믿음이 역사하는 삶Faith at Work》 잡지의 편집인 어빙 해리스Irving Harris는 초신자들에게 소그룹 활동이 얼마나 중요한지 다음과 같이 설명했다.

"하나님을 믿고자 하는 사람들은 대중 예배보다 소그룹에서 신앙의 실마리를 찾게 되는 경우가 많다. 신앙을 떠났던 사람들에게는 소그룹이 새 출발의 장이 되어준다. 소그룹 내 친교의 목적도 다른 사람들에게 믿음을 전해주는 법을 배우는 것이다. 즉 집에서나 직장에서 문제가 생긴 사람들에게 전도하는 법을 배우는 것이다. 기독교 소그룹의 중심에는 '깨닫다, 기도하다, 자라다, 나누다, 적용하다' 라는 동사가 자리 잡고 있다."[11]

영적으로 성숙할 수 있는 또 하나의 비결은 자기 자신을 깊이 알아가는 것이다. 자아에 대한 지식도 소그룹 활동과 일상적인 경험으로부터 비롯된다. 테레사 전집의 번역자 중 한 명인 키런 캐버노

Kieran Kavanaugh는 첫 번째 방을 소개할 때 그 중요성을 다음과 같이 이야기했다.

"누구나 마찬가지이지만 그들(초신자들)에게 특별히 필요한 것은 자신 스스로를 아는 것과 은혜 안에서 영혼의 아름다움을 아는 것, 그리고 죄를 짓는 영혼의 추악함을 아는 것입니다. 다시 말해서 죄와 은혜에 대한 기독교의 신비를 어느 정도 깨달아야 한다는 말입니다. 우리의 영혼은 성의 외곽에서 중심을 향해 점차 옮겨가면서 자신을 더 잘 알게 되고 겸손해집니다."12

성령은 우리가 맺고 있는 대인관계를 통해 자신의 뜻을 밝히 조명해주시고 우리 자신의 성품, 인격, 인생관에 대해 현명한 통찰력을 갖게 해준다. 또한 우리는 거룩한 하나님과의 관계를 통해 자신을 깊이 알게 됨으로써 이전보다 더 겸손한 사람이 되어간다. 겸손할수록 하나님을 의지하게 되고 그로 인해 하나님과의 관계는 더 깊어지는 것이다.

중독 문제로 씨름하는 초신자들에게는 '익명의 알코올 중독자들의 모임Alcoholics Anonymous'이나 '익명의 과식자들의 모임Overeaters Anonymous', '엄마들을 돕는 엄마들의 모임Moms Supporting Moms'과 같은 치유 모임들이 하나님의 강력한 치유 수단이 되어줄 것이다.13 하나님의 형상과 모양대로 살도록 되어 있는 창조 의도와 정면으로 충돌하는 타락한 인간성과 죄의 본성들은 영적 성숙의 어느 방에 들어가든지 우리 모두가 계속해서 부딪치고 갈등해야 할 부분이다. 그런 맥락에서 테레사는 특히 첫 번째 방에서 중보기도자들의 역할이 중요하다고 말했다. 초신자들은 하나님의 능력을 어떻게 의지해야 하는지 모르기 때문에 아직은 신앙생활이 버거울 뿐이다.

초신자들은 기본적인 영성 훈련을 통해 의도적인 노력을 많이 기울여야 한다. 영적으로 성숙할수록 노력의 질과 양이 달라진다는 테레사의 말을 기억하는가? 하나님과의 관계는 지속적으로 물을 주어야 하는 밭과 같은데 그 물을 네 가지로 나누어 '네 가지 물들'이라고 불렀다. 처음에는 인간적인 노력과 수고가 많이 들어가야 한다. 첫 번째 방은 '첫 번째 물'의 단계에 해당한다. 따라서 이 단계에서는 영적으로 성숙하기 위해 의도적인 노력을 아끼지 말아야 한다. 토머스 두베이는 '첫 번째 방(첫 번째 물)'에 대해 이렇게 말했다. "테레사 성녀가 강조한 첫 번째 단계의 노력이란 진지한 기도 생활을 위한 기반을 구축하는 것이었다. 다시 말하자면 자신의 죄와 결점과 집착을 없애려는 끊임없는 노력을 의미한다."[14]

영성 코치

그럼 애비게일, 마이클과 상규의 이야기로 돌아가서 그들이 주님을 믿기 위해 애쓰는 과정에서 영성 코치가 어떤 역할을 했는지 살펴보기로 하자. 당신은 '영성 코치'라는 말을 들어본 적이 있는가? 아마도 들어보지 못한 사람이 많을 것이다. 영성 코치는 단순한 신앙 조언자 이상의 역할을 하지만 그렇다고 모두가 학교에서 전문교육을 받거나 정식 자격증을 가진 코치는 아니다. 다만 성숙한 그리스도인으로서 경청 기술과 적절한 질문을 던지는 기술, 분별력 등을 갖춘 사람이며 그 자신이 영적 성숙의 과정을 거쳐왔기에 다른 사람의 과정을 제대로 이해하고 도와줄 수 있는 사람이다.

영성 코치의 임무는 코칭을 받는 자가 성령님의 뜻을 깊이 생각하도록 돕는 일이다. 이 일을 수행할 때 코치가 하는 일은 영적 인도자의 역할과 흡사하다.[15] 영성 코치는 자신의 도움을 받으러 오는 사람들이 영적 성숙의 어느 단계에 있는지를 파악함으로써 그 단계에서 더 성장할 수 있도록 도와준다. 하지만 안타깝게도 이런 사람들을 교회 안에서 찾을 수 있는 경우는 극히 드물다.

애비게일

애비게일이 교회에 다닌 지 얼마 지나지 않아서 담임목사는 그녀에게 영성 코치인 에밀리를 소개해주었다. 애비게일보다 몇 살 위인 에밀리는 교회에서 코치 훈련을 받은 성도였다. 두 사람이 처음으로 만난 자리에서 애비게일은 자신의 신앙에 대해 이야기했고, 에밀리는 그 이야기를 조용히 들어주었다. 애비게일이 영적 성숙의 첫 번째 방에 들어와 있음을 알아차린 에밀리는 그녀가 경험했던 다른 방들의 이야기에도 귀를 기울여 들어주면서 성경 공부 모임에서 만난 친구들과 가깝게 지내고, 예배와 기도 모임에 더 열심히 참석하라고 격려해주었다.

처음에는 아주 가끔씩 에밀리를 만나 근황을 이야기하는 정도에 그쳤지만 그녀는 애비게일이 원할 때 언제든 주저 없이 만나줄 만큼 신뢰가 가는 사람이었다. 몇 달이 지나서 애비게일은 에밀리에게 다시 만나자는 약속을 했다. 자신의 신앙생활에 뭔가 변화가 필요하다는 절박한 마음이 들어서였다. 애비게일은 자신이 하나님에게 축복받기 원하는 내용들을 에밀리에게 장황하게 늘어놓았다. 그동안 몇몇 사람들과의 관계가 너무 힘들었고 문제를 해결해주지 않는 하나님도 원망스러웠다고 말했다. 무엇보다 실망스러운 것은 자신이 하나님의 기대에 미치지 못하는 별 볼일 없는 사람이라는 자책감이었다.

애비게일의 긴 이야기를 듣고 난 에밀리는 어릴 때 아빠와의 관계가 어떠했느냐고 물었다. 아빠와의 관계를 이야기하던 애비게일은 육신의 아버지가 지녔던 엄격함을 하늘의 아버지에게도 그대로 투사해서 그에게 감정을 가지고 있었다는 사실을 스스로 깨닫게 되었다. 에밀리는 애비게일에게 하나님의 은혜와 용서에 대해 말씀하고 있는 성경 구절들을 나누면서 하나님께서는 우리를 사랑하시기 때문에 언제나 우리를 반기고 도와주신다는 사실을 차근히 설명해주었다. 그러고는 여가 시간을 어떻게 보내며 기도 생활은 잘 하고 있는지를 묻고 나서 애비게일의 관점에서 삶의 우선순위를 정하고 하나님이 그것에 대해 어떻게 여기실지 잘 생각해보라고 권했다.

사실 애비게일을 낙담하고 좌절하게 만드는 상황은 모두가 하나님이 그녀를 축복하기 위해 주신 기회들이었다. 하지만 그런 축복을 받기 위해서는 먼저 애비게일이 현실에서 예수님을 삶의 최우선 순위에 놓아야만 했다. 두 사람은 애비게일이 나눈 문제들을 놓고 함께 기도했다. 기도가 끝나자 애비게일은 에밀리를 쳐다보며 환한 표정을 지었다. "와! 이제 보니 제가 하나님 일은 완전히 뒤로 제쳐놓고 살았네요! 하나님이 저를 더 행복하게 해주시기만 바랐지 다른 일들은 안중에도 없었어요. 하나님도 그렇게 해주고 싶으셨겠지만 그보다 더 중요한 건 제가 스스로 하나님의 사랑을 누리고 저도 하나님을 사랑하는 게 아니겠어요? 아무래도 제가 변해야 할 것 같아요."

마이클

마이클 역시 영성 코치를 만날 수 있었던 소수의 행운아 중 한 명이었다. 그의 코치가 되어준 사람은 자신도 과거에 중독자였기에 마이클의 처지와 심정을 누구보다 잘 이해해주는 사람이었다. 애비게일의 경우처럼 마이클과 코치도 가끔씩 만나 서로에 대한 신뢰를 쌓아갔다. 그것은 마이클에게 결코 쉬운 일이 아니었다. 그가 짐작한 바대로 그들의 대화는 얼마 못가서 마이클과 가족 간의 관계에 초점이 맞추어졌다.

두 사람은 성경을 찾아서 용서와 화해에 대한 말씀들을 함께 읽었다. 마이클은 자신의 부모는 물론이고 전처도 완벽한 사람이 아니므로 모두가 서로를 용서해주어야 한다는 사실을 깨달았다. 마이클이 이제는 그리스도인이 되었기에 바로 그 자리에서 먼저 첫발을 내디딜 책임이 있었다. 그는 하나님께 죄를 회개하고 용서해달라는 기도를 드렸다. 몇 달이 지나면서 마이클과 코치는 화해의 발걸음을 더 과감하게 뗄 수 있는 방법들을 상의하여 시행하기 시작했고 그 결과 가족들과의 관계가 조금씩 좋아지기 시작했다. 마이클이 코칭을 받으면서 발견한 한 가지는 자신에게 성공에 대한 집착이 굉장히 강하다는 사실이었다. 먼저 그는 술을 끊는 데 성공하기를 바랐다. 그런 다음에는 성공적인 운동선수와 성공적인 트레이너가 되고 싶어했고, 사교적으로도 성공해서 수많은 친구를 사귀고 싶어했고, 무엇보다 간절히 새로운 배우자를 찾는 일에 성공하고 싶어했다. 마이클과 코치는 성경을 찾아가며 하나님이 그를 축복하고 좋은 선물을 주기 원하신다는 말씀들을 함께 읽었다. 또한 희생적인 삶과 이웃 사랑을 강조하는 구절들도 읽었다. 그런 다음 중독 치료소에서 12단계 프로그램을 할 때 드렸던 기도처럼 그 모든 일에서 하나님의 뜻에 순종하겠다고 기도했다. 아울러 자신만 생각하기보다 하나님과 다른 사람들에게도 관심을 기울여야 한다는 코치의 조언에 따라 마이클은 하나님께 자신의 삶을 드린다는 의미에서 다른 사람을 도와줄 좋은 묘안들을 짜내기 시작했다.

코치는 그에게 "하나님이 어떤 일부터 시작하길 원하시는 것 같으세요?"라고 물었다. 마이클은 잠시 생각에 잠기더니 이렇게 대답했다. "아무래도 기도 생활부터 충실히 해야 할 것 같네요. 먼저 하나님 앞에 나아가 남을 위해 기도하는 시간이 없다면 다른 사람을 도와주기는 힘들 것 같습니다." 그 말에 코치는 동의하면서 시험적으로 날마다 시간을 정해서 기도를 드리고 구체적으로 누구를 위해 기도할지, 무엇을 기도할지를 하나님께 여쭈어보라고 조언했다. 그리고 함께 찾아본 성경 구절을 암송함으로써 하나님의 진리가 완전히 마음에 새겨지도록 하라고 했다. 마지막으로 두 사람은 손을 모으고 하나님의 선하심에 감사하며 그분과 더 견고한 관계로 나아가도록 인도해주시길 간구했다.

상규

상규가 처음으로 교회에 나가 신앙생활을 시작했을 때부터 대부분의 신앙지도는 그 교회의 담임목사를 통해 이루어졌다. 규모가 크지 않고 젊은이가 많지 않은 교회였기 때문에 상규 부부는 목사와 교인들로부터 특별한 관심과 사랑을 받았고, 두 사람은 받은 기대와 사랑에 부응하느라 최선을 다해 교회를 섬겼다. 아내인 경숙은 교회에 오래 다녔지만 상규에게 교회 생활은 이제 막 시작한 결혼생활처럼 새로운 태도와 적응을 필요로 했다. 이 과정에서 아내의 도움이 큰 역할을 했다. 분주한 이민 생활과 학교 공부에도 불구하고 부부가 교회의 행사에 열심히 참여하면서 교회 생활에 대해 배우고 섬기는 과정에서 상규의 신앙은 서서히 자라가기 시작했다. 그 교회에는 새로 이민을 와서 처음으로 교회에 나온 가정들도 몇 있어서 그들과 함께 목사에게 기도에 대해서, 성경에 관해서, 성경에 나타난 하나님에 대해 배우면서 새로운 신앙 지식들을 쌓아갔다. 성경 안에 있는 구약과 신약의 차이점과 그들 간의 관계, 즉 신약은 구약의 성취이며, 구약이 신약의 그림자라면 신약은 실체이신 예수 그리스도에 관한 내용이라는 사실 등은 성경을 새로운 관점에서 보게 해주었다. 미국 생활을 시작하면서 미국 문화의 뿌리를 이루는 기독교에 대해 배우려는 목적으로 진지하게 성경을 공부하게 되었는데, 이로써 상규는 이전에 알지 못했던 신앙의 신비로운 영역을 탐험하기 시작한 것이다! 성경을 통해 인간이 어떤 존재인가에 대한 정의를 처음으로 배웠고, 인간들에 대한 하나님의 계획(이것이 바로 하나님의 경륜이고 섭리라는 것도 배웠다)이 미리 준비되어 있다는 사실을 발견하게 된 것은 참으로 놀라운 경험이었다. 이렇게 성경 공부를 하면서 그가 평소 기독교에 가지고 있던 관점이 서서히 변화되었다. 영생이라는 것은 단지 영원히 사는 것이 아니라 영원하신 하나님의 생명에 참여함이라는 것, 죄라는 것은 단순한 도덕적 개념이 아니라 하나님의 뜻(계획)에서 어긋난 것을 말하며 인류 최초의 조상인 아담과 하와, 그리고 그 자손들로부터 자기중심적인 생각과 방법으로 인한 죄의 뿌리가 인류 속에 깊이 내려져왔다는 사실, 그리고 이러한 죄를 극복하는 길은 오직 예수 그리스도를 믿음으로써 이루어지는데 이것을 은혜, 즉 거저 주시는 선물이라고 부른다는 것 등……. 이러한 개념이 점차 머리로 이해되고 마음속에 받아들여지면서 기독교에 대한 상규의 믿음은 서서히 뿌리를 내리기 시작했다.

 기도라는 것은 보이지 않는 하나님과의 대화라고 배웠다. 단순히 틀에 박힌 구절들을 되뇌는 것이 아니라 자신의 구체적인 필요와 상황을 아버지께 올려드리는 것인데, 이것은 아버지를 여의고 오랫동안 주위에 남성 롤모델 없이 자란 상규에게는 쉽지 않았다. 한 교인 가정에서 예배를 드리게 되었을 때 그 집의 어린 딸이 아버지와 대화하는 모습으로 기도를 하는 것을 보고 큰 감동을 받았던 것을 떠올렸다. 테레사는 기도와 묵상이 영적 성숙의 출발점이라고 말했는데 상규가 다니던 교회는 작은 이민 교회였기에 기도나 큐티 같은 말씀 묵상 방법을 체계적으로 배울 기회가 없었다. 상규의 기도는 교회 사람들로부터 듣고 배운 대로 자신의 필요를 하나님께 아뢰는 것, 그리고 하나님께서 내려주신 축복에 감사하는 것 등에 그쳤지만 그 기도는 처음 말을 배우는 어린아이가 옹알이를 하는 것 같이 하나님에 대한 순전한 사랑과 신뢰로 올려드리는 기도였다.

상규가 다니던 작은 교회에서는 젊은이가 해야 할 일이 많았다. 상규는 구역장으로서, 청년부 임원으로서 교회의 일에 적극적으로 앞장서면서 교회 생활을 배워나갔고 교인들의 인정과 사랑 속에서 신앙이 성숙해졌다. 교회에서 일하면서 그가 발견한 것은 교회의 일꾼들 중에 마치 소금에 절인 배추같이 부드럽고 심지어는 줏대가 없어 보이는 것처럼 순종하는 사람들이 있는가 하면 자기 줏대가 강해서 좀처럼 자기주장을 양보하지 않는 사람들도 있다는 것이었다. 교회에서 처음으로 여러 모습의 믿는 사람들을 만나면서 상규는 많은 것을 배우고 느낄 수 있었다. 그가 항상 호기심과 애착을 가지고 교제하게 된 사람들은 그때까지 그에게 익숙하지 않았던 순종파의 온유한 사람들이었다. 다양한 사람들과 교제하면서, 그리고 그들과 함께 사랑과 삶을 나누면서 상규는 교회에 대한 사랑이 자라갔고 믿음도 깊어졌다.

애비게일과 마이클, 상규는 인생에서 가장 신나고 충만하고 신비로운 여정을 막 출발한 사람들이었다. 하지만 예수님 안에서는 여전히 어린아이에 불과했고 그들 앞에는 험난하고도 거친 미지의 땅이 가로놓여 있었다. 하나님께서 그분의 사랑과 능력을 보여주시는 가운데 그들은 장래에도 많은 실수와 수많은 기적을 경험하게 되겠지만, 그들이 믿음 안에서 자라고 험한 장벽들을 극복해가면서 두 번째 방에 이르렀을 때는 더 놀라운 일들이 그들을 기다리고 있을 것이다.

생각해보기

- 당신이 첫 번째 방에서 보냈던 시기는 어떠했는가?
- 그 시기에 가장 혼란스럽고 힘들었던 것은 무엇이었는가?
- 그 시기에 당신의 믿음을 확고하게 세워주었던 경험이나 사건들은 어떠한 것들이 있었는가?
- 그 시기에 당신을 도와주도록 하나님이 보내주신 사람들은 누구였는가?
- 현재 당신에게 영성 코치가 되어줄 만한 사람이 있는가? 혹은 당신이 코칭을 해주어야 할 사람이 있는가?

5

두 번째 방:
신앙과 세상 사이
(분열된 충절과 영적 전쟁)

"내가 이르노니 너희는 성령을 따라 행하라. 그리하면 육체의 욕심을 이루지 아니하리라. 육체의 소욕은 성령을 거스르고 성령은 육체를 거스르나니 이 둘이 서로 대적함으로 너희가 원하는 것을 하지 못하게 하려 함이니라(갈 5:16-17)."

5장
두 번째 방: 신앙과 세상 사이
(분열된 충절과 영적 전쟁)

이제 우리는 신비스러운 경험들이 기다리고 있는 광야로 들어가려 한다. 영적 성숙 단계에서 두 번째 방은 거의 일반적인 제자훈련 교재에서 다루거나 가르치지 않는 부분이다. 우리가 첫 번째 방에 들어가서 난생처음으로 예수님과 친숙해지기 시작했을 때 인생은 멋진 전환점을 맞게 된다. 하지만 두 번째 방은 아주 어두운 골짜기와 같아서 이 방에 들어갈 준비가 되어 있는 초신자는 많지 않다. 그리스도인은 누구나 이와 같은 시기를 거치며 이 시기가 끝난 후에도 가끔 같은 경험이 되풀이될 때가 있다. 하지만 그때에도 자신이 영적으로 성숙하는 과정 속에 있다는 사실을 거의 깨닫지 못한다. 우리는 지난 장에서 몇 년이 흐른 시점의 마이클과 애비게일, 상규의 이야기로 돌아가서 그들의 두 번째 방에서의 삶을 살펴보기로 하자. 우리는 영적으로 성숙해가면서 방을 하나씩 옮겨가지만, 일직선 방향이 아니라 전후좌우로 이동한다는 사실을 잊지 말라. 일단 우리는 한 방에 들어가 있으면서도 가끔씩 앞에 놓인 방을 다녀오기도 하고 전에 있었던 방으로 후진하기도 한다. 첫 번째 방을 다룰 때에 언급했던 것처럼 이번에도 당신의 인생에서 이와 비슷한 시기를 경험했던 때를 기억해낼 수 있도록 성령님의 도우심을 구하기 바란다. 두 번째 방이 어떤 단계인지를 깨닫고 거기서 당신 자신이 겪었던 경험으로부터 교훈을 얻게 되면 자신의 영적 성숙 과정을 더 깊이 이해할 수 있기 때문이다. 그럼 두 번째 방에서 마이클이 체험한 일들을 들어보자.

마이클

일 년간 신앙생활을 하고 난 후 마이클은 하나님을 믿는 것만이 인생의 참된 길임을 더 깊이 확신하게 되었다. 그는 교회에 열심히 다니고 소속된 모임에도 꼬박꼬박 참석했다. 하지만 현실에서는 그가 원하는 대로 일이 잘 풀리지 않았다. 술과 마약을 끊는다는 게 생각처럼 쉬운 일은 아니었다. 다행히 불미한 사건이 터지거나 경찰에 체포되지는 않았지만 옛날 버릇이 다시 도지고 말았다. 마이클은 자신이 실패자라는 낙망과 수치심을 느꼈고 치유 모임에도 한 달 이상 나가지 않았다. 직장에서 동료들과 어울리는 것도 보통 힘든 게 아니었다. 교회나 소그룹은 직장과는 전혀 다른 생소한 세계처럼 느껴졌다. 체육관에서 일하려면 동료들과 술집도 가고, 여자들에게 집적거리고, 때로는 음담패설을 늘어놓으며 어울려야 했다. 믿지 않는 동료들에게 전도를 해야겠다고 생각할 때도 있었고 일생 동안 술을 끊고 살 수 있었으면 하는 생각이 들 때도 있었다. 이 모든 것이 마이클에게는 대단한 스트레스였다. 자신은 정말 친구가 필요했지만 과연 '성자'처럼 살면서 사람들을 사귈 수 있을지는 의문이었다. 하지만 모든 게 힘든 것만은 아니었다. 그는 이렇게 자신을 다독였다. "나는 화끈한 남성이고 여자들도 내 매력에 금방 넘어가잖아. 직장에서도 잘 나가고 있고 다른 트레이너들을 따라잡는 것도 문제없다고……."

머릿속에 일어나는 불순한 잡념들도 마이클에게 좌절감을 안겨주는 또 하나의 골칫거리였다. 주변에 여자들은 많았지만 이제는 전처럼 함부로 잠자리를 같이 할 수는 없었다. 그러나 머릿속에 일어나는 생각들은 그리 자랑할 만한 것들만은 아니었다. 어떤 경우에는 자기가 품은 생각에 스스로 당황할 정도였다. 또 어떤 때에는 그런 생각들이 일어나는 대로 즐기다가 나중에 심한 죄책감과 수치심에 시달리기도 했다. 가끔은 친구 컴퓨터로 음란 동영상들을 훔쳐보기도 했다. 물론 그런 짓으로 나중에 더 심한 유혹에 시달리게 될 것이라는 것도 잘 알고 있었다. 그래서 그는 다시 일기를 쓰기 시작했다. 다음은 그의 일기장에서 발췌한 내용으로, 그가 느끼는 내적 갈등을 잘 표현해 주고 있다.

"맙소사! 대체 하나님에 대한 믿음은 어디로 갔지? 이렇게 힘들 줄은 상상도 못했어! 내 머릿속에 뭐가 있는지, 내가 요즘 무슨 짓을 하고 다니는지 생각할수록 창피하고 부끄러워서 기도조차 하기 힘들다. 또다시 술독에 빠진 내가 과연 술을 끊을 수 있을까? 하나님, 대체 저란 놈은 뭐가 잘못된 겁니까? 우리 교회 교인들은 다들 좋은 사람들이라 내가 술을 퍼마셔도 비난하지 않고 용서해주었지만 그 외의 다른 일들은 솔직히 털어놓기가 겁이 납니다. 아마 그들은 저한테 그냥 힘을 내라고만 하겠지요. 교회 모임에 갔다 와서도 내가 다음 주에도 계속 나가야 할지 갈등이 생깁니다. 항상 시간도 없고 분주한 스케줄이 저를 더 엉망으로 만들어놓고 있습니다! 성경에는 하나님이 저를 사랑하시고 제 인생에 계획을 갖고 계시다고 하는데……. 제 삶을 보면 정말 그런지 확신이 안 섭니다. 이런 식으로 하나님을 실망시켜드리는 것은 진짜 싫지만 저도 목석은 아니지 않습니까? 아이쿠……. 어쩌다 이 지경이 되었지?"

첫 번째 방과 마찬가지로 두 번째 방 역시 주님을 믿은 지 얼마 안 되는 초신자의 상태에 가깝다고 할 수 있지만 중요한 점은 이 방에서부터 영적 성장이 이루어진다는 사실이다. 우리는 이제 하나님의 길만이 옳은 길임을 깨달았고, 하나님의 뜻대로 살겠다고 나름대로 결단을 했다. 주님을 따르고 싶은 욕구도 점차 커지고 있다. 하지만 세상에서 맛보던 거짓된 쾌락과 만족감이 여전히 강하게 발목을 붙잡고 있다. 또한 원수의 영적 공격도 강도가 높아져서 하나님보다 세속적인 것에 마음이 더 끌리게 하고 그것이 인생의 안전감과 의미와 행복의 원천인 것 같은 생각이 들게 만든다.

그럼 두 번째 방에서의 삶을 보여주는 성경의 대표적인 구절들을 찾아보자. 성경은 하나님 나라의 가치와 영적 전쟁의 실체를 생생하게 묘사하고 있다.

"내가 이르노니 너희는 성령을 따라 행하라. 그리하면 육체의 욕심을 이루지 아니하리라. 육체의 소욕은 성령을 거스르고 성령은 육체를 거스르나니 이 둘이 서로 대적함으로 너희가 원하는 것을 하지 못하게 하려 함이니라. 너희가 만일 성령의 인도하시는 바가 되면 율법 아래에 있지 아니하리라. 육체의 일은 분명하니 곧 음행과 더러운 것과 호색과 우상 숭배와 주술과 원수 맺는 것과 분쟁과 시기와 분냄과 당 짓는 것과 분열함과 이단과 투기와 술 취함과 방탕함과 또 그와 같은 것들이라. 전에 너희에게 경계한 것 같이 경계하노니 이런 일을 하는 자들은 하나님의 나라를 유업으로 받지 못할 것이요 오직 성령의 열매는 사랑과 희락과 화평과 오래 참음과 자비와 양선과 충성과 온유와 절제니 이 같은 것을 금지할 법이 없느니라. 그리스도 예수의 사람들은 육체와 함께 그 정욕과 탐심을 십자가에 못 박았느니라. 만일 우리가 성령으로 살면 또한 성령으로 행할지니(갈 5:16-25)"

"끝으로 너희가 주 안에서와 그 힘의 능력으로 강건하여지고 마귀의 간계를 능히 대적하기 위하여 하나님의 전신 갑주를 입으라. 우리의 씨름은 혈과 육을 상대하는 것이 아니요 통치자들과 권세들과 이 어둠의 세상 주관자들과 하늘에 있는 악의 영들을 상대함이라. 그러므로 하나님의 전신 갑주를 취하라. 이는 악한 날에 너희가 능히 대적하고 모든 일을 행한 후에 서기 위함이라(엡 6:10-13)."

갈라디아서에서 사도 바울이 편지를 쓴 대상은 갈라디아 교회의 성도들이었다. 그들은 예수님께 헌신된 삶을 살면서 아울러 유대교의 율법에도 충실해야 한다는 의무감과 씨름하던 사람들이었다. 그들을 향한 바울의 충고는 두 번째 방에 들어간 우리 그리스도인의 갈등을 적나라하게 보여준다. 바울은 우리가 엄격한 율법의 틀을 벗어나 성숙해가야 한다고 강조했다. 우리는 그리스도 안에서 이루어지는 하나님과의 관계에 의해 성숙해져야 하며 성령의 능력을 힘입어 살아가야 한다. 에베소서의 구절은 마귀의 공격을 받고 있는 그리스도인들을 위해 쓰인 것이다. 이 구절은 의도적으로 영적 전쟁을 치러나가야 하는 초기 성장 단계의 상황을 잘 묘사해주고 있다. 이 두 개의 영역에서 승리는 그리스도 안에서 성령의 능력을 통하여 이루어지는 하나님과의 관계에 달려 있다. 마이클과 애비게일과 상규 역시 그런 면에서 동일한 씨름을 하고 있었다.

애비게일

애비게일이 주님께 헌신한 뒤 4년이 지나서 다시 연락이 닿았다. 대학에서 마케팅을 전공한 그녀는 이제 대학을 졸업하고 미니애폴리스에서 직장 생활을 하고 있었으며 사랑하는 애인도 생겨 즐겁게 지내고 있었다. 그동안 믿음도 많이 자랐고 무슨 일이 있든지 기도도 열심히 했다. 직장 일 때문에 출장을 다닐 때가 많았지만 한 달에 두어 번은 반드시 가까운 교회에 나가 예배를 드렸다.

하지만 애비게일의 삶에도 여러 면에서 어려운 점들이 생겨났다. 직장 일을 좋아하기는 했지만 갓 입사한 '햇병아리' 취급을 받는 건 아주 감정이 상하는 일이었다. 사무실에서는 허드렛일이나 시키고 상관에게 자신의 진짜 실력을 발휘할 기회조차 얻기 힘들었다. 그녀는 그런 상황을 극복하기 위해 누구보다 열심히 일했고 주말까지 희생하며 회사에 나와 일을 했다. 설상가상으로 함께 일하는 동료들 대부분이 믿지 않는 사람들이었다. 자연히 사무실에서 오가는 언어들이 거북하게 느껴질 때가 많았다. 예수님을 믿는다는 이유로 동료들에게 농담거리가 되거나 심지어 따돌림을 받을 때도 있었다. 그런 상황이다 보니 자신의 신앙을 숨겨야 할지, 적당히 사람들과 어울려야 할지, 아니면 남들과 똑같이 행동해야 할지 갈피를 잡을 수가 없었다.

그나마 직장 동료 중에 그리스도인 여직원이 있었다. 마침 다니는 교회도 같았다. 애비게일은 그녀와 점심을 같이 먹으며 이야기를 나누는 것이 큰 낙이었다. 하지만 그녀를 제외하고 애비게일이 어울리는 사람들은 대부분 사회에서 출세하기 원하고, 잘 놀고, 잘나가는 직장 동료나 고객들이었다. 그런 삶이 즐거울 때도 있었지만 가끔은 자신의 쳇바퀴 돌아가는 듯한 삶에 회의가 느껴지기도 했다.

애비게일을 힘들게 하는 또 하나의 요인은 남자친구 테드와의 관계였다. 두 사람이 정식으로 사귀게 된 다음부터 애비게일은 테드의 잠자리 요구에 응하고 있었다. 마음이 내키지는 않았지만 테드가 원하는 일이고 다른 연인들도 전부 그렇게 하고 있으니 어쩔 수 없는 노릇이었다. 테드는 아예 동거하고 싶어했지만 그것만은 허락하지 않았다. 자신은 정말로 테드를 사랑한다고 생각했고 그를 잃고 싶은 마음은 추호도 없었다. 하지만 두 사람 모두 아직은 결혼할 준비가 안 되어 있었다. 애비게일의 삶이 갖고 있는 양면성, 즉 성공과 죄의 유혹은 그녀에게 새로운 고민을 안겨주었다. 하나님과의 관계를 생각하며 그녀가 일기장에 적어놓은 심정 중 일부를 발췌해보겠다.

"일기를 쓰지 않은 지도 몇 달째다. 나의 신앙생활이 너무도 실망스럽고 걱정된다. 아무래도 문제가 심각한 것 같다. 하나님이 너무도 멀게만 느껴진다. 하나님을 위해 살며 바르게 살고 싶은데 그게 맘먹은 대로 되지 않는다. 교회에 가면 좋기는 좋다. 가기만 한다면 말이다……. 하지만 일요일은 꼼짝달싹할 수 없다. 산더미처럼 밀린 일을 하거나 테드와 같이 있어야 한다. 어느새 사무실에서 주워들은 말들을 내가 따라 하고 있다. 엊그제 내뱉은 말은 진짜 내가 생각해도 어이가 없다! 더 걱정스러운 건 당시에는 아무렇지도 않았다는 것이다. 기도 생활도 잘 안 되고 있다. 기도할 시간이 없다! 그래도 대학에 다닐 때는 조금 일찍 일어나거나 수업 도중에라도 잠시 기도할 짬을 낼 수 있었는데 지금은 아침에 일어나는 게 고역이고 매일 교통 체증 때문에 짜증 나고 무엇이든 생각조차 하기 싫다. 아……! 도대체 테드와의 관계는 어떻게 해야 하나? 종잡을 수가 없다. 그의 애무는 즐겁지만 그것이 하나님이 원하시는 것은 아니지 않은가! 테드가 그리스도인이라면 이런 고민은 안 했을 텐데……. 그는 내가 염려하는 문제들을 너무 우습게 여긴다. 대학 때 만난 영성 코치 에밀리하고 이야기라도 할 수 있었으면 좋으련만……. 샐리 말고는 진지하게 대화를 나눌 상대도 없다. 어떤 때는 너무 외롭고 울적한데 금세 안 그런 척 웃고 떠드는 나 자신을 발견한다."

상규

상규는 대학원 과정을 마치고 원하던 대로 미국 회사에 취직해 본사가 있는 뉴욕으로 이사를 했다. 그곳에서 그의 신앙생활은 더욱 발전하여 교회에서도 인정받고 촉망받는 젊은 일꾼으로 성장해갔다. 당시 그가 뉴욕에서 다닌 교회는 개척한 지 얼마 되지는 않았지만 담임목사가 젊은 사람들을 좋아해 젊은이들이 많이 모이는 교회였다. 그가 속해 있던 청년부는 처음에 서너 가정으로 시작했지만 몇 년 사이에 40~50 가정으로 급성장했다. 상규는 교회 일에 열심을 내며 신앙이 쑥쑥 자라가는 것과 동시에 직장에서도 모든 것이 순탄하게 진행되어 평사원에서 수석 분석관으로, 나중에는 기획과 마케팅을 총괄하는 부서의 책임자로 승진했다. 하나님께 마음을 드리고 주어진 일에 최선을 다하니 하나님께서는 알아서 그의 필요를 다 채워주시는 것 같았다. 상규의 기도는 하나님이 베풀어주신 은혜에 감사하는 기도가 주를 이루었는데 목사님의 말씀대로 감사하면 할수록 감사할 조건으로 채워주시는 하나님의 선하심을 맛볼 수 있었다. 그리고 청년부에서 모일 때마다 밤늦도록 이어진 교제와 친교는 세상에서 누리지 못하던 기쁨과 즐거움을 안겨다주었다. 하나님을 믿는다는 것이 얼마나 복되고 즐거운 것인지 초짜 신자로서 실감나게 느껴졌던 것이다. 이렇게만 계속된다면 다국적기업에서 한국인의 기개를 떨치고 모든 사람들이 부러워하는 가정을 이루며 아메리칸드림을 이루는 것도 시간문제였다!

　직장 일은 순조롭게 풀려가고 교회 생활도 그지없이 만족스러운 상태였지만 직장에서 너무 많은 시간을 보낼 뿐 아니라 빈번한 출장으로 집에 남은 아내와 아이들을 제대로 돌보지 못하는 것이 조금씩 상규의 마음을 짓누르기 시작했다. 상규의 아내 경숙은 대가족 사이에서 큰 데다가 동네가 한인타운이었던 만큼 식구와 친구들 사이에서 외로움을 전혀 느끼지 못하고 자랐는데, 미국 동부에서의 생활은 전혀 달랐다. 우선 그들이 사는 지역은 집들이 드문드문 떨어져 있는 데다 하루 종일 사람 구경을 못할 정도로 한적한 곳이었다. 게다가 아이들이 너무 어려서 경숙은 마음대로 다닐 수도 없었고 워낙 숫기도 없는 성격에 혼자만 지내다 보니 날이 갈수록 고향과 친정 생각만 새록새록 날 수밖에 없었다. 상규는 자기 나름대로 미국 직장에 적응하고 인정받기 위해서 남들보다 배로 노력하는 데도 불구하고 언어와 문화의 차이에서 오는 스트레스를 피할 수 없었고 직위가 올라갈수록 가중되는 책임감 때문에 더욱 많은 시간과 노력을 일에 쏟아부을 수밖에 없었다. 그러다 보니 집에 돌아오면 지쳐 나가떨어져 가족들을 세심히 돌보지 못하는 상황이 반복되면서 아이들과 아내는 버려진 것 같은 느낌이 들 수밖에 없었다.

　이 모든 것이 아메리칸드림을 이루기 위해 치러야 할 대가라는 생각은 들었지만 이 대가들이 과연 그럴 가치가 있는 것인지 하는 의구심이 서서히 찾아들었다. 그리고 이러한 상태는 그의 가정과 신앙생활에도 영향을 미쳤다. 가정도 제대로 돌보지 못하면서 교회 일에 몰두하는 것이 바람직한 일인가? 어떤 때에는 두세 마리의 토끼를 잡으려다가 다 놓치는 것이 아닌가 하는 두려움이 들기도 했다. 상규가 일하는 부서는 기획과 마케팅 분야서 MBA 출신들이 선망하는 직업이었지만 영업 자체가 기술 제품을 판매하는 부서였기 때문에 끊임없는 기술 변화와 회사 내 강한 경쟁의식을 부추기는 분위기여서 웬만한 강심장이 아니면 오래 견디기가 쉽지 않은 직장이었다. 이것이 정적이며 사고형인 상규에게는 부담이었고 직장에서의 살벌한 경쟁 분위기와 은근한 인종차별, 거기에다 낯선 곳에 가족을 데려다놓고 잘 돌보지 못하는 데 대한 죄책감이 상규를 압박했다.

이런 가운데에서도 생존을 위해 주어진 일에 최선을 다할 수밖에 없었는데, 이 시기에 보람 있었던 것 중 하나는 직장에서 젊은 대학생들과 인턴들을 고용하고 그들을 훈련시키는 일이었다. 그들의 순수한 열정과 참신한 발상은 침체된 기업에 새로운 가능성과 기회들을 부어줄 수 있다는 희망을 갖게 되었다. 교회에서도 젊은 부부 그룹이 급성장하면서 상규가 맡은 일의 분량과 책임도 점점 늘어갔다. 그러나 괴로운 것은 그런 중에도 자신의 신앙생활은 자신도 모르게 정체되고 삶이 표류하는 듯한 느낌이 드는 것이었다. 기도를 해도 이러한 마음은 가라앉지 않고, 예전에 느꼈던 평안과 기쁨은 느낄 수가 없었다. 하나님에 대한 갈급함은 어느 때보다도 더 커졌지만 미국 사회의 쳇바퀴 같은 삶, 고속도로 위 시속 100킬로미터 이상의 질주에서 브레이크가 고장 나 멈출 수 없기에 달려야만 하는 듯한 느낌에 사로잡혀 살아가는 답답한 심정이었다. 이 와중에 그동안 은혜롭게 성장하던 교회에서 목사님과 일부 장로님들 간에 극심한 갈등이 발생했고, 결과적으로 목사님을 중심으로 젊은 집사들이 교회를 나와 새로운 교회를 개척하게 되었다. 이 과정은 상규의 신앙생활에서 처음 부딪친 큰 시련이었지만 그를 비롯하여 젊은 층들이 하나 되어 움직였고, 또 새로운 교회를 개척할 충분한 명분이 있었기에 비교적 모든 것이 무난하게 마무리되어 성공적인 교회 분립이 이루어졌다.

그러던 어느 날 하와이에 있는 누나에게서 전화가 왔다. 매형과 누나는 본토에 있는 자녀들과 합류하기 위해 비즈니스를 정리하고 떠나려 하며, 상규가 원하면 그 비즈니스를 넘겨주겠다는 것이었다. 그 사업이 수익성이 높다는 사실을 알고 있었고, 자신도 그 사업에 경험이 있던 터라 그 제안이 솔깃하게 다가왔다. 미국 회사에서 틀에 박힌 일만 하면서 일생을 보내는 것보다 한 10년 열심히 자영업을 하여 일생 동안 살 수 있는 재산을 모을 수 있다면 그 편이 훨씬 나을 것 같았다. 아메리칸드림이 바로 이런 것이 아니었던가! 그러나 이번에는 경숙이 그 생각을 탐탁지 않아 했다. 함께 기도를 해도 마음이 모아지지 않은 상태에서 보이지 않는 의견 대립과 기 싸움으로 며칠을 보내던 중, 하루는 경숙이 성경 말씀을 가지고 와서 상규에게 들이댔다. "들으라. 너희 중에 말하기를 오늘이나 내일이나 우리가 어떤 도시에 가서 거기서 일 년을 머물며 장사하여 이익을 보리라 하는 자들아. 내일 일을 너희가 알지 못하는도다. 너희 생명이 무엇이냐. 너희는 잠깐 보이다가 없어지는 안개니라. 너희가 도리어 말하기를 주의 뜻이면 우리가 살기도 하고 이것이나 저것을 하리라 할 것이거늘 이제도 너희가 허탄한 자랑을 하니 그러한 자랑은 다 악한 것이라. 그러므로 사람이 선을 행할 줄 알고도 행하지 아니하면 죄니라(약 4:13-17)." 상규는 이 말씀에 머리가 멍해지는 것 같았지만 이 말씀이 자신에게 주신 하나님의 말씀이라는 것을 받아들이지 않을 수 없었다. 더 이상 고집을 피울 수 없다는 사실을 깨닫고 그 계획은 포기할 수밖에 없었다. 그러나 그의 진정한 문제는 자신의 삶을 향한 주님의 구체적인 뜻이 무엇인지 알 길이 없고 자신이 행해야 할 선이 무엇인지 명확히 깨닫지 못하는 데 있었다.

하나님과의 관계에서 '당신의 마음이 갈망하는 것'

마이클, 애비게일과 상규가 들어간 두 번째 방에서의 여섯 가지 범주들을 하나씩 살펴보고 그런 갈등과 좌절 속에서 어떤 식으로 영적 성숙이 이루어지는지 알아보자.

두 번째 방에 들어가면 우리는 정신분열증 환자와 비슷해진다. 믿음이 깊어졌음에도 불구하고 여전히 과거에 쾌락과 만족을 주어왔던 세상일에 빠져 있는 모습을 보게 된다. 한 다리는 세상에, 한 다리는 하나님께 걸치고 있는 모습이다. 그래도 '진정한 보물'이 무엇인지 날이 갈수록 더 명확하게 의식하게 된다(마 6:21, 11:44 참조). 첫 번째 방에서는 기독교 가치관과 실제 생활 간의 간극이 분명했지만 그때는 그 사실을 알아차리지 못했다. 이제 바른 생활을 시작하며 교회에 나가게 된 것은 큰 발전이라고 볼 수 있지만, 이 두 번째 단계에서는 두 가지 상이한 생활양식에서 오는 갈등이 우리를 몹시도 힘들게 한다.

성령은 우리 안에 있는 이중적인 동기를 밝히 보여주신다. 그래서 기독교 가치관과 세상의 가치관 사이에서 자신이 선택과 결정을 하도록 인도하신다. 기도할 때나 일상생활에서 어느 정도 하나님의 뜻을 분별할 수 있게 되었으므로 이제 소위 심각한 '문제들'이 발생하는 것이다. 그동안 빛이신 하나님께 가까이 다가섰다는 증거다. 하지만 우리의 영혼은 빛과 어둠, 세상과 하나님이 대결하는 전쟁터가 된다(갈 5:17 참조). 이런 내면적 갈등이 두 번째 방에서의 영적인 삶을 힘들게 만든다. 테레사는 두 번째 방에서의 갈등을 다음과 같이 표현했다.

"이 방에서는 더욱 힘이 듭니다. 첫 번째 방에 있는 사람들은 귀머거리, 벙어리 같아서 어차피 듣지 못하고 말도 못하니 그리 큰 괴로움을 느끼지 못했지만 이 두 번째 방에서는 듣기는 하지만 말로는 표현할 수는 없는 사람으로서 그 고통이 클 수밖에 없기 때문입니다. (…) 따라서 아예 못 듣는 이보다 듣는 이의 괴로움이 더욱 큰 법입니다."[1]

토머스 두베이는 테레사의 말에 다음과 같은 설명을 덧붙였다.

"두 번째 방에 있는 사람은 세상과 하나님의 뜻이 충돌하는 전쟁터에 서 있는 것이다. 그곳에서 줄다리기가 이루어지고 그곳에 있는 사람들은 그 줄의 양쪽에서 끌어당기는 거대한 힘들을 의식하게 된다. 세상에서 끌어당기는 힘은 여러 형태로 나타난다. 세속적인 쾌락과 즐거움에 여전히 끌리는 마음, 그리고 그것들이 영원할 것처럼 느껴지는 마음……. 하나님이 당기시는 줄은 다른 방향이다. 이성적으로는 세상의 가치관이 얼마나 잘못되었고 왜 잘못되었는지를 깨닫게 된다. 많이 성장한 상태이기 때문에 하나님만이 믿을 만한 분이라는 확신이 새겨진 것이다."[2]

그러나 두 번째 방에 있는 사람들은 이 과정을 통해 자신이 영적으로 성장하고 있음을 거의 깨닫지 못한다.

하나님을 향해 나타나는 '주요 반응들'

두 번째 방에서 더 열심히 신앙생활을 하려다 보면 실생활에서 구체적으로 어떻게 살아가야 하는지를 고민하게 된다. 테레사는 두 번째 방에 들어간 그리스도인에게 이렇게 충고했다. "기도 생활로 접어든 사람들이 가져야 할 열망은 (…) 정성을 다하여 자기의 뜻을 주님의 뜻에 맞추려고 노력하며 준비하는 것입니다." 우리가 처한 갈등 상황은 사실상 우리를 향한 하나님의 뜻이 무엇인가를 더 진지하게 찾도록 만든다. 그래서 신앙에 관한 대화를 나눌 만한 사람에게 마음이 끌리고 그들의 도움을 구하게 된다. 설교 시간을 비롯해 성경 공부 모임이나 신앙 서적 등을 통해 스스로 하나님의 뜻을 깨닫기를 간절히 바라게 된다. 이웃을 사랑하라는 계명도 처음에는 불가능해 보였지만 이제는 가까운 대인관계에서부터 실행해나가기 시작한다. 하지만 성공을 거둘 때보다는 실패할 때가 더 많다.

또한 과거에 치유되지 않았던 영적 혹은 감정적 상처와 아픔들이 예수님의 빛 안에서 더욱 선명하게 드러나 괴로워하게 된다. 그러면서 서서히 변화가 일어나는데 두 발짝 앞으로 나갔다가 한 발짝 뒷걸음질 치는 식이다. 이러한 영적 성장은 삶의 변화로 이어지지만 그래도 여전히 갈 길이 멀다는 사실을 절감한다.

하나님을 향한 '기도의 변화 양상'

두 번째 방은 비교적 신앙 성숙의 초기에 해당하기 때문에 기도 생활이 불규칙하고 기도의 내용도 문제를 언제 어떤 식으로 해결해달라는 간구가 주를 이룬다. 그러나 다른 사람에 대한 관심이 높아지면서 전보다 중보기도를 우선시하게 된다. 성령의 인도와 은혜에 더 민감해지고 기도하는 시간을 비롯해 주변 상황을 통해서도 하나님이 우리에게 말씀하신다는 것을 깨닫게 된다. 두 번째 방에서는 우리를 더 깊은 친밀함으로 부르시는 하나님의 빛을 의식하게 된다고 테레사 성녀는 말했다.

"그러한 초대나 부르심은 앞으로 말씀드릴 방식과는 다르게 옵니다. 하나님께서는 우리가 병이 들었을 때나 시험을 당할 때 경건한 사람들의 말이나 설교, 또는 좋은 책에서 읽은 내용, 하나님이 사용하시는 방식 등을 통해 우리에게 말씀하십니다. 아울러 우리가 기도하는 짧은 순간에 주시는 진리를 통해서도 말씀하십니다."[3]

그러나 기도 생활은 세상과 하나님의 뜻 사이에서 벌어지는 전쟁터와 같아서, 원수의 계략 때문에 기도하기가 점점 더 힘들어진다. 영적 전쟁에 대해 제대로 가르침을 받지 않았다면 상황을 완전히 오판하여 원수의 행위를 하나님 탓으로 돌리기도 한다. 예를 들자면 '우연의 일치'로 어떤 도움을 받거나 기도했던 일이 이루어졌다면 우리는 그것을 보통 하나님의 도우심으로 여긴다. 하지만 나쁜 '우연'들이 겹쳐서 안 좋은 일이 일어나면 하나님이 그것들을 통해 무언가를 가르치시려 한다고 생각한다. "온갖 좋은 은사와 온전한 선물이 다 위로부터 빛들의 아버지께로부터 내려오나니 그는 변함도 없으시고 회전하는 그림자도 없으시니라(약 1:17)"라는 말씀을 이해하게 되면 하나님께서는 궁극적으로 모든 일이 합력하여 선을 이루게 해주신다는 확신을 갖게 된다. 어쩌면 그 힘든 상황이 정말로 우연의 일치였을 수도 있다. 하지만 원수는 어떻게 해서든지 그 일로 하나님을 비난하도록 부추긴다. 이때 과거에 받은 상처를 새삼 인식하게 됨으로써 새로운 오해와 시험에 빠질 수도 있다. 그때의 '아픔'이 되살아나면 고통스럽고 하나님께 바치는 헌신도 전에 비해 줄어드는 것처럼 느껴진다. 그러나 성경은 우리가 당면한 문제를 올바른 시각에서 보도록 이끌어준다.

"내 형제들아 너희가 여러 가지 시험을 당하거든 온전히 기쁘게 여기라. 이는 너희 믿음의 시련이 인내를 만들어내는 줄 너희가 앎이라. 인내를 온전히 이루라. 이는 너희로 온전하고 구비하여 조금도 부족함이 없게 하려 함이라. (…) 사람이 시험을 받을 때에 내가 하나님께 시험을 받는다 하지 말지니 하나님은 악에게 시험을 받지도 아니하시고 친히 아무도 시험하지 아니하시느니라(약 1:2-4, 13)."

분별의 문제에 대해서는 뒤에 가서 더 구체적으로 다루게 될 것이다.

두 번째 방에서의 기도 생활에서는 첫 번째 방에서 맛보았던 그런 평강을 느끼지 못한다. 보니페이스 수사가 했던 말이 기억난다. 그것은 두 번째 방을 비롯해 다른 방들에도 똑같이 적용되는 말이다. "우리는 살면서 기도하고 기도하면서 삽니다." 우리가 드리는 기도의 상당 부분은 일상생활에서 겪는 갈등을 그대로 보여준다. 그렇지만 아무런 일도 일어나지 않을 수도 있다. 하나님은 보통 우리가 옳고 그른 것 사이에서 스스로 결정을 내릴 때까지 기다리신다. 말하자면 우리가 하나님의 뜻을 따르는지, 아니면 다른 것을 택하는지 보신 후에 기도에 응답하시는 경우가 많다는 것이다. 따라서 우리는 새로운 방법으로 하나님을 기다리는 법을 배워야 한다.

우리를 하나님께로 이끄시는 '예수님의 역사'

언제나 그렇듯 하나님은 우리에게 일어나는 모든 상황을 통해서 끊임없이 우리를 그에게로 부르고 계신다. 그리고 하나님의 말씀을 읽을 때나 다른 성도들과의 대화를 통해서도 그분의 뜻이 무엇인지를 깨닫게 하신다. 그분은 또한 허용된 범위 안에서 사탄이 우리에게 어느 정도 영적 공격을 감행하고 있는지 면밀히 측정하고 계신다(고전 10:13 참조). 하나님은 사탄의 모든 공격을 사용해서 우리에게 성숙과 치유가 필요한 부분을 깨닫게 해주신다. 우리가 그런 공격을 받을 때에 그 속에서 하나님의 빛을 제대로 알아채지 못하는 것은 우리가 분별력을 배우지 못했기 때문이다.

하나님은 끊임없이 우리에게 구애하신다. 병들었을 때나 시험을

영적 전쟁

성경은 영적 전쟁이 있다고 분명하게 이야기해주고 있다. 창세기 3장에 보면 뱀으로 묘사된 우리의 영적 원수가 아담과 하와를 유혹한다. 욥기 1장 6절에서는 그가 고발자로 다시 출연한다. 사탄은 예수님을 시험했다(마 4:1 참조). 하지만 예수님은 사탄의 세력을 제압했다고 명확하게 말씀하셨다(요 12:31, 14:30, 16:11; 히 12:14, 15 참조). 사탄의 세력이 제한적이긴 해도 여전히 우리에게는 대단한 위협이다. 베드로 사도는 사탄을 우는 사자에 비유하면서 언제나 삼킬 자를 찾아다닌다고 경고했다(벧전 5:8 참조). 사탄은 '거짓말쟁이'라서 하나님의 말씀과 정반대로 역사하기 때문에 그 영향력을 알아챌 수 있다(요 8:44). 우리는 하나님께 소망을 두려 하는데 사탄은 우리를 절망의 나락으로 떨어뜨리려 한다. 우리가 하나님의 완전한 사랑을 신뢰하는 대신에 두려움을 가지게 한다.

우리가 사탄을 대적할 수 있는 근거는 예수님의 죽음과 부활, 우리 안에 거하시는 성령의 능력이다. 우리는 세 가지 방법으로 사탄을 대적해야 한다.

1. 준비 : 에베소서 6장 10절에서 사도 바울은 우리가 믿음이 자라서 전신 갑주를 입은 군인처럼 원수의 계략에 굳건하게 맞서라고 했다. 우리의 방어 기구는 진리, 하나님과의 올바른 관계, 평화의 복음, 믿음, 구원이고 공격 무기는 하나님의 말씀이다.

2. 분별 : 성령은 우리에게 '영 분별'의 은사를 주셨다(고전 12:10).

3. 적극적인 저항 : 야고보서 4장 7절에서는 우리가 마귀를 대적하면 마귀가 우리를 피할 것이라고 했다. 우리의 저항하는 능력은 준비와 분별에 따라 달라진다. 우리는 소극적으로 대항할 것이 아니라 '성령의 검'인 하나님의 말씀을 사용해서 적극적으로 대항해야 한다. 예수님이 그 본보기가 되어주셨다. 제자들도 주님의 본을 따라 예수님의 이름으로 귀신들을 쫓아내었다. 우리 역시 성령의 능력으로 똑같은 일을 할 수 있다.

받을 때 기도하며 그분께 나아가면 그것이 단순히 우연한 사건이 아니라 다른 섭리가 있음을 깨닫도록 하신다. 테레사는 이렇게 말했다. "주께서는 때때로 우리 심령의 메마름과 몹쓸 생각을 없애버리지 않으시고 그냥 우리가 시달리게 내버려두십니다. 심지어 독충들이 우리를 물도록 허락하실 때도 있습니다. 그것은 다음에 더욱 조심하도록 하기 위함이며 주님의 뜻을 어기고 얼마나 뉘우치는가를 알아보시려는 것입니다."[4]

우리가 미처 깨닫지 못할지라도 주님은 계속해서 우리를 애정 어린 손길로 돌보아주신다. 비록 그 손길이 외과 의사의 수술용 메스처럼 느껴질 때도 있지만 말이다.

우리의 영적 성숙을 방해하려는 '원수의 계략'

두 번째 방에서 겪는 원수의 공격에 대해 앞에서 이야기했지만 이 단계에서 일어나는 영적 성숙이 매우 중요하므로 더 자세히 살펴보겠다. 영적 성숙의 과정에서 두 번째 방을 지나는 그리스도인은 어둠의 왕국에 대단히 위협적인 존재가 된다. 그래서 진정한 행복과 만족과 의미를 찾는 우리에게 온갖 속임수를 총동원해 집중적인 공격을 퍼붓는다. 예수님의 헌신된 제자로서의 삶을 살아가려면 인생의 모든 즐거움은 포기해야 되는 것처럼 믿게 만들고 한편으로 오락과 유희와 음식에서 맛보는 쾌락을 극대화시킨다. 예수님을 섬기는 기회들과 비교해서 성공과 물질적 안정이 더 크게 부각되도록 만든다. 또한 죄를 짓고 싶은 마음을 부추겨서 고민에 빠지게 하고 하나님과의 관계에 짙은 그림자를 드리워 수치심과 죄책감으로 더 이상 하나님과 친밀해지지 못하도록 만든다. 테레사는 두 번째 방에서 벌어지는 영적 전쟁을 매우 실감나게 묘사했다.

"그러나 여기서는 수천 가지 방법으로 이루어지는 마귀들의 공격 때문에 영혼이 방금 지나온 방에서보다 훨씬 더 큰 괴로움을 겪게 됩니다. 앞선 방에서는 영혼이 귀머거리요 벙어리였기에 듣는 것도 적었고 승리의 희망이 없는 사람처럼 저항도 별로 없었지만 여기서는 지성이 예민해지고 감각 능력도 발달하여 적의 공격과 포성이 치열하니 영혼은 그것을 안 들을래야 안 들을 수가 없습니다. 이 단계에서는 마귀들이 뱀(세속적인 것들)과 현세의 일시적인 쾌락들이 영원히 존속될 것처럼 영혼을 속입니다."[5]

안타깝게도 영적 전쟁에 대해 확실하게 가르치는 교회가 많지 않다. 앞서도 말했듯이 우리의 생각 속에 일어나는 갈등의 대부분이 사탄의 공격임에도 불구하고 이런 것들에 대해 하나님이나 자기 자신을 비난할 때가 많다. 항시 성령의 능력을 사용할 수 있음에도 불구하고 정확한 상황을 파악하지 못함으로써 그 능력에 의존하려 들지 않게 된다. 물론 문제의 근원이 어디에 있든지 우리가 내린 결정의 책임은 우리에게 있다. 우리는 어떤 공격에는 저항하지만 어떤 공격에 대해선 그렇지 못하다. 이 단계에서는 수치심, 의욕 상실, 심지어 절망감이 우리 삶의 주된 문제가 될 수 있다.

기도를 드릴 때에 원수들의 공격은 더욱 심해진다. 과거에 지은 죄와 음란한 생각들과 비난의 말들을 마치 우리 자신의 생각인 것처럼 가장해서 계속 마음속에 떠올리게 한다. 그리하여 하나님께 기도하거나 그분의 도움을 받을 자격이 없다고 느끼도록 만든다. 또한 산적한 일들이 계속해서 생각나게 함으로써 하나님께 집중하지 못하도록 한다. 우리는 그러한 공격들을 영적 성장의 증거로 보지 않고, 시정하고 부인하고 숨겨야 할 우리의 허물들로 생각한다(우리가 성장하지 않는다면 원수들이 왜 애써 우리를 공격하겠는가?). 원수들이 하나님과의 대화를 방해하고 심지어 막아설 수 있다면, 우리의 영적 성숙도 저지할 수 있다. 두 번째 방은 그야말로 '어둠의 골짜기'처럼 느껴지는 시기이지만 아직은 믿음의 방패를 드는 법이나 성령의 검을 휘두르는 법을 터득하지 못한 상태다. 그렇기 때문에 성숙한 성도들의 중보기도가 반드시 필요한 것이다. 우리는 혼자 전쟁터에 나가는 게 아니라 그리스도의 몸으로서 함께 나가는 것이다.

하나님께 협력하게 만드는 '성숙의 열쇠'

두 번째 방에서 영적으로 성숙하기 위한 가장 큰 열쇠는 인내와 기도다. 하나님은 어떤 상황에서든지 신실하시지만 우리가 하나님을 따르기 위해서는 사탄과 세상에 저항해야 한다. 무엇보다 영적 전쟁에 대해 배움으로써 무슨 일이 일어나고 있는지를 이해하고 원수를 대적하기 위해 그리스도 안에서 갖는 하나님과의 관계를 어떻게 활용해야 할지를 알아야 한다. 앞서 이야기했듯 교회는 영적 전쟁에 대해 잘 가르치지 않고 오로지 '성숙한' 성도들에게만 가르친다.[6] 시중에 나와 있는 영적 전쟁에 관한 책자들도 혼란스럽기만 하다. 그러나 우리는 혼자가 아니며 이러한 괴로움을 겪는 것도 정상적인 과정임을 명심해야 한다.

이 단계에서는 하나님 나라의 가치관이 세상의 가치관과 직접 충돌하기 때문에 지속적으로 성경을 공부하는 것이 중요하다. 그렇게 함으로써 성경의 권위가 새로운 가치관을 세워가는 데 큰 도움을 줄 것이며 거룩한 하나님과 친밀함이 유지될 것이다. 언젠가는 하나님 나라의 가치관이 타당한 것임을 체험적으로 깨닫게 되겠지만 지금으로서는 하나님께서 육신의 행위가 아닌 성령의 행위를 원하신다는 사실을 하나님의 말씀과 다른 성도들의 모본을 통해 믿어야 한다.

신뢰하는 그리스도인들과의 교제나 멘토 관계는 어느 방에서나 항상 중요하다. 테레사는 "자신이 뭔가 중요한 일들을 잘못하고 있는 것처럼 생각되기 때문에 경험 있는 사람들의 충고를 듣는 것이 매우 중요합니다"라고 말했다.[7] 우리가 당하는 공격을 다른 사람들이 먼저 알아차리는 경우도 있다. 두 번째 방을 지나는 동안 우리는 전보다 더 많은 갈등과 괴로움을 겪으면서 자신이 실패자라는 생각에 빠지기 쉬

우므로(실제로 실패를 하기도 한다) 주님을 꾸준히 따라가기 위해서는 공동체의 계속적인 격려와 응원이 필요하다.

원수들의 비난에 대항하기 위해서는 하나님의 사랑과 은혜에 대해 계속 배워야 한다. 원수들은 심지어 유혹을 느끼는 것 자체도 죄이고 자신이 실패자라는 증거라고 믿도록 만든다. 더 애석한 일은 주변의 그리스도인들마저 우리가 두 번째 방에서 갈등을 겪을 때에 (주로 선한 의도로) 이런저런 죄책감과 압박감을 부추긴다는 것이다. 그것은 언제나 역효과를 가져와서 하나님의 가족인 성도들에게 자기 고민을 털어놓지 못하는 결과를 가져온다. 우리에게는 각자가 하나님 품 안에서 죄인으로 살아가야 하는 평생의 고뇌를 덜어줄 수 있는 방법으로서 하나님의 사랑과 용서와 은혜와 진리를 서로에게 보여줄 수 있는 공동체가 필요하다. 토머스 두베이는 두 번째 방에 있는 그리스도인들에 대해 이런 설명을 추가했다. "테레사가 처음으로 했던 충고는 교제에 관한 것이다. '악한 사람들'이나 '형편없는 사람들'과 가깝게 지내는 것을 피하고 훌륭한 사람들과 어울리라는 것이다. 그것은 처음의 방들에 거하는 사람들만이 아니라 왕이 계시는 '중앙에 가까이 있는' 방들에 거하는 사람들과 교제하라는 것이다. 영적으로 성숙한 사람들과 가깝게 지내는 것은 매우 큰 도움이 된다. 그들이 더 높은 단계로 성숙해가면서 다른 사람들도 함께 이끌어주기 때문이다."[8]

두 번째 방에서 대인관계를 어느 정도 선별적으로 하는 것이 필요하다고 말하는 것은 초신자들에게 선교와 전도를 강조하는 것과 갈등을 일으킬 소지가 있다. 아무래도 초신자들은 오랫동안 믿음생활을 한 성도들보다 불신자 친구들이 더 많다. 그렇지만 친구들의 영향으로 두 번째 방에 들어갔다가 정반대 방향으로 흘러가버린 사람들도 많다. 아마도 그런 연유에서 예수님은 제자들을 둘씩 짝지어 전도하게 하셨을 것이다.

테레사의 비유를 놓고 볼 때 두 번째 방은 여전히 '첫 번째 물'의 상태에 해당한다. 즉 우리의 많은 노력이 필요하다는 말이다. 우리 노력이 효과를 거두는 것은 근본적으로 하나님의 은혜지만 일단 우리는 참을성 있게 꾸준히 순종하면서 신앙생활에 열심을 내야 한다. 테레사는 우리의 뜻을 하나님의 뜻에 맞추려는 의도적인 노력이 성장의 열쇠라고 이야기했다.

"기도 생활로 접어든 사람들이 가져야 할 열망은 (…) 한마음으로 정성을 다하여 자기의 뜻을 주님의 뜻에 맞추려고 노력하며 준비하는 것입니다. 나중에도 말하겠습니다만, 여러분이 영성의 길에서 도달할 수 있는 최고의 완벽함은 오로지 주님의 뜻과 일치하는 데에 있음을 확신하십시오. 주님의 뜻에 더 완벽하게 합한 사람일수록 주님으로부터 더 많은 것을 받을 것이며 영성의 길에서 더 앞으로 나아갈 수 있을 것입니다."[9]

그리스도의 몸 된 교회 안에서 서로를 돌보고 사랑하는 책임 관계가 형성될 때 안정된 기반 위에서 자기기만과 오류로부터 보호를 받게 된다. 다만 그러한 도움과 책임 관계는 반드시 사랑과 겸손과 격려의 자세에 기반을 두어야 한다. 이미 좌절과 자책감에 사로잡혀 있는 사람들에게 교인들이 좋은 의도에서 "좀 잘 해봐!"라는 충고를 할 때에 그들은 쉽게 상처를 받는다. 나는 함께 영성 훈련하는 동역자에게 내 고민을 털어놓았을 때 그분이 해준 한마디가 지금 생각해도 얼마나 고마운지 모른다. "오호! 그거 듣던 중 반가운 말이네요. 그런 일로 고민조차 하지 않았던 때를 생각해보십시오. 이제 목사님이 얼마나 성숙해지셨는지를 아시겠지요?"

이 장에서는 계속해서 영적으로 성숙하는 모습과 두 번째 방에서의 삶이 얼마나 힘든 과정인가를 볼 수 있었다. 안타깝게도 어떤 사람들은 더 이상 앞으로 나아가지 못하고 시련 속에서 주저앉아 버린다. 자신들이 겪는 상황이 영적 성숙 과정의 일부라는 사실을 깨닫지 못하면 "예수님 한번 '제대로' 믿어보려고 했는데 도저히 힘들어서 신앙생활 못 하겠다"는 식의 결론에 도달하고 만다. 영적 성숙으로 가는 길에서 이때만큼 영적 멘토와 코치가 절실하게 필요한 시기도 없다. 현재 처한 곳에서 겪는 문제들을 그들이 올바로 설명해주고 끝까지 인내하도록 격려해주어야 한다. 다행히 애비게일과 마이클은 그런 코치를 만날 수 있었다. 그들이 그리스도의 몸 안에서 어떤 도움을 받았는지 이야기를 들어보자.

애비게일

애비게일에게 누군가 만나서 도움을 받아보라고 권한 사람은 다름 아닌 직장 동료 샐리였다. 샐리는 애비게일이 고민하는 모습을 보며 마음이 아팠지만 자신이 어떻게 도와주어야 할지 확신이 서지 않았기 때문이다. 자기도 동일한 문제들로 고민하는 상황에서 무슨 해결책을 제시한단 말인가? 그러나 샐리는 마르다라는 집사님을 알고 있었는데 마르다 집사는 교회에서 봉사하는 지도자 중의 한 사람이었고 그녀라면 충분히 애비게일을 도울 수 있을 것 같았다.

애비게일은 처음에는 주저하더니 마침내 마르다 집사를 한 번 만나보겠다고 했다. 무슨 엄청난 위기를 겪고 있는 게 아니라서 상담을 요청하기는 멋쩍었지만 그렇다고 하나님과 제대로 동행하고 있는 것도 아니지 않은가! 다만 자기가 이미 알고 있다고 생각하는 문제에 대해 누군가의 훈계를 듣고 싶지는 않았던 것이다.

약속한 날이 되어 애비게일은 카페에서 새로운 코치를 만났다. 그러고는 조심스럽게 자신이 고민하는 문제들을 털어놓았다. "집사님은 이런 문제가 없으시겠지만,"으로 말문을 연 애비게일은 자신이 그리스도인으로서 올바로 살려고 애쓰고 있다는 것과 테드와의 관계에서 오는 갈등을 솔직하게 이야기했다. 마르다 집사는 간간이 애비게일의 말을 확인하는 질문만 던지면서 그녀가 이야기를 마칠 때까지 귀를 기울였다. 이윽고 애비게일의 이야기가 끝나자 마르다 집사가 말했다. "애비게일 자매님, 꼭 제 얘기를 듣는 것 같네요."

자신도 초신자 시절에는 풍파가 많았고 실수도 많이 저질렀으며 좌절감 속에 지냈다고 말하면서 지금도 예수님처럼 살기 위해, 그리고 예수님을 더욱 사랑하기 위해 얼마나 애를 쓰고 있는지 이야기해주었다. 애비게일은 마르다 집사의 솔직하고도 진솔한 이야기에 귀가 번쩍 뜨였을 뿐 아니라 오래간만에 믿음에 대한 소망이 되살아나는 것을 느꼈다. 마르다 집사는 C.S. 루이스가 쓴 『스크루테이프의 편지』를 읽어보라고 권했다. 아울러 성경 말씀 몇 구절을 보여주면서 애비게일이 겪고 있는 영적 전쟁이 어떤 것인지를 설명해주었다.[10] 애비게일이 느끼고 있는 불만족이 실제로는 그녀가 영적 성숙 과정의 한가운데 있다는 표지였고, 주님의 사랑의 빛이 그녀의 삶에 비치고 있다는 증거였다. "몇 년 전만 해도 그런 일들은 신경도 쓰지 않았겠죠? 보통 사람들이 거의 다 그렇게 살아가고 있잖아요"라며 마르다 집사가 온화한 미소를 지었다.

마르다 집사는 예수님이 죄인을 대하실 때 정죄하기보다 새 삶을 살도록 용기를 주셨음을 일깨우면서 인간의 힘만으로는 역부족이고 성령의 능력으로만 하나님을 사랑하고 이 세상에서 올바른 삶을 살아갈 수 있다는 것을 힘주어 말했다. 두 사람은 함께 기도하면서 애비게일을 향한 하나님의 신실하심에 감사했고 하나님의 능력으로 주님의 사랑을 새롭게 체험하게 해달라고 간구했다.

애비게일은 한 달에 한 번씩 마르다 집사를 만나서 일대일 상담을 했다. 주말에는 샐리를 비롯한 여성도 몇 명과 함께 마르다 집사가 이끄는 소그룹 모임에 참석했다. 이제 애비게일은 혼자가 아니라는 사실을 깨달았다. 그 모임에서는 진심으로 주님을 따르고 싶은 사람들끼리 자신의 문제들을 솔직하게 나누었고 성경을 함께 공부하면서 하나님의 인도하심을 위해 기도했다. 머지않아 애비게일은 테드를 만나 육체적 관계는 결혼 이후에만 가능하다고 단호하게 잘라 말했다. 그것이 자신이 할 수 있는 진정한 사랑의 표현이라고 믿었기 때문이다. 인생은 아직도 기복이 많았지만 그 가운데에서도 애비게일은 괴로울 때나 기쁠 때나 주님을 바라보았다. 예수님이 힘들고 어려웠던 일들을 축복으로 바꾸어주시는 모습을 발견할 때에는 정말 날아갈 듯 힘이 났고 자신의 삶이 대단한 모험처럼 여겨졌다.

마이클

마이클과 영성 코치의 만남은 애석하게도 몇 년 후에나 이루어졌다. 그동안 마이클은 두 번 더 술 중독에 빠졌고 또다시 치유소를 다녀와야 했다. 음란물 중독은 어느새 중증으로 발전해버렸다. 가장 치명적인 결정타는 다니던 직장에서 해고를 당한 것이었다. 마이클이 체육관에 함께 근무하던 동료들에게 미성숙한 모습과 경쟁적인 태도를 보임으로써 직장 분위기를 해치고 있었기 때문이다.

주눅이 든 마이클이 누구에게 도움을 요청할 엄두도 내지 못하고 있을 때, 이전에 함께 성경 공부 모임을 했던 친구들이 마이클을 위해 '영성 코치'를 주선해주었다. 그들은 호세에게 전화를 해서 마이클에게 격려가 필요하다고 이야기했고 호세는 마이클에게 전화를 걸어 일주일 후에 만나자는 약속을 받아냈다. 약속한 날, 두 사람은 카페에서 커피를 앞에 놓고 마주 앉았다. 마이클은 호세를 만나 반가운 내색을 했지만 내심으로는 겁을 집어먹고 있었다. 자신이 그동안 얼마나 엉망으로 살았는지를 실토해야 한단 말인가? 아마도 호세 코치는 자신을 이해하지 못할 것이다. 아마 하나님도 이해하지 못하실 것이다.

애비게일의 코치처럼 호세 역시 마이클의 말을 경청하면서 필요한 질문만 간간이 던졌다. 일주일이 지난 후 두 사람은 조용한 곳에서 다시 만났고, 마이클은 하나님을 향한 원망의 화살들을 쏟아붓기 시작했다. "사랑의 하나님이라는 분이 어떻게 그런 일이 일어나도록 내버려둘 수 있지요? 왜 예수님은 나를 보호해주지 않았을까요? 기도해봤자 아무 응답도 없는데 기도가 무슨 소용이 있는 겁니까?" 호세 코치는 잠잠히 듣고만 있더니 이윽고 입을 열었다. "마이클, 그 모든 일 중에서 가장 마음 상하는 일이 뭔가요?" 잠시 생각에 잠겼던 마이클의 눈에 이슬이 맺혔다. "제 자존심이 완전히 바닥에 떨어진 거요." 조용히 마이클을 응시하던 호세가 "마이클, 내가 잠시 안아주어도 될까요?"라며 그를 포옹해주었다.

그 뒤에 이어지는 대화는 탕자와도 같았던 마이클에게 새로운 깨달음과 치유를 안겨주었다. 마이클은 호세가 준 십자가를 결코 잊을 수 없었다. "유혹이 찾아올 때마다 이 십자가를 붙들고 예수님께 도움을 요청하십시오"라고 호세는 말했다. 마이클은 자신의 내면에 박혀 있던 반항의 쓴 뿌리들을 발견했고 이것들이 자신의 삶을 망치고 있음을 깨달았다. 호세는 그에게 그리스도인 기도 치료사를 소개해주었고, 그 치료사는 마이클에게 기억을 치유하는 치료를 시작했다. 그 후 몇 년간 지속된 이 치료 과정을 통해 성령께서 마이클이 과거에 받았던 영적 상처들과 용서하지 못하는 마음을 부드럽게 만져주셨다. 그런 상처와 앙심이 곪아서 마음의 평강을 앗아가고 원수들이 마이클을 유혹하며 비난하게 하는 미끼가 되었던 것이다.

호세는 마이클이 책임 관계를 맺는 소그룹 모임에 속하도록 도와주었다. 참석자들끼리 어려운 질문들도 던지고 주님을 신뢰하고 따르도록 서로를 격려하는 모임이었다. 그들은 매주 모여서 복음서를 공부하며 주님을 알게 해달라고 성령님께 기도했다. 아울러 갈라디아서 말씀처럼 성령 충만한 삶을 살게 해달라고 간구했다. 소그룹 모임에 참석한 남자 성도들과 가까워지면서 마이클은 삶에서 주님이 주시는 가능성들을 찾아내기 시작했고 그의 믿음도 더욱 깊어졌다. 비록 영적 성숙 과정에는 더디고 좌절되는 순간도 많았지만 그 가운데서도 예수님이 항상 자신과 함께하신다는 확신이 들었다. 시간이 지나면서 친구들의 도움으로 자기 집착과 음란물 중독 증세가 서서히 사라졌다. 그러나 하나님의 방식과 세상의 방식 사이에서 일어나는 갈등은 여전히 그를 괴롭히고 있었다.

상규

상규가 자신의 삶을 향한 하나님의 뜻을 찾고 있던 이 어둡고 답답한 기간 동안 외부로부터 받은 도움은 별로 없었다. 교회가 성장하면서 더욱 분주해진 담임목사의 개인적인 코칭과 도움은 기대할 수도 없었고, 함께 가깝게 지내던 젊은 부부 모임에서도 이러한 이야기들을 나눌 수 있는 영적인 분위기가 형성되어 있지 않았기 때문이다. 이 일을 위해 충분한 시간을 떼어놓고 기도할 수 있는 시간도, 마음의 여유도 없는 상황에서 상규의 내면세계는 점점 각박해지는 느낌이었다. 영적 전쟁에 대해 아무런 지식이 없는 데다 어떤 훈련과 도움을 받을 수 있을지 그 가능성조차 모르는 상태였다. 직장에서의 생존과 물질적인 안정에 대한 욕구는 주님과 더욱 가까워지고 삶의 의미를 찾으려는 욕구와 충돌했는데, 언제나 생존과 세상적인 성공의 욕구가 우선순위를 차지했다. 이러한 가운데에서도 은혜의 물줄기를 공급해준 것은 교회에 대한 그의 사랑과 교회 사람들, 또래의 형제자매들과 지속적으로 가졌던 교제와 성경 공부에서 얻는 기쁨이었다. 때로는 그들 중 믿음이 좋은 부부들과 함께 다른 교회의 부흥회들을 찾아다니며 갈급함을 채우기도 했는데, 이런 경험들을 통해 상규와 경숙의 신앙은 자신도 모르는 사이에 성장했다.

그 후 교회 연합으로 열린 어느 수련회에 참석했던 상규는 마지막 날 저녁에 껄끄러운 마음을 하나님께 아뢰며 무언가 하나님을 찾고자 하는 절박감 속에서 기도에 매달리고 있었다. 그때 한순간 분명히 그의 마음속에서 하나님이 그에게 물어보시는 것 같은 느낌을 받았다. "너는 지금 여기서 무엇을 하고 있느냐?" 아무 대답도 못하고 머뭇거리고 있자 두 번째 질문이 들렸다. "도대체 너의 삶의 우선순위는 무엇이냐?" "……우선순위라니요?" 놀랍게도 이 문제에 대해서는 이제까지 별로 생각해본 적이 없었다는 사실을 깨달았다. '나의 우선순위는 무엇이었나…?' 마음속으로 헤아려보기 시작하자 생생한 현실이 그의 앞에 펼쳐졌다. 그의 삶의 진정한 우선순위는 자기 자신이었다. 자기의 아메리칸드림을 이루고, 이역에서 성공하여 사람들에게 인정받고자 하는 욕망이었다! 내가 구주로 고백하는 주님과 전심으로 사랑하고 따른다고 생각하던 하나님은 몇 번째 뒤로 물러나 계셨던 것이다. 그동안 사람들 앞에서 예수님을 자신의 구주로 고백하며, 주일학교에서 가르치며 하나님과 사람들 앞에서 자신을 감쪽같이 속이며 살아왔다는 사실을 깨닫는 순간, 그는 쥐구멍이라도 있으면 숨고 싶었다. 그러나 그럴 수가 없었다! 모든 것을 아시고 불꽃 같은 눈동자로 지켜보고 계신 주님 앞에서 그는 있는 그대로의 모습으로, 수

치스럽고 창피하여 얼굴을 가리고 엎드릴 수밖에 없었다. 당황하고 무안한 상태에서 그가 할 수 있는 일이란 그저 엉엉 소리 내어 우는 것이었다. 그가 주체할 수 없이 눈물을 흘리고 있을 때 주님께서 그의 곁에 오셔서 위로하시는 음성을 들었다. "이제 괜찮다. 이제 괜찮아……. 사랑하는 아들아……." 그때 그는 주님이 주시는 형언할 수 없는 평안과 무조건적으로 용납해주시는 사랑에 잠겨 마치 길을 잃었던 아이가 엄마를 찾고 그 품에 안겨 흐느끼듯 울음을 멈출 수가 없었다.

이튿날 아침 식사 시간에 같은 식탁에 앉았던 한 미국 목사와 전날 밤에 일어난 일을 나누었다. 그의 이야기를 다 들은 목사가 쪽지에 다음 구절을 적어 그에게 주었다. "In returning and rest you shall be saved. In silence and trust shall be your strength(……돌이켜 조용히 있어야 구원을 얻을 것이요 잠잠하고 신뢰하여야 힘을 얻을 것이거늘……. 사 30:15)." 이 구절은 그의 영혼에 울리는 깊은 메아리처럼 하나님의 음성으로 다가왔다. 그 말씀을 들으면서 현재 자신의 삶의 모습이 어떠한지, 그의 삶을 향한 하나님의 소원이 무엇인지 마음속에 명확히 그려지며 마음에는 한없는 평안이 찾아왔다. 돌아옴, 안식, 구원, 잠잠히 신뢰함, 그가 그토록 추구하던 힘, 그동안 그렇게 갈망하던 하나님의 사랑……을 다시 깊이 체험하면서 그는 마음의 평강과 기쁨을 되찾았다. 그 이후에도 인생의 우선순위가 흐트러지고 혼란이 찾아올 때가 종종 있었지만 당시의 이 경험이 그가 항상 자신의 위치를 되돌아보게 해주고 그때의 평온과 안정을 되찾게 해주었다.

경숙도 그동안 육아로 힘든 시간을 보내는 가운데에서도 말씀과 기도를 통해 주님을 향한 신뢰가 깊어지고 있었다. 상규와 친구 부부가 함께 참석했던 어느 부흥집회에서 경숙은 개인적으로 주님을 만났고, 말로 표현할 길 없는 주님의 사랑과 임재를 깊이 체험했다. 하나님께서는 이 순진하고 외로운 부부의 영혼을 어루만져주시고 그들의 믿음을 다독이시며 하나님이 원하시는 선한 일들을 위해 그들을 준비하고 계셨던 것이다.

생각해보기

- 현재 당신의 삶에서 하나님의 방식과 세상의 방식 사이에서 갈등을 겪고 있는 것은 무엇인가? 과거에 극심한 갈등을 겪은 것은 언제였는가?
- 세상의 방식이 당신의 필요를 채워줄 뿐만 아니라 다른 대안은 없다고 믿게 만들기 위해 원수들이 당신에게 사용하는 계략과 속임수는 무엇인가?
- 당신의 고민을 하나님께 아뢸 때 당신은 하나님의 뜻을 따르게 해달라고 기도하는가, 아니면 당신이 바라는 해결책을 구하며 기도하는가?
- 하나님은 현재 당신에게 어떤 일을 하라고 요구하고 계시는가?
- 현재 나의 삶과 신앙에서 코칭을 해줄 사람을 어떻게 찾을 것인가?

6

세 번째 방:
예수님을 따라감
(제자도와 바른 삶)

"그러므로 나의 사랑하는 자들아 너희가 나 있을 때뿐 아니라 더욱 지금 나 없을 때에도 항상 복종하여 두렵고 떨림으로 너희 구원을 이루라. 너희 안에서 행하시는 이는 하나님이시니 자기의 기쁘신 뜻을 위하여 너희에게 소원을 두고 행하게 하시나니(빌 2:12-13)"

6장
세 번째 방: 예수님을 따라감
(제자도와 바른 삶)

두 번째 방에서 세 번째 방으로 넘어가는 단계에서 영적 성숙에 엄청난 도약이 이루어진다. 교회에서 행해지는 제자훈련이 이 단계에서 많은 도움이 되는데, 초신자들을 위한 제자훈련 자료는 많지만 그들이 훈련 이후 영적으로 성숙해가는 단계에 대해서는 많은 부분이 수수께끼로 남아 있다. 그래서 다음 단계에 나타나는 방들에서는 그리스도인의 영적 성숙 단계의 후반부에 관한 이야기를 할 것이다. 우리가 들어간 세 번째 방에서는 두 번째 방에서 겪었던 갈등과 영적 전쟁이 대략 끝나고 상당히 성숙한 '제자도'의 모습이 삶에 나타난다. 사람마다 다르겠지만 이 단계에 이르기까지는 보통 수년에서 수십 년이 걸린다. 앞서 간증했던 세 명의 영적 순례자들은 이제 인생의 후반에 접어들었다. 그들은 이제야 자신들이 신실하게 주님을 따르고 있다고 생각한다.

상규

교회가 성장하면서 다양한 문제와 갈등이 발생했지만 상규는 그러한 가운데에도 믿음이 흔들리지 않고 자기가 맡은 임무를 꾸준히 수행해갔다. 그가 맡은 젊은 부부 모임에는 믿은 지 얼마 안 되는 초신자들이 많이 몰려들었고, 그들이 구원의 확신을 얻고 신앙이 쑥쑥 자라가는 것을 보는 것은 말할 수 없는 기쁨과 보람을 가져다주었다. 이 모임에서 일어나는 생명의 역사와 함께 이들 가정에서 출산한 어린아이들이 주일학교 영아부와 유년부를 채워가면서 교회 전체에 활력이 돌았다. 직장과 교회에서의 일이 늘어가자 피로감도 함께 늘어갔지만 수련회에서 하나님을 만난 이후 상규의 믿음은 흔들리지 않고 활력 있는 삶으로 이어졌다.

이 기간 동안 주님께서는 상규와 경숙을 여러 방법으로 만나주시고 하나님이 살아 계시며 그들과 함께하심을 체험할 수 있게 해주셨다. 당시 뉴욕에서 처음 시작된 트레스 디아스 운동을 통해 상규는 성숙한 미국 성도들과 만나 교제하게 되었고, 삶과 믿음이 일치된 그들의 투명한 삶의 모습에 감동을 받고 그들의 원숙한 신앙생활을 통해 많은 도전과 격려를 받았다. 그중에서도 상규 부부에게 특별한 관심과 사랑을 베풀어준 부부가 있었다. 뉴욕 북부 지역에서 IBM에 다니던 놀스Knowles라는 성도 부부였는데 상규와 직종이 비슷해서인지 쉽게 가까워질 수 있었고, 그의 집을 방문했을 때 그들의 검소한 삶과 경건한 가정의 분위기는 상규 부부에게 큰 감동을 주었다. 두 가족 간에 많은 교제가 오가지는 않았지만 그들의 삶에 흐르는 따뜻한 분위기와 친절한 환대를 통해 상규와 경숙은 주님의 사랑을 느낄 수 있었고 사막에서 오아시스를 만난 듯한 신선한 격려와 힘을 얻을 수 있었다. 가장 기억나는 간증은 그 친구가 출장 중에 한 호텔 방에서 주님을 만났던 경험이다. 그의 아내가 병약한 상태여서 홀로 떨어져 있는 아내를 위해 간절히 기도하는 중에 주님을 만났고 하나님의 임재와 어루만져주심을 깊이 경험한 후 전화로 이 사실을 아내와 나누면서 하나님의 사랑에 감격하여 부부가 함께 울었다는 이야기를 들으며 상규 부부도 함께 눈시울을 붉혔다. 상규 부부가 어둡고 외로운 골짜기를 방황하고 있을 때에도 하나님께서는 이 낯선 미국 부부를 통해 눈부신 빛과 따스한 광선을 부어주며 그들의 길을 밝혀주고 계셨던 것이다.

가족들의 장래를 위해 오랫동안 고민하던 상규는 다시 남가주로 돌아가기로 결정하고 일단 경숙을 먼저 그곳의 처가로 보냈다. 혼자 남아 직장 일들을 정리하면서 기도를 통해 하나님의 인도하심을 구할 계획이었다. 남가주로 돌아가면 도넛 가게를 하든 세탁소를 하든 하나님께서 도와주시리라는 생각이 들었다. 하나님께서는 이 기간 동안 매일 새벽예배를 통해 상규에게 은혜를 부어주시고 장래에 대한 걱정을 하지 않도록 위로를 해주셨다. 기도가 깊어지면서 상규는 기도 속에서 하나님의 임재와 깊은 섭리를 조금씩 깨닫기 시작했다. 이제는 어디에 가든 무엇을 하든 주님께서 함께 해주시고 가장 선한 길로 인도해주실 것이라는 담대한 마음을 가지게 되었다. 그런데 예기치 않은 곳에서 도움심이 왔다. 평소 가깝게 지내던 영업부 사장이 상규의 사정을 알고 로스앤젤레스 지사에 자리를 하나 마련해준 것이다. 전혀 영업부 경험이 없는 그에게 자리를 주면서 그곳에서 새로운 영업점을 개발해보라는 백지위임장 같은 기회가 주어졌다. 그래서 온 가족이 로스앤젤레스로 이사를 가고 상규가 그 자리에 정착하면서 1년 후에는 당시 회사 내에서 기업 활성화의 일환으로 새로운 벤처기업을 창설하게 되었고, 나중에는 이 기업을 통하여 놀라운 사업의 번창을 이루게 되었던 것이다.

모든 것이 기도하고 바라는 것보다 넘치고 풍성하게 이루어져가는 은혜 가운데 영적인 공격 또한 만만치 않았다. 과로 때문인지 알 수 없는 신체적 무기력증을 느낄 때도 있었고, 어떤 때에는 교회에서 이유 없는 오해와 갈등을 경험하기도 했다. 연로한 양가 부모님들 때문에 집에서 가까운 교회로 옮겨 새롭게 교회 생활을 시작했는데, 그 교회가 당시 유행하던 종말론에 휩쓸려 이리저리 흔들리는 가운데 성도들이 길 잃은 어린 양들처럼 방황하는 모습을 보는 것은 참으로 안타까운 일이었다. 교회 지도자들의 영적 분별력의 결여 때문에 주님의 몸 된 교회가 얼마나 심한 고통을 겪는지 직접 목격하고 그 폐해를 체험하는 시간들이었다.

이러한 일들로 상규의 믿음에도 회의가 오고 흔들릴 때도 있었지만, 몇몇 신실한 교회의 일꾼들이 새벽기도 때 쉬지 않고 부르짖고 인내함으로써 교회는 이 위기를 잘 극복할 수 있었다. 교회에 젊은 일꾼이 부족하다 보니 경험이 부족함에도 불구하고 상규는 교육부를 맡게 되었고 준비가 되지 않은 상태에서 어린 영혼들을 돕게 되었다. 젊은이들을 신앙으로 이끄는 일에 대해서는 별로 배우고 경험한 바가 없었지만 하나님께서는 상규를 통해 교회 내에서 세대 간의 문화 차이를 메꾸는 일과 세대 간 소통의 문제들을 다루게 하셨다. 그는 각기 의견이 다른 사람들의 생각에 귀 기울이고 그들과 공감함으로써 교회 전체의 화합을 이루어갔다.

하나님께서는 새벽예배의 시간을 통해 영적으로 지친 상규의 심령을 어루만져주시고 그의 상처를 치유해주셨다. 기도 시간을 통하여 이제까지의 삶을 되돌아보면서 그를 하나님께서 어떻게 인도하시고 사용해 오셨는지를 깨달으며 하나님께 마음속 깊은 곳에서부터 한없는 감사를 올려드리지 않을 수 없었다. 부족한 중에도 그를 다듬으시고 어루만지시며 함께 하시는 그분을 찬양하면서 이제까지의 모든 길을 인도하셨던 그분께서 앞으로도 함께 하시며 어떻게든 그분이 원하시는 선한 열매를 맺어가실 것이라는 소망과 확신을 가지게 되었다. 교회에 산적한 여러 일들과 직장에서 점점 늘어나는 업무량 때문에 상규는 마음으로는 간절히 원하지만 깊이 귀 기울여 주님의 음성을 듣고 장래의 문제를 구체적으로 생각해볼 마음의 여유는 없었다. 교회에서 주어진 임무를 최선을 다해 감당하는 것만으로도 상규는 힘겨웠지만 그래도 교회의 지도자로 인정을 받으며 동시에 이민 교회 안의 어두운 면도 보고 배우는 기회가 되었다.

애비게일

우리가 애비게일을 다시 만난 것은 10년이 지난 후 그녀가 서른네 살이 되던 해였다. 미 중부 미니애폴리스에서 직장 생활을 하는 동안 많은 일들이 있었고 고속 승진도 했지만 현재는 결혼을 해서 네 살과 여섯 살짜리 아들을 둔 평범한 가정주부로 미국 남가주에 위치한 라구나 비치에서 살고 있었다. 침례교에서 성장한 남편 빌은 금융회사에서 회계 책임자로 일하며 탄탄대로를 달리고 있었다. 애비게일 부부는 시사이드 커뮤니티교회의 정식 교인이며 그 지역의 컨트리클럽 회원이기도 했다. 큰아들 필립은 그 지역의 기독교 학교에 다니고 있었다. 현재 애비게일은 전업주부이지만 언젠가 두 아들 모두 학교에 다니게 되면 다시 직장 생활을 하고 싶었다.

애비게일의 믿음은 크게 성장해 있었다. 이전의 남자친구 테드는 사귄 지 몇 년 만에 결국 헤어졌다. 서로 결혼을 약속하기도 했지만 두 사람의 신앙이나 인생의 가치관이 너무 달라서 도저히 희망이 없어 보였다. 지금 생각하면 기독교인인 현재의 남편을 만나 사랑에 빠진 것이 참으로 다행스러운 일이었다. 빌은 애비게일만큼 신앙에 '관심 있는' 사람은 아니었지만 그래도 충실한 남편이자 아버지였고 교인이었다.

애비게일은 교회에서 적극적으로 봉사하면서 헌신적인 신앙생활을 했다. 여전도회에 활발히 참여할 뿐 아니라 주일학교 교사로도 섬겼다. 그녀의 믿음이 눈에 띄게 성장한 것은 대부분 교회의 수련회를 통해서였다. 제자훈련 수양회에 참석하는 동안 예수님을 섬기고 싶은 열정이 새로워졌다. 하나님이 자신에게 귀중한 은사와 사명을 주셨음을 깨닫게 된 이후부터 애비게일에게 사역은 인생의 주요 부분이 되었다. 컨트리클럽에서 친구들에게 전도할 때나 아이들을 가르칠 때, 여성 소그룹을 인도할 때에도 언제나 성령님을 의지했다.

기도 생활에 혁신적인 변화가 일어난 것은 교회 수련회를 통해서였다. 그곳에서 배운 대로 애비게일은 필요한 것이 있으면 구체적이고 적극적으로 하나님께 구했고 주변 사람들을 위해서도 열심히 중보기도했다. 그 결과 기도가 기적적으로 응답되는 경험을 여러 차례 했다. 애비게일의 부모님이 자동차 사고로 중상을 당했을 때도 그녀는 두 분을 낫게 해달라고 기도했고, 부모님은 예상보다 빠른 속도로 부상에서 회복되었다. 애비게일은 부모님께 전화를 걸어 하나님께서 두 분을 고쳐주셨음을 간증했다.

성경을 읽는 것도 애비게일의 삶에서 빼놓을 수 없는 일과였다. 소그룹 공부할 때는 물론 집에서도 성경을 놓지 않았다. 손때가 묻고 여백 가득 이것저것 적어놓은 성경책을 침대맡에 놓아두고 밤마다 한 장씩 읽었다. 그렇게 해서 이미 몇 차례나 통독했다.

애비게일에게 유일하게 불만족스러운 것이 있다면 그것은 너무 분주한 자신의 삶이었다. 남편은 출퇴근에만 두 시간이 걸렸으므로 집에 오면 늘 녹초가 되어 있었다. 때로는 주말에도 집으로 일거리를 들고 왔다. 애비게일은 자신이 다른 엄마들처럼 '택시 기사 엄마'가 될 줄은 꿈에도 생각하지 못했지만 어쩔 도리가 없었다. 아이들을 학교에 데려다주고, 일주일에 두 번씩 축구 교실에 데려가고, 주중에 아동예배에 데려가고, 장을 보고, 교회 봉사를 하러 차를 몰고 돌아다녔다. 그러고 나서 집에 오면 엄마와 아내로서 해야 할 일이 또 산더미처럼 기다리고 있었다. 일을 좋아하는 그녀였지만 때로는 너무 바쁘게만 살고 있다는 자책감이 들었다.

애비게일에게는 교인 중에 친하게 지내는 성도가 한 명 있었다. 가끔씩 그녀를 카페에서 만나 이야기를 나누었지만 그 외에는 자신의 속마음을 터놓을 수 있는 사람이 별로 없다는 게 불만이었다. 기도도 차를 운전할 때나 밤에 잠들기 전에 잠깐씩 짬을 내어 하는 게 고작이었다. 하지만 대체로 그녀는 자신의 믿음과 그리스도인으로서의 삶에 만족하고 있었다. 자신이 하나님을 알고 사랑한다는 사실이 자랑스럽고 감사했으며 죽으면 천국에 간다는 구원의 확신도 뚜렷했다. 자신의 삶이 전능하신 하나님의 손 안에 있다는 생각을 하면 언제나 마음이 든든했다.

그러나 이대로 분주하게 사는 것이 과연 올바른 것인가를 직면해야 하는 순간이 다가왔다. 그것은 담임목사의 제안을 거절해야 하는 불편한 상황에서 일어났다. 그녀가 주일학교 성탄 행사 준비를 하러 교회에 갔을 때, 목사가 애비게일을 불러 새로운 직책을 맡아달라고 부탁했다. 그때 애비게일은 단호하게 고개를 저었다. "목사님, 도저히 그건 못해요! 지금도 너무 바빠서 제 자신을 위해서 단 1분조차 시간을 못 낼 정도예요. 심지어 하나님께 나아갈 시간조차 없다고요. 밤마다 기도하고 성경 읽고 목사님 설교 듣는 것도 좋아하지만……. 저는 고속도로에서 달려가는데 예수님은 반대 방향으로 저를 스쳐 지나가시는 것만 같아요!" 그 말에 목사는 고개를 끄덕였다. "이해합니다. 하지만 우리는 정말로 애비게일 집사님이 필요해요. 집사님은 어머니들을 위한 사역에 특출한 은사가 있으시고 아이들도 집사님을 무척 좋아하잖아요. 그러니까 기도 좀 해보시고 나중에 저에게 전화 주시면 안 되겠습니까?" 애비게일은 알았다고 대답은 했지만 이번에도 목사님 제안을 거절하지 못할 게 뻔했다. 오히려 초신자 시절에는 얼마나 열심이 있었고 주님이 가깝게 느껴졌던가를 회상하면서 '예수님을 따라간다는 것이 왜 이렇게 다람쥐 쳇바퀴 도는 것처럼 느껴질까?' 하며 고개를 갸우뚱거렸다.

애비게일은 영적 성숙 과정의 세 번째 방을 경험하고 있었다.

우리가 세 번째 방에 완전히 '정착'할 때쯤 되면 예수님의 제자로서 비교적 균형 잡힌 삶을 살아가게 된다. 교회 예배에 열심히 출석하는 것을 비롯해서 교회에서 봉사하고, 규칙적인 기도와 그리스도인다운 삶을 살기 위해 노력하고, 진심으로 하나님을 사랑하며 그를 기쁘시게 하려는 노력을 기울임으로써 영적으로 성숙한 증거들을 나타낸다. 테레사는 이렇게 말했다. "나는 이 단계에 이른 사람은 이 세상에 꽤 많다고 봅니다. 이 사람들은 오랫동안 몸이나 영혼의 모든 면에서 올바르고 단정한 삶을 살아온 사람들입니다."[1]

여기서 한 가지 주목해야 할 점은 대부분의 교회들이 영적인 삶에 관해 가르칠 때 일곱 개의 방 중에서 세 번째 방의 단계까지만 가르친다는 사실이다. 물론 세 번째 방이 영적 성숙에서 중요한 단계임에는 틀림없지만 이 단계에만 머물고 앞으로 나아가지 못하는 성도들이 많다. 하지만 이보다 훨씬 더 성숙한 단계들이 존재한다는 것을 이제부터 알게 될 것이다.

세 번째 방은 여전히 테레사가 말한 '첫 번째 물'에 해당되며 그 안에서의 삶을 보여주는 성경 구절들을 살펴보면 예수님을 올바로 따르는 삶에 대한 전체적인 그림을 보게 된다.

"그러므로 주 안에서 갇힌 내가 너희를 권하노니 너희가 부르심을 받은 일에 합당하게 행하여 모든 겸손과 온유로 하고 오래 참음으로 사랑 가운데서 서로 용납하고 평안의 매는 줄로 성령이 하나 되게 하신 것을 힘써 지키라(엡 4:1-3)."

"그러므로 나의 사랑하는 자들아 너희가 나 있을 때뿐 아니라 더욱 지금 나 없을 때에도 항상 복종하여 두렵고 떨림으로 너희 구원을 이루라. 너희 안에서 행하시는 이는 하나님이시니 자기의 기쁘신 뜻을 위하여 너희에게 소원을 두고 행하게 하시나니 모든 일을 원망과 시비가 없이 하라. 이는 너희가 흠이 없고 순전하여 어그러지고 거스르는 세대 가운데서 하나님의 흠 없는 자녀로 세상에서 그들 가운데 빛들로 나타내며 생명의 말씀을 밝혀 나의 달음질이 헛되지 아니하고 수고도 헛되지 아니함으로 그리스도의 날에 내가 자랑할 것이 있게 하려 함이라(빌 2:12-16)."

이 성경 말씀에서 바울은 신실하게 예수님을 섬기는 삶, 즉 하나님 나라의 가치관을 온전히 실천하며 사는 삶이 중요하다고 말하고 있다. 그럼, 마이클은 어떻게 그런 삶을 살았는지 알아보자.

마이클

마이클의 삶이 안정되기까지는 몇 년이라는 시간이 걸렸다. 그의 신앙이 성숙해지자 담임목사는 그에게 교회에 참석하고 있는 미혼자들의 모임을 도와줄 생각이 없느냐고 제안했다. 그 제안을 받아들인 마이클은 여러 집에서 돌아가면서 모일 수 있도록 주선하고, 매달 야유회 계획을 짜고, 월간 기도편지를 통해 소식을 알리고, 새로운 참석자들을 초대하고 환영하는 일 등으로 눈코 뜰 새 없이 바쁜 나날을 보냈다. 그중에서도 마이클이 특히 좋아하는 일은 새로 온 사람들을 환영하는 일이었다. 그는 낯선 사람들과도 스스럼없이 어울렸고 그 나이의 독신자들이 흔히 느끼는 외로움도 깊이 공감할 수 있었다. 새로 취직한 운동용품 매장에서도 젊은 독신남녀들을 만날 기회가 많았으므로 그는 사람들과 친해지면 독신자 모임의 야유회에 초대하곤 했다. 야유회 계획을 짜는 일에도 신명이 났다. 어떤 날에는 함께 암벽 등반을 했고 어떤 날에는 로프 코스(나무 사이에 로프를 연결하고 안전장치를 이용해 이동하는 레저스포츠의 일종), 어떤 날에는 함께 호숫가에서 조용히 소풍을 즐겼다. 마이클은 재미있는 오락을 비롯해 참석자들끼리 친해지는 시간과 성경 말씀을 묵상할 수 있는 프로그램들을 시행했다. 3년간의 봉사를 통해 많은 독신자들이 예수님을 영접했고 그중 몇 명은 평생의 반려자를 만나 결혼하기도 했다.

독신자 사역의 책임을 지고 있는 마이클은 교회에서 시행하는 특별 제자훈련 모임에 나오라는 권유를 받았다. 그리하여 일주일에 한 번씩 교회에서 사역을 맡고 있는 평신도 리더들과 함께 성경 공부를 하게 되었고 성경 구절들도 암송했다. 개인 간증과 전도하는 법도 배웠다. 그곳에서의 제자훈련과 참석자들의 도움으로 마이클은 믿음이 부쩍 자라며 균형 잡힌 생활양식을 익힐 수 있었다. 그는 기도 시간을 정해 규칙적으로 기도하는 습관을 들였고 자신에게 필요한 것은 무엇이든 하나님께 간구했으며, 친구들과 가족과 독신자 모임을 위해서 열심히 기도했다. 기도하는 시간은 마이클에게 매우 특별하고도 소중한 시간이었다. 기도할 때마다 하나님이 그의 '곁에서' 모든 간구를 듣고 계시다는 느낌을 받았고 구체적인 기도 응답을 간증할 때나 제자훈련 모임을 인도할 때는 큰 기쁨을 느꼈다.

시간이 지날수록 운동용품 매장에서 직장 생활을 하는 것보다 교회에서 독신자 사역을 하는 것이 훨씬 더 재미있고 보람 있게 느껴졌다. 가까운 지인들 중에는 그에게 목사가 되는 게 어떠냐고 반농담조로 이야기하는 사람들도 있었지만 이제는 진지하게 그 길을 한번 생각해보고 싶었다. 어느 날 담임목사와 단둘이 이야기할 기회가 생기자 마이클은 단도직입적으로 질문을 던졌다.

"목사님, 저도 목사가 될 수 있을까요? 어떻게 해야 목사가 되는 겁니까?" 담임목사는 사역과 삶에서 놀라운 성장을 보여준 마이클을 칭찬하면서 그가 제자훈련 프로그램을 성실하게 섬기는 모습에도 감동을 받았다고 격려한 후에 목사가 되기 위한 교육과정을 자세히 설명해주고 그에게 진지하게 기도해보라고 권유했다. 그 주간의 제자훈련 참석자들에게도 자신이 하나님의 뜻을 분명하게 깨닫고 주님의 인도하심을 따르도록 기도해달라고 요청했다.

시간이 지나면서 마이클은 목사가 되어 전임 사역의 길로 들어서는 것이 하나님의 뜻이라는 확신이 들었다. 하지만 그것은 시간이 오래 걸리는 과정이었다. 먼저는 대학 교육을 마쳐야 하고 그다음에는 신학대학원에 진학해야 했다. 예상대로 신학 공부는 쉽지 않았다. 하지만 공부가 재미있었고 친구를 사귀는 것도 좋았으며 무엇보다 자신이 자신과 같은 사람들을 돕기 위해 목사로서의 사명을 받았다는 것이 날이 갈수록 뚜렷한 확신으로 다가왔다. 마이클은 로크웰 신학대학원에서 만난 멜리사와 사랑에 빠졌고 얼마 후에 두 사람은 결혼식을 올렸다.

결혼 전에 받은 예비 부부 상담이 마이클에게는 중요한 성장 계기가 되었다. 멜리사와 사귀면서 비로소 자신은 한 번도 다른 사람과 마음을 나누거나 사랑을 표현하는 법에 대해서 배운 적이 없었다는 생각이 났다. 그가 중독에 빠진 것도 결국은 자신의 자존감과 사랑의 욕구를 채우려는 몸부림이었다. 진심으로 멜리사를 사랑하고자 하는 마음이 마이클의 지난 과거를 더 철저히 파고들게 했다. 결국 하나님에 대한 개념을 왜곡시킨 것도 어린 시절에 가졌던 성공에 대한 집착이었다. 예비 부부 상담에는 과거의 상처를 치유하는 시간이 있었다. 마이클과 멜리사는 어린 시절의 상처들을 솔직하게 나누고 앞으로 평생의 반려자가 되어 사랑으로 하나 되게 해달라고 하나님께 간구했다.

난생처음으로 무조건적인 사랑이 어떤 것인지 어렴풋이나마 알 것 같았다. 멜리사는 그의 모든 과거를 알면서도 진심으로 사랑해주었다. 남은 평생 동안 멜리사와의 동행은 분명 하나님이 주신 값진 선물이었다.

마이클은 인내를 갖고 열심히 공부하며 앞길을 인도해달라고 성령님을 의지하면서 기도했다. 그런 기도가 하나님과의 관계를 더욱 깊고 친밀하게 만들어주었다. 그 즈음, 마이클의 관심을 끈 것은 '선교적 교회'라는 새로운 개념의 목회였다. 사람들이 교회에 나올 때까지 앉아서 기다리는 게 아니라 적극적으로 전도하고 지역 사회와 문화에 이바지하는 교회를 세우고 싶은 열망이 생겼다.

신학대학원을 졸업한 직후 하나님은 마이클과 멜리사 부부를 네브래스카에 있는 작은 지역 교회로 인도하셨다. 성실하고 활달한 성격의 마이클은 이번에도 열정적으로 목회하기 시작했다. 중독에 시달렸던 과거의 전력이 오히려 그 마을의 문제 있는 사람들에게 쉽게 다가갈 수 있도록 해주었다. 그의 간증을 통해 많은 사람이 예수님을 영접했고 마이클의 교회는 성장을 거듭했다. 교인들은 마이클 목사가 추구하는 '선교적 교회'의 사명을 제대로 이해하지 못했지만, 그는 참을성 있게 기다렸고 자기 스스로가 주변의 안 믿는 사람들, 고통받는 사람들에게 먼저 다가가서 전도하는 삶의 본보기를 보이려고 노력했다. 하루하루가 가슴 벅찬 나날의 연속이었다. 그는 목회가 좋았고 교회가 성장하는 것을 보는 것이 뿌듯했다. 다만 목사로서, 남편으로서, 그리고 곧이어 아버지가 될 사람으로서 균형 있는 삶을 살아간다는 것은 결코 생각만큼 만만하지 않았다.

하나님과의 관계에서 '당신의 마음이 갈망하는 것'

이번에도 세 번째 방의 여섯 가지 범주에 대해 살펴보고 영적 성장이 어떻게 이루어지는지 알아보자.

세 번째 방에서는 예수님과 동행하는 삶만이 인생의 유일한 길임을 전적으로 확신하게 된다. 우리는 그동안 여러 상황을 겪으면서 한 가지 진리를 깨달았다. 성경의 가르침을 충실히 따르기만 한다면 예수님은 언제나 신실하게 우리를 인도해주신다는 것이다. 우리의 몸에 배어 있던 세속적 가치관은 성경적 세계관과 윤리관으로 서서히 대체되고 이제는 아주 사소한 일에서도 죄를 짓지 않으려고 노력한다. 비교적 이 단계에서는 한결같은 믿음, 구원의 확신, 하나님의 선하심을 체험적으로 아는 지식 등이 나타난다. 테레사는 세 번째 방으로의 진입을 이렇게 묘사했다. "지금까지의 모든 싸움을 인내와 주의 자비로 승리하여 세 번째 방에 들어간 사람들에 대해서는 '여호와를 경외하며 그의 계명을 크게 즐거워하는 자는 복이 있도다(시 112:1)'라는 말씀을 생각하게 됩니다. (…) 그런 사람들을 복되다고 하는 데는 그만한 이유가 있습니다. 우리 생각으로는 그들이 뒤돌아서지 않는 한, 구원의 탄탄대로를 걷고 있는 것이 분명하기 때문입니다."[2]

하나님을 향해 나타나는 '주요 반응들'

세 번째 방에서는 믿음을 중심으로 살아간다. 보통 이 단계의 사람들은 교회에서 열심히 봉사하고 성경 공부나 제자훈련, 교육 등에 적극적으로 참여한다. 마이클의 경우에는 목사까지 되지 않았는가? 균형 잡힌 삶을 살기 위해 시간과 돈(십일조를 포함해서)을 잘 관리하며 이것은, 사랑과 돌봄의 봉사활동으로 나타난다. 자신의 영적 은사를 발견하고 성령의 열매들을 삶에 드러내게 된다. 테레사는 세 번째 방에서의 삶을 다음과 같이 설명했다.

"내 생각에 하나님께서는 선한 분이시기 때문에 이 세상에 그와 같은 영혼들을 많이 허락하셨다고 믿습니다. 그들은 전능하신 주님을 거스르지 않으려 하고 사소한 일에서조차 죄를 짓지 않으려고 자신을 살핍니다. 참회하기를 즐겨 하고 가끔씩 따로 회상의 시간을 가지며 시간을 유익하게 사용하여 어려운 이웃들을 구제하고 적합한 언어 사용과 옷차림으로 살아가며 자신의 집안을 잘 다스립니다."[3]

하나님을 향한 '기도의 변화 양상'

기도도 이전에 비해 깊어진다. 정해진 기도 시간뿐 아니라 일상에서도 하나님의 임재와 섭리를 항상 염두에 두고 생활한다. 앞서 인용한 글에서 테레사는 '회상recollection'이라는 단어를 사용했다. 회상이란 일상의 사건들 속에 나타나는 하나님의 섭리를 기억하며 깊이 생각하는 것을 말한다. 아직은 생각나는 대로 하나님께 아뢰는 수준이지만 회상을 하거나 성경을 묵상하는 시간들을 통해 기도가 깊어지고 하나님과의 대화나 친교도 한층 더 깊은 차원으로 나아간다.

세 번째 방에서의 기도 양상은 간단히 'ACTS'로 정리할 수 있다. 제자훈련을 받아본 사람이라면 '균형 잡힌 기도'가 보통 찬양Adoration, 죄의 고백Confession, 감사Thanksgiving, 간구Supplication로 이루어진다는 것을 잘 알고 있을 것이다. 머리글자들을 따서 ACTS(사도행전이라는 뜻도 된다)라고 부른다. 일반적으로 기도는 하나님과의 대화라고 설명할 수 있다.

테레사는 세 번째 방에 들어간 사람들은 기도를 통해 하나님과 대화를 나누기는 하지만 친밀감에서 오는 진정한 영적 기쁨은 아직 맛보지 못한 상태라고 말했다. 그런 기쁨은 뒤에 나오는 방들부터 맛볼 수 있다고 했다. "세 번째 방의 사람들에게 그다지 큰 영적 기쁨을 주시지 않는 이유는 가끔씩 그 영혼들을 앞으로 다가올 다른 공간으로 초대하셔서 그들이 그곳에서 일어나는 일들을 보고 그 방에 들어갈 준비를 하도록 하기 위함이라고 생각합니다."[4]

영적으로 크게 성숙하는 이 과정에서 예상치 못한 어려움에 부딪치는 경우가 있다. 테레사는 세 번째 방에서 겪는 어려움을 다음과 같이 이야기했다. "그 긴 세월을 지나며 이미 세상을 정복한 듯했고 적어도 그 방면에서는 일체의 망상을 떨쳐버린 것 같이 보였습니다. 그러나 전능자께서 한 번 작은 일로 어려움을 주시자 어찌나 괴로워하며 동요하던지 나는 하도 어이가 없어 두렵기까지 했습니다. 그런 이들에게는 충고도 소용없었습니다. 오랫동안 미덕을 실천해온 까닭에 자신들이 남을 가르쳐야 할 사람이라고 생각하고 자신들이 시련에 동요하는 것조차도 정당한 이유가 있다고 보게 되니까요."[5]

우리가 제자의 삶에 '도달했다'는 생각이 들기 시작하면 가장 문제가 되는 것이 교만과 주제넘은 생각들이다. 하나님이 자기 예상대로 역사하지 않으시면 자기는 신실한데 하나님은 신실하지 못하다는 섣부른 결론을 내려버린다. 말하자면 하나님 때문에 이런 어려움을 겪고 있다는 것이다. 예를 들어 애비게일과 상규가 그토록 바쁘게 사는 이유는 하루 종일 많은 것을 성취해야 행복해진다는 세상의 속설을 그대로 따라갔기 때문이다. 비록 그들이 하는 모든 일이 선하고 올바른 일이라 하더라도 인간의 한계를 넘어서 일하는 것은 결코 하나님의 뜻이 아니다. 그럼에도 그들은 자신이 옳은 일을 하고 있으며 더 많은 일을 함으로써 더 큰 보람을 느낄 수 있다고 생각한다. 아마도 많은 사람이 그 같은 경험을 했을 것이며 여전히 그런 경험을 하고 있는 이들이 있을 것이다.

사역에 대한 충고

앞선 방들에서도 교회 봉사나 사역을 하는 사람들이 있었지만 본격적으로 하나님을 섬기게 되는 곳이 바로 이 세 번째 방이다. 원래 세 번째 방에 이를 때 우리는 자신의 사명을 확실히 깨닫게 되고 가난하며 소외되고 안 믿는 사람들에 대해서도 예수님의 마음을 품을 수 있게 된다. 그 대상에는 가족과 이웃을 비롯해 교회의 성도들도 포함된다. 우리는 그리스도 공동체 안에서 봉사나 사역을 하는 중에 자신의 영적 은사들을 발견하고 다른 사람의 유익을 위해 그 은사들을 사용하는 법도 배우게 되는 것이다. 이제는 신앙생활이 어느 정도 '안정권'에 들어갔기 때문에 자기 자신을 넘어 다른 사람들에게로 관심을 돌리게 된다. 교회에서 여러 직분을 맡아 봉사하는 것 외에도 국

네 번째 방으로 인도하는 세 번째 방에서의 기도

ACTS 기도는 우리를 그의 사랑으로 부르셔서 하나님과 친밀하게 교류하는 실제적이고도 멋진 사랑의 교제 시간이 될 수 있다.

찬양 Adoration 하나님을 흠모하고 찬양한다는 의미는 무엇인가? 누군가를 흠모한다는 것은 그 사람의 인격적 특성 때문만이 아니라 우리가 그를 향해 품은 사랑의 감정 때문에 가능하다. 기도의 첫 단계에서는 우선 우리가 찬양하는 이유를 자문해보아야 한다. 현재의 감정은 어떠한가? 그 감정을 유발한 요인들은 무엇인가? 정직한 관계를 맺으려면 자신의 감정에 솔직해야 한다. 하나님을 향해 진정한 '사랑'이 우러나지 않는다면 그것조차도 솔직하게 고백할 필요가 있다.

죄의 고백 Confession 죄를 고백하는 건 어려운 일이 아니지만 의도적인 노력이 필요하다. '성찰 기도Prayer of Examen'와 같이 매일 하루 일을 멈추고 그날 있었던 모든 일들을 되돌아보며 주님과의 관계에서 어떻게 반응했는가를 되돌아보는 것은 매우 훌륭한 기도 습관이다. 자신의 불완전한 모습을 줄줄이 되뇐다고 예수님께 더 가까워지는 것은 아니다. 그러나 하나님의 용서와 은혜의 빛 아래서 솔직한 죄의 인정과 고백이 이루어질 때 사랑의 관계는 더욱 깊어진다.

감사 Thanksgiving 하나님께 드리는 감사 역시 자신의 감정에 따라 아주 솔직하게 표현되어야 한다. 일단은 정말로 자신이 고맙게 여기는 것부터 감사하고 그 다음은 슬프고 싫은 일에도 감사하는 데까지 나아가야 한다. 하나님께 드리는 감사는 항상 의에 주리고 목마름으로 갈구하는 상황에서 비롯되어 아직 이루어지지 않은 것들을 고마워하는 마음으로까지 표현된다. 감사를 표현하지 않는다면 하나님과의 대화에 활력이 사라져버린다.

간구 Supplication 세 번째 방의 기도에서 가장 쉬운 부분이 이 부분일 것이다. 예수님은 찾고 구하라고 말씀하셨다. 우리가 받지 못하는 것도 구하지 않았기 때문이라고 하셨다. 간혹 자신을 위한 기도는 이기적인 것이기 때문에 오로지 남을 위해서만 기도해야 한다고 말하는 사람들이 있다. 하지만 자신이 원하는 것을 마음껏 표현하고 그것들을 하나님께 간구할 수 있어야 진정 그분의 자녀라고 말할 수 있다. 예수님은 우리의 공급자이자 목자이시기 때문에 언제나 우리가 그분 앞에 나아오기를 기다리고 계신다.

내와 해외로 단기 전도여행을 가는 것까지 사역의 기회는 매우 다양하게 찾아온다.

세 번째 방의 그리스도인들은 사역 자체에 역점을 두기도 하지만 주로 다른 사람의 요청에 의해서나 자기 자신이 편하게 느끼는 분야에서 사역을 하는 경우가 많다. 어쨌든 우리는 예수님을 섬긴다는 사실에 기쁨을 느끼고 자신이 하는 일이 영원한 의미를 지니고 있다는 것에 자부심을 갖는다. 예수님과 동역한다는 점을 의식하면서 하나님과의 관계도 깊어지고 영적으로도 계속해서 성숙해간다. 또한 다른 성도들을 섬기는 가운데 우리 자신에 대해 더 분명히 알아가게 되고 우리 삶에 성령의 열매가 더 구체적으로 드러나게 된다(갈 5:22 참조). 특히 사역 중에 어려움이 찾아왔을 때 드리는 기도는 하나님을 더욱 의존하게 만들어준다.

그러나 세 번째 방에서 자주 부딪치는 문제는 하나님을 '위해' 일하는 것과 하나님과 '함께'하는 관계를 자꾸 동일시하려는 것이다. 우리는 하나님을 위해 열심히 일하는 것이 하나님과 깊은 관계를 갖는 일이라고 착각한다. 마치 한 사무실에서 일하는 두 명의 동료가 하루 종일 같은 업무를 하면서 서로 친구 관계라고 생각하지만 사무실 문밖을 나서면 서로의 사생활에 대해 전혀 모르는 것이나 매한가지다.

그래서 기도 생활이 메마르고 낙담하게 될 때 주변 사람들이 주로 던져주는 충고는 "더 열심히 봉사해라", "교회에서 다른 사역을 맡아봐라" 같은 것이다. 하나님을 사랑하고 친밀한 관계를 누리는 기쁨 대신 과업을 달성하고 인정을 받는 일에서 더 기쁨을 누릴 수 있다고 생각하기 때문이다. 그러나 이러한 일 중심의 삶은 하나님과의 친밀한 관계를 희생시키고 오직 외면적인 사역에만 몰두하게 만든다. 그래서 '내가 무지하게 바쁜 걸 보니 나도 중요한 사람이구나'라고 착각에 빠지게 되는 것이다.

우리를 하나님께로 이끄시는 '예수님의 역사'

하나님은 우리에게 사역할 능력을 주시고 헌신된 삶을 살아갈 힘도 주시지만 그에 못지않게 우리와 개인적으로 깊고 친밀한 관계를 맺기를 바라고 계신다. 열심히 기도하다 보면 가끔은 간구하는 내용과 상관없이 하나님과 그분의 사랑을 새삼 깨닫기도 한다. 번민에 잠겨 있거나 과거를 회상하는 동안 하나님께서는 우리 안에 깊은 평안을 주셔서 당면한 문제의 해결보다 그분 자신을 더 깊이 인식하고 바라보게 하신다(빌 4:7).

하나님께서는 계속해서 우리가 세상이 주는 기회들을 붙잡고서 갈 것인지, 아니면 예수님의 뜻만을 행하며 그분의 제자로 살아갈 것인지를 선택하도록 부르신다. 대인 관계를 비롯해 하나님과의 관계에도 심각한 악영향을 미쳤던 상처들이 그동안 상당 부분 치유되기는 했지만 진정으로 주님을 따르지 않았다는 자책감이 드는 순간 하나님은 계속해서 우리 마음에 치유의 메스를 가하신다. 테레사는 이렇게 말했다. "겸손은 우리의 상처를 낫게 하는 묘약입니다. 겸손만 있으면 조금 지체되더라도 우리의 외과의사인 주님이 반드시 우리를 고치러 오시고야 말 것이기 때문입니다."⁶

하나님은 우리를 그분 가까이 이끌고자 '거룩한 불만족'을 허락하신다. 영적 성장을 촉진하기 위해 하나님이 즐겨 사용하시는 전략 중의 하나는 (비록 이해가 안 될 때가 많긴 하지만) 우리 안에 더 깊은 갈망을 심어주시는 것이다.

성령님은 우리가 모르는 사이에 우리의 마음을 움직여서 '이게 정말 전부일까? 하나님을 위해 열심히 일하는 것만이 신앙의 전부인가? 아무래도 그건 아닌 것 같은데……'라는 생각이 들도록 인도하신다. 마음 깊은 곳에서는 하나님과의 친밀감을 간절히 원하며 그분 안에서 안식을 얻고 그분의 사랑을 온전히 신뢰하고 싶어하지만 우리는 그런 갈망을 깨닫지 못하고 겉으로 드러나는 좌절감과 불만족스러운 상황만 인식할 때가 많다. 일단은 우리가 느끼는 감정이 '부정적인' 감정이기 때문에 그런 회의가 밀려오는 것 자체를 나쁜 일로 간주할 수도 있다. 자신이 뭔가를 잘못하고 있거나 교회나 외부적인 환경 때문에 잘못되고 있는 것이라고 생각한다. 우리 안에서 무슨 일이 일어나고 있는지 제대로 알지 못하면 그 원인을 '다른 사람'의 탓으로 돌리게 되고 심한 좌절감을 겪다가 하나님과 교회로부터 멀어질 수도 있다. 그런 상황에 처하면 내 한 친구가 그랬듯이 우리에게 "오호, 그거 듣던 중 반가운 말이네요"라고 말해줄 누군가가 필요하다.

우리의 영적 성숙을 방해하려는 '원수의 계략'

세 번째 방에서는 앞선 방들에서 경험했던 심각한 유혹과 속임수는 줄어들지만 원수의 공격은 한층 더 교묘해진다. 이제 원수가 사용하는 주요 전략은 하나님을 섬기고 하루 일과에 매진하느라 하나님께 직접 다가가려는 의식적인 노력을 못하도록 만드는 것이다. 또한 하나님이 직접 인도하시는 방향으로 가지 않고 그저 교회 사역과 프로그램에만 충실함으로써 하나님을 잘 섬기고 있다고 만족하게 한다. 교회에서의 봉사가 전혀 잘못된 일은 아니지만 자칫하면 일종의 종교 활동으로 전락할 위험성이 있다. 예수님은 우리와 개인적인 관계를 맺고 우리를 사랑으로 빚어가기를 원하신다.

사탄이 우리를 충동하는 기본 수단은 교만과 혼돈(분주함)이다. 원수는 우리 자신이 중요한 존재이고 영적으로 성숙하며 남들보다 더 나은 사람이라고 믿게 만든다('어떻든 간에 내가 하나님을 위해 행하는 이 대단한 일들을 보라고!'). 우월적인 태도와 무엇이 옳고 최선인지를 자신이 알고 있다는 확신이 하나님께 나아가 그분의 도우심을 요청하지 못하게 만들고 다른 사람들로부터 하나님의 음성을 듣지 못하게 가로막는다. 이러한 교만과 무분별이 자라가면서 언젠가는 큰 잘못을 범하게 되고 다른 그리스도인들로부터 외면당하는 결과를 초

래한다. 그리고 상황에 대한 비난과 원망을 그들의 탓으로 돌리게 된
다. 어디서 많이 들어본 얘기 같지 않은가?

　영적 성숙의 과정에서 이 시기에 이르면 원수들은 분주함과 혼돈
이라는 또 다른 전술을 구사한다. 일상생활에서나 기도할 때도 마찬
가지다. 일상에서는 과도한 일거리와 책임을 맡도록 우리를 부채질
한다. 좋은 일도 너무 많이 하다 보면 피곤하고 좌절되기 마련이다.
바쁘고 피곤한 일과는 기도의 질도 떨어뜨린다. 눈만 감으면 제대로
끝내지 못한 일들을 걱정하며 더 많은 능력과 시간을 달라고 간구한
다. 또한 과도한 사역으로 혼돈과 좌절을 겪으면서 왜 우리가 '그분
자신을 위해' 하는 훌륭한 일들을 하나님이 축복하지 않으시는지 의
아해한다.

　그와 맥락을 같이하는 또 한 가지는 사역의 결과에 자신의 정체성
을 거는 것이다. 사역이 삶의 중심이 되면 결과적으로 우리는 언제나
실패의 두려움에 사로잡힌다. 원수는 그러한 두려움을 이용해서 사
역을 할 때 우리를 위축시키려 든다. 우리의 궁극적인 정체성은 하나
님의 사랑받는 아들과 딸이다. 예수님이 그렇게 말씀하셨다. 그런데
사탄은 우리를 단지 종이고 일꾼일 뿐이라고 생각하게 만든다.

　교만과 혼돈은 우리가 하나님의 얼굴을 구하며 그분 안에 거하는
삶을 살지 못하도록 사탄이 특별히 고안해낸 교묘한 전술이다. 그로
인해 두 가지 부작용이 생겨나는데, 하나는 하나님을 위해 열심히 일
하는 것이 신앙의 전부이고 영적 성숙의 목표라고 생각하는 것이다.
마음속에는 더 깊은 갈망이 있으면서도 겉으로는 그저 열심히 일하
고 더 많은 지식만을 추구하려고 한다. 또 다른 위험은 자신이 통제
할 수 있는 상황에만 안주하는 것이다. 자기에게 적당한 사역이 무엇
인지, 자신의 영적 은사들이 무엇인지, 위험과 실패를 피할 수 있는
방법이 무엇인지를 스스로 판단해서 결정하고 다른 사람들의 의견이
나 조언은 구하려 하지 않는 것이다. 희생을 감수하며 정말로 예수님

을 따르게 되면 자신의 인생을 자기 마음대로 통제하지 못하게 될까 봐 두려워 현재 상태에 안주하게 된다. 결국 하나님과의 관계는 제자리에 머물고 더 이상 앞으로 나아가지 못하며 영적 성숙은 정체되고 만다. "하나님, 저는 그저 지금까지 이루어놓은 것에 만족하며 현재 제가 머무는 이 세 번째 방의 작은 공간으로 만족합니다"라고 겸손하게 되뇌이면서……

하나님께 협력하게 만드는 '성숙의 열쇠'

"한 가지만 더!" 이루기 위해 바쁘게 살아가는 세 번째 방의 그리스도인들이 영적으로 더 성숙하기 위해서는 무엇을 어떻게 하는 것이 좋을까? 이때 가장 유익한 방법은 영적 성숙 과정의 큰 그림을 보여주고 신앙생활에 더 놀랍고 흥미로운 예수님과의 모험이 기다리고 있다는 사실을 깨닫게 해주는 것이다. 영적으로 성숙하기 위해 더 많은 노력이 필요한 게 아니라 사실은 더 적은 노력이 요구된다는 사실만 알아도 가까이 다가오라는 주님의 초대를 선뜻 받아들이게 되지 않을까? 그러나 이 초대를 수락하기 위해서 우리는 우리가 지금 붙잡고 있는 많은 것들을 내려놓아야 할지 모른다.

기도와 사역에서 자신의 노력에 의존하지 않고 하나님의 인도에 따르는 사람이 되어야 한다는 것을 깨닫기 위해 우선 멘토와 교사들이 필요하다. 테레사는 멘토와 코치의 중요성을 다음과 같이 역설했다. "이것은 수도자가 아닌 다른 사람들도 많이 하는 일로, 매사에 자기 멋대로 하지 않도록 누군가 조언을 해줄 만한 사람이 있는 것이 좋습니다. (…) 용의주도하다고 여겨지지만 그렇다고 제 기분에 맞는 사람을 고르면 안 됩니다. 이 세상의 허구성을 훤히 꿰뚫고 있는 사람을 골라야 합니다. 자기 자신이 누구인지를 알기 위해서 세상의 현실을 알고 있는 사람과 이야기를 나누는 것이 큰 도움이 됩니다."[7]

우리가 해야 할 중요한 일 중 하나는 그분의 마음과 뜻을 알기 위해 조용히 기도하면서 기다리는 것이다. 하나님은 그분 자신과 우리 자신의 유익을 위해 우리가 먼저 그분을 찾기를 바라신다. 이렇게 하나님과의 관계가 깊어질수록 그분이 현재 이끄시는 방향과 구체적인 뜻을 분간하기가 훨씬 더 쉬워진다. 그렇게 되면 틀에 박힌 방법이나 다른 사람의 전략을 따라가지 않아도 된다.

세 번째 방은 주로 사역에서 주님을 따르는 법을 배우는 기간이지만, 하나님은 여전히 우리가 그의 사랑 안에서 그분을 더 깊은 차원에서 알아가기를 바라신다. 주님의 부드러운 사랑의 속삭임, 하나님의 거룩한 빛이 발하는 신비스러운 임재는 우리의 호기심을 자극해서 더 깊은 갈망을 만들어내고 결국은 우리를 네 번째 방으로 인도해 준다. 사실 지속적으로 성장하기 위해서는 하나님을 위한 일보다는 하나님과의 관계에 더 많은 초점을 두어야 한다.

성경을 읽을 때나 기도할 때 우리는 하나님의 음성에 더 귀를 기울여야 한다. 시간을 '충분히' 갖고 온전히 '그리스도 안에 머물며' 그분의 음성을 듣고 그분이 사랑으로 어루만지심에 반응하는 법을 배워야 한다. 이그나티우스의 '영신수련' 같은 기도 훈련이나 기도 수양회 등에서는 홀로 잠잠히 생각에 잠기는 시간을 많이 갖는다. 이때 우리는 일방적으로 하나님께 아뢰는 기도보다 성경을 묵상하고 마음으로 듣는 연습을 많이 하게 된다. 이그나티우스의 영성수련에 관한 증보 19판 주석에는 앞으로 남아 있는 방들에도 매우 도움이 되는 영적 일기 작성 훈련이 소개되어 있다. 제임스 웨이크필드James Wakefield는 성경적인 묵상을 위해 영적 일기를 작성하는 방법을 다섯 단계로 소개했다('거룩한 경청' 참조). 이 방법을 실천한다면 기도 중에 하나님의 음성을 듣는 데 큰 도움을 받을 수 있을 것이다.[8]

성경을 지속적으로 공부하고 묵상해야 정통 기독교 진리의 든든한 뿌리가 내리게 된다. 교회 안에서 성도들 간의 책임 관계 또한 이 점에서 많은 도움을 줄 뿐 아니라 자기기만과 오류들을 사전에 예방할 수 있도록 해준다. 기독교 교부들이 쓴 책들을 읽는 것도 하나님의 깊은 뜻을 깨달아 알 수 있는 좋은 방법이다. 예를 들면 토마스 아 켐피스가 쓴 『그리스도를 본받아』 같은 책은 예수님을 따른다는 것이 어떤 것인지를 훌륭하게 묘사하고 있다.[9]

테레사는 또한 세 번째 방의 그리스도인들은 초연함을 배울 필요가 있다고 말했다. 부유한 재물에 집착해서 주님을 따르지 못했던 부자 청년처럼[10] 세 번째 방의 그리스도인들은 재산뿐 아니라 편안하고 안정된 교회생활에 집착해서도 안 된다고 충고했다. 그런 집착이 세상의 필요에 무감각하게 만들고 하나님의 엄위한 신비에도 다가가지 못하게 만든다는 것이다.

세 번째 방에 있는 사람들이 칭찬받아야 할 점은 비교적 단정하고 질서 정연한 삶을 살아간다는 것이다. 하지만 사실은 그것마저도 위험한 일일 수 있다고 테레사는 경고했다. 단정하고 질서 정연하다는 것은 하나님을 전적으로 신뢰하는 대신 자신의 이성과 습관을 사용하여 상황을 통제하려는 증거일 수도 있기 때문이라는 것이다.

불행하게도 많은 교회 지도자가 세 번째 방 그리스도인들로 자신들의 교회가 채워지는 것을 매우 흡족하게 생각한다. 대부분의 교회에서 시행하는 전통적인 제자훈련에서는 세 번째 방의 차원을 넘어 더 깊이 하나님을 알고, 마음껏 그분의 사랑을 체험하도록 인도하고 격려하는 경우가 드물다. 지도자 훈련 또한 성삼위와의 친밀감보다는 사역의 기술이나 은사 계발에만 초점을 맞추고 있다. 뒷장에서도 이야기하겠지만 그리스도 안에서의 삶은 그것이 전부가 아니라 훨씬 더 풍요롭고 심오한 것이다.

그럼 애비게일과 상규, 마이클의 이야기로 돌아가서 그들은 세 번째 방에서 어떻게 보냈으며 영성 코칭이 그들의 계속되는 영적 여정에 어떤 도움을 주었는지를 알아보도록 하자.

애비게일

얼마 후에 애비게일은 시사이드 커뮤니티 교회에서 여전도부를 담당하는 목사와 매우 친한 사이가 되었다. 애비게일보다 나이가 약간 많은 메리 목사의 깊은 믿음과 상대방의 마음을 헤아리는 통찰력은 언제나 애비게일을 감동시켰다. 교회 일을 하느라 무척이나 바쁘고 피곤할 텐데도 여느 사람들처럼 힘들어하거나 짜증을 내는 일이 전혀 없었다. 어느 날 애비게일은 메리 목사와 점심을 같이 먹으며 그동안 고민하던 문제를 털어놓았다. "아무래도 제 신앙에 문제가 있나 봐요. 예수님도 너무 멀게 느껴지고 교회는 예배를 드리는 곳이 아니라 일만 하는 장소 같다는 생각이 들어요. 제 신앙이 미지근해서 그렇겠죠." 메리 목사는 부드러운 미소를 띠며 대꾸했다. "진짜로 미지근하다면 오늘 이 자리에 나와서 나랑 이런 이야기도 하지 않았겠지요."

메리 목사는 애비게일이 교회와 가족을 위해 열심히 일하는 것이 사람들에게 큰 축복인 것은 분명하지만 하나님과 더 깊은 관계를 맺는 데는 방해 요인

하나님께 집중하기 위해 영적 일기를 작성하는 다섯 단계

1. 시간과 날짜 : 나중에 뒤돌아보면 영적 리듬이 중요한 요소가 된다는 것을 알게 된다.
2. 하나님이 최근에 베푸신 은혜 : 하나님이 과거에 어떤 은혜를 베푸셨는지를 기억하면 현재 하나님이 어떤 일을 하실지 예상하며 기도할 수 있다.
3. 현재 경험하는 하나님 : 묵상과 기도의 시간은 어떠했는가? 하나님은 어떤 일을 하셨고 어떤 일을 하지 않으셨는가?
4. 기도할 때의 감정 : 기도할 때 우리 안에 일어나는 감정은 무엇이었는가? 때로는 잠재의식이 숨겨진 것들을 드러낸다.
5. 하나님이 현재 베푸시는 은혜 : 기도 시간(이후)에 하나님은 어떤 방법으로 은혜를 베푸셨는가?

이 될 수 있다고 지적했다. "하나님은 애비게일 집사님이 하나님을 위해 하는 일보다 집사님 자신에게 더 관심이 많으세요. 시간을 좀 내서 그냥 주님 앞에 가만히 앉아 있는 게 어떨까요?" 그 말에 애비게일은 한숨을 내쉬었다. "그건 말도 안 돼요. 화장실에서 혼자 있는 것만도 감지덕지인 걸요. 예수님 앞에 가만히 앉아 있을 시간을 어떻게 낼 수 있겠어요?"

메리 목사는 애비게일의 일과들을 자세히 듣고 나서 꼭 필요한 일과 그렇지 않은 일들을 나누어보라고 했다. 그렇게 하고 보니 기도할 시간을 내는 게 결코 불가능한 일만은 아니었다. 특히 필립이 수업을 마치고 학교에서 나올 때까지 기다리는 시간을 활용할 수 있었다. 애비게일은 날마다 수십 킬로미터를 달려 학교에 도착한 후 부모들의 자동차 행렬에 끼어 있다가 선생님이 아이들을 데리고 나오면 필립을 맞아 집으로 돌아왔다. 이제부터는 자동차를 운전하고 가는 동안 찬양 테이프를 듣기로 했고, 학교에 도착해서 필립을 기다리는 시간에는 찬양 테이프를 끄고 조용히 하나님 앞에 앉아 있기로 했다. 메리 목사는 그때 평상시처럼 이런저런 기도를 드리지 말고 그냥 머릿속에 떠오르는 대로 예수님과 이야기하며 예수님이 무슨 말씀을 하시는지 귀를 기울여 들어보라고 조언했다. 애비게일과 메리 목사는 정기적으로 만나서 기도 시간에 대한 이야기를 나누면서 침묵 중에, 혹은 생각 속에서 어떻게 하나님의 음성을 들을 수 있을지를 함께 생각해보았다. 메리 목사는 애비게일에게 필립을 데리러 가는 시간뿐 아니라 저녁에 성경을 읽을 때에도 똑같이 예수님과 대화를 나눠보라고 충고했다. "그냥 말씀을 읽는 것이 아니라 말씀과 만나는 시간이 되게 해보세요." 메리 목사는 웃으며 그렇게 말했다. 그러고 보니 예수님이 바로 하나님의 말씀 그분이며, 자신이 그토록 마음속에서 갈구하는 대상이 예수님 자신이라는 생각이 새삼스럽게 마음에 파고들었다.

상규

교회에서는 재정적인 면과 지도자들 간의 관계 면에서 어려움이 그치지 않았지만 신실한 기도의 일꾼들이 새벽예배에서 함께 부르짖으며 기도드림으로써 난관들을 극복해갈 수 있었다. 상규도 충실하게 새벽기도에 참여하면서 교회 문제만이 아니라 자신의 장래와 신앙 성장에 필요한 도움을 구했다. 교회의 한 전도사 부부는 상규 가족을 위한 신실한 중보기도자가 되어주었고 상규에게 하나님의 부르심에 귀를 기울이도록 끊임없이 권면하고 격려해주었다.

상규가 바쁜 직장 생활과 교회 생활 가운데에서도 말씀의 은혜를 사모하며 열심히 성경 공부에 몰두하고 가르치는 모습을 보며 경숙은 상규가 혹시 목사가 된다고 하지 않을까 내심 걱정하기도 했지만 상규는 괜한 걱정이라고 일축했다. 그러나 주위 사람들이 목사가 되어야 하지 않겠냐고 농담처럼 말을 걸어올 때면 내심 그쪽으로 마음이 쏠리기도 했다. 직장에서 영업 관계로 많은 사람들을 만나 오랜 시간을 같이하면서 어느 때인가 이런 생각들이 문득 스쳐갈 때도 있었다. 이왕 이렇게 몸과 마음을 바쳐 열심히 일할 바에야 주 되신 하나님을 위해, 그리고 더욱 영원한 것을 위해 일생을 온전히 바치는 것이 훨씬 더 낫지 않겠는가 하는 생각이었다. 나중에야 안 일이지만 비슷한 시기에 경숙도 상규가 열심히 일에 전념하는 모습을 보면서 똑같은 생각을 한 적이 있었다. 아이들은 잘 자라고 있었고 직장에서나 교회에서나 모든 것이 순조로웠기 때문에 그런 생각들은 일시적으로 지나가는 것이려니 할 수밖에 없었다.

그러나 상규는 자신도 모르는 사이에 자신의 마음속에 변화가 일어나고 있는 것을 점차 깨닫게 되었다. 원래 책임감이 강하고 일 중심이었던 그가 점점 직장과 교회에서 한 사람 한 사람에게 관심을 갖게 되고, 어떻게든 그들을 더 잘 섬기고 싶은 마음들이 일어나기 시작한 것이다. 교회가 성장하면서 이전과 같은 소그룹에서의 오붓한 감정들이 사라지고 교회가 조직화되고 분위기조차 메말라가는 듯한 느낌은 참 힘들고 안타까웠다. 주님을 좀 더 깊이 알아가면서 은혜의 깊은 물가에서 영혼을 적시기를 원하지만 어디서 무엇을 해야 그럴 수 있을지 도무지 감이 잡히지 않고 무언가 없는 듯한 느낌이 그를 괴롭혔다. 그리고 함께 섬기는 젊은 부부들 중에서도 이러한 감정을 느끼는 이들이 있다는 것을 보면서도 그들을 마음껏 도울 수 없는 것이 안타까웠다. 그의 주된 기도는 감사기도에서 주님께 매달리며 간구하는 탄원기도로 변해갔다. 그러나 이러한 마음들을 함께 나눌 대상이 없었기에 시간이 갈수록 답답함은 커져만 갔다.

이런 상황에서 정식 멘토링은 아니었지만(당시에는 코칭이나 멘토링에 관한 개념이 별로 없었기 때문이다) 상규는 같이 기도하는 그룹과 뉴욕에서 같은 교회에 다니다가 로스앤젤레스에 온 몇 명의 친구들과 교제하는 데에서 큰 기쁨을 느꼈고, 여기서 신앙생활에 신선한 격려를 받았다. 나중에 목사가 된 이들도 있었던 이 모임은 그의 신앙생활의 방향과 발전에 대해 올바로 가고 있다는 확신과 자신감을 심어주었고 필요할 때 좋은 신앙 지도와 위로를 제공해주었다.

마이클

불행히도 마이클은 이 과정에서 현명한 충고를 해주는 멘토를 만나지 못했다. 다만 충동적으로 과도한 일정을 잡지 않도록 아내 멜리사가 곁에서 도움을 주었다. 멜리사는 가족과 더 많은 시간을 보내야 한다고 간절히 요청했다. 첫째 딸 한나가 태어나자 두 사람의 일과는 더욱 바빠졌고 마이클은 가정과 목회 어느 것에도 충실하지 못한 자신의 처지가 더욱 난감해졌다.

숨 돌릴 여유조차 없이 바쁜 마이클에게 그나마 한 달에 한 번씩 모이는 지역 목회자 모임이 약간의 숨통을 틔워주었다. 그곳에 모인 목회자들은 주로 교회 사역에 대해 이야기들을 나누었다. 언쟁에 가까울 정도로 활발한 신학 토론도 벌이고 지역 사회의 당면한 문제들에 관한 의견을 나누기도 했다. 어느 날 마이클이 불쑥 이런 질문을 던졌다. "혹시 다른 목사님들은 다람쥐 쳇바퀴 돌듯이 살고 있다는 생각이 안 드시나요? 교회가 부흥하면 할수록 일만 더 늘어나는 것 같습니다." 마이클의 말이 끝나기 무섭게 다른 목회자들도 동감하며 사역을 분담하는 것과 중요한 위치에서 일할 봉사자들을 구하는 일이 어렵다고 입을 모았다.

모임 후 집으로 돌아오는 길에 함께 차에 타고 오던 목사가 마이클에게 물었다. "오늘 장시간에 걸쳐 많은 토론을 했는데 마이클 목사님은 자신의 목회에 대해서 어떻게 생각하고 계십니까?" 잠시 아무 말이 없던 마이클이 기운 없는 목소리로 대꾸했다. "그저 피곤합니다." 한동안 차 안에는 깊은 침묵만이 흘렀다. 얼마 후에 마이클이 다시 입을 열었다. "피곤하다는 말은 하나님과의 관계에도 똑같이 적용되는 것 같습니다. 도대체 예전에 갖고 있던 그 열정은 다 어디로 갔는지 모르겠습니다." 옆에 앉아 있던 목사가 그의 말을 받았다. "누구나 그렇게 느낄 때가 있지요. 선교적 교회의 새로운 전략에 관한 컨퍼런스가 열린다는 소식이 있던데 거기에 한 번 참석해보시는 게 어떨까요? 예전의 열정이 되살아날지도 모르지요!" 마이클은 집으로 가는 내내 말이 없었다. 선교적 교회에 관심은 늘 있었지만, 그것은 지금 자기가 간절히 구하는 열정은 아니었다. 그는 더 깊은 것을 원했다. 목사가 된 것이 잘못된 결정이었을까? 목회와 사역이 그의 믿음을 돕는 게 아니라 오히려 죽이고 있는 것은 아닌가? 그날 밤, 마이클은 아내에게 자신의 솔직한 심정을 털어놓았고, 둘이 함께 하나님께 길을 보여달라고 간절히 기도했다.

당신이 세 번째 방의 그리스도인이라면 두 말할 것 없이 오랫동안 주님과 동행해왔을 것이다. 허나 지금은 뭔가 답답하고 혼란스러울 것이다. 어쩌면 교회가 당신을 벽 속에 가두고 있다는 생각이 들지도 모른다. 심지어 당신이 그 교회의 목사라도 말이다. 하지만 사실은 예수님이 당신을 사랑해서 그런 갈증과 허기를 허락하신 것이다. 이 장을 마감하기 전에 몇 가지를 생각해보는 것이 앞으로의 여정에 도움이 되리라고 믿는다.

생각해보기

- 당신은 예수님을 따를 때 성령의 은사들을 어떻게 활용해야 한다고 배웠는가?
- 진정한 제자의 삶이 무엇인지를 보여주고 당신이 실제로 주님을 따라갈 수 있도록 이끌어준 교사들과 멘토들을 생각해보라. 그들을 보내주신 하나님께 감사하고 그들을 위해 기도하라.
- 지금 현재 당신의 마음속에는 어떤 '거룩한 불만족'이 자리 잡고 있는가? 그런 불만족은 하나님이 당신에게 어떠한 영적 성숙을 원하고 계신다는 것을 말해주고 있는가?
- 현재 당신이 가지고 있는 영적인 갈급함은 무엇을 위한 하나님의 부르심이라고 생각하는가? 거기에 현재 나는 어떻게 반응하고 있는가?
- 앞서 열거한 '성숙의 열쇠'들 중에서 당신이 영적으로 성숙하기 위해 우선적으로 해야 할 일은 무엇이라고 생각하는가?

7

네 번째 방: 예수님과 사랑에 빠짐 (그리스도와의 사랑의 관계)

"그들이 조반 먹은 후에 예수께서 시몬 베드로에게 이르시되 요한의 아들 시몬아 네가 이 사람들보다 나를 더 사랑하느냐(요 21:15)."

7장
네 번째 방: 예수님과 사랑에 빠짐
(그리스도와의 사랑의 관계)

세번째 방에서 네 번째 방으로 가는 여정은 두 번째 방에서 세 번째 방으로 넘어갈 때처럼 신앙의 비약적인 도약이 이루어지는 게 아니라 자신도 모르는 사이에 미묘하지만 아주 의미 깊은 전환이 이루어진다고 보는 게 타당하다. 지난 수년간 우리는 예수님께서 우리를 그와의 친밀함으로 초대하시는 신비로운 방들에 살짝 들어가보거나 엿보았다. 예수님은 항상 우리와 함께 하셨고 우리는 때에 따라 나름대로 많거나 적거나 그분의 사랑을 체험했다. 기독교 가정에서 성장한 사람이든 나중에 어른이 되어 주님을 영접한 사람이든 하나님은 똑같이 사랑하신다고 성경은 말해주고 있다. 우리는 다양한 방법으로 하나님의 사랑을 체험하며 주로 기도 응답이나 축복, 문제해결을 받을 때에 그분의 사랑을 피부로 실감하게 된다.

그러나 영적 성숙의 네 번째 방에 들어가 거하게 되면 그러한 축복된 순간들만이 아니라 내면의 감정과 하나님의 임재의식을 통하여 하나님과 그분의 깊은 사랑을 느끼게 된다. 오랜 세월 동안 신앙생활을 했다고 해도 하나님과 그분의 사랑(테레사는 '어루만지심'이라고 표현했다)을 새롭게 알게 되는 이 경이로운 체험은 전혀 다른 차원의 영성으로 인도한다. 테레사는 네 번째 방에서의 영적 성숙을 예수님과의 애정 관계에 비유해서 설명했다. 이는 마치 사람들을 만나 즐거운 시간을 보내기 위해 대학의 댄스파티에 참석한 한 남학생과 같다. 어느 날 저녁, 그는 댄스파티에서 가슴을 두근거리게 하는 특별한 여학생을 만났다. 그때부터 그가 댄스파티에 참석하는 목적은 오로지 한 가지였다. 그녀를 만나고, 그녀를 알고, 더 자주 보고 싶은 마음에서였다. 이것이 네 번째 방에서 우리에게 일어나는 일이다. 우리는 예수님과 사랑에 빠지기 시작한다. 그럼 마이클과 상규, 애비게일에게 어떻게 이런 일들이 일어났는지 보자.

마이클

마이클은 계속해서 미션힐스 교회의 목회에 전심전력을 기울였다. 얼마 안 있어 교회에는 청년부와 음악 전담 교역자가 생겼고, 사역의 규모가 커지면서 일이 더 복잡해졌다. 멜리사도 파트타임으로 주일학교 사역을 도울 수밖에 없었다. 오죽하면 교회 옆에 목사 사택이 '붙어' 있었으면 좋겠다고 농담을 할 정도였다. 미션힐스 교회가 추구하는 전도 사명과 더불어 마이클의 과거 경험과 은사로 인해 교회에는 치유 중인 중독자들이 많이 참석했다. 마이클은 예수님만이 그들의 문제를 고치실 수 있다고 강조했지만 현실적으로는 자신이 교인들을 돌봐야 할 일이 점점 많아지면서 일하는 시간은 갈수록 늘어났고 다른 교역자들도 자신처럼 일해주기를 은근히 기대하게 되었다. 그와 동시에 마이클의 기도 생활에도 적신호가 켜졌다. 목회 업무가 모든 것들을 삼켜가고 있었다. 설교를 준비하는 시간이 '말씀과 함께 보내는 시간'이고 교인들의 기도 제목을 낱낱이 아뢰는 게 '주님과 함께하는 시간'이라고 스스로 합리화는 했지만 그의 영혼은 갈수록 공허해지고 황폐해졌다.

마침내 모든 것이 피곤하고 지친 상태에서 음주와 음란물에 대한 충동까지 일어나자 마이클은 더 이상 버텨낼 재간이 없었다. 지금까지 15년간 술을 한 방울도 입에 대지 않았고 선정적이고 음란한 것은 단 한 번도 쳐다보지 않았다. 그런데 이제 그런 것들이 심각하게 마음을 충동질하고 있었다. 사탄에게 물러가라고 호통을 쳐도 유혹은 멈추지 않고 오히려 더 강해지기만 했다. 무슨 수를 쓰지 않으면 정말 큰일이 날 것 같은 위기감이 들었다.

어느 날 마이클은 그 지역의 친한 목사에게 자신의 문제를 솔직히 털어놓았다. 마이클이 속한 교단과는 다른, 신학적으로 '정석'은 아니라고 여겨지는 교단의 목사였지만 그럼에도 불구하고 마이클이 신뢰하는 사람이었다. 한참 동안 마이클의 이야기에 귀를 기울이던 폴 목사가 그를 향해 입을 열었다. "마이클 목사님, 저도 한창 바쁠 때 그와 똑같은 좌절감을 경험했습니다. 너무 바빠서 제 자신은 물론이고 가정도 죽어가고 있었어요. 주님과의 관계가 순교하는 것보다는 중요하지요!" 마이클은 자신의 처지를 이해해주는 폴 목사가 고마워 빙그레 웃음을 지었다. 비난하거나 잘하라고 질책하는 대신에 폴 목사는 다음과 같은 조언을 해주었다. "결국 제가 깨달은 게 뭔지 아십니까? 하나님과 더 많은 시간을 보내야 한다는 것이었습니다. 목사님은 어떻게 생각하세요?" 마이클은 아내와 함께 기도했던 시간이 떠올라 가슴이 찡해졌다. 폴 목사는 근처에 있는 기도원을 알려주면서 성경책 한 권만 들고 가서 이틀 정도 묵었다 오라고 제안했다.

몇 개월이 지나서야 마이클은 폴 목사가 일러준 기도원을 찾아갔다. 감사하게도 짬을 낼 수 있도록 아내가 많은 도움을 주었다. 기도원에 도착했지만 처음에는 무엇을 해야 할지 난감했다. 외향적인 성격의 그가 홀로 조용히 앉아 있기란 쉬운 일이 아니었다. 마이클은 성경을 읽고 짧게 기도를 드린 후에 대부분의 시간에는 그냥 잠을 잤다. 그러다 떠나기 전날, 예배당에 앉아 자신의 마음을 숨김없이 하나님께 토로했다. 갑자기 눈물이 복받쳐 흐느껴 울기도 했다. 한바탕 분노와 원망의 기도를 드리고 나니 기운이 쭉 빠져서 입을 다물고 가만히 앉아 있을 수밖에 없었다. 조용한 저녁에 기도원의 예배당에 앉아 있었던 그 순간 하나님이 아주 가까이 계신 것처럼 느껴졌다. 그때 이런 예수님의 음성이 마음에 와 닿았다. "내가 그냥 너를 사랑하게 놔두렴. 그런 후에 나를 따라오너라."

집으로 가는 내내 마이클은 고개를 갸웃거렸다. "하나님이 그냥 나를 사랑하시게 놔두라고? 예수님을 따르라고?" 알다가도 모를 소리였다. 물론 하나님이 그를 사랑하시고 예수님이 십자가에 돌아가심으로 그 사랑을 증명하셨음을 그가 모를 리는 없었다. 그리고 마이클은 이미 예수님을 따르는 종이 되어 있지 않은가! 그게 아니라면 그동안 무엇을 했다는 말인가? 그런데도 따르라고……? 어쩌면 그는 자신의 비전이나 이상만을 좇아왔는지도 모를 일이었다. 그를 힘겹게 일하도록 이끌어온 것은 예수님에 대한 사랑이라기보다 사람들의 인정이나 성공이었을 수도 있다. 하지만 지금 그가 원하는 것은 오로지 예수님만 따르는 것이었다. 예수님의 가르침뿐 아니라 예수님 자신을 따르고 싶었다. 그러나 문제는 예수님이 너무 멀게만 느껴진다는 것이었다. 이제까지의 목회는 신학과 전략에 지나치게 치중했다. 요한계시록에서 주님이 에베소 교회에 하신 말씀이 떠올랐다. "너를 책망할 것이 있나니 너의 처음 사랑을 버렸느니라."[1] 혹시 나에게도 그런 일이 일어난 것이 아닐까? 곰곰이 생각해보니 예수님에 대한 사랑이 완전히 식은 것은 아니었지만 비전, 전략, 사역에서 오는 분주함과 신체적인 탈진 등에 눌려 그 사랑이 밑바닥에 가라앉아 있다는 생각이 들었다.

몇 주 후에 마이클은 다시 한 번 그 기도원을 찾았다. 이번에는 전처럼 막막하지 않고 무엇을 해야 할지가 뚜렷했다. 예수님 앞에 나아가 그분을 제대로 알고 제대로 사랑하는 법을 배우고 싶었다. 어쩌면 주님의 사랑을 다시 느낄 수 있을지 모른다는 희망이 솟아올랐다.

마이클은 며칠간 자신의 마음속에서 들려오는 음성에 귀를 기울이고 주님의 임재를 느끼고자 애썼다. 성경책도 내려놓고 내면에서 주님과 대화하려고 기다렸다. 처음에는 두서없는 생각들이 오갔지만 이내 어떤 가닥이 잡히면서 주님이 그를 인도하고 계신다는 생각이 들었다. 그때 기도원 벽에 붙어 있는 작은 액자의 성경 구절이 눈에 들어왔다. 그 구절을 읽는 순간 마이클은 마치 망치로 머리를 얻어맞은 기분이었다.

"너는 잠잠히 있어 내가 하나님 됨을 알지어다 Be still and know that I am God.
잠잠히 있어 알지어다 Be still and know.
잠잠히 있으라 Be still.
(그냥) 있으라 Be."

달콤한 시간들이 하루하루 지나면서 그는 이 순간이 자신의 삶에 전환점이 될 것이라는 확신이 들었다. 그는 액자의 말씀을 복사해서 자신의 집 벽에 걸어두었다. 앞으로는 그 말씀이 그를 인도하는 등불이 되어줄 것이다. 마이클의 삶과 목회에 변화가 일어나기 시작했다. 그 사실을 눈치챈 사람이 아무도 없을지 모르지만 멜리사는 알고 있었다. 전과는 달리 아침 일찍 일어나서 기도하고, 한밤중에 몸을 돌려보면 침실 구석에 꿇어앉아 조용히 기도드리고 있는 남편의 모습을 발견하곤 했다. 부부가 새롭게 시작한 '밤 데이트'를 즐기며 멜리사가 마이클에게 궁금했던 것을 물어보았다. "여보, 당신 좀 달라진 거 같아요. 이유가 뭐죠?" 마이클은 눈시울을 붉히며 속삭이듯 대답했다. "예수님 때문이지."

우리가 네 번째 방으로 나아가게 되면 하나님은 자신의 사랑으로 우리를 깊이 어루만져 주심으로써 그분의 임재를 우리에게 나타내 보여주신다. 때로는 우리가 그분을 온맘과 진정으로 찾게 하기 위해서 그동안 우리가 받았던 인정이나 칭찬을 그치게 하거나 세 번째 방에서 맺었던 사역의 열매를 주님께서 "잘했다, 착하고 충성된 종아" 하고 받으셨다는 확신마저 사라지게 하신다. 세 번째 방에서 나타났던 사역과 삶의 모습이 그대로 이어지기는 하지만 성령은 우리에게 새로운 은혜를 베푸셔서 기도와 삶 속에서 하나님을 '보고 느낄' 수 있도록 해주신다.

이러한 체험은 우리가 선물보다(심지어 하나님을 느끼게 해주는 체험의 선물보다) 선물을 주시는 그분께 더 주의를 기울이게 만든다. 하나님과 더 깊고 친밀한 관계를 맺고 싶은 새로운 갈망이 샘솟으면서 그분의 사랑이 우리의 마음을 변화시켜간다.

영적 성숙에서 네 번째 방에 해당하는 계절을 보여주는 성경 구절들은 우리를 하나님과의 더 깊고 친밀한 관계와 사랑으로 초대한다.

"그러나 무엇이든지 내게 유익하던 것을 내가 그리스도를 위하여 다 해로 여길뿐더러 또한 모든 것을 해로 여김은 내 주 그리스도 예수를 아는 지식이 가장 고상하기 때문이라. 내가 그를 위하여 모든 것을 잃어버리고 배설물로 여김은 그리스도를 얻고 그 안에서 발견되려 함이니 내가 가진 의는 율법에서 난 것이 아니요, 오직 그리스도를 믿음으로 말미암은 것이니 곧 믿음으로 하나님께로부터 난 의라. 내가 그리스도와 그 부활의 권능과 그 고난에 참여함을 알고자 하여 그의 죽으심을 본받아 어떻게 해서든지 죽은 자 가운데서 부활에 이르려 하노니(빌 3:7–11)."

"그들이 조반 먹은 후에 예수께서 시몬 베드로에게 이르시되 '요한의 아들 시몬아, 네가 이 사람들보다 나를 더 사랑하느냐' 하시니 이르되 '주님, 그러하나이다 내가 주님을 사랑하는 줄 주님께서 아시나이다' 이르시되 '내 어린 양을 먹이라' 하시고 또 두 번째 이르시되 '요한의 아들 시몬아, 네가 나를 사랑하느냐' 하시니 이르되 '주님 그러하나이다 내가 주님을 사랑하는 줄 주님께서 아시나이다' 이르시되 '내 양을 치라' 하시고 세 번째 이르시되 '요한의 아들 시몬아, 네가 나를 사랑하느냐' 하시니 주께서 세 번째 네가 나를 사랑하느냐 하시므로 베드로가 근심하여 이르되 '주님, 모든 것을 아시오매 내가 주님을 사랑하는 줄을 주님께서 아시나이다' 예수께서 이르시되 '내 양을 먹이라'(요 21:15–17)."

빌립보서 말씀을 선택한 이유는 네 번째 방의 사람들이 갖고 있는 열망을 그대로 보여주기 때문이다. 바울은 주님과의 관계에서 완벽함에 도달하기를 간절히 바라고 염원했기에 그리스도께서 내면에 거주하심을 표현하는 '그리스도 안에서'라는 말을 자주 사용한다. 그의 서신을 보면 이 동일한 문구가 무려 90차례나 등장한다. 빌립보서 말씀이 보여주듯 그 같은 관계는 모든 그리스도인의 현재 상태인 동시에 하나님과의 관계에서 한층 더 발전해나가야 할 성숙과 열정의 방향이기도 하다. 요한복음의 말씀은 모든 일에 사랑이 동기가 되어야 한다는 예수님의 관점을 잘 보여준다. 주님을 향한 아가페 사랑이 그분을 섬기는 동기가 되어야 한다고 베드로를 가르치셨다. 실제로 예수님을 향한 그 사랑의 열정이 결국 그를 십자가를 지고 순교하는 길로 이끌었다(요 21:18, 19 참조).

상규

수년 전 수련회에서 하나님을 처음으로 만난 경험이 계속 여운으로 남아 상규가 하나님에 대한 사랑에 눈을 뜨게 했다. 이것이 그의 열정에 불을 붙여서 하나님께 집중하게 하고 그분과의 관계에 대한 더 깊은 갈망을 싹트게 했다. 직장이 서부로 옮겨지면서 상규의 삶에는 새로운 활력과 자유함이 생겨났고 이것이 그에게 더욱 영적인 삶을 추구할 수 있는 환경과 시간을 만들어주었다.

상규 가족이 새로 이사해 얼마 되지 않았을 때였다. 새로 장만한 집에서 목사님과 교회 식구들을 모시고 예배를 드리는데, 당시 세 살쯤 되었던 막내딸이 엄마에게 와서 저기 오빠가 이렇게 하고 있다고 손짓을 하기에 달려가보았더니 바로 아들이 뒷마당에 있는 풀장에 빠져 거의 익사 상태에 있는 것이 아닌가. 상규가 정신없이 뛰어 들어가 아이를 건져내었는데, 몇 초만 늦었더라도 아이의 생명을 잃을 뻔했다. 생각만 해도 머리칼이 곤두서는 이때의 일을 떠올릴 때마다 상규는 자신이 어렸을 때 물에 빠져 죽을 뻔했던 일을 기억하게 되었다. 어린 시절 섬에서 살았던 그는 바람이 부는 어느 날, 바닷가에서 혼자 수영을 하다가 파도에 휩싸여 거의 죽게 될 뻔한 적이 있었다. 그때 어디서 나타났는지 외지에서 온 여행객이 뛰어들어 구해주었는데 이때를 생각하면 자신과 온 가족에게 구원을 주시기 위해 나타나신 하나님의 그 크신 손길이 생각나며 하나님께 감사와 찬양을 드리지 않을 수 없었다. 하나님의 구속의 은총을 생각하면 할수록 그의 사랑에 감격하게 되고, 감사하면 할수록 그의 기묘한 섭리와 사랑이 마음속 깊이 파고 들어와 그를 향한 사랑과 은혜를 더욱 갈망하게 되었다.

적은 액수의 종잣돈으로 시작한 회사 내의 벤처 사업도 시간이 지나면서 자리가 잡혀가고 규모가 커졌다. 이 분야 경험이 별로 없이 시작했지만 하나님께서 좋은 동역자들을 보내주셨고, 그들의 도움과 협력으로 얼마 가지 않아 선두주자가 되었다. 거의 경쟁 상대가 없어지자 순익 수백만 불의 사업으로 성장했고 회사 내에서 성공한 벤처기업의 모델이 되면서 상규의 지위도 올라갔다. 이 경험을 통해 상규는 좋은 땅에 뿌려진 하나의 씨앗이 30배, 60배, 100배의 열매를 거둔다는 말씀을 피부로 느낄 수 있었다. 세상일도 믿음과 헌신으로 시작할 때에 이렇게 놀라운 열매를 거두는데 영적인 일도 마찬가지일 것이라는 기대를 갖게 되었다.

이 시기야말로 상규의 삶에서 하나님의 선하심과 풍성함을 맛보고 느끼는 시간들이었다. 교회에서도 사랑의 교제가 있었고 사업에서도 성실하고 능력 있는 파트너, 스태프들과의 팀워크를 통하여 풍성한 열매와 보람을 누린 시기였다. 모든 것이 뜻하는 대로 형통하게 풀리면서 상규의 마음에는 감사한 마음뿐 아니라 선하신 하나님의 사랑의 심연으로 더 깊이 빠져들어 마음껏 헤엄치고 싶은 열망이 자라갔다. 기도를 할 때도 그의 마음은 계속 주님의 얼굴을 찾으며 그의 어루만지심을 갈급해했다. 그리고 주님께서 그의 사랑으로 자신의 마음을 채워주시고 그에게 직접 말씀해주시기를 기다렸다. 기도를 할 때마다 장래에 하나님을 위해 더 헌신하기를 원하는 열망이 솟구쳐 올랐지만, 미지의 장래에 대한 두려움이 싹터오는 것 또한 느낄 수 있었다.

애비게일

앞선 이야기에서 5년이 지난 후의 애비게일을 만나보자. 아이들이 크면서 약간의 변화가 있는 것을 제외하고 그녀의 삶에 크게 달라진 것은 없었다. 애비게일은 여전히 교회에서 열심히 봉사했지만 안타깝게도 남편 빌은 교회와 하나님으로부터 다소 멀어진 상태였다. 직장 일과 과중한 출장에서 오는 부담감에 그는 애비게일에게 "항상 교회에만 있다"고 불평을 퍼부었고, 애비게일은 하나님 때문에 무척이나 바쁘고 피곤하다는 변명밖에 할 것이 없었다. 게다가 '기독교 가정'의 가풍을 세우는 데 열성적인 애비게일과 달리 빌은 자신의 신앙이 신통치 못하고 아내보다 잘할 자신도 없다는 핑계로 아예 손을 놓고 있었다. 남편이 하나님과 멀어져 있는 것이 속상했지만 있는 그대로의 그를 사랑해야 한다고 자신을 설득했다. 어차피 압력을 준다고 될 일이 아님을 그녀도 잘 알고 있었기 때문이다.

전에는 아이들을 학교에서 데려오는 시간과 저녁에 성경 공부하는 시간에 기도와 묵상을 했지만 이제는 남편과 아이들을 직장과 학교로 보낸 후의 오전 시간에 조용히 주님 앞으로 나아갔다. 그 시간이 너무도 소중해서 누구의 방해도 받고 싶지 않았다. 하루는 교회 친구가 아침 일찍 테니스를 치러 가자고 제안했지만 일언지하에 거절했다. 그 친구는 "맙소사, 예수님이 단 몇 시간도 못 기다리실 것 같아서 그러니?"라며 면박을 주었지만 실제로 애비게일은 예수님을 기다리게 하고 싶지 않았고, 주님과 만나는 시간이 세상 무엇보다도 즐거웠다. 시간이 지날수록 애비게일은 기도를 하거나 성경을 읽기보다 그냥 하나님 앞에 잠잠히 앉아 있는 시간이 많아졌다.

또한 교회에서 주일예배를 드릴 때에도 찬양이 이전과는 다르게 느껴졌다. 전에는 목사님 설교가 가장 은혜로운 시간이었는데 이제는 어쩐 일인지 찬양을 부르는 중에도 하나님 사랑이 느껴져 자신도 모르게 눈물을 흘리곤 했다. 그래서 지금은 예배 중 찬양 시간이 가장 기다려졌다. 지난 몇 년간 애비게일은 비교적 만족스러운 삶을 살았고 자신의 신앙에도 점점 확신을 갖게 되었다. 하지만 그녀의 영혼은 여전히 뭔가를 더 갈구하고 있었다. 더 많은 것을 원했지만 도대체 무엇을 원하는지는 확실히 알 수가 없었다. 당시 애비게일의 심정이 담긴 일기장에서 자세한 사연을 엿보도록 하자.

"마치 신앙의 롤러코스터를 타고 있는 듯하다. 정말 이해할 수 없는 건 예배 중에 눈물을 흘리다가도 목사님 설교가 은혜가 안 된다고 화를 내고 있는 나 자신의 모습이다. 전에는 기도할 때가 가장 좋았는데 지금은 그것마저 오르락내리락한다. 어떤 날은 하나님이 진짜 곁에 계신 것 같기도 하고 어떤 날은 그저 공허하기만 하다. 성경 공부 교재를 봐도 맥이 빠진다. 그저 뻔한 내용들, 끝에 나오는 멍청한 질문들이 너무 싫다. 그냥 복음서를 읽으며 시간을 보내고 싶다. 특히 예수님이 행하시는 일들을 보면, 주님은 얼마나 신비롭고 대단한 분이신가! 왜 사람들은 '그리스도'라는 명칭으로 부르는 걸까? 그분의 이름은 예수님이 아닌가! 그 시대에 예수님을 가까이 따랐던 사람들은 정말 어떤 심정이었을까 궁금하다. 그러나 때때로 내 안에 느껴지는 이 허탈감을 어떻게 처리해야 할지 모르겠다. 목사님한테 이야기하면 비난하는 소리처럼 들릴 테고……. 그분의 설교에 내용이 별로 없다고 느끼면서도 정작 목사님이 무슨 설교를 해주길 바라는지 나도 모르겠다. 요즘에는 '아니요'라는 말을 너무 많이 해서 오해도 받는다. 교회에서 일어나는 일들이 모두 예수님을 사랑해서라기보다 그냥 전체 구조가 기계처럼 무심히 돌아가는 것만 같다……. 그래, 확실히 그래. 나는 예수님을 더 사랑하고 싶은데……. 좋아! 하지만 구체적으로 뭘 어떻게 해야 하는 거지?"

자, 그럼 네 번째 방에 해당하는 여섯 개의 범주들을 차례로 살펴보고 비교하면서 애비게일과 마이클과 상규의 상황을 좀 더 확실히 이해해보자. 물론 우리 자신의 모습도 비추어볼 수 있을 것이다.

하나님과의 관계에서 '당신의 마음이 갈망하는 것'
네 번째 방에 들어가면 하나님을 더 깊이 알고, 사랑하고, 찾고 싶은, 하나님이 주신 열망이 차츰차츰 고개를 들기 시작한다. 하나님이 우리 마음에 불을 붙여놓으신 것이다! 오즈월드 체임버스Oswald Chambers는 그것을 다음과 같이 설명했다. "한 번 하나님을 맛본 사람은 하나님 외에 그 어떤 것으로도 만족하지 못한다."² 이제는 의무감이나 성취감, 동정심, 심지어 옳고 숭고한 일을 하려는 마음보다 사랑이 동기가 되어 일을 하게 된다. 우리는 하나님의 사랑을 받는 자로서 연인이 부르는 소리를 들었고 전에는 경험하지 못했던 예수님에 대한 굶주림과 갈증과 집중을 느끼게 된다. 토머스 두베이는 이런 말을 했다. "테레사가 네 번째 방에 대해 설명한 내용의 핵심은 인간의 의지가 하나님으로만 채워진다는 사실이다. 하나님을 갈구하는 기도를 드리는 순간에 영혼은 하나님께 사로잡혀 하나님만을 사랑할 수밖에 없게 된다고 테레사는 말했다."³ 그런 현상은 먼저 기도에서 시작되어 삶의 전 영역으로 확대된다고 그녀는 설명한다.

하나님을 향해 나타나는 '주요 반응들'

네 번째 방에 '거하는' 동안 우리와 하나님과의 관계는 '마리아와 마르다'의 상반된 모습들이 함께 동역하는 형태로 발전해간다. 열심히 사역하는 것과 아울러 기도와 묵상의 경건생활도 점점 더 깊어지며 균형을 이루게 된다.

네 번째 방에서도 열심히 봉사하고 사역하지만 자신의 은사나 재능에 맞는 사역만이 아니라 하나님이 원하시는 사역이 무엇인가를 분별하여 일하게 된다. 이를테면 하나님 사랑과 이웃 사랑에 이끌려서 일하는, 그 사랑을 반영하는 형태의 삶을 살아간다.

예수님과의 친밀함이 점점 더 깊어지면서 한때 우리 마음에 안전감과 확신을 제공했던 중요한 것들을 서서히 내려놓게 된다. 그보다는 하나님의 사랑과 우리 안에 거하시는 성령님의 역사에 더 의존하게 된다. 테레사는 네 번째 방에서 예수님에 대한 의식이 깊어지는 모습을 다음과 같이 이야기했다. "우리 영혼이 하나님의 위대하심을 더 깊이 알게 될수록 우리의 영혼 자체는 오히려 더 보잘것없이 느껴집니다. 하나님과의 영적 즐거움을 이미 경험했기 때문에 세상 향락이 쓰레기처럼 보이는 것입니다. 그래서 영혼이 조금씩 그런 것들에서 멀어지고 그런 일들을 자제할 수 있게 됩니다. 한마디로 모든 덕성이 고루 발전하게 되는 것입니다."4

사역의 초점이 바뀌다

세 번째 방에서 우리가 사역을 하는 동기는 대체로 올바르게 살고 싶다거나, 남에게 도움을 주고 싶다거나, 불신자에게 복음을 전하고 싶다는 마음에서였다. 네 번째 방에서도 그런 마음은 변함이 없지만 이웃 사랑을 통해 하나님을 사랑하고 그분을 기쁘게 하며 영화롭게 하고 싶다는 마음이 더 강력한 동기로 자리 잡기 시작한다. 그 한 예로 캘커타의 마더 테레사는 언젠가 인터뷰 도중에 기자로부터 가난한 사람들을 돕는 열정이 대단하다는 칭찬을 들은 적이 있다. 그 말에 마더 테레사는 자신은 가난한 사람을 돕고 싶은 열정이 없다고 잘라 말했다. 기자가 어리둥절한 표정을 짓자, 자신에게는 예수님을 향한 열정이 있을 뿐이라고 대꾸했다. 예수님이 가난한 사람들을 돕기 원하시기 때문에 그들을 도와주고 있다는 것이었다.

사역의 동기가 바뀌면서 사역의 방향도 바뀌게 된다. 기도 중에 하나님의 마음을 분별하게 되기 때문에 그분이 우리가 어떤 일을 하기 원하시는지도 명확히 깨닫게 된다. 성삼위와의 친밀감은 스스로에 대한 더 깊은 통찰과 지혜를 갖게 해주고 자신의 열정과 소명에 일치하는 사역이 무엇인지를 확실히 분별할 수 있도록 해준다. 애비게일과 마이클의 이야기에서 보듯이 네 번째 방에 들어간 그리스도인은 교회 사역을 요청받을 때에 거절하는 경우가 많다. 그 사역을 맡는 것이 하나님의 뜻이라고 생각하지 않기 때문도 있지만, 하나님과 더 많은 시간을 보내고 싶은 마음 때문이다. 2장에서 언급했던 첫 번째 부르심이 무대의 중앙으로 들어서고 두 번째 부르심의 삶이 그곳에서부터 서서히 흘러나오기 시작하는 것이다. 새롭게 경험한 하나님의 사랑은 이웃을 더욱 사랑하지 않을 수 없게 만든다. 사역에도 더욱 열정적이 되며, 사람들에 대한 동정심과 연민도 강해지고, 예수님이 나를 얼마나 사랑하시는지 알기에 그를 위한 큰 희생도 기꺼이 감수하려고 한다.

하나님을 향한 '기도의 변화 양상'

앞에서 말했듯이 테레사는 우리의 기도 생활이 영적 성숙을 보여주는 단적인 증거라고 믿었다. 네 번째 방에서 하나님 사랑의 손길을 느끼며 가장 극적인 변화를 보이는 것이 바로 기도다. 하나님과의 깊은 친밀감을 갈망하게 되고, 그래서 더 열심히 그분 앞에 나아가 기도하게 된다. 그동안은 자신이 기도를 이끌어가며 하나님께 이것을 해달라 저것을 해달라 간구하는 게 통상적인 기도의 형태였지만 네 번째 방에서는 '부어지는 기도', 즉 하나님의 이끄심에 반응하는 기도로 놀라운 전환이 일어난다.

나는 매달 수도원을 찾아가 기도하곤 했는데 어느 날 그곳에서 기도 생활의 전환점이 찾아왔다. 정해진 시간에 기도를 하려고 앉았는데 하나님께서 나의 안에 이런 생각을 부어주셨다. "토머스, 지금까지 살아오면서 너는 나와 언제 대화를 해야 하는지, 무엇에 대해 이야기해야 하는지, 내가 세상을 어떻게 이끌어야 하는지를 일방적으로 나에게 지시했고 네가 결정한 일을 축복해달라고 요구했다. 그런 후에는 네가 일방적으로 대화를 끝내고 나에게 기도가 끝났음을 통보했다. 나는 너를 진심으로 사랑하기 때문에 너의 결정에 따랐고 너의 고집에도 불구하고 네 사역을 축복해주었다. 그러나 이제는 새로운 방식을 설정하고 싶다. 이제부터는 언제 대화할지, 무엇에 대해 이야기할지, 네가 무엇을 하기 원하는지, 언제 대화를 끝낼지를 내가 너에게 알려주고 싶구나." 그 말씀을 듣는 순간 쥐구멍이라도 들어가고 싶은 심정이었지만 한편으로는 나의 미성숙함을 참아주신 그분의 인내심에 감사했고 하나님 뜻에 따르는 사람이 되도록 나를 포기하지 않고 기다려주신 것에 너무도 감격했다.

우리는 하나님 앞에 나아가 잠잠히 귀를 기울여야 한다. 그저 '잠잠히 있어' 그분이 하나님 되심을 '알아야' 한다(시 46:10 참조). 우리가 우리 자신보다 그를 더 사랑하게 되면 그분의 '말씀'을 소중히 여기게 되고, 그러면 이 '잠잠한 기도'를 많이 드리게 된다. 네 번째 방의 영적 성숙 단계에서는 마주 머뭄(contemplation)이라는 기도가 중요한 부분을 차지하게 된다. 그리스도인의 기도에서 마주 머뭄이란 하나님 한 분에게만 주의를 기울이며 그에게 모든 초점을 맞추는 것을 말한다. 꽃잎이 이슬을 머금듯이 주님의 생각이 우리의 온 존재에 채워지고 이 세상의 다른 것들은 의식하지 않고 그분 앞에서만 머무는 상태이다. 성경 말씀을 읽을 때나 자연을 감상할 때, 혹은 하나님이 만드신 피조물들을 바라보면서 하나님을 묵상하는 것과 비슷한 일이다. 다만 마주 머뭄을 행할 때는 묵상에서 한 발짝 더 나아가 모든 관심을 하나님께로 돌리고 그저 하나님만을 바라보아야 한다. 사실상 이러한 마주 머뭄의 기도는 네 번째 방에서 경험하는 '부어지는' 기도에 해당하는 것으로, 우리에게 익숙한 기도 방법은 아니다. 우리의 마음 상태로는 하나님 앞에 가만히 앉아서 그분에게만 초점을 맞추기란 거의 불가능하다. 버릇없는 아이들이 제멋대로 뛰어다니고 한시도 입을 다물지 못하는 것처럼 우리의 정신도 가만히 앉아 집중하지를 못한다. 하지만 하나님 앞에 잠잠히 마주 앉아서 주의를 분산시키는 생각들을 버리고 모든 신경을 하나님께 집중하는 법을 배워야 한다.

　우리의 기도는 이제 무언가를 구하거나 축복을 내리시기를 바라는 대신에 하나님과의 관계 자체에 초점이 맞추어진다. 물론 다른 사람을 위해서도 계속 중보기도하지만, 그것도 성령님이 인도하시는 대로 기도하려고 노력한다. 저자들이 섬기는 '이마고 크리스티' 사역팀에서는 단순히 주님 안에 거하는 관계적인 측면을 부각하여 이러한 기도를 '거함 기도(abiding prayer)'라고 부른다. 요한복음 15장에서 예수님은 기도에 관한 탁월한 비유 하나를 말씀하셨다. 포도나무와 가지 사이의 교류는 단순한 정보와 자원의 교환 차원이 아니라 그가 내 안에, 내가 그 안에 거하는 자연스럽고도 지속적이며 본질적인 생명의 교류인 것이다.

　우리는 하나님과의 친밀감을 갈망하므로 그동안의 생활양식을 바꾸어 더 규칙적으로 꾸준히 기도하고자 노력한다. 더 많이 기도하고 싶은 마음에 우리는 영적 분별력을 사용하여 우리 삶의 우선순위를 재조정하고, 그에 따라 계획을 세우고 시행해나간다.

　내가 네 번째 방 단계에 이르렀을 즈음에는 하나님 앞에 나아갈 수 있는 적절한 시간과 장소를 찾느라 애를 먹고 있었다. 우리 부부는 아침 일찍 아이들과 함께 일어났고 하루 종일 일을 하다가 아이들이 잠든 뒤에 녹초가 된 몸으로 잠자리에 들었다. 낮에는 거함 기도(abiding prayer)를 드리는 게 불가능에 가까웠다. 머릿속에는 온통 해야 할 일들만 생각났다. 마침내 내가 찾아낸 해결책은 아이들보다 한 시간 일찍 일어나는 것이었다(전에는 엄두도 내지 못했을 희생이었다). 나에게는 잠을 덜 자는 고통보다 주님과 함께 있지 못한다는 고통이 더 컸다. 기도 시간을 정할 때는 사람마다 처지와 환경이 다르기 때문에 자신에게 맞는 방법을 찾아내야 한다. 그렇지 않으면 우리의 신앙은 앞으로 나아가지 못하게 된다.

우리를 하나님께로 이끄시는 '예수님의 역사'

하나님은 우리의 개인 기도나 대중 기도를 통해 그분의 감미로운 임재를 느끼도록 인도하시며 우리가 겸허한 마음가짐으로 그분 앞에 나아오도록 격려하신다. 일을 할 때나 침묵할 때 혹은 가족과 함께 있을 때에도 특별한 '영감'이나 지혜, 깨달음을 주시기도 한다. 하나님은 우리가 삶의 모든 면에서 그분의 임재를 은밀하게 감지하게 하시고 그분의 사랑과 우리를 향한 기쁨을 더 깊이 체험하게 하신다. 테레사는 그처럼 새로운 깨달음의 세계를 비유적으로 설명했다. 예전에는 선한 목자의 휘파람 소리를 듣지 못했다면 이제는 그 소리를 잘 알아듣고 목자에게 주의를 기울일 수 있게 되었다고 하면서, 자신의 삶에 나타나셨던 하나님께만 집중하는 것을 '잠심 기도(recollection)'라고 불렀다.[5]

사막의 교부들은 기도할 때 성령님께서 우리의 영과 교류함으로써 성령님이 우리 자신과 주변 세상, 하나님의 뜻에 대한 생각에 깨달음을 주신다고 가르쳤다. 그것은 지성적인 대화를 말하는 게 아니고 영적인 대화를 가리키는 것이다. 때가 되면 우리의 영이 생각을 통해서 하나님이 하신 말씀을 전해준다. 잠잠히 하나님 앞에 거하는 기도를 하는 동안 한 가지 생각이나 깨달음이 불쑥 머릿속에 떠오른다. 그때 그 생각이 하나님으로부터 왔음을 즉각 감지할 수 있다. 하지만 기도하는 동안에 무슨 대화가 오가는지 전혀 깨닫지 못하는 경우도 있다.

하나님의 사랑을 이전보다 더 깊이 체험하는 가운데 우리는 자신의 영적인 상처와 정서적인 상처들을 깨닫게 되고 사랑을 주거나 받는 일이 그토록 어려웠던 이유도 알게 된다. 이제는 그분의 사랑 속에서 전에 경험해보지 못했던 안정감을 느끼기 때문에 자기 자신을 솔직히 바라보게 되고 여전히 성장해야 할 부분들을 인식하게 된다. 이러한 하나님과의 친밀한 관계를 바탕으로 하나님은 우리 안에 영적 수

술을 실시하여, 우리가 마음껏 그분을 사랑하고 이웃을 사랑하는 삶을 살아가는 데 장애가 되는 것들을 제거해주신다. 그리하여 우리가 그와 더욱 건강한 관계 속에서 살아가도록 허락해주신다. 우리 존재의 중심은 마음이지만 그 마음은 죄에 의해 비뚤어지고 살아가면서 받는 고통으로 상처를 입고 있다. 이런 상태에서는 하나님께서 비추시는 은혜의 빛만이 우리를 죄책감과 수치심에서 해방시켜준다. 그래서 하나님은 남은 평생 동안 계속 우리의 마음을 새롭게 하셔서 우리가 그분의 사랑을 만끽하고 그 보답으로 그분을 조건 없이 사랑하도록 이끄시는 것이다. 이런 마음의 변화는 하나님과의 친밀감을 위한 선행 조건인 동시에 친밀감의 결과이기도 하다. 하나님은 에스겔 선지자를 통해 자신이 행하실 일을 이렇게 예언하셨다. "또 새 영을 너희 속에 두고 새 마음을 너희에게 주되 너희 육신에서 굳은 마음을 제거하고 부드러운 마음을 줄 것이며 또 내 영을 너희 속에 두어 너희로 내 율례를 행하게 하리니 너희가 내 규례를 지켜 행할지라. 내가 너희 조상들에게 준 땅에서 너희가 거주하면서 내 백성이 되고 나는 너희 하나님이 되리라(겔 36:26-28)."

하나님이 우리의 마음을 치유하시고 본래 하나님이 의도하신 대로 다시 빚어주심에 따라 우리는 그분의 사랑과 용서를 받아들이게 되고 정직하게 그분 앞에 나아가서 그분의 임재를 분별할 수 있게 된다. 말하자면 마음의 차원에서 보고 듣는 능력을 갖추게 되는 것이다. 이 장의 뒷부분에서는 마이클과 상규, 애비게일이 그런 과정을 통해 어떤 사람이 되었는지를 보게 될 것이다.

하나님과의 관계가 깊어지면서 기도 중에 초자연적이고 신비한 체험을 하는 경우도 나타난다. 기도할 때 조용히 하나님께 집중하는 능력이 향상되면 하나님은 우리와 더 많은 대화를 나누실 수 있다. 다음 방으로 넘어가면서 그러한 일들이 한층 더 많아질 것이다.

우리의 영적 성숙을 방해하려는 '원수의 계략'

우리가 예수님과 사랑에 빠질 때 원수가 우리를 대적하는 주된 계략은 주의를 산만하게 하는 것이다. 사탄은 복잡한 생각이나 분주함으로 하나님의 손길을 알아채지 못하도록 만든다. 특히 마주 머묾 기도(contemplation)를 하거나 하나님 앞에서 침묵하고 있을 때 원수의 공격이 집중된다. 일상생활에서도 마찬가지다. 온갖 잡다한 일과 생각으로 정신없게 만들고 할 일이 머릿속에 가득 차서 주님께 귀를 기울이기가 어렵게 만든다. 원수들에게는 우리가 세 번째 방에서 행했던 신실한 사역도 문제지만 하나님과 친밀해지는 것이 한층 더 위험하기 때문이다. 따라서 어떻게든 우리의 마음을 분주하게 해서 세 번째 방 단계에 갇혀 있게 만든다.

수치심과 낮은 자긍심은 원수가 우리를 대적하는 또 다른 공격 무기다. 과거에 지은 모든 죄들을 기억나게 하고 일상에서 저지르는 작은 허물도 가만히 놔두지 않는다. "너는 하나님의 사랑을 받을 자격이 없어. 네가 얼마나 형편없는 존재인지 보라고. 예수님이 너를 용서하시긴 했지만 분명 굉장히 실망하셨을 거야. 네가 정말로 하나님을 사랑한다면 그런 짓은 하지 말아야지"라고 우리 귀에 속삭인다. 누구나 그런 생각은 해보았겠지만 정작 그것이 원수의 공격임을 알아차린 사람은 별로 없을 것이다. 불행하게도 그런 생각은 큰 위력을 발휘하여 우리를 하나님이 베푸시는 사랑에서 멀어지게 할 때가 많다.

원수의 치열한 공격이 계속되는 가운데서도 하나님은 우리에게 예리한 분별력을 주셔서 그러한 공격에서 오히려 교훈을 얻게 하신다. 테레사는 그러한 공격들을 이렇게 해석했다. "악독한 녀석들이 이곳에 들어오는 것은 매우 드문 일입니다. 설사 들어왔다고 해도 그들은 해를 끼치지 못하고 도리어 우리가 유익을 얻을 기회를 제공합니다."[6]

언젠가 나는 보니페이스 수사에게 죄의 유혹 때문에 고민하고 있다고 토로한 적이 있었다. 죄를 고백하고 회개하고 사탄을 꾸짖어도 아무 소용이 없었다. 그 말을 들은 보니페이스 수사가 조용히 물었다. "토머스 목사님, 사탄이 그런 식으로 공격하는 이유가 뭐라고 생각하십니까?" 그 순간 가만히 생각해보니 사탄이 진짜 원하는 것은 우리의 내면적 필요를 거짓된 것으로 채우는 것이었다. 우리의 필요는 하나님과의 친밀한 사랑의 교제였는데, 그것이 아니라 마치 우리의 행복이 자신의 경건함과 결백함에 달려 있는 것처럼 생각하도록 만든 것이었다.

사탄의 계략을 알아차리자마자 나는 재빨리 예수님을 향해 자신의 진정한 내면적 필요를 채워달라고 간구했고 유혹은 즉시 멈추었다. 언젠가는 교회에서 내가 내린 결정에 분노한 한 여성도를 사용해서 사탄이 나를 공격한 적이 있었다. 그녀가 나를 비난하며 보낸 이메일의 내용이 나의 머리에서 도저히 지워지지 않았다. 심지어 한밤중에도 그 생각이 나서 자다가 벌떡 깨기도 했다. 사실 그 여성이 그렇게 못된 사람은 아니었고 의도적으로 문제를 일으키려는 것도 아니었다. 마침내 나는 그 상황에서 원수의 공격을 받고 있다는 것을 깨닫고 주님께 지혜를 달라고 기도했다. 그 여성의 인정을 받는 것이 왜 그토록 중요하다는 말인가?

주님은 내 안에 사람들의 인정을 받고 싶은 욕구와 불안감이 자리 잡고 있음을 보여주셨다. 사탄은 나의 상태를 정확히 파악하고 이용했지만 하나님은 그런 문제를 건전한 방법으로 해결해주기 원하셨다. 그날 밤, 나는 평소보다 더 길게 기도하면서 그분의 사랑에 깊이 잠기고자 노력했다. 다음 날에는 내가 신뢰하는 한 그리스도인 형제를 찾아가 기도를 요청했다. 그의 기도를 받고 나자 그 여성의 비난에 발끈했던 감정이 사라지고 그녀가 지적하는 얘기를 진지하게 듣고 싶은 마음이 솟아났다. 그녀로부터 인정을 받느냐 못 받느냐가 중요한 게 아니라 그녀를 향한, 그리고 나를 향한 하나님의 사랑이 더 중요하다는 생각이 들었던 것이다. 실제로 하나님은 그분을 대적하는 사탄을 사용해서 우리가 유익을 얻게 하고 그분의 영광을 드러내신다.

하나님께 협력하게 만드는 '성숙의 열쇠'

네 번째 방에서의 영적 성숙은 기본적으로 하나님 앞에 앉아 있는 침묵과 고독의 시간을 통해 이루어진다. 달라스 윌라드는 영적 성숙에 도움이 되는 생활방식에 대해 다음과 같이 이야기했다. "우리가 정말로 예수님을 믿는다면 그분이 어떻게 살아야 하는지도 알고 계심 또한 믿어야 한다. 우리는 전체의 삶을 재조정하여 주님께서 행하신 그런 일들, 즉 하나님 아버지와 계속해서 친밀한 관계를 유지하기 위해 주님 자신이 하셨던 일들을 배우고 우리의 삶에서 실행에 옮김으로써 믿음과 은혜를 통해 점차 예수님을 닮아가게 된다."[7]

네 번째 방에서 영적으로 성숙하기 위해서는 기도나 마주 머뭄(contemplation)과 같은 영성 훈련이 반드시 필요하다. 리처드 포스터는 이렇게 말했다. "신앙생활의 고전적 훈련들은 우리의 피상적인 삶을 더 깊이 있는 삶으로 변화시켜준다. 그래서 영적 세계에서 내면의 동굴을 탐험하게 해준다."[8] 여기서 한 가지 기억할 필요가 있다. 우리를 변화시키는 직접적인 요인은 그런 훈련이나 실천 자체가 아니라 우리 안에 거하시는 성령님의 역사라는 점이다. 영적 훈련은 우리가 좀 더 주님께 집중하게 만들고 그분을 더 의도적으로 사랑할 기회를 제공할 뿐이다. 우리가 그런 노력을 기울일 때 주님은 반드시 기뻐 받으시고 우리를 축복해주신다.

세 번째 방에서 나타난 특징을 꼽으라면 단연 사역에서의 열성적인 섬김이었다. 이제는 그 기반 위에 하나님과의 친밀한 관계를 쌓아나갈 차례다. 세 번째 방에 있는 사람들 대부분이 하나님을 섬기느라 너무 바빠서 하나님과 마주 앉아 있는 시간을 내기가 거의 불가능하다. 특히 활동적인 사람들이 '하나님 앞에서 잠잠히 있기'란 고역에 가깝다. 그러면서도 한편으로는 그런 기도 시간을 갖기를 소원하고 그냥 하나님 앞에 조용히 있고 싶은 마음이 깊숙이 자리 잡는다.

애석하게도 하나님을 갈급해하는 그리스도인들 중에는 묵상(meditation)이나 마주 머뭄 기도(contemplation)에 대해 배운 사람이 그리 많지 않다. 오히려 그것을 동양 종교나 뉴에이지 운동의 일환으로 치부해서 '거하는' 형태의 기도를 금지하기도 한다. 그러나

기도의 초점이 바뀌다 (톰 애슈브룩)

현재 나의 아내가 된 샬럿을 처음으로 만났던 순간이 기억난다. 당시 우리는 애리조나에서 대학을 다니던 대학생들이었다. 초기에 우리가 나눈 대화는 전부 정보를 교환하는 수준에 불과했다. "고향이 어디예요?", "전공이 뭐예요?" 등등……. 하지만 우리 사이가 점점 더 가까워지면서 나는 샬럿에 관한 정보를 얻는 것보다 그녀와 함께 있고 싶은 마음이 더 간절해졌다. 한번은 데이트 중에 내가 자신을 뚫어지게 쳐다보고 있음을 의식한 샬럿이 내게 무슨 생각을 하고 있느냐고 물었다. 그때 내가 했던 대답은 "그냥 너를 바라보는 게 좋아서"였다. 어쩌면 내가 샬럿과 '마주 머뭄(contemplation)'을 즐기고 있었다고 말할 수도 있을 것이다.

이것이 바로 네 번째 방에서 우리가 주님과 사랑에 빠질 때 일어나는 변화다. 마냥 주님을 바라보고 싶고, 그 안에 머물고 싶고, 말은 필요 없는 것처럼 여겨진다. 거함 기도(abiding prayer)가 바로 그런 것이다. 오로지 하나님께만 주의를 집중하는 것이다. 성경 말씀을 읽으면서 혹은 십자가나 자연의 아름다움을 바라보면서 하나님을 생각하는 것을 '묵상(meditation)'이라고 부른다. 그러나 우리가 하나님께만 주의를 집중해서 '그분의 얼굴을 구하는' 형태의 기도를 '마주 머뭄(contemplation)'이라고 이야기한다. 그렇게 단순히 '주를 기다리는' 법을 배울 때에 우리는 말이나, 연상되는 그림이나, 심지어 생각조차 없는 내적 고요를 경험한다. 기도의 이러한 측면을 가리켜 '침묵(silence)'이라고도 한다.

우리가 세 번째 방에 머물 때는 일이 많고 너무 바빠서 이런 식의 기도가 시간 낭비라고 생각했지만 이제는 마음속에서의 밀회, 그냥 주님과 함께 있는 이런 시간을 간절히 열망하게 된다.

크리스천 묵상과 거함 기도(abiding prayer)는 주님과의 관계를 위해 주님께 집중하는 것으로, 자신의 득도를 위해 마음을 비우는 동양 종교나 뉴에이지 운동과는 근본적으로 다르다. 만일 "거하는" 형태의 기도를 모른 채 네 번째 방에 들어갔다고 하면 둘 중 한 가지 일이 일어난다. 하나님 앞에 잠잠히 앉아 그분의 음성을 듣는 반응적 기도를 자연스럽게 시작하거나(마주 머묾(contemplation)에 대해 아무것도 모르거나 그런 기도를 드릴 수 있는 방법을 배우지도 않은 채로) 아니면 하나님과의 깊은 관계를 갈망하면서도 무엇을 어떻게 해야 할지 몰라 그저 답답한 상태로 지내는 것이다.

하나님의 임재를 더 깊이 인식하기 위해서는 주님 앞에서 조용히 침묵할 수 있을 만한 곳으로 잠시 떠나는 것이 효과적이다. 보니페이스 수사는 그런 여행을 '사역 현장에서 사라지는 것'이라고 불렀다. 조용하고 평온한 장소에서 홀로 하나님 앞에 나아가는 시간들이 그분의 임재를 분간하는, 심지어 눈코 뜰 새 없이 바쁜 일상 속에서도 그분의 은밀한 임재를 깨달을 수 있는 능력을 키워준다. 우리는 천성적으로 일을 좋아하는 사람들이기 때문에 때로는 일정표를 치워놓고 진정한 휴식을 취하는 것이 좋은데, 이 과정에 이르기 위해선 보통 이틀이나 사흘쯤 걸린다. 그럴 때에야 비로소 하나님 앞에 조용히 앉아 주의를 집중할 수 있다.

영적 일기 쓰기도 매우 유용한 훈련 중 하나다. 신앙생활의 기쁨과 어려움의 경험들을 낱낱이 기록하다 보면 자신의 기도가 어떤 식으로 변하는지도 관찰할 수 있다. 영적 성장이라는 것 자체가 매우 느리게 진행되는 과정이기 때문에 자신이 성장하고 있는지조차 깨닫지 못할 때가 많다. 하지만 일기장에 적은 내용들을 되돌아보면 하나님이 우리 안에서 어떤 일을 하고 계시는지 놀라움을 금치 못하게 된다.

하나님의 사랑의 역사와 섭리를 이해하도록 도와주는 멘토의 역

기도의 초점이 바뀌다 (박동건)

내 기도 생활의 전환점은 전혀 예상치 못한 곳에서 왔다. 오랫동안 코칭을 실습해오면서 몇 년 전에 새삼스럽게 깨닫게 된 것은 효과적인 코칭이란 기술이 아니라 마음의 자세에 달려 있다는 것이었다. 내가 진정으로 상대방의 인격을 존중한다면 그의 말을 경청할 것이고, 내가 그를 신뢰한다면 스스로 해답을 찾도록 기다려줄 것이며, 내가 그를 사랑한다면 격려하고 세워줄 것이다. 이런 자세로 임할 때 신뢰와 사랑의 관계가 만들어지고 이러한 관계를 통해 성령님께서 역사하시는 것을 수없이 보아왔다. 궁극적으로 우리에게 모든 것을 스스로 깨닫게 해주고 변화시키는 것은 성령님의 역할이기 때문이다. 이 간단한 진리를 깨닫고 보니 하나님께서도 우리를 똑같은 방법으로 대해주신다는 것을 발견하게 되었다. 경청이야말로 남을 존중하고 사랑하는 가장 중요한 방법이요, 기다려준다는 것은 그를 신뢰한다는 표시이다. 하나님께서는 우리가 기도하면 항상 경청해주신다. 그리고 우리의 반복되는 실수와 연약함 속에서도 꾸짖지 아니하시고 기다려주신다. 인내해주고 칭찬하고 격려한다는 것은 가장 강력한 사랑의 표시이다.

이 사실을 하나님과의 관계에 적용하면서 나의 기도는 크게 달라졌다. 나의 소원과 필요를 하나님께 올려드리고, 내가 그분을 얼마나 사랑하고 신뢰하는가를 그분에게 설득시키려 드는 대신 나와 함께하시며 기다리고 계시는 그분에게 귀를 기울이고, 기다리며, 그와 함께하는 것 자체를 즐기는 데 집중하기 시작하자 나의 마음속에는 더욱 큰 확신과 평강이 찾아들었다. 물론 그에게 귀를 기울이기 위해서는 내가 먼저 입을 다물어야 했고(말하는 동안에는 들을 수 없으니), 기다리기 위해 마음을 더 느긋하게 가져야 했다. 그러한 마음의 여유를 가지게 되자 찬양하고 감사할 이유들을 더 많이 발견하게 되었다. 물론 통성기도와 부르짖는 기도도 필요하지만 그런 기도 가운데에서도 주님이 말씀하실 수 있는 시간과 공간을 내어드리고 그분에게 귀를 기울이는 습관이 필요하다는 사실을 깨달았다. 이 새로운 기도 방식은 이전에 느껴보지 못한 새로운 은혜와 하나님과의 친밀한 관계로 나를 인도해주고 있다. 영성개발에 전념하는 많은 동역자들도 그들의 영적 성숙에 가장 큰 도움을 주는 것은 이러한 거함 기도(abiding prayer)와 영적 공동체라고 말한다. 왜냐하면 이것들은 성경 말씀과 함께 하나님의 음성을 듣고, 그분과 친밀한 관계를 맺고, 성령님의 인도하심을 받는 가장 확실한 통로이기 때문이다.

할도 매우 중요하다. 네 번째 방은 매우 큰 변화가 일어나는 시기이기 때문에 이미 그런 과정을 겪은 사람이 상황을 설명해주면 큰 도움이 된다.

마주 머묾 기도(contemplation)나 일반적인 기도 중에 일어나는 영적 전쟁에 관해 책을 읽거나 가르치는 것도 중요한 일이다. 하지만 설교와 책과 멘토들이 아무리 큰 도움을 준다고 해도 오직 하나님만이 주실 수 있는 것들이 있다. 내가 가만히 있어도 교회가 알아서 우리를 예수님께 '인도'해 주려니 생각한다면 종국에는 실망하게 될 것이고, 교회와 자신을 원망하게 될 것이다. 교회와 다른 사람들은 우리의 영적 갈급함을 완전히 채워줄 수 없기 때문이다. 네 번째 방에서 일어나는 모든 일은 그분 자신의 생명력과 사랑을 우리에게 직접 '부어주시려는' 하나님의 섭리다. 하나님은 자신만이 우리에게 주실 수 있는 그런 양식으로 우리를 직접 '먹이기' 원하신다.

지속적으로 성경을 묵상하며 공부하는 것은 정통 신앙의 토대를 쌓는 데 필수적인 일이다. 기도 중에 경험하는 환상이나 신비한 체험으로 힘을 얻기도 하고 신이 날 때도 있지만 그런 것들은 언제나 성경에서 말씀하는 내용에서 어긋나지 말아야 한다. 테레사가 활동하던 당시에는 스페인에서 종교재판이 한창이었다. 그때는 그리스도인의 영적 체험이 신학이나 교리에서 벗어나는 것을 특히 경계했다. 오늘날에도 마찬가지다. 그때만큼 강력하게 규제되지는 않지만 오늘날에도 자신의 주관적인 영적 체험이 성경의 명백한 가르침에 위배되어서는 안 된다.

기독교의 위대한 인물들이 쓴 책들도 영감과 깨달음과 용기의 공급처가 될 수 있다. 한 예로 클레르보의 베르나르Bernard of Clairvaux는 하나님의 사랑 안에서 온전히 거하는 삶이 무엇인지 우리에게 완전히 새로운 세계를 보여준 사람이다.[9] 테레사는 영적 체험이 아니라 사랑의 실천이 영적 성숙의 증거라고 누누이 강조했다. "완벽함과 그에 대한 보상은 영적 즐거움이 아니라 더 큰 사랑, 더 위대한 정의와 진실 가운데서 행하는 사랑의 행위로 나타납니다."10

우리는 계속해서 그리스도의 몸 된 성도들과 교제를 나누며 책임 관계를 가져야 한다. 그래야 지속적인 도움을 받을 수 있고 자기기만과 오류에 빠지지 않는다. 그 안에서 영성 지도와 멘토링을 받으면서 계속해서 주님께 나아가는 법을 배우고 기도 중에 일어나는 변화의 과정을 이해해야 한다.

지금까지 말한 모든 일을 의도적으로 꾸준히 실천하는 것이 대단히 중요하다. 테레사가 네 번째 방의 상태를 두 번째 물에 비유한 것도 그런 맥락이었다. 우리는 여전히 인간적인 노력과 하나님의 은혜를 동시에 필요로 한다. 비록 물동이로 물을 퍼서 나르는 수고는 하지 않지만 그래도 은혜의 물레방아를 열심히 돌려야 한다. 그리고 제자도의 '행위' 지향성을 넘어 '관계'와 '존재'에 주파수를 맞추어야 한다. 처음에는 우리가 집중하는 대상이 바뀌고 정체성의 변화가 일어나지만 여전히 우리 자신의 아낌없는 노력과 수고가 부어져야 한다. 기도와 삶 속에서 하나님의 인도를 따른다 해도 아직은 시작에 불과할 따름이기 때문이다.

이제 네 번째 방을 구체적으로 살펴보았으니 다시 상규와 애비게일과 마이클의 이야기로 돌아가보자. 그들이 이 단계에서 맛본 영적 체험이 그들의 삶에 어떤 영향을 미쳤을까? 하나님은 어떻게 그들을 더 깊은 사랑의 관계로 이끄셨을까? 이번에도 그들의 이야기에는 영성 코치가 등장한다. 영성 코치의 도움을 받는다는 것이 지극히 '당연한' 일임에도 불구하고 실제로 그런 도움을 받을 수 있는 교회가 많지 않다는 현실이 안타깝다. 특히 네 번째 방과 그 이후 단계로 갈수록 그런 도움이 더욱 절실해진다.

애비게일

애비게일의 영적 공허함은 갈수록 극심해져 마침내 교회를 떠날 생각까지 하게 되었다. 그런데 어느 날 기도하면서 메리 목사가 머릿속에 떠올랐다. 애비게일은 메리 목사에게 전화를 걸어 함께 차나 마시자고 청했고, 다음 날 오후에 카페에서 그녀를 만났다. 그러고는 그동안 있었던 일들을 솔직히 털어놓았다. 기도 시간에 느꼈던 절망감, 자신의 삶과 교회 생활에 대한 불만 등을 이야기하는 동안 메리 목사는 조용히 듣고 있다가 몇 가지 확인하는 질문을 던졌다. 그 질문들을 통해 애비게일은 현재 자신이 처한 부정적인 영적 상태를 깊이 파악할 수 있었다.

이윽고 메리 목사는 입가에 엷은 미소를 지으며 애비게일을 쳐다보았다. "듣고 보니 예수님이 애비게일 집사님의 삶에서 아주 멋진 일을 행하고 계시는 것 같군요." 애비게일은 즉시 반박했다. "그래요, 저는 아주 멋지게 헷갈리고 있답니다!" 메리 목사는 계속해서 말을 이어갔다. "애비게일 집사님, 주님이 무엇을 하고 계시는지 모르시겠어요? 아주 새로운 방식으로 집사님을 그분의 사랑에 다가서게 하시는 거예요. 이제 집사님은 옛날 방식으론 만족을 못하시는 거죠. 하나님께서는 당신이 지금 일하고 있는 현장 속에서 그분을 발견하길 원하시는 거예요." 두 사람은 많은 일들에 대해 함께 대화를 나누었다. 애비게일이 하나님의 임재와 사랑을 확실히 느꼈던 순간과 그분을 전혀 느낄 수 없었던 시간들에 대해서도, 하나님이 가깝게 느껴졌던 장소와 하나님을 전혀 떠올릴 수 없었던 장소들에 대해서도 이야기했다. 메리 목사는 예수님은 아주 자연스러운 방법으로 우리에게 다가오신다고 말했다. 우리가 해야 할 일은 그 순간에 주님을 맞이하는 것뿐이다. 대화를 마친 두 사람은 함께 기도를 드리고 헤어졌다. 애비게일은 그날 저녁 일기장에 다음과 같이 적었다.

"예수님, 저에게 당신의 사랑을 베풀어주셔서 정말로 감사합니다. 사실 확실히 이해가 되지는 않습니다. 머리로는 당신의 사랑을 알겠는데 실제로 그 사랑 안에서 어떻게 살아가야 할지는 아직 모르겠습니다. 저를 다시 한 번 주님께 바치오니 당신의 사랑 속에서 살아가는 법을 깨닫게 해주옵소서."

애비게일은 하루하루의 삶에서 새로운 관심과 열정으로 예수님을 찾기 시작했다. 놀랍게도 주님은 모든 상황에서 그분의 임재를 알 수 있도록 어떤 암시를 주시는 것 같았다. 한번은 학교가 끝나 아이들을 데리고 차를 몰아 집으로 가고 있는데, 필립이 느닷없이 이런 질문을 던졌다. "엄마, 오늘 예수님이 나한테 뭐라고 하신 줄 알아요?" 애비게일이 "뭐라고 하셨는데?"라고 묻자 필립은 "우리 식구들이 더 사랑해야 된다고 말씀하셨어요"라고 대꾸했다. "주일학교에서 선생님들이 그렇게 하라고 가르쳤니?" "아니요. 놀이터에서 그런 생각이 들었어요."

다음 날 아침, 애비게일은 골방에서 무릎을 꿇고 기도를 드렸다. 항상 하는 일이었지만 그날은 전날 필립이 했던 말을 진지하게 떠올리며 하나님께 기도를 드렸다. 그런 후에 무릎을 꿇은 상태로 말없이 온 정신을 주님께 집중하고 어떤 생각을 주시는지 기다려보기로 했다. "예수님⋯⋯." 얼마 후에 한 가지 장면이 환상처럼 머릿속에 떠올랐다. 그녀가 아이들을 챙겨 교회에 가려고 집을 나설 때 남편 빌의 얼굴에 나타난 표정이었다. 그의 얼굴에는 애비게일이 한 번도 눈치채지 못한 깊은 외로움과 슬픔이 배어 있었다. 그다음 휴일 아침에 애비게일은 아침을 먹으면서 남편에게 물었다. "오늘 우리 가족이 무엇을 하면서 지내는 게 좋을까요?" 뜻밖의 말에 놀란 남편은 입에 넣은 달걀을 삼킬 뻔했고, 그 모습을 본 애비게일은 정말로 그날만큼은 가족과 함께 보내야겠다는 생각이 들었다. 설령 나의 경건의 시간을 희생하더라도⋯⋯. 그와 비슷한 '사랑의 손길'을 여러 차례 경험하면서 애비게일은 자신의 사랑과 하나님의 사랑을 남편에게 표현하기 위해서 교회에서 하고 있던 봉사들을 잠시 접어두기로 했다. 교회 봉사가 애비게일에게 얼마나 중요한 지를 모를 리 없는 빌은 아내의 그러한 배려에 깊은 감동을 받았다.

빌을 포함해 온 가족이 함께 교회 예배에 참석한 것은 그 후 몇 개월이 지나지 않아서였다. 희한하게도 '지루한' 설교마저 더 이상 애비게일을 실망시키지 않았다. 오히려 남편이 그 설교를 듣고 주님의 마음을 깨닫게 해달라고 간절히 기도했다. 그날 저녁, 애비게일은 일기장에 이렇게 적었다.

"아……. 예수님! 당신은 정말로 멋지고 지혜롭고 위대하며 좋은 분이십니다! 제게 있던 신앙적 교만과 남편에 대한 무관심을 얼마든지 책망할 수 있으셨건만 저를 사랑하심으로써 제가 그를 사랑할 수 있게 인도해 주셨네요. 우리 부부가 당신의 사랑 안에서 하나 되어 살기에는 아직도 갈 길이 멀지만 제가 해야 할 일은 꼭 하고 싶습니다, 주님. 제 마음속에서, 매일의 삶 속에서, 아이들을 통해서 말씀하시는 당신의 부드러운 음성을 듣게 하옵소서. 나의 주, 나의 왕, 예수님! 사랑합니다!"

그 후에도 애비게일은 메리 목사와 종종 카페에서 만나 이야기를 나누었다. 그러면서 하나님 앞에 조용히 앉아 있는 '마주 머묾 기도(contemplation)'에 대해 알게 되었다. 사실상 그동안의 기도는 하나님과 사랑을 주고받기보다 하나님으로부터 무언가를 얻기 위한 간구였고 사역을 위한 기도가 대부분이었다.

애비게일은 여성도 몇 명과 함께 근처의 기도원에 가서 조용히 기도를 드리기로 했다. 그 계획을 들은 빌은 자신이 집에 머물면서 아이들을 돌보고 등하교를 책임지겠다고 자청했다. 남편의 배려에 감동한 애비게일은 기도원에 도착하기도 전에 벌써 하나님의 은혜를 누리는 것만 같았다. 기도원에서 하나님은 애비게일을 깊이 만나주셨다. 당시의 체험을 되돌아보며 그녀는 기도원에 갔던 여성도에게 이렇게 이야기했다.

"나는 한동안 아무 말 없이 주님 앞에 앉아 있었어요. 그냥 생각이 떠오르는 대로 놔두고 모든 초점을 하나님께 맞추었지요. 그런데 얼마 있다가 이상하게도 그 방이 밝고 따스하게 느껴지는 것이었어요. 그 방은 하나도 바뀐 것이 없었는데 제 안에서 그냥 그런 변화가 일어난 거죠. 저는 주님이 그곳에 계시다는 것과 그분의 사랑을 깊이 '느낄' 수 있었어요. 마치 그분이 용서와 사랑의 눈길로 저를 다정하게 바라보시는 것 같았어요. 아무런 말도, 생각도, 지시 사항도 없이 그저 다정함과 용서와 사랑만 느낄 수 있었지요. 그 순간을 결코 잊지 못할 거예요. 주님이 그렇게 멋진 모습으로 내 곁에 계시다는 사실을 왜 지금까지 깨닫지 못했을까요? 저는 언제라도 그분을 만날 준비를 하면서, 그분의 사랑 속에서 살아가고, 그 사랑을 가족과 다른 사람들에게 전하며 살고 싶어요."

마이클

기도원에서 하나님을 체험한 후부터 마이클은 마치 새로운 눈이 열린 것 같았다. 시간이 지날수록 자신에 대해 더 현실적으로 이해하게 되었다. 자신의 내부에 악한 생각들이 일어나고 이중적인 동기가 도사리고 있는 것도 볼 수 있었지만 이상하게도 자신을 비난하거나 정죄하려는 마음은 들지 않았다. 진심으로 회개를 할 때마다 내장을 쥐어짜는 듯하던 괴로움이 사라지고 하나님의 사랑에 자연스럽게 마음이 열리고 자신을 내맡기게 되었다. 또한 마이클이 교역자들을 대하는 태도도 달라졌다. 전에는 무조건 열심히 하라고 다그쳤지만 이제는 그들의 은사와 재능을 눈여겨 보게 되고, 목사인 자신을 기쁘게 하기 위해 그들이 얼마나 노력하고 있는지가 눈에 들어오면서 측은한 마음이 들었다. 그는 교역자들 한 사람 한 사람과 점심 식사를 같이 하면서 의도적으로 거리감을 없애려고 노력했고 스스럼없이 자신의 약점을 이야기하며 자신을 도와달라고 부탁했다. "기도제목을 알려주면 제가 기도해 드리겠습니다"가 변함없는 그의 요청이었다. 머지않아 담임목사인 마이클과 교역자들 사이에는 끈끈한 신뢰 관계가 회복되었다. 마이클이 진심으로 그들을 아끼고 존중하는 마음을 그들이 알았기 때문이었다.

하지만 마이클에게 일어난 가장 놀라운 변화는 하나님께서 그에게 가난한 사람들과 중독자들을 돕고 싶은 열정을 이전보다 더 넘치게 부어주신 것이었다. 자신도 '그런 처지'가 되어보았기 때문에 누구보다 그들을 이해한다고 입버릇처럼 말해왔지만 이제는 이해 정도가 아니라 정말로 가슴에 절절히 스며들었다. 그들의 상한 마음과 뒤틀린 갈망과 소망과 꿈이 한눈에 들어왔다. 마이클을 만나는 사람들은 으레 그의 입에서 "무엇을 위해 기도해 드릴까요?"라는 말이 나오기를 기다렸다. 그것은 단순히 빈말이 아니었다.

마이클은 하루에 몇 시간씩 삶의 모든 부분을 하나님께 기도로 올려드렸다. 이전의 중보기도처럼 긴 기도제목을 열거하고 하나님께 이렇게 해달라, 저렇게 해달라 요구하는 것이 아니었다. 그저 한 사람 한 사람을 머리에 떠올리면서 그를 하나님의 빛과 사랑과 능력 가운데서 바라보며 주님께 맡겨드리는 것이 전부였다.

오래지 않아 마이클은 자신이 과욕을 부리고 있다는 사실을 깨달았다. 어떻게 기도하고, 목회하고, 설교하면서 동시에 좋은 남편과 아버지 노릇까지 할 수 있다는 말인가? 그는 폴 목사를 다시 찾아갔다. "저에게 코치가 좀 필요합니다!" 마이클이 그렇게 말하면서 자리에 앉았을 때 폴 목사는 자신이 네 번째 방에 이르렀을 때의 경험담을 들려주었다. 그러고는 기도와 영적 훈련에 대한 책을 몇 권 소개하면서 너무 애쓰지 말고 그저 하나님과 함께 '있는' 법을 배우라고 했다. 이 일을 계기로 폴과 마이클은 몇 명의 다른 목사들과 함께 매주 영성 훈련 공동체를 시작하기로 했다. 그들은 놀랄 만큼 솔직한 자세로 모임에 임했고 기도 속에 하나님께 나아가는 법과 그분의 인도에 따라 목회하는 법을 새롭게 배워갔다.

마이클은 종종 기도원을 찾아가 침묵 속에서 하나님의 뜻을 구하고, 성경을 읽고, 자연을 감상하고, 자신의 마음을 다스리는 시간을 가졌다. 그는 매우 활동적인 사람이었기 때문에 한 곳에 장시간 앉아 있는 게 여간 어렵지 않았다. 얼마 후부터 그는 달리기를 하면서 주님과 함께 거하는 시간을 갖는 것이 자신에게 가장 적합하다는 사실을 발견했다. 달리기를 하면서 육신을 하나님께 드릴 때 마음과 정신도 함께 드릴 수가 있었다. 기도원에서 경건의 시간을 보낸 어느 날, 마이클은 자신의 신앙 동료이자 멘토인 폴 목사에게 이런 편지를 보냈다.

"폴 목사님, 오늘도 저는 예수님과 함께 달리기를 했습니다. 얼굴로는 햇살과 바람을 맞으며 발로는 하나님이 창조하신 땅을 쿵쿵 뛰어다녔지요. 그러다 어느 순간, 제가 혼자가 아니라는 생각이 들었습니다. 주변에는 별다른 사물도, 사람도 보이지 않았지만 분명히 누군가 저와 함께 달리고 있었습니다. 그분은 저와 경주를 하는 게 아니라 마치 제가 영원히 달릴 수 있을 것처럼 저에게 보조를 맞추어 주었습니다. 그분은 분명 예수님이었습니다! 주님과 함께 달리는 동안 그분의 보폭과 속도와 안식과 질주에 맞추어 살아간다는 것이 무엇을 의미하는지 조금은 알 것 같더군요. 폴 목사님, 그런 삶이 정말로 현실적으로 가능할까요? 목회에서든 가정에서든 정말로 가능할까요? 목사님이 어떤 대답을 하실지 저는 이미 짐작하고 있습니다. 감사합니다, 예수님. 부디 그렇게 해주십시오."

상규

상규에게 새벽기도 시간은 지금까지 삶의 굽이굽이마다 하나님께서 어떻게 인도하셨고 어떻게 사랑을 베풀어주셨는지 감사하며 찬양하는 시간이 되었다. 과거에 아무것도 모르는 상태에서도 겨자씨만한 믿음과 헌신을 가지고 나갔을 때 하나님께서 놀라운 은혜들을 베푸셨던 것을 바라보면서 현재보다 더욱 풍성하고 영원한 열매를 약속하는 영적인 일에 자신을 온전히 드리고 싶은 열망이 마음속에 솟구쳐 오르는 것을 느끼게 되었다.

상규가 살고 있던 남가주 지역의 일부 교회에서는 영적 지도력의 결여와 지도자들 간의 갈등으로 교회들이 극심한 고통을 겪고 있었다. 교회 내 분쟁으로 교인들의 엄청난 에너지가 소모될 뿐만 아니라 교회 분열이 법정 싸움으로 격화되는 것을 자주 볼 수 있었다. 그리고 상규가 다니던 교회도 목사님이 은퇴하시면서 후임자 선정으로 문제들이 불거지며 다시 혼란의 소용돌이 속으로 휩쓸려 들어가고 있었다. 이러한 혼란 가운데 상규는 하나님과의 관계를 더욱 단단히 붙잡고 가는 길밖에 없다는 생각이 들었다. 기도로 주님께 집중할 때 하나님의 애타하시는 마음이 점차로 느껴지며 이러한 상황에서도 그분이 자신의 선한 뜻과 지혜로 그분의 뜻을 궁극적으로 이루어 가시리라는 확신이 들었다. 이제까지 그의 삶을 인도해오신 그분께서 상규 자신을 위해서도 새롭고 선한 길을 예비하고 계시다는 확신이 들면서 이전에 느끼지 못하던 기쁨과 평강을 경험하게 되었다.

하나님께서는 이때까지 상규를 계속 부르고 계셨는데, 그것은 나서서 복잡다단하고 마냥 엉켜 있는 교회 문제를 해결하라는 부르심이 아니었다. 감사하게도 그것은 자비로운 아버지가 아들의 지치고 피곤한 심령에 위로와 평강을 주시려는 개인적인 사랑의 초대로 다가왔다. 처음 부르셨을 때처럼 아버지가 아들에게 쏟아 부어주신 사랑으로 마음을 기쁨과 감격으로 채워주셨다. 기도와 말씀 속에서 그분은 자신의 사랑을 기억하게 해주시고 잔잔한 위로와 격려로 상규가 자신과의 더 깊은 사랑의 강물 속으로 들어오도록 부르시고 인도하셨다.

교회에서 함께 기도하는 교역자들과 성도들도 기도로 깊이 들어갈 수 있도록 서로 격려해주고 힘을 불어넣어 주었다. 어디에서 시작됐는지 모르지만 아침 기도회에서도 기도의 불이 붙기 시작하여 목사님과 성도들 중에 성령의 깊은 어루만지심과 사랑을 체험하고 마음속에 은혜의 샘이 터져나오는 간증들이 나타나기 시작했다. 교회가 어려운 중에 하나님이 원하시는 뜻이 무엇일지 간구하고 있던 지치고 상처 입은 심령들에게 하나님께서 베풀어주신 은혜는 하나님의 사랑을 마음속에 일깨우고 첫사랑을 회복하는 일이라는 것을 깨닫게 해주셨다. 상규도 이러한 경험 가운데 자신의 장래를 생각할 때 어떤 길이든 은혜의 강물 안에서 하나님과 밀접한 사랑의 동행을 할 수 있다면 그것이 최선의 삶일 것이라는 확신을 갖게 되었다. 이제까지 주님께 구하고 받기만 하던 삶에서 하나님께 무엇이든 드리고 싶은 마음이 생겨나기 시작했고, 가진 것이 아무것도 없다 하더라도 있는 그대로 자신을 드려 주님과 함께 있고 그분을 섬길 수만 있다면 족하다는 마음이 그를 사로잡기 시작했다.

생각해보기

당신이 이 장을 흥미 있게 읽고 있다는 것 자체가 지금 네 번째 방을 경험하고 있음을 말해준다.

- 예수님과 사랑에 빠졌던 때를 생각해보라.
- 하나님은 무엇을 사용해서 당신을 더 깊은 관계로 부르셨는가? 그런 관계를 간절히 원하면서도 하나님의 초대에 선뜻 응하지 못했던 이유는 무엇인가?
- 하나님과의 친밀한 관계가 두렵고 부담스러운 이유는 무엇인가?
- 당신 안에서 하나님이 하고 계신 역사에 협조하기 위해서는 어떻게 해야 하겠는가?

8

다섯 번째 방:
하나님과 하나 됨을 갈망함
(그리스도와의 연합으로 부르심)

"믿음으로 말미암아 그리스도께서 너희 마음에 계시게 하시옵고 너희가 사랑 가운데서 뿌리가 박히고 터가 굳어져서 능히 모든 성도와 함께 지식에 넘치는 그리스도의 사랑을 알고 그 너비와 길이와 높이와 깊이가 어떠함을 깨달아 하나님의 모든 충만하신 것으로 너희에게 충만하게 하시기를 구하노라(엡 3:17-19)."

8장
다섯 번째 방: 하나님과 하나 됨을 갈망함
(그리스도와의 연합으로 부르심)

우리는 영적 성숙의 과정을 지나면서 우리의 기대 이상으로 신비롭고 놀라운 사랑의 관계, 즉 생각하기에도 황송한 우주의 창조자와의 친밀한 관계 속으로 얼떨결에 빨려 들어갔다.

이 모든 변화의 과정에서 하나님은 더 위대한 진리, 더 위대한 현실, 더 위대한 역사, 더 위대한 생명을 보여주셨다. 성령의 부드러운 '사랑의 손길'을 통해 하나님은 그분 자신을 계시하셨다. 이제까지 사역과 일에만 몰두했던 우리의 눈길을 돌려 그분의 사랑과 위대함과 영광을 조금씩 엿보면서, 우리의 마음에 변화가 일어나기 시작했다.

이제 우리는 그분의 사랑에 압도되었고 그 사랑에 끌려갔다. 우리 능력대로 배우고, 이해하고, 섬기려고 애쓰는 대신 이제는 우리 스스로가 얼마나 약하고 사랑에 갈급한 존재인지를 깨닫고 오로지 우리를 사로잡은 그 사랑에 응답하고자 한다.

이제부터는 '신부와 신랑', '사랑하는 자와 사랑받는 자'라는 성경적 비유를 사용해서 우리 안에 일어나는 저항할 수 없는 욕구, 즉 요한복음 17장에서 예수님이 하셨던 연합에 대한 기도가 우리의 삶에서 이루어지기를 원하는 갈망을 살펴볼 것이다.

애비게일

어느 날 아침, 애비게일은 거실에 앉아 창 쪽을 바라보며 생각에 잠겨 있었다. 지난 10년 동안 많은 일이 일어났다. 맏아들 필립은 이제 스물두 살이 되었고 막내 제이슨은 스무 살이 되어 대학에 들어갔다. 남편 빌은 자신의 사업을 시작해서 출장을 다니는 일이 잦아졌다. 애비게일은 꾸준히 교회 봉사도 하고 있었지만 교회 안에서의 틀에 박힌 사역은 아니었다. 그녀는 다른 여성들의 이야기를 '들어주는' 것이 자신의 일차적인 은사이며 사명이라고 확신했다.

그녀의 영성 코치인 메리 목사와 점점 더 가까운 사이가 되었다. 언젠가부터 메리 목사는 다른 여성들을 코치할 때 애비게일도 동참하여 도와주기를 권유했다. 메리 목사는 그것을 언약 그룹이라고 불렀다. "우리는 날마다 서로를 위해 기도해주고, 우리끼리 나눈 이야기는 우리만 알고 남에게 이야기하지 않기로 약속했답니다." 메리 목사는 대화 중에 정말 단 한 마디도 흘려듣는 법이 없었다. 하루는 애비게일이 정색을 하며 "어떻게 그렇게 하실 수 있어요?"라고 물었다. 메리 목사가 어리둥절한 표정으로 "무얼요?" 하고 반문하자 애비게일은 "사람들이 하는 말은 물론이고 속마음까지 알아내면서 동시에 하나님이 그들에게 무엇을 말씀하고 싶어하시는지도 듣고 있잖아요."라고 말했다. "저는 들을 때 두 귀로 듣지요. 한쪽 귀로는 말하는 사람을, 다른 쪽 귀로는 예수님께 귀를 기울인답니다. 그 사람을 향한 예수님의 사랑에 귀를 기울이죠."라고 메리 목사가 말하자 애비게일이 다시 입을 열었다. "어디에서 그런 것을 배우셨어요?" 메리 목사가 조용히 미소를 지으며 대답했다. "저의 기도 골방에서요. 제가 먼저 하나님의 사랑을 받아들이고 제 자신을 그 사랑에 완전히 내맡기고 나니까 하나님을 향한 다른 사람들의 갈급한 심정이 보이고 하나님이 그 사람들을 얼마나 사랑하시는지도 알겠더라고요."

지난 몇 년간 애비게일도 기도의 골방에서 깊이 기도하는 법을 익혀가고 있었다. 아이들 때문에 바쁘게 살아가면서 집 안에 실제로 기도실을 따로 만들 필요가 있었다. 남편은 애비게일을 위해 다락방 한구석에 벽을 세우고 문을 달아주며 "급한 볼일이 있을 때에만 노크하세요"라고 쓴 표지까지 붙여주었다. 그 안에는 정원이 내려다보이는 작은 창문이 나 있고 편안한 의자와 무릎을 꿇을 수 있는 기도의자, 작은 탁자와 전등, 양초와 십자가가 놓인 낡은 책꽂이가 있었다. 그곳은 애비게일이 하나님을 만나는 거룩한 장소였다. 그러나 가끔은 빌이 먼저 그곳에서 기도하고 있는 모습을 발견할 때도 있었다.

메리 목사가 처음에 했던 말이 어떤 면에서 애비게일에게는 이정표가 되었다. "제가 먼저 하나님의 사랑을 받아들이고 제 자신을 그 사랑에 완전히 내맡기고 나니까……"라는 말이 그녀의 뇌리에서 떠나지 않았고, 자신도 하나님과 더 친밀한 관계를 맺고 싶다는 욕구가 강하게 솟구쳤다. 마치 그녀의 마음이 이렇게 간구하는 듯했다. "거룩하신 성부와 은혜로운 성자와 사랑의 성령님, 저를 향한 세 분의 사랑을 알고 그 안에 온전히 거하면서 저 역시 온 존재를 다해 세 분을 사랑하며 살아가게 해주십시오. 모쪼록 저의 모든 것이 되어주십시오."

이듬해부터 애비게일의 기도가 달라지기 시작했다. 그때까지는 분명한 기도제목을 갖고 하나님께 간구하며 그에 대한 하나님의 뜻을 듣고자 했지만 이제는 그렇지 않았다. 다락방이든, 기도 골방이든, 다른 활동을 하면서 마음속으로 드리는 기도이든 그녀는 언제나 즐거운 기대감을 안고 기도를 시작했다. "하나님이 나와 무슨 말씀을 하고 싶어하실까?" 하나님이 원하시는 것이 애비게일이 생각하던 것과 동일할 때도 있었고, 때로는 그보다 더 중요한 일을 떠오르게 하실 때도 있었다. 침묵의 시간이 길어져도 전혀 어색하지 않았다. 그러한 침묵이 친교의 깊이를 더해주었고 오히려 말을 하는 것이 거북했다. 전에는 침묵의 시간이 곤혹스러웠지만 이제는 잠잠히 기다리는 것이 좋았다. 거기에는 말하거나 생각하는 것 이상의 깊은 무언가가 있었다. 조용히 침묵하는 시간은 오로지 주님으로 채워졌다. 그분의 영광, 위엄, 신비, 능력, 사랑이 그녀가 숨 쉬는 공기에서, 그녀가 앉은 의자에서, 창문에서 내리쬐는 빛에서 느껴지는 것 같았다. 그냥 그곳에, 그분과 함께 있다면, 그걸로 충분했다. 하나님에 대한 사랑은 애틋한 사모의 감정으로 발전해갔다. 심지어 하나님이 가깝게 느껴지지 않을 때에도 애비게일은 기다리는 것 자체로 만족했다.

한 가지 놀라운 사실은 기도의 변화가 일상생활의 변화로 이어진다는 점이었다. 집 안을 청소할 때나 남편이나 아이들과 대화할 때, 친구의 이야기를 들을 때, 시내의 봉사단체에서 식당 봉사를 할 때에도 애비게일은 골방에서 기도할 때와 비슷한 분위기를 느꼈다. 마치 사람들을 그 거룩한 장소로 초대해서 예수님, 그들, 자신이 함께 있는 것 같았다. 다른 사람들도 마찬가지 느낌을 받는 것 같았다. 그들은 언제나 애비게일을 만나서 이야기를 나누고 기도를 받고 싶어했다.

하지만 신앙생활이 언제나 순탄하기만 한 것은 아니었다. 하나님의 거룩함을 체험하면 할수록 그녀 자신의 죄가 더 깊이 인식되었다. 언젠가는 마치 하나님이 그녀 앞에 거울을 들고서 그녀의 결점, 흠집, 주님을 배반할 가능성 등을 낱낱이 보여주시는 것만 같은 순간이 있었다. 심지어 자신이 남을 위해서 하는 좋은 일에도 이기적인 동기가 숨어 있다는 것을 깨닫게 되었다. "사람들이 나를 '예수님 같은 사람'이라고 생각하겠지? 내가 얼마나 도와주었는지 남들에게 얘기하겠지?" 그런 자기중심적인 생각을 깨닫고 나면 괴로워 견딜 수가 없었다. 자신이 죄인이라는 사실은 알았지만 그렇게 노상 죄를 인식하며 산다는 것은 보통 고통스러운 일이 아니었다. 그러나 더 괴로운 것은 예수님의 큰 사랑에 비추어보면 자신이 하는 사역과 봉사가 너무 하찮아 보인다는 것이었다. 주님은 그녀를 위해 모든 것을 주셨고 영원히 사랑해주시는데 자신은 주님을 섬긴다며 그저 수선이나 떨고 있지 않은가! 어떤 때에는 수녀가 되어 하루 종일 예수님의 이름으로 사람들을 도와주고 싶다는 공상에 잠기기도 했다. 하지만 그녀에게는 가족이 있었고 해야 할 집안일이 있었다. 설령 그런 식으로 주님을 섬긴다고 해도 역시 '하찮은' 수준에서 벗어나지 못할 것이다.

그중에서도 애비게일을 가장 심란하게 만드는 것은 하나님과 가까워지고 싶으면서도 마음 한편으로 그것을 은근히 두려워하고 있다는 점이었다. 기도 골방에서 하나님의 임재나 그분의 사랑을 느낄 때 두려움 비슷한 감정이 일어나는 경우도 있었다. 그런 때에는 일부러 바쁜 일을 만들어 기도 골방에 들어가는 것을 회피했다. 그녀는 주님께 온전히 헌신하고 싶었지만 자신과 주님 사이에는 여전히 넘을 수 없는 벽이 가로놓여 있었다. 그것은 절망감을 넘어 그녀의 마음을 아프게 했고, 그로 인해 주님도 마음 아파하실 것임을 애비게일은 잘 알고 있었다.

다섯 번째 방은 우리의 초점이 사역doing에서 존재being로, 섬김에서 사랑으로 더 깊이 들어가는 전환기이다. 하나님은 요한복음 17장에 나오는 예수님의 '대제사장 기도'에서처럼 우리가 하나님과 하나 되는 삶을 살기를 원하신다. 우리의 유일한 소망은 하나님만을 위해 사는 것이다. 이 세상 그 무엇보다 그분을 알고, 사랑하고, 그 사랑을 만끽하고 싶을 뿐이다. 우리는 다른 사람들의 고통(동시에 예수님의 고통)을 나누어 짐으로써 주님을 섬기고자 한다. 테레사는 대부분의 그리스도인이 이 다섯 번째 방에 들어가볼 수는 있다고 믿었다. "나는 '몇 사람'이라고 말했습니다만 사실 이제부터 거론할 방에 많은 사람이 들어가볼 수는 있습니다. 들어가는 사람은 많지만 같은 방이라도 정도의 차이가 있기 때문에 내가 앞으로 이 방에 대해 이야기하는 것들을 일부라도 경험하는 사람은 소수에 불과할 거라고 생각합니다."[1]

이 말은 영적 성숙이 일직선의 방향으로 전진하지는 않는다는 테레사의 신념을 반영하고 있다. 일반적으로 첫 번째 방에서 일곱 번째 방까지 영적 성숙이 진행되는 과정에서 우리는 자신이 머무는 방 외에 앞뒤에 있는 방들도 계속 들락거린다. 다섯 번째 방에서는 하나님과 연합되어야 한다는 사실을 의식하지만 실제로 그곳에 오래 머물면서 하나님이 허락하시는 영적 체험들을 모두 경험하는 사람은 많지 않다.

한 가지 염두에 두어야 할 것은 하나님과 연합해야 할 필요성을 의식하는 곳이 다섯 번째 방인데, 실제로 그 연합이 이루어지는 것은 일곱 번째 방이라는 사실이다. 한 남자와 여자가 서로 좋아서 약혼을 할 때처럼 우리도 예수님과 사랑에 빠져서 주님께만 헌신을 하겠다고 다짐한다. 그런 애틋한 사랑과 헌신은 다음 단계의 방들에서 더욱 강렬해지지만 성령은 먼저 이 방에서 그 맛을 보게 하신다.

이 정도의 영적 성숙 단계에 올라서면 모든 게 순탄한 장밋빛일 거라고 착각하는 사람이 많지만 결코 그렇지 않다. 십자가의 요한은 다섯 번째, 여섯 번째, 일곱 번째 방에서 경험하는 힘들고 '암흑 같은' 시간들을 아주 실감나게 묘사했다. 그는 그러한 시간들을 '어두운 밤'이라고 불렀다. 다섯 번째 방에 들어설 때부터 그런 경험을 하는 사람들이 있지만 이 책에서는 여섯 번째 방을 소개할 때 '어두운 밤'을 구체적으로 살펴보도록 하겠다. 다음의 두 가지 성경 구절은 다섯 번째 방에서 이루어지는 하나님과의 연합과 친밀감을 보여준다.

"내가 확신하노니 사망이나 생명이나 천사들이나 권세자들이나 현재 일이나 장래 일이나 능력이나 높음이나 깊음이나 다른 어떤 피조물이라도 우리를 우리 주 그리스도 예수 안에 있는 하나님의 사랑에서 끊을 수 없으리라(롬 8:38-39)."

"내가 비옵는 것은 이 사람들만 위함이 아니요 또 그들의 말로 말미암아 나를 믿는 사람들도 위함이니 아버지여, 아버지께서 내 안에, 내가 아버지 안에 있는 것 같이 그들도 다 하나가 되어 우리 안에 있게 하사 세상으로 아버지께서 나를 보내신 것을 믿게 하옵소서. (…) 곧 내가 그들 안에 있고 아버지께서 내 안에 계시어 그들로 온전함을 이루어 하나가 되게 하려 함은 아버지께서 나를 보내신 것과 또 나를 사랑하심 같이 그들도 사랑하신 것을 세상으로 알게 하려 함이로소이다. 아버지여 내게 주신 자도 나 있는 곳에 나와 함께 있어 아버지께서 창세전부터 나를 사랑하시므로 내게 주신 나의 영광을 그들로 보게 하시기를 원하옵나이다. (…) 이는 나를 사랑하신 사랑이 그들 안에 있고 나도 그들 안에 있게 하려 함이니이다(요 17:20-26)."

행위(doing)를 넘어 존재(being)로

영적 지도자로서 성장하는 과정에서, 행위에서 존재로 넘어가는 단계가 가장 중요하다. 풀러 신학교에서 리더십 교수를 역임하던 로버트 클린턴 교수도 '진정한 사역은 존재로부터 흘러나온다'고 말하는데 여기서 진정한 사역이란 하나님이 원하시는 열매를 맺는 사역, 즉 생명의 역사가 나타나는 사역을 말한다. 하나님이 일생 동안 우리를 빚어가시는 방법도 마찬가지이다. 하나님께서는 원하시는 일을 이루시기 위해 먼저 그릇을 만드시는데 이 그릇은 우리가 말하는 인격이며, 됨됨이며, 하나님이 만들어가시는 우리의 존재being이다. 하나님께서는 우리와의 인격적인 관계를 통해 우리의 존재를 다듬어가시며, 자신이 원하시는 존재를 완성시키기 위해서 사역doing들을 통해 우리들을 준비시키신다.

내가 알게 된 목회자들 중에서 온 힘을 다해 교회를 섬기다가 탈진하여 벽에 부딪치게 되었을 때 존재being의 문제에 집중하면서 돌파구를 찾은 분들이 있다. 이민 교회의 막중한 압력과 어려움 속에서도 그들이 의도적으로 하나님과의 사랑의 관계를 되찾고 회복하였을 때 이것이 소명과 열정의 회복으로 이어지고 가족과 교회 구성원들과의 관계 회복으로, 그리고 삶의 변화와 교회의 변화로 이어지는 모습을 볼 수 있었다. 이 과정이 하루아침에 이루어지는 것은 아니지만 그래도 이제까지 내가 경험한 바에 의하면 가장 짧은 기간에, 가장 확실하게 교회의 변화와 성장이 일어난 경우들이다. 일반 개인의 삶에서도 자신의 존재와 관계의 변화를 통해서 삶의 전반에서 깊은 변화와 그 열매들을 경험할 수 있다. 이것이 이 책에서 말하는 영적 성장 과정의 4~5단계에서 일어나는 현상이다.

다섯 번째 방에서 겪는 체험들에 비추어 볼 때 로마서 말씀은 사랑의 친밀감과 더불어 하나님의 변함없는 사랑에 대한 확신을 말해주고 있다. 흔히 '대제사장 기도'라고 불리는 요한복음 17장의 기도에서도 우리와 친밀하게 하나 되고 싶어하시는 예수님의 갈망이 잘 표현되어 있다. 한 가지 분명한 것은 예수님이 하나님 아버지께 간구하고 있는 내용은 아직 이 단계에서는 완전히 실현되지 않은 상태라는 점이다.

상규
하나님께서는 말씀을 통해, 베푸신 은혜의 기억들을 통해, 언제나 우리의 기대를 뛰어넘는 그분의 역사를 통해, 자신이 어떠한 분이신가를 나타내 보여주시고 그의 사랑을 보여주신다. 그리고 그분과의 더욱 깊은 교제와 동역으로 초대하신다. 상규에게도 똑같은 하나님의 부르심이 있었다. 때로는 미세한 음성으로, 때로는 사람과 사건을 통해, 그리고 고통스러운 경험을 통해 들려오기도 했지만 상규는 그것을 하나님의 부르심이라고 생각한 적이 없었다. 그러나 이제 상규는 그의 음성에 귀를 기울이게 되었다! 주님을 더욱 깊이 경험하고 알고자 하는 마음이 그가 더욱 진지하게 그분에게 집중하도록 만든 것이다. 상규는 지금 인생의 하프타임을 경험하고 있었다.

7년 전 상규가 회사 안에서 시작한 벤처 사업이 예상보다 훨씬 좋은 열매들을 거두면서 그가 원하던 인생의 목적들도 하나씩 성취되었지만, 자신이 그렇게 열정적으로 추구하던 완전한 기쁨과 보람을 안겨주지는 않는다는 사실을 발견하게 되었다. 아니 어쩌면 하나님께서 그러한 것들에 대한 욕망과 관심을 모두 앗아가버리신 것 같았다! 회사에서는 대대적인 조직 변경이 진행되고 살아남은 벤처기업들도 본부 조직으로 합병되면서 상규는 본부로 돌아가서 승진의 사다리를 계속 타든지 아니면 직장을 그만두든지 양자택일을 할 수밖에 없었다. 상규의 마음은 점점 후자로 기울어졌다. 사실 그것은 그가 오랫동안 갈망해온 것으로, 하나님과의 사랑의 관계로 깊이 들어갈 삶의 전환점을 찾기 위한 것이었다. 어떤 형태로 그 일이 이루어질 수 있을지 알 수 없었지만 상규에게 그것은 인생의 목적과 본질을 찾아나서는 가장 중요한 여행이며 숙제였다. 이즈음 한국에서 오랫동안 병을 앓고 계시던 형님이 돌아가시고, 미국에서 함께 지냈던 장모님과 장인어른이 6개월 간격으로 세상을 떠나셨다. 이러한 급작스런 상황은 그가 남은 인생의 방향을 두고 새로운 결단을 내리는 데 현실감과 긴박감을 더해주었다.

직장을 그만두고 목회나 선교에 헌신하겠다는 결단을 하는 것이 맞을까 하는 생각도 해보았다. 신학교를 기웃거리며 선교단체에서 시행하는 훈련에도 참가하던 중에 그는 자기의 인생을 전환시킬 경험들을 하게 되었다. 그가 미국 선교단체에서 받은 지도자 훈련 프로그램 중에 각자가 과거의 삶을 돌아보며 그 안에 역사하신 하나님의 손길과 섭리를 헤아려보는 과정이 있었다. 상규는 이 과정을 통해 자신의 삶을 향한 하나님의 뜻을 발견할 수 있었고, 또 그 일을 준비하고 이루어가시는 하나님의 놀랍고도 섬세한 손길을 분별하게 되었다. 상규는 그의 삶을 관통하는 가장 큰 주제는 '변화'라는 사실을 발견했다. 어릴 때부터 가정에 일어났던 극심한 변화들과 그 이후 학창 시절에 경험했던 한국 정세의 격변, 일본과 미국의 조직 문화를 접하면서 느꼈던 충격 등……. 이 모든 것이 그의 삶에 여과되고 침전되어 무언가 의미 있는 하나님의 궁극적인 목적을 이루어가고 계시는 것이 아닌가 하는 생각을 하게 되었다. 이런 경험을 통해 하나님께서는 상규 자신을 변화시키시고 나아가서는 다른 사람들의 변화를 돕는 촉매제 역할을 하도록 사용하실 수도 있다는 소망도 갖게 되었다.

이 과정에서 그에게 도움을 주었던 것은 이 목사의 격려와 코칭이었다. 오래전에 만났을 때부터 각별한 사랑과 우정 속에서 서로의 비전을 나누는 관계였는데, 상규가 진로를 위해 고민할 때 그의 적극적인 관심과 격려는 큰 힘이 되어주었다. 이 목사는 한국 교회를 위해서 전문적인 지도자 훈련기관이 필요하다는 것과 상규의 직장 경험, 미국 조직에서 얻은 경험들과 다문화권을 위한 지도자 훈련 등이 한국 교회에서도 긴요하게 쓰일 수 있다는 조언을 해주었다. 그동안 상규는 평신도 지도자로서 미국 교단과 노회에서 활동하면서 지역 교회에 분쟁이 생겼을 때 문제해결과 조정에 참여했고, 이는 큰 보람과 열매들로 이어졌는데 바로 그가 다뤄야 하는 교회의 혼란스럽고 격화된 갈등 상황이 사회 조직 속에서 일해온 그에게는 익숙한 것이었기 때문이었다.

결정적인 계기는 지도자 훈련 과정 중에 있었던 스티브 목사와의 만남 속에서 이루어졌다. 상규의 현재 상황을 놓고 코칭을 구했을 때 스티브 목사는 그에게 두 가지 질문을 던졌다. "다른 것들을 희생해서라도 당신이 남은 인생에 가장 하고 싶은 것이 무엇인가?" 그리고 "바로 그것을 하기 위해 지금 무엇을 준비해야 할 것인가?"라는 질문이었다. 첫 번째 질문에 대해서는 상규의 생각이 어느 정도 준비되어 있었기 때문에 대답할 수 있었지만, 두 번째 질문은 바로 현재 그가 씨름하고 있는 문제였다. "내가 가장 원하는 것은 나 자신이 변화되는 것이고 이 경험을 통해서 다른 사람들, 그리고 그들이 속한 공동체와 조직들의 변화를 돕고 싶습니다. 이 일을 위해 구체적으로 어떻게 준비해야 할지, 어디서부터 시작해야 할지 몰라서 도움을 얻기 위해 온 것입니다"라고 말하자 스티브 목사는 세 번째 질문을 던졌다. "당신 자신이 먼저 변화됨으로써 다른 사람들의 변화를 도울 수 있다는 생각은 바른 생각인 것 같습니다. 그렇다면 당신 자신이 변화하는 과정은 환경의 변화에서 시작되어야 하겠습니까, 아니면 당신 내면의 변화에서 시작되어야 합니까?" 단순한 질문처럼 보였지만 이 질문은 상규 안에 있던 생각들을 정리하는 데 도움을 주었다. 상규는 현재의 직장을 사임하고 선교사나 전임 사역자로 나가는 길을 일단 보류하고, 현재 있는 곳과 주어진 환경에서 자신의 내면의 변화를 위한 작업에 몰두해나가기로 결단을 내렸다. 경숙도 이 결정에 동의하고, 이 과정에 동참하기로 약속하였다. 이 과정을 통해 원하는 결과를 얻지 못하더라도 그 이후에 힘을 모아 장래의 문제들을 헤쳐나가기로 했다.

상규의 기도는 이제 장래의 방향과 도움을 요청하는 것만이 아니라 바울이 에베소의 교인들을 위해 간구한 것 같이 자신의 눈을 열어 자신 안에 역사하고 계시는 하나님의 기이한 사랑의 법을 보게 해달라는 간구로 변해갔다. "…

하나님을 알게 하시고 너희 마음의 눈을 밝히사 그의 부르심의 소망이 무엇이며 성도 안에서 그 기업의 영광의 풍성함이 무엇이며 그의 힘의 위력으로 역사하심을 따라 믿는 우리에게 베푸신 능력의 지극히 크심이 어떠한 것을 너희로 알게 하시기를 구하노라(엡1:17-19)."[2]

마이클

여전히 마이클에게 달리기는 하나님과의 친밀감을 경험하는 주된 수단이었다. 그의 나이가 어느덧 쉰을 바라보고, 친구들은 그가 늙어서는 무릎의 관절이 남아나지 않을 것이라고 농담을 하지만 아침마다 하는 조깅은 그가 가장 기대하는 주님과 만나는 시간이었다. 달리는 동안에는 가끔 예수님이 정말로 곁에 '가까이' 계신 것처럼 느껴졌다. 그러나 아무런 느낌 없이 그냥 곁에 계신 것을 믿고 뛰는 날들이 많았다. 애비게일처럼 마이클도 기도제목을 놓고 하나씩 기도를 했지만 어느 사이엔가 기도할 내용이 떨어져 할 말이 없을 때가 오히려 더 소중한 시간이라는 것을 알게 되었다. 때로는 달리는 동안 뭔가 불현듯 머리에 떠오르기도 했다. 주로 어떤 생각이나 깨달음이나 지혜였는데 마이클은 이후에 그런 것들을 가리켜 '땀내 나는 계시'라고 부르곤 했다.

교회 목회는 오르막과 내리막을 반복하며 정체를 벗어나지 못했다. 목사로서 가장 고통스러운 시기였다. 교인들마다 교회 일은 이렇게 되어야 한다는 자기 철학들이 뚜렷해서, 개중에는 자기 의견을 관철하기 위해 분쟁도 불사하는 이들이 있었다. 희한하게도 그런 분쟁들을 통하여 하나님은 마이클을 더 자신 곁으로 가까이 인도하셨다. 어떤 경우에는 주님과 빨리 만나고 싶어 다음 날 아침 조깅 시간까지 기다리기가 힘들 정도였다. 전화로 교인들과 날카로운 언쟁을 주고받을 때는 화가 머리끝까지 치밀기도 했다. "하나님, 대체 저들은 나를 뭘로 보고 이러는 건가요?" 그는 속으로 분통을 터뜨렸다. "저는 도무지 어느 장단에 춤을 추어야 할지 모르겠습니다!" 그렇게 신경이 예민해진 날에는 행여 교역자들에게 분풀이를 할까 봐 자신의 사무실에 가만히 박혀 있거나 아예 근처 커피숍으로 자리를 옮겼다.

그러한 신경전이 오고간 어느 날, 마이클은 교회 건물 끝에 위치한 소예배당 안에 혼자 앉아 있었다. 처음에는 아무 말 없이 가만히 앉아 있었지만 이내 쌓였던 감정이 터져나오며 하나님께 부르짖다가, 절망 가운데 한숨을 내쉬다가, 나중에는 입을 다문 채로 강대상 위에 걸린 십자가를 한참 동안 멍하니 바라보았다. 마침 옆 건물에서 수리공이 무언가를 고치고 있었다. 천천히 망치를 두드리는 소리가 그가 앉아 있는 예배당까지 울려 퍼졌다. 십자가를 뚫어지게 바라보고 있는 마이클의 눈앞에 갑자기 예수님이 십자가에 달린 모습이 환상처럼 스쳐갔다. 아니 거의 선명하게 눈 안에 들어왔다. 커다란 못들이 예수님의 살을 깊숙이 뚫고 들어가고 있었다. "너를 위해, 이것을 위해, 사랑 때문에……." 귀에 들려오는 음성은 아니었지만 그것은 가슴을 파고드는 분명한 음성이었고 마이클을 향한 말씀이었다! 자기도 모르는 사이 마이클의 눈에는 눈물이 고였고, 분노는 눈 녹듯 사라져버렸다. 마치 십자가 위에서 예수님의 눈길이 마이클에게 이렇게 호소하시는 것만 같았다. "너는 나를 사랑하지 않느냐? 이 십자가를 나와 함께 질 수 없겠느냐?" 마이클은 즉시 소리를 높여 응답했다. "저는 주님을 더 사랑하고 싶습니다. 더 사랑할 수 있도록 도와주십시오!"

그날 예배당에서의 경험을 통해 마이클은 주님 앞에서 가만히 기다린다는 것이 무엇인지를 배우게 되었다. 그 이후로는 아침에 조깅을 하며 경건의 시간을 갖고 늦은 오후에는 소예배당에 앉아서 침묵의 시간을 보냈다. 이 두 가지 습관을 통해 그의 삶에서 주님에 대한 흠모와 경배와 사랑의 향기가 우러나오기 시작했다.

몇 달이 지나 마이클은 일기장에 다음과 같이 적었다. "예수님, 당신을 사랑하는 데 걸림돌이 된다면 이 교회도, 목회도, 그 어느 것이든 기꺼이 포기하겠습니다. 이런 말씀을 드리기가 두렵기는 하지만 솔직히 당신을 사랑하는 것 이외에 다른 일들은 그 무엇도 저를 만족시키지 못합니다. 다만 무엇을 어찌해야 좋을지는 모르겠습니다. 주님, 제발 저의 마음을 변화시켜주시옵소서."

마이클은 지속적으로 예수님께 나아가 간구했다. 그런데 언제부턴가 그의 목회의 초점이 바뀌기 시작했다. 누구를 만나든, 무슨 일을 하든, 어떤 설교를 준비하든 "예수님은요?"라는 질문이 그의 마음과 생각에 첫 번째로 떠오르는 것이었다. 어느 날 장로 한 명이 그를 찾아와 최근 예배 시간에 드리는 '현대적' 찬양들이 마음에 들지 않는다고 불만을 토로했다. 마이클은 그가 하는 말들을 가만히 듣고 있다가 "프레드 장로님, 저에게 특별한 장소가 있는데 저와 함께 가보시지 않겠습니까?"라고 말했다. 프레드 장로는 그를 따라 교회 건물 끝에 있는 소예배당으로 들어섰다. "여기서 무얼 하자는 말씀인가요?" 프레드 장로가 난감한 표정으로 묻자 마이클은 "그냥 여기 몇 분간만 예수님과 함께 앉아 계세요. 그러고 나서 며칠 있다가 다시 한 번 그 얘기를 나눕시다. 그동안 말씀하신 내용을 진지하게 생각해볼 여유가 생기니까요."라고 대꾸했다. 그 뒤부터 마이클은 장로들을 만날 때마다 그들과 함께 소예배당에 가서 침묵과 기도로 대화를 시작하곤 했다.

그러나 영적 성숙의 이 단계에 있어서도 고민거리는 있었다. 가장 큰 고민은 가족 관계였다. 하나님의 사랑을 더 깊이 느끼고는 있지만 가끔씩 아내와 딸을 향해 주체할 수 없는 분노가 터져나와 흠칫 놀랄 때가 있었다. 물론 피곤하고 스트레스가 쌓이기도 했지만 대체 그런 분노가 어디서 나오는지 스스로 생각해봐도 기가 막힐 노릇이었다. 화가 자주 폭발하지는 않았지만 가끔씩 날카롭고 거친 말을 내뱉은 후에는 회개와 사과를 하느라 눈물을 흘리기도 했다. 부부 관계에 금이 가는 것을 보면서 상담과 근본적인 치유가 필요하다는 생각이 들었다. 그런 상태에서 주일마다 설교를 하는 자신이 위선자처럼 느껴지기도 했다. 오전과 오후에 드리는 침묵 기도는 이제 하나님께 도움을 요청하는 간구의 부르짖음으로 바뀌었다. 하나님을 사랑한다고 하면서 어찌 그토록 몹쓸 행동을 할 수 있다는 말인가?

하나님과의 관계에서 '당신의 마음이 갈망하는 것'

그럼 이제 다섯 번째 방에 해당하는 여섯 가지 범주에 대해 이야기해보자. 이 단계에서는 주님을 섬기고 싶은 열망과 하나님과 친밀한 관계를 맺고 싶은 갈급함이 더해지면서 그것이 사역을 해나가는 주된 동기로 자리 잡는다. 사랑으로 주님을 섬기려는 열망이 너무 강해서 자신의 헌신이 충분하지 못하다고 느낄 때가 많으며 주님께 사랑을 제대로 표현하지 못하는 것 같아 몹시 안타까워한다. 테레사는 이렇게 말했다. "그와 동시에 이곳에 있는 사람은 자신이 하나님을 제대로 섬기지 못한다고 생각하며 이 세상에는 주님을 사랑하고 헌신하는 사람은 너무 적은 반면 주님을 함부로, 그리고 자주 거역하는 사람들이 너무 많다는 사실에 가슴 아파합니다."[3]

다섯 번째 방은 절망의 시기라고도 할 수 있다. 사실은 영적으로 성숙했기에 그런 절망을 맛보는 것이다. 우리는 일곱 번째 방에서 이루어지는 하나님과의 연합을 갈망한다. 마치 서로 사랑에 빠진 남녀가 결혼을 원하는 것처럼 말이다. 그런 갈망을 정확히 말로 표현하기는 힘들다. 또한 하나님의 선물과 그분의 풍성한 사랑에 깊은 감사를 느끼지만 우리가 주님께 드리는 사랑이나 그분의 사랑을 체험하는 깊이가 충분하지 않아 불만을 갖게 된다. 모든 사랑의 관계가 그렇듯이 주님을 사랑하면 할수록 우리는 그 사랑을 더 의미 있게 전달하고 싶어 애를 태운다. 바로 그러한 '허기짐과 목마름'이 어떤 대가를 치러서라도 주님 앞에 나아가도록 만드는 원동력이 되는 것이다.

하나님을 향해 나타나는 '주요 반응들'

하나님에 대한 사랑의 불길이 사역에도 긍정적인 효과를 몰고 온다. 사람들은 우리를 보면 더욱 열심을 내고 있다고 말할 것이다. 테레사는 전심으로 오로지 하나님의 뜻만을 행하겠다는 결심이 하나님과의 연합을 이루는 열쇠라고 말했다. 하나님에 대해 사랑의 불똥이 튈 때(십자가의 요한은 이렇게 표현했다) 네 번째 방에서 사랑의 불꽃이 붙고 다섯 번째 방에서 사역과 헌신의 삶으로 확 타오르게 되는 것이다.

또한 사역이 곧 기도이고 기도는 곧 사역이 되며 모든 것이 하나님에 대한 사랑으로 귀결된다. 하나님과의 깊은 사귐과 대화로 인해 앞서 언급했던 기도의 특징들이 삶과 사역에 그대로 재현된다. 예수님이 좋아하시리라고 생각되는 일("예수님이라면 어떻게 하실까?")을 하기보다 예수님이 실제로 하고 계시는 일을 그대로 따라 행하는 사람으로 변모해간다. 하나님의 뜻을 직관적으로 알아채는 능력이 향상되다 보니 우리도 사람들 속에서 주님이 이미 행하고 계신 일들에 동참하게 되는 것이다. 우리의 '직관'은 내주하시는 성령님에 의해 밝아지고 우리의 의지는 하나님의 뜻과 일치하게 된다. 하나님의 뜻에 주파수를 맞추다 보니 자연히 하나님의 생각과 행사를 알게 되고 한 발 더 나아가 예측까지 할 수 있게 된다. 마치 오래 결혼 생활을 한 부부가 서로의 생각과 행동을 알아가듯이 말이다.

다섯 번째 방에서는 '세 번째 물'을 경험한다. 우리가 쏟는 노력보다 하나님의 은혜가 훨씬 더 강력한 힘을 발휘한다. 앞서 이야기했던 밭의 비유를 들자면 이제는 강이나 시내에서부터 흘러들어오는 물을 도랑을 통해 그냥 밭에 대어주기만 하면 된다. 첫 번째, 두 번째, 세 번째 방에서는 우물에서 물을 길어 밭에 붓는 것과 같다고 했던 말이 기억나는가? 네 번째 방에서는 우리의 노력을 물레방아를 이용해 물을 퍼서 나르는 것에 비교했다. 그러나 다섯 번째 방 단계에서 우리는 하나님의 생각과 역사에 연결되어 있어서, 단순히 협력하기만 하면 된다. 우리 안에서 하나님이 행하시는 역사에 순종하기만 하면 우리는 자기 자신에 대해 '죽는' 즉, 자신의 십자가를 지는 삶을 살아가게 된다. 오직 주를 위해 사는 삶을 통해 하나님과 하나 되는 경험을 하게 되는 것이다. 다섯 번째 방 특유의 기도 생활을 통해 우리 자신이 죽고 하나님 뜻을 실천하는 것이 더욱 쉬워지는 것은 사실이지만 우리의 육신을 십자가에 못 박기 위해서는 여전히 각고의 노력을 기울여야 한다.[4]

사역의 변화

　우리가 행하는 사역은 동기와 초점 면에서 많은 변화를 맞이한다. 자신의 역할이나 은사, 재능에 따라서 사역을 결정하기보다 주님의 구체적인 인도하심에 따르게 된다. 자기 자신에 대한 더 깊은 이해와 지식을 바탕으로 자신의 진정한 모습을 찾고 다른 사람들에게도 주님의 사랑을 더 효과적으로 표현할 수 있게 된다.

　설령 그러한 변화가 겉으로는 크게 드러나지 않는다 해도, 엄청난 변화임에 틀림없다. 예를 들어 당신이 전에 주일학교에서 아이들을 가르쳤던 이유가 어린아이들과 잘 어울리거나 그 나이 또래의 자녀가 있어서였다면 이제는 아이들에 대한 깊은 사랑과 그들을 향한 하나님의 사랑 때문에 가르치려 하는 것이 된다.

　사랑하는 주님과 깊은 대화를 나누는 시간이 매우 소중하기 때문에 우리는 생활방식을 바꿔가면서라도 그 시간을 지키려 애쓴다. 다섯 번째 방에서는 시간 사용이나 우선순위의 균형에 신경을 쓰기보다 다른 사람들을 위한 희생적인 삶을 살고자 하게 되며 하나님 나라를 위해 일하려고 노력한다. 테레사는 생의 목표에 관해 다음과 같은 말을 했다. "우리의 신앙생활에서 주님이 요구하시는 것은 두 가지입니다. 여호와 하나님을 사랑하고 우리의 이웃을 사랑하는 것입니다. 제 생각에 우리가 하나님을 사랑하는지 안 하는지를 보여주는 가장 확실한 징표는 우리가 이웃을 진정으로 사랑하는지의 여부라고 봅니다."[5]

　하나님을 향한 '기도의 변화 양상'

　다섯 번째 방에서의 기도는 반응적인 기도의 성격이 더 두드러진다. 주로 마주 머묾 기도(contemplation)를 드리고 때에 따라 긴 침묵에 들어가서 말이나 생각이나 떠오르는 장면 없이 그저 하나님의 임재 가운데 아무런 방해 없이 편안한 안식을 누리게 된다. 그런 상태는 보통 10분이나 15분 정도 이어지는데 가끔 더 길어질 때도 있다. 테레사는 그러한 연합의 순간을 다음과 같이 묘사했다.

"여기에서는 생각을 집중시키려는 어떤 기술도 필요가 없습니다. 이 상태에서는 세상일과 우리 자신에 대한 모든 감각이 완전히 잠들기 때문입니다. 더 정확히 말하자면 그 연합의 순간에는 우리 영혼이 마치 아무 감각이 없어서 생각을 하고 싶어도 할 힘이 없는 것처럼 느껴집니다. 사랑할 때는 (만일 그것이 진정한 사랑이라면) 무엇을 어떻게 사랑하고 무엇을 원하고 있는지도 제대로 알지 못합니다. 말하자면 우리의 전 존재가 세상에 대해 죽고 하나님에 대해서만 온전히 살아 있는 것과 같다고 할 수 있습니다."[6]

다섯 번째 방에서의 기도는 곧 사랑의 행위라고 할 수 있다. 사랑하는 분이 모든 계획을 세우고 사랑받는 자는 그 뜻을 깨닫고 따라갈 뿐이다. 기도할 때는 우리의 의지만이 아니라 상상력도 하나님께 올려드린다. 진정한 침묵에 들어가면 우리의 모든 감각이 오직 하나님께로만 집중된다. 그렇다고 기도 중에 광야의 메마름을 느끼지 않는다거나 방해거리와 씨름하지 않는다는 얘기가 아니다. 그 반대로 기도에 대한 갈증과 허기가 깊어져 오히려 현재 드리는 기도로 만족하지 못하게 된다.

우리의 중보기도 또한 변화한다. 이런저런 간구를 드리기보다 그 사람에 대한 우리의 마음을 아시는 주님께 그를 맡겨드리고 그에게 최선이 되는 것을 행해달라고 빌게 된다.

성경에도 이러한 기도를 보여주는 말씀들이 많이 나온다.

"너희는 가만히 있어 내가 하나님 됨을 알지어다(시 46:10)."

"이와 같이 성령도 우리의 연약함을 도우시나니 우리는 마땅히 기도할 바를 알지 못하나 오직 성령이 말할 수 없는 탄식으로 우리를 위하여 친히 간구하시느니라.

마음을 살피시는 이가 성령의 생각을 아시나니 이는 성령이 하나님의 뜻대로 성도를 위하여 간구하심이니라(롬 8:26-27)."

이제 우리는 이런 방식으로 우리 자신과 다른 사람을 위해 기도한다. 더 이상 우리 뜻으로 하나님을 움직일 수 없음을 알기 때문이다.

우리를 하나님께로 이끄시는 '예수님의 역사'

"사람이 눈에서 사라져야 더 그리워진다"는 말이 있다. 하지만 다섯 번째 방에서 느끼는 끔찍한 절망감은 정확히 그 반대라고 할 수 있다. 예전에는 하나님이 가깝게 느껴졌는데 이제는 그분이 완전히 사라진 것처럼 느껴질 때가 있다. 하나님은 우리 안에 계속해서 사랑의 불길을 당기시지만 그전과 같은 관계의 깊이를 느끼게 해주지는 않으신다. 하나님을 더 깊이 체험하고 싶어 간절히 구하는데도 불구하고 하나님은 가끔 자신의 모습을 숨기시고 제대로 볼 수 없게 하셔서 우리가 그분을 더 신뢰하지 않으면 안 되게끔 만드신다.

우리 자신의 죄와 허물을 생생히 인식하게 되는 것도 다섯 번째 방의 시기를 힘들게 하는 요인 중의 하나다. 하나님이 자신의 모습은 숨기시지만 그분의 빛을 계속해서 조명해주심으로써 우리의 타락한 인간성이 더 선명하게 드러날 수밖에 없다. 이 단계에서 '감각의 어두운 밤'이 시작될 수 있다. 많은 유혹을 느끼게 되고 우리의 감각과 분별력이 얼마나 오염되고 타락했는지를 적나라하게 보게 되는 것이다. 무엇보다 하나님에 대한 사랑을 나타내며 그분을 기쁘시게 하고 싶지만 말로나 행동으로나 그것이 얼마나 불가능한지를 처절하게 절감할 뿐이다.

다섯 번째 방을 지나는 동안 예전의 상처들이 힘들고 고통스럽게 되살아나는 경우가 많다. 예전의 상처가 되살아나는 것은 이 단계에 이른 그리스도인들의 연령대와 그에 따른 삶의 변화가 그 요인으로 작용했을 가능성이 높다. 하나님은 이번에도 우리를 치유해주시는데, 오히려 예전의 믿음과 양심으로는 감당하지 못했을 새로운 차원의 치유를 행하신다. 하나님과 더 깊은 친밀감을 갈망함에 따라 예전에 야기되었던 관계의 문제들이 수면으로 떠오르는 것이다. 우리 상처들을 인식하고 치유받는 것은 우리를 겸허하게 만들고 다른 사람들을 더 깊이 이해하며 동정하는 계기가 된다. 이전처럼 하나님을 가까이 느끼지 못하는 답답함 속에서 자신의 상처까지 직면해야 하는 괴로움은 이루 말할 수 없이 크지만, 주님은 계속해서 그분의 얼굴을 구할 수 있도록 충분한 은혜와 위로를 허락하신다.

지금까지의 이야기로 짐작할 수 있듯이 다섯 번째 방은 대단히 모순적인 시기이다. 하나님과의 관계가 더 깊어감에도 불구하고 우리 자신은 그러한 성숙 과정을 별로 실감하지 못한다. 이웃을 사랑함으로써 하나님에 대한 사랑과 열정은 자라가지만, 마음껏 사랑하지 못하는 무능력함이 우리를 속상하게 한다. 따라서 이 시기의 특징 중 하나는 자신의 영적 성장에 대단히 불만을 느낀다는 것이다. 두 번째 방에서처럼 다섯 번째 방에서도 전혀 영적으로 성장하지 않는다고 생각할 때가 많다.

테레사는 하나님과의 연합이 전적으로 하나님의 역사임을 강조하면서 밀랍과 쇠도장의 비유를 들었다. "사실 하나님과의 연합에서 우리 영혼은 누군가 쇠도장을 내리누를 때 그 도장이 찍히는 밀랍 노릇밖에는 할 수 있는 역할이 없습니다."[7]

우리의 영적 성숙을 방해하려는 '원수의 계략'

십자가의 요한과 테레사는 하나님께서 이 단계에서 더 많은 원수의 공격을 허락하시는 이유가 우리에게 치유와 성장이 필요하다는 '증거'라고 말했다. 우리에게 가장 위험한 것은 자기중심성이라고 테레사는 경고했다. 원수가 사용하는 전략은 "조금씩 지각이 어두워지고 마음의 열정이 식어지게 하며 차츰 이기심이 자라나게 해서 어느 순간부터 하나님의 뜻을 멀리하고 자기 뜻을 주장하게 하는 것입니다."[8]

다섯 번째 방에서 원수가 사용하는 교활한 전략 중의 하나는 우리를 낙망하게 만드는 것이다. 자신의 신앙은 제자리에서 쳇바퀴 도는 것처럼 보이는 데다 '어두운 밤'까지 경험하게 되면 사실상 신앙이 뒤로 후퇴하는 것처럼 느껴진다. 원수는 또한 다른 그리스도인들을 이용하기도 한다. 하나님에 대한 뜨거운 사랑도 없고 다섯 번째 방에서의 고통이나 열정도 전혀 이해하지 못하는 성도들을 부추겨 우리를 비웃고 조롱하도록 만든다.

원수는 심지어 우리가 다른 사람을 불쌍히 여기는 마음까지 이용하려 든다. 기도를 하는 동안 머릿속에 다른 사람의 어려운 사정과 도울 일들을 잔뜩 떠올리게 해서 하나님 앞에 잠잠히 있지 못하도록 부추긴다. "사탄의 농간은 교활하기 짝이 없습니다. 우리가 지니지 못한 덕을 마치 지니고 있는 것처럼 생각하게 하려고 지옥을 수천 번이나 휘젓고 돌아다닐 것입니다. (…) 사탄은 우리의 상상력을 사용하여 그의 교활한 속임수들을 조작해냅니다."[9]

기도 중에 하나님과 진정으로 하나 되는 것에 대해서 테레사는 다음과 같은 조언을 주었다. "감히 말씀드립니다만 우리의 기도가 정말로 하나님과 연합하는 기도라면 사탄은 감히 들어오지도 못하고 해를 끼치지도 못합니다. 우리 영혼의 중심이 위대한 주님과 완벽한 연합을 이루었는데 사탄이 어찌 감히 가까이 접근하며 그 비밀을 알 수 있다는 말입니까?"[10]

하나님께 협력하게 만드는 '성숙의 열쇠'

다섯 번째 방에서 하나님은 사랑으로 성도들을 어루만지시고 오직 그분을 위해 살고자 하는 열망에 불타오르게 하신다. 테레사는 그런 깊은 헌신의 관계를 '영적 약혼'에 견주면서 여섯 번째 방에 들어가면 그 관계가 더 온전해진다고 말했다. 하지만 여전히 우리는 의도적인 노력을 기울여 우리 안에서 행하시는 하나님의 역사에 협조해야 한다. "이곳에서도 우리 주님을 섬기며 자기 자신을 알기 위한 노력을 계속해야 한다는 사실을 항상 명심해야 합니다."[11]

영적으로 성장하기 위해 가장 중요한 일은 하나님의 뜻에 따라 섬길 사람들을 찾아 나서고 주님과 조용한 교제 시간을 갖는 것이다. 예수님은 자신의 양을 돌보시고 잃어버린 양을 찾아나서신다. 그런 주님과 동역할 때에 친밀감이 한층 깊어질 수밖에 없다. 침묵 기도로 하나님 앞에 앉아 있는 시간, 즉 성령이 우리 영과 교류하는 시간 역시 그에 못지않게 중요한 시간이다. 주변의 방해거리 없이 기도 골방에서 조용히 기도할 때 직관적으로 하나님의 심정을 깨닫는 법을 배우게 된다. 그렇다고 은둔 생활을 하거나 사회에서 스스로 고립되어야 한다는 이야기가 아니다. 다만 의도적이고 규칙적인 침묵과 고독의 시간을 충분히 마련하여 하나님이 우리를 치유하고 돌보시도록 내어드릴 때, 우리를 감싸주시는 그분의 무한한 사랑을 인식하게 된다는 것이다.

앞 장에서 말한 바와 같이 멘토나 영성 코치는 우리의 영적 성장에 매우 중요한 역할을 담당한다. 이야기를 들어주고, 용기를 북돋아주고, 우리가 겪고 있는 일들을 이해하게끔 도와주기 때문이다. 테레사도 다섯 번째 방에 있는 성도들이 기도 중 처음으로 하나님과의 연합을 경험할 때 갖게 되는 의구심에 대해 설명하고 있다. "…우리 영혼은 그것이 연합인지조차 알지 못해 의아해합니다. 혹시 자신의 상상은 아닌지, 졸다가 꿈을 꾼 것은 아닌지, 정말로 하나님이 주신 체험인지, 아니면 사탄이 빛의 천사로 가장한 것인지 혼동이 되는 것입니다."[12] 우리가 경험하는 강렬한 사랑과 고통, 깨달음, 영적 메마름을 제대로 이해할 수 있도록 곁에서 도와주는 사람이 필요하다. 영적 일기 쓰기를 계속하는 것도 필요하며 이것은 특히 멘토와 더 깊은 관계를 맺는 데 큰 도움을 준다. 성의 중앙으로 다가갈수록 하나님의 빛이 강렬해져서 우리 자신의 모습이 속속들이 드러난다. 그래서 치유가 필요한 자신의 상처 부위를 전보다 더 확실히 알게 된다. 영적 성숙에서의 정화와 깨달음과 연합의 과정을 책으로 펴낸 심리학자 벤자민 그로셸Benjamin Groeschel은 우리가 '깨달음의 단계'에 들어가면 이러

다섯 번째 방을 위한 추천도서

- 아우구스티누스, 고백록, 동서문화사, 2008.
  - 역사상 가장 위대했던 교부 중 한 사람의 영적 성숙에 대한 고전적 체험기
- 클레르보의 베르나르, On the Song of Songs, Cistercian Fathers Series, Kilian J Walsh, and Irene M. Edmonds, eds. vol. 40. Spencer, Mass.: Cistercian, 1971-1980.
  - 하나님의 사랑 가운데 살면서 그 사랑에 화답하는 삶을 보여주는 귀중한 책
- 클레르보의 베르나르, The Love of God, Portland, Ore.: Multnomah Press, 1983.
  - 하나님 안에서 사랑의 삶을 살아가도록 사명을 받은 자의 또 다른 역작
- 크리스티앙 보뱅, 아시시의 프란체스코, 마음산책, 2008.
  - 주님께 온전히 헌신된 삶을 살아가기 위해 노력했던 대표적 인물, 성 프란시스의 생애를 소개한 책
- 잔느 귀용. 예수 그리스도를 깊이 체험하기, 생명의 말씀사, 2009.
  - 잔느 귀용의 고전 중 하나인 이 책은 18세기 프랑스에 영적 부흥의 불을 당겼다. 거함 기도에 익숙한 그리스도인이라면 귀용이 이야기하는 내적 여정이 큰 도움이 될 것이다.
- 요하네스 에크하르트(Eckhart, Johannes), Meister Eckhart: Selected Writings (Penguin Classics), London: Penguin Books, 1994.
  - 기독교 신비주의를 설명하는 영감 어린 책
- 헨리 나우웬, 이는 내 사랑하는 자요, IVP, 1995.
  - 하나님과의 사랑의 관계에 초점을 맞춘 묵상 책

한 치유를 받아야 한다고 말했다. '깨달음의 단계'는 네 번째 방에서 일곱 번째 방에 해당하는 시기라고 볼 수 있다.

"정화의 단계에서는 자신의 이미지가 형편없이 추락하는 것을 경험한다. 신앙의 순례자는 보통 그렇게 형편없는 자아상을 가지고 시작한다. 정화 과정을 통해 그런 자아상이 더 나빠지는 것은 아닐지라

- 바실 페닝턴(Pennington, Basil), Centering Prayer, New York: Image Books, 1982.
  - 마주 머묾(contemplation)의 방법을 소개하는 고전. 개신교에서 사용하지 않는 용어들은 그냥 지나쳐도 되지만 이 책에 담긴 통찰력이나 역사적 가치는 놓치지 말기를 당부한다.
- Palmer, G.E.H., Phillip Sherrard, and Kallistos Ware, eds, The Philokalia—The Complete Text, Translated by St. Nikodimos of the Holy Mountain & St. Makarios of Corinth, Vol. 1–4, London/Boston: Faber and Faber, 1979–1984.
  - 신비주의적 삶과 침묵 기도의 뿌리를 이해하는 데 기초가 되는 전집이다. 1권의 「에바그리오스Evagrios」는 특히 마주 머묾 (contemplation)과 기도 중의 영적 전쟁을 이해하는 데 중요한 자료다. 2권은 개인적 거룩함과 기도 중에 겪는 어려움들을 설명하고 있다.
- 노만 러셀, 사막 교부들의 삶, 은성출판사, 1994.
  - 북아프리카에 거주하던 초기 사막 교부들의 이야기를 담은 고전
- 데이비드 시맨즈, 상한 감정의 치유, 두란노출판사, 1992.
  - 감정 문제의 저변에 깔려 있는 영적 상처의 치유를 다룬 책
- 스미스 위걸즈워스, 항상 배가하는 믿음, 순전한 나드, 2006.
  - 복음 전도의 열정을 갖고 사랑의 삶을 살기 위해 씨름했던 위대한 전도자의 이야기
- 달라스 윌라드, 마음의 혁신, 복 있는 사람, 2003.
  - 영성개발에서 개신교도들에게 가장 영향력을 끼친 저서들을 소개한다. 다른 것과 마찬가지로 하나님과의 사랑의 관계도 숭고한 목표의 부산물에 가깝게 여겨지는 것을 보게 된다.

도 그 과정을 마치고 나면 마치 머리를 깎고 속속들이 이를 잡아내다가 생채기를 얻은 사람처럼 느껴진다. 그때의 상태는 매력적인 모습이 아니라 살균된 모습일 따름이다. (…) 깨달음의 단계는 통상적으로 중년의 후반기에 찾아오는데, 이 시기에는 보통 다른 방향의 심리적 해결책을 만나게 된다."[13]

자신의 치유를 위해 자기 자신이 기도를 해도 되지만 경험과 지식을 갖춘 다른 성도의 도움을 받는 것도 매우 유용한 일이다. 벤자민 그로셸도 "신앙의 성숙을 바라는 성도들이 잠재적 위험을 피하기 위해 영성 지도를 받는 것은 필요 불가결의 요소다"라고 말했다.[14]

영적 공동체는 모든 성도들에게 중요하지만 특히 이 후반부의 방들을 지나는 이들에게는 필수적이다. 다섯 번째 방의 단계에 이르면 기도 생활이나 삶에서 경험하는 것을 진정으로 이해하고 조언해줄 수 있는 사람이 많지 않다. 하지만 그 길을 앞서 간 경험자들이 이끌고 격려해준다면 그보다 바람직한 일이 없을 것이다. 믿음의 공동체에서 성도들이 일곱 가지 영적 성숙 단계를 알고 자신이 현재 어느 방에 도달해 있는지를 이해한다면, 그들은 이런 상황에서 언제든지 다른 사람에게 요긴한 도움을 줄 수 있다. 따라서 교회의 주일예배와 소그룹 모임에서는 반드시 불신자와 새신자, 영적 성숙의 초기 단계에 있는 교인들에게 더 많은 관심을 기울여야 한다.

지속적으로 성경과 기독교 신비주의자들의 서적을 읽는 것도 영감과 교훈을 받고 힘을 얻을 수 있는 좋은 방법이다. 성경을 읽을 때에도 단지 지식을 쌓기 위해서가 아니라 개인적으로 영적인 하나님의 말씀을 듣는 기회로 삼아야 한다. 리처드 포스터는 고대와 현대의 신비주의자들이 쓴 책들을 소개하면서 이런 말을 덧붙였다. "이 책들의 목록을 소개하는 이유는 우리의 신앙 여정을 인도할 수 있는 유용한 서적이 얼마나 많은지를 보여주기 위함이다. 수많은 사람들이 그 길을 걸었고 거기에 이정표들을 마련해놓았다."[15]

앞선 방에서도 그렇지만 다섯 번째 방에서도 그리스도의 몸 된 교회 안에서 성도 간의 교제가 지속적인 책임 관계를 통해 자기기만과 오류를 막아주고 영적 성숙에 큰 도움을 준다. 테레사가 살던 시대에는 수도원 원장이나 사제, 또는 고해 신부 등이 이러한 책임 관계의 임무를 담당했다. 요즘에는 소그룹이나 교인 상호 간의 관계를 통해 이러한 영적인 책임 관계를 맺는 경우가 많다.

테레사와 성 요한은 각 방의 단계마다 적합한 신앙 태도와 실천 사항들을 언급했지만 뒤로 갈수록 더 구체적이고 다양한 조언들을 제공한다. 토머스 두베이는 현대 서적에서 간과되는 그런 부분들에 대해 다음과 같이 지적했다.

"겸손, 고립, 독거, 고난, 순종, 자비 등의 영적 훈련은 단순히 경시되는 정도가 아니라 때로는 경멸의 대상으로 생각되고 있다. 그러한 미덕들이 '부정적'인 것으로 간주되고 '성숙한' 사람들은 이것들에 대해 아예 고려할 가치조차 느끼지 않는다. 자신을 과거 세대보다 우월하게 여기는 태도에는 만성적 속물근성이 있어 굳이 논의할 필요조차 없지만 그러한 미덕이 결여된 사람들 중에 영성 깊은 기도로 세상에 알려진 사람이 단 한 명도 없다는 사실은 주목해야 할 것이다."[16]

이제 다섯 번째 방에 대해 어느 정도 알게 되었으니 다시 애비게일과 상규와 마이클의 이야기로 돌아가서 그들이 이 시기에 경험한 것들이 삶에 어떤 영향을 주었는지, 또한 하나님은 그들을 어떻게 인도해서 더 깊은 사랑과 연합에 이르게 하셨는지 살펴보자. 이번에도 그들이 코칭을 받는 모습을 엿볼 수 있을 것이다.

애비게일

어느 날 밤, 애비게일은 이상한 꿈을 꾸었다. 바람이 몹시 부는 한적한 시골길을 걸어가고 있는데 저 멀리 교회 같기도 하고 성당 같기도 한 건물 한

채가 서 있는 것이 보였다. 호기심이 발동한 애비게일은 발걸음을 재촉해 그쪽을 향해 걸어갔다. 성당같이 생긴 그 건물은 거대하고 화려한 돌로 지어졌고 지붕 꼭대기에는 종탑이 있었다. 하지만 눈부신 햇살 사이로 종탑은 잘 보이지 않았다. 성당에는 커다란 정문이 있고 그 주위를 아름다운 정원이 에워싸고 있었다. 애비게일은 그 안이 어떻게 생겼으며 누가 거기에 있는지 궁금해서 천천히 정문으로 걸어갔다. 그때 정문 앞 계단에 한 노인이 나타나 그녀를 굽어보고 있는 것이 눈에 들어왔다. 애비게일이 발걸음을 옮겨 그 신비한 건물 쪽으로 막 다가서려는 순간 계단 위에 서 있던 노인이 애비게일을 향해 고함을 질렀다: "오지 말아요! 당신은 여기 들어올 수 없어요!" 그 말을 들은 애비게일은 "제발 들어가게 해주세요. 이 교회의 목사님을 만나고 싶어요"라고 간절히 애원했지만 소용없었다. 애비게일은 울면서 잠에서 깨어났다. 버림받고 외면당했다는 느낌이 들면서 말할 수 없이 울적하고 슬퍼졌다. 그 꿈은 며칠이 지나도 잊히지 않고 그녀를 괴롭혔다. 기도를 할 때도 꿈에 보았던 장면들이 계속해서 머리에 맴돌았다. 아무래도 하나님이 그 꿈을 통해 무언가를 말씀하고 계신다는 생각이 들었다. 애비게일은 메리 목사를 만나 상의하기로 마음먹었다.

전화를 걸어 메리 목사에게 이야기를 하자 메리 목사는 소그룹 모임에서 그 이야기를 나누고 함께 기도하며 뜻을 분별하는 시간을 가지면 어떻겠느냐고 제안했다. 소그룹 모임은 그 주에 메리 목사의 집에서 열리기로 되어 있었다. 모임에 참석한 애비게일은 꿈 이야기를 하려고 했지만 사람들의 시선이 일제히 자신에게 쏠리는 순간 가슴이 두근거리고 공연히 쓸데없는 이야기를 하는 게 아닌가 싶어 잠시 후회가 되었다. 하지만 마음을 진정시키고 그동안 담아두었던 이야기를 꺼내기 시작했다. "별일 아닐 수도 있겠지만 지난 몇 주간 제가 꾼 꿈 때문에 계속 신경이 쓰였거든요. 사실 무슨 의미인지도 모르겠고 하나님께서 그걸 통해 무슨 말씀을 하고 계신지도 모르겠어요. 그냥 잊어버려야 하는 꿈일 수도 있겠지만 혹시라도 여러분에게 어떤 지혜가 떠오른다면 듣고 싶고, 기도도 받고 싶어요." 애비게일은 자신이 꾸었던 꿈을 사람들에게 자세히 이야기했다. 신기한 것은 하나하나의 장면들이 마치 방금 전의 일처럼 생생히 떠오른 것이었다.

그곳에 모인 여성도들은 애비게일이 하는 말을 유심히 들었다. 이윽고 이야기를 마친 애비게일이 물었다. "이게 바로 제가 꾼 꿈의 내용이에요. 혹시 무슨 뜻인지 아시겠어요?" 메리 목사는 그곳에 모인 사람들에게 십 분간 조용히 침묵하면서 하나님이 주시는 생각을 떠올려보자고 제안한 다음, 구체적으로 애비게일에게 묻고 싶은 질문이 있다면 그 후에 해달라고 부탁했다. 잠시 뒤 그 꿈속 장면들에 대해, 그리고 애비게일의 현재 생활에 대해 다양한 질문들이 쏟아졌다. 한 사람이 "만일 애비게일 집사님이 성당 안으로 들어갔다면 어떤 일이 벌어졌을 것 같으세요?"라고 묻자 애비게일은 잠시 생각한 뒤에 이렇게 대답했다. "저도 정문 앞의 계단을 올라가는 상상을 해봤는데, 정문에 가까이 갈수록 사실은 좀 겁이 났어요. 실제로 그 안에 들어가는 것을 겁내고 있는 것 같아요!" 그때 누군가가 이렇게 덧붙였다. "어쩌면 정문 앞의 그 노인은 애비게일 집사님이었는지도 몰라요!"

얼마 후에 애비게일은 그리스도인 심리 전문의를 찾아갔다. 그러고는 자신이 꾸었던 꿈 이야기를 들려주면서 하나님이 가까이 다가오시는 것처럼 느껴질 때 자신이 왜 두려워하는지 이유를 알고 싶다고 말했다. 몇 번의 심리치료를 거치면서 애비게일이 어린 시절 경험했던 성폭력 사건이 원인으로 지목되었다. 그 사건 후에 애비게일의 부모님은 그녀에게 상담치료를 받게 했지만 상처의 흔적은 여전히 남아서 친밀감에 대한 두려움과 열등감으로 표출되고 있었다.

애비게일은 용서의 기도를 하고 나서 하나님의 깊은 치유를 경험했다. 그 이후로 결혼 생활이나 하나님과의 관계에 새로운 평안과 자신감이 생겨났다. 전에도 온맘으로 하나님을 사랑한다고 고백했지만 이제는 하나님께 정말로 온맘을 드릴 수 있을 것 같았다. 몇 달이 지나서 애비게일 부부는 친한 친구의 결혼식에 참석했다. 애비게일은 결혼식이 열리는 도중 자신의 꿈에 나왔던 성당을 떠올려보았다. 그리고 강대상에서부터 찬란한 빛이 내리쬐어 오로지 신랑과 강대상 뒤에 걸린 십자가만을 환하게 비추는 장면을 머릿속에 그렸다. 애비게일은 신부가 되어 중앙 통로를 걸어가고 신랑이신 예수님이 그녀를 기다리고 있었다. 그때 예수님이 이렇게 말씀하시는 소리가 들리는 것 같았다. "사랑한다, 애비게일! 제발 나의 사랑을 받아다오!" 갑자기 가슴이 벅차오르면서 형용할 수 없는 기쁨이 몰려왔다. 언젠가는 정말로 자신이 그 온전한 사랑 속에 주님 곁에서 하나님 아버지 앞에 서는 날이 있으리라!

상규

상규가 일단 자신의 장래 방향에 대한 결정을 내리자 가까운 친구들이나 알고 지내는 목사들 가운데 적극적으로 동의해주는 이들도 있었지만 아쉽게 생각하는 이들도 있었다. 그러나 그가 계획을 세우고 마음을 준비하기 시작하면서 전혀 예상치 못했던 새로운 일들이 일어나기 시작했다. 오래전부터 본부에 요청 해놓았던 대로 직장에서는 이전보다 훨씬 시간적 여유가 많은 지역 사무소의 보직으로 옮기게 되었다. 시간이 지나면서 자신과 같은 비전을 가진 사람들을 만나게 해주셨는데 그들과 함께 서로의 여정과 경험들을 나누면서 자신의 비전에 대한 격려와 확인을 받게 되었다. 이 비전을 이루기 위한 자원들도 마치 숨겨진 보화들을 하나씩 캐내는 것 같이 하나님께서 이미 예비해 놓으셨음을 보여주셨다. 스티브 목사의 소개로 미국 주류 교단에서 사용하고 있는 지도자 훈련과 영성 훈련 등의 프로그램들을 접하게 되었는데 이것들은 상규가 앞으로 하고자 하는 사역의 자원들이었다. 지도자들을 세우고 그들의 변화를 촉진하며 성장하도록 돕는 프로그램들로, 효과적인 절차와 원리를 통하여 많은 열매들을 맺고 있는 검증된 내용들이었다. 상규는 특히 여기서 배운 영성 훈련들을 자신의 삶에 적용하면서 삶 속에 놀라운 변화와 성장이 일어나는 것을 보게 되었다.

상규는 이 훈련 과정들을 통해 자신을 향한 하나님의 구체적인 계획을 이해하고 받아들였고, 큰 위로와 격려도 얻었다. 동시에 자신의 죄성과 연약함이 도처에 드러나는 모습도 볼 수 있었다. 자신의 취약점으로는 실패에 대한 두려움과 자신감의 결여, 문제가 생겼을 때 그 문제를 돌파해나가는 용기가 부족한 점 등이 두드러지게 나타났다. 이러한 문제점들은 그가 과거에 겪었던 고난들과 무관하지 않았다. 그가 아주 어렸을 때 가정에 닥쳤던 폭풍과 극심한 경제적 어려움에 무기력하게 대처할 수밖에 없었던 사실이 그의 잠재의식 속에 깊이 뿌리 박혀 수십 년이 지난 현재에도 그의 생각과 감정에 여전히 영향을 끼치고 있다는 사실을 깨닫게 되었다. 거기에다 자신의 내성적인 성격과 주위에 아버지 같은 롤모델이 없었다는 점이 그가 하나님과의 관계에서, 그리고 권위 있는 인물들과 친밀감을 갖고 멘토링 관계를 만들어가는 데에서 어려움을 주었다는 사실을 깨닫게 되었다. 이렇게 하나님과의 관계에서 나타난 문제점들은 다른 사람들과의 관계, 심지어는 가족들과의 관계에도 부정적인 영향을 끼치고 있었다. 크리스천이 되고 나서 그의 태도에 많은 변화가 있었지만 이러한 경향은 여전히 뿌리 깊게 남아서 그의 생각과 무의식적인 행동 속에 자주 나타나고 있었기 때문이다.

그러나 한 가지 놀라운 일은 자신에 대해 발견하는 이러한 부정적인 사실들이 자신을 낙담시키는 것이 아니라 오히려 자유롭게 하고, 이전에 경험하지 못했던 평안과 자신감을 가져다준다는 사실이었다. 자신에 대한 진리를 깨달음으로써 스스로 자유롭게 되고, 자신을 이해함으로써 더욱 힘을 얻게 되었다! 그것은 부족하고 깨어진 우리의 자아 속에서도 함께하시며 그분의 선하신 뜻을 이루어가는 하나님을 볼 수 있었기 때문이다. 이 과정을 통해 상규는 자신의 내면과 더욱 친숙해졌고 이것은 하나님과의 관계가 깊어지는 데 도움을 주었다. 그가 과거를 회상하거나 현재의 상태를 놓고 기도할 때마다 하나님과의 친밀감 속에 깊이 들어가며 주님을 더욱 신뢰하게 된 것이다.

이것은 당시 그가 속한 교회에서 일어나고 있던 복잡한 갈등 상황에 대처하는 데에도 도움을 주었다. 인간의 죄성과 연약함으로 악순환이 계속되는 경우에도 그 상황들을 선하신 하나님의 손길에 온전히 맡기고 잠잠히 신뢰함으로써 자신을 향한 하나님의 사랑 안에서 확신과 평강을 누리게 되었다. 테레사는 하나님께서 우리에게 더 많은 원수의 공격을 허락하시는 이유가 우리가 치유와 성장이 필요하다는 '증거'라고 했다. 자신이 스스로의 힘으로 해결하지 못할 극심한 문제와 갈등을 겪을 때 그 가운데 역사하시는 주님의 선하신 의도와 계획을 찾으려 하기보다 자신의 지식과 자기 의로 문제를 해결하려고 하면서 더욱 극한 상황으로 치닫는 모습을 보게 된다. 아무리 고통스럽고 어처구니없는 일들이라도 지나고 보면 하나님께서 사람들을 연단하고 쓸 만한 재목으로 만드시는 과정임을 알게 되었고 하나님께서는 모든 일이 합력하여 선을 이루게 하시는 분이심을 발견하게 되었다. 상규의 기도는 침묵 속에 하나님을 묵상하며 그 안에서 주님과의 교제를 누리는 시간이 점차 늘어 갔다. 기도가 계속될수록 커 보이던 주변의 문제들이 위력을 잃는 것을 경험하게 되면서 구체적인 문제들도 하나씩 해결되었다. 모든 사람을 향한 그분의 사랑이 얼마나 크고 깊은 것인지 느끼면 느낄수록 그분을 더 깊이 알고 그의 사랑 안에 빨려 들어가 그분의 도구로서 그의 사랑을 나타내는 삶을 살고자 하는 열망이 나날이 깊어졌다.

하루는 그가 여러 가지로 얽혀 감당하기 어려운 문제들 가운데서 고민하고 있을 때였다. "바다에 큰 놀이 일어나 배가 물결에 덮이게 되었으되 예수께서는 주무시는지라(마 8:24)"라는 말씀을 묵상하는 도중이었다. 당시의 절박한 상황 속에서 그의 마음은 본문에 나오는 대로 발밑에 넘치는 물결처럼 요동치고 있었고 주님을 묵상하려 해도 집중이 안 되는 상태였다. 그는 자신이 본문에 나오는 제자들처럼 겁에 질리고, 낙담하고, 예수님을 원망하고 있음을 보게 되었다. "도대체 예수님은 무슨 생각으로 주무시고만 계시나……?"라는 원망에 찬 마음속에서 갑자기 평화롭게 잠든 예수님의 모습이 떠올랐다. 천사의 예언대로 땅 위에 기뻐하심을 입은 사람들 중에 평화로서 오신, 강보에 싸여 새록새록 잠을 자고 있는 아기의 모습이었다. "너도 오늘 평화에 관한 일을 알았더라면 좋을 뻔하였거니와……"라는 말씀이 마음에 와 닿고 '아, 예수님은 평강의 왕이시지'라는 깨달음이 오면서 표현할 수 없는 깊은 평강이 마음속에 물밀듯이 밀려드는 것을 느낄 수 있었다. 그러자 이제까지의 모든 두려움과 갈등이 사라지고 마음속에 새로운 기쁨이 넘쳐났다. 폭풍을 잠재우실 수 있는 분, 그분이 주무신다! 모든 인간의 갈등과 고통 속에서 온전한 평화를 보여주시는 주님, 그분이 우리와 함께 계신다! 그분이 폭풍 속에서 우리를 그의 평화의 나라로 초대하신다!

마이클

멜리사와 함께 몇 차례의 기도를 하고 나서 마이클은 폴 목사에게 다음과 같은 문자 메시지를 보냈다. "잠시 저와 만나주실 수 있으신가요? 오후에 기도원에서 뵙기를 바랍니다." 일주일 후에 마이클과 폴은 기도원의 작은 회의실에서 만났다. 마이클은 폴 목사에게 자신의 고민을 털어놓았다. "폴 목사님, 저도 정말 제가 왜 이러는지 모르겠습니다. 계속 식구들에게 몹쓸 짓을 하거든요. 저도 모르게 욱하고 화를 내는데 분노를 느낄 겨를도 없이 입에서는 벌써 험한 말들과 비난이 쏟아지는 겁니다. 스트레스 때문에 그런 것 같지는 않습니다. 힘들기는 하지만 그 정도는 아니거든요. 제가 하나님을 많이 사랑하는 건 분명한데 이상하게 행동은 전혀 딴판으로 나타나고 있습니다! 대체 이런 분노가 어디에서 나오는 걸까요? 확실히 우리 가족의 잘못은 아니라고 생각합니다."

폴 목사는 이런저런 개인적인 질문들을 던졌고, 마이클은 내주하시는 성령님을 의지하면서 그의 질문에 응답해나갔다. 일단 마이클의 분노가 어디에서 시작되었는지를 알기 위해 그의 어린 시절을 추적했다. 마이클은 삼 남매 중 둘째였으므로 알게 모르게 가족으로부터 "말썽 부리지 말고 착하게 굴어!"라는 무언의 압박을 받으면서 자랐다. 성장기의 아이들이 흔히 겪는 고민과 갈등도 마땅히 해소할 곳이 없었고 누나와 남동생에게 끊임없이 비교를 당했다. 이른 나이에 마약에 호기심을 갖게 된 것도 어찌 보면 그동안 쌓인 불만과 자존심에 입은 상처 때문이었다. 그 당시 마이클은 하나님을 알지도 못했고 마음을 털어놓을 친구도 없었다.

폴 목사는 마이클에게 한 가지를 제안했다. "마이클 목사님, 잠시 침묵의 기도를 드리면서 어린 시절의 문제들을 어떻게 처리하는 것이 좋을지 예수님께 들어보면 어떨까요?" 그 말대로 마이클은 10여 분 정도 눈을 감고 잠잠히 주님만을 생각하며 앉아 있었다. 이윽고 침묵이 끝나자 마이클은 폴 목사를 보며 입을 열었다. "아무래도 하나님께서 제가 가족에 대한 분노를 적절히 해결하지 못하고 있다고 말씀하시는 것 같습니다. 사실은 저도 깨닫지 못했는데 지금까지 그런 감정을 품고 있었네요. 하지만 더 심각한 문제는 제 가족의 잘못된 행동의 결과가 저와 하나님과의 관계에도 그대로 반영되고 있다는 겁니다. 하나님이 저를 사랑하신다는 건 분명 알겠는데 하나님도 저한테 말썽 부리지 않고 착하게 굴기만을 바라시는 것 같은 생각이 듭니다. 사실 저는 하나님께도 화가 났지만 지금까지 한 번도 그런 감정을 표현해보지 못했거든요. 그냥 나 자신이나 다른 사람의 탓을 하며 살았지요."

마이클은 그날 일기에 다음과 같이 적었다.

"하나님이 마치 나를 다시 만들어가시는 것 같다. 폴 목사와 기도의 시간을 가지고 난 이후부터 그런 생각이 든다. 부모님께 원망을 품고 있었다는 사실을 깨달으면서 후회가 밀려든다. 길고 긴 지난 세월 동안 그런 쓰레기 같은 감정과 함께 살아왔으니 지금 이렇게 고약한 악취가 나고, 아내와 딸을 비롯해 사람들과의 관계에도 문제가 생기고, 누구보다 예수님과의 관계에 악영향을 미치고 있는 게 아닌가! 가급적 마찰을 피하려고 지금껏 적당히 덮고 살면서 모든 게 다 괜찮은 척하고 있었다. 심지어 나는 하나님께도 솔직하지 못했다!

폴 목사와의 기도는 십자가처럼 내 가슴을 파고들었다. 부모님께 가졌던 원망의 상처들을 칼로 도려내는 것만 같았다. 내 가슴에서 솟구치는 피가 완벽한 부모가 아니었던 그분들을 깨끗이 용서할 수 있게 해주었다. 그다음에 칼은 나의 중심을 향했고, 마음속으로 부모님을 거역하며 반항했던 내 자신의 죄를 도려내기 시작했다. 나는 회개할 수밖에 없었다. 오래전에 '12단계' 프로그램을 받을 때에도 하나님과 부모님께 용서를 빈 적이 있었다. 하지만 이번 회개는 행동이 아닌 마음가짐에 대한 뉘우침이었다. 십자가 모양의 칼이 내 마음을 절개하고 내 죄를 도려내는 모습이 마음속에 그려지면서 그 가슴에서 솟아난 피가 내 피가 아님을 깨달았다. 그것은 예수님의 피였다! 나는 진심으로 용서와 치유에 대한 기도를 드렸고, 사랑과 진리 안에서 살아가게 해달라고 간구했다. 진정한 내 모습이 회복되어 하나님과, 다른 사람들과 진실한 관계를 맺으며 살아가고 싶은 마음이 들었다."

에스겔서의 말씀이 머리에 떠올랐다. '그 속에 새 영을 주며 그 몸에서 돌 같은 마음을 제거하고 살처럼 부드러운 마음을 주어 내 율례를 따르며 내 규례를 지켜 행하게 하리니 그들은 내 백성이 되고 나는 그들의 하나님이 되리라.'[17] 마음이 찡해지고 눈물이 솟구쳤다. 아, 주님. 감사합니다! 정말로 주님을 사랑합니다! 온 마음을 다하여 사랑합니다! 제 안에 정결한 마음을 창조해주소서![18]

생각해보기

당신은 이 장에서 설명한 다섯 번째 방과 비슷한 체험을 하고 있는가? 앞에서 언급했듯이 어느 누구도 각 방에서 일어나는 일들을 전부 다 체험하지는 않는다는 점을 명심하기 바란다. 다만 하나님이 당신에게 무엇을 원하고 계시는지 생각하면서 다음의 질문들을 스스로에게 던져보라.

- 당신이 다른 사람을 도와주고 섬기려 하는 동기는 무엇이라고 생각하는가?
- 기도할 때 당신은 하나님께 간구를 많이 드리는 편인가, 아니면 하나님의 말씀을 많이 들으려고 노력하는 편인가?
- 하나님과의 관계에서 당신은 어떤 점을 소망하는가?
- 당신을 낙망시키기 위해 원수들이 사용하는 전략은 무엇이라고 생각하는가?
- 자신과 다른 사람들의 삶에 지속적으로 나타나는 죄성에 대해 우리는 어떠한 태도를 가져야 하는가?

9

길고도 어두운 복도:
영혼의 어둔 밤

"내가 밤에 침상에서 마음으로 사랑하는 자를 찾았노라. 찾아도 찾아내지 못하였노라. 이에 내가 일어나서 성 안을 돌아다니며 마음에 사랑하는 자를 거리에서나 큰 길에서나 찾으리라 하고 찾으나 만나지 못하였노라(아 3:1-2)."

9장
길고도 어두운 복도: 영혼의 어둔 밤

지금까지 테레사가 제시한 영적 성숙의 여러 방들을 이야기했지만, 여기에서는 우리 신앙생활의 큰 수수께끼 중의 하나를 살펴보도록 하겠다. 바로 '영혼의 어두운 밤Dark Nights of the Soul'이라고 부르는 영적 성숙 과정 중의 어둡고 긴 통로로 말이다. 물론 신앙생활을 하다보면 누구나 좌절하고 실망할 때가 있다. 하지만 영적으로 성숙해지면 험난한 길은 평탄해지고 신앙생활도 쉬워질 것이라고 생각한다. 그러나 성경에 등장하는 인물들(심지어 '하나님의 마음에 합한 사람들')을 비롯해 역사상 헌신되고 성숙했던 사람들도 어떤 때는 하나님이 안 계신 것 같고 삶이 어둡기만 한 시간들을 경험하곤 했다. 그때의 버림받은 느낌은 육체적 혹은 정신적 고통만이 아니라 기도 응답을 전혀 받지 못하는 답답함과 영적 절망감을 동반한다. 어두운 밤의 시간들은 신앙 성숙 과정에 필수적인 요소의 하나로 하나님께서 허락하신 것이고 주로 그분과의 연합에 가까워지는 신앙의 단계에서 경험한다. 주님을 따르던 헌신된 그리스도인 중에서도 어두운 밤을 잘못 이해해 신앙 여정에서 탈선한 사람들이 많다. 따라서 우리 자신만이 아니라 그리스도의 몸 된 교회를 위해서라도 그 근본 취지를 정확히 이해하는 것이 매우 중요하다.

테레사와 성 요한 모두 이러한 어두운 밤과 힘든 시간들에 대해 언급하고 있다. 어두운 밤은 다섯 번째 방의 단계에서부터 일찍 경험하는 경우도 있지만 일반적으로 여섯 번째나 일곱 번째 방에 들어가는 초기에 경험한다. 그 방들에서 겪는 어두움이 큰 의미를 갖고 있음에도 불구하고 그 본질에 대해서는 설명하기가 쉽지 않기 때문에 각 방을 설명할 때 어두운 밤을 함께 다루면 독자들에게 혼동이 일어날 우려가 있다. 따라서 이 장을 따로 할애하여 자세한 설명을 덧붙이고 여섯 번째와 일곱 번째 방에서는 간단하게 언급한 후 마이클과 애비게일, 상규의 실제적인 사례를 통해 어떤 식으로 그들이 어두운 밤을 경험했는지 관찰하도록 하겠다.

지금까지 나는 자신의 신앙이 퇴보하고 있다며 눈물 짓는 사람들을 많이 보았다. 그들은 너무나 답답해하며 심지어 그 결과로 믿음을 저버리기까지 했다. 그중 일부는 여전히 세속적 가치관에 젖어 있거나 죄의 습관을 버리지 못한 초신자나 미성숙한 그리스도인이었다. 그러나 대부분은 오랫동안 주님을 섬기며 열심히 신앙생활을 해온 헌신적이고 신실한 신앙인들이었다. 그들이 하는 말들은 보통 이런 내용이었다. "제 기도가 너무 메마른 것 같아요. 더 이상 하나님을 가까이 느낄 수가 없어요. 제가 무엇을 잘못한 걸까요?" 그렇게 호소했던 사람들 중에는 분명 어두운 밤들을 지나고 있는 사람들이 많았을 것이다.

왜 어두운 밤이 오는가?

이 힘들고 답답한 시기를 이해하기 위해 비유를 들어보겠다. 어떤 비유든지 설명에 한계가 있기 마련이지만 '신병 훈련소'와 인디언의 '성인 예식'(남자가 성인으로 인정받기 위해 통과해야 하는 의례)의 개념이 어두운 밤 동안 하나님이 우리 안에서 어떤 일을 하시는지 다소나마 이해할 수 있도록 도와줄 것이라고 생각한다.

군대의 신병 훈련소가 무엇을 하는 곳인지 대충이라도 알고 있는 사람들이 많을 줄로 믿는다. 신병 훈련소란 군대에 갓 입대한 병사들이 육체와 정신을 단련하여 군대 생활을 제대로 할 수 있도록 특별 훈련을 시키는 곳이다. 그런 훈련이 필요한 이유는 입대자들이 정신적으로나 육체적으로 준비가 안 되어 있어서 실제 전쟁에 임할 때 그것이 대단한 위험 요소로 작용하기 때문이다. 그들을 준비시키기 위해 신병 훈련소에서 가장 먼저 하는 일은 신병들을 약하게 만드는 모든 것을 제거해버리는 것이다. 신병이 훈련소 안으로 들어오는 순간부터 모든 것이 일순 변해버린다. 사실 이것이 그들에게는 끔찍한 일일 것이다. 육체적 안락함, 자유, 친구나 가족들과의 만남, 친숙했던 환경, 휴식, 휴일에 모두 작별을 고해야 한다. 더 힘든 것은 단순히 그런 것들이 없어지는 것을 넘어 그 자리에 혹독한 훈련, 극심한 한계 상황, 예기치 못한 위험, 피로, 고생, 치열한 경쟁 등이 들어서며 영영 끝나지 않을 것처럼 계속된다는 사실이다. 그러나 이 과정이 성공적으로 끝나면 연약한 부분들이 단련되어 몸과 마음이 강인해지고 실제 전장에서 전투를 벌일 수 있는 능력이 개발된다. 그런 면에서 신병 훈련소는 첫 번째 어두운 밤에 해당한다고 말할 수 있다. 즉 감각의 어두운 밤인 것이다.

인디언의 성인 예식은 현대의 군사적 관점으로 보자면 '특수부대' 훈련에 비유할 수 있다. 아니, 그보다 더 혹독한 면이 있다. 인류 대부분의 문화권이 성인이 되는 일종의 통관 의식을 거행해왔다. 소년이 성인 남자 혹은 전사로 인정받기 위해 일정한 의식을 치르게 하고 그에 관련한 이야기나 전설 등을 들려주기도 한다. 인디언들의 전형적인 성인 예식은 전사가 될 소년을 신체적 혹은 환경적 위험이 도사리고 있는 곳으로 보내서 오랫동안 그곳에 머물게 하는 것이다. 그곳에서 소년은 목숨이 위태로워지거나 생존을 위해 기술과 지혜가 필요한 상황을 맞닥뜨리게 된다. 부족이 사는 환경에 따라 그 위험은 생명을 위협하는 동식물이 될 수도 있고 소년이 건너야 하는 강이나 정글, 사막이 될 수도 있다. 또는 힘과 담력이 없이는 이길 수 없는 교활한 적들을 만나기도 한다. 신병 훈련소가 몸과 마음을 강하게 단련하는 곳이라면 성인 예식은 의지, 인내, 용기, 담력을 시험하고 강화하여 건장한 성인으로서의 성품을 함양하는 의식이다.

그럼 이 두 가지 비유를 그리스도인들, 즉 '사랑의 전사들'에게 적용해보자. 예수님을 따르는 그리스도인은 온 몸과 마음과 뜻과 힘을 다해 하나님을 사랑하기 위해 헌신한 사람들이고 이웃을 내 몸과 같이 사랑하려는 사람들이다. 예수님을 더 깊이 알고 헌신적으로 섬기기 위해서는 죄와 악이라는 원수들과 맞닥뜨려 싸워 이겨야 하며 왕되신 주님을 어떻게 따라가야 할지 구체적으로 깨닫고 터득해야 한다. 전사가 전쟁을 위해 훈련하고 준비하는 것처럼 하나님과 사랑의 연합을 꾀하는 사람도 장애물들을 제거하고 강하게 단련되어야 한다. 그래야만 하나님의 거룩하심을 감히 바라볼 수 있게 되고 온전히 그분을 사랑하고 신뢰할 수 있도록 마음이 변화한다. 성삼위를 향해 걸어가는 영적 순례자들을 위해 성령은 '어두운 밤'이라는 신병 훈련소와 성인 예식을 마련해주신다.

그렇다면 하나님이 어두운 밤을 통해 제거하기 원하시는 '장애물'은 무엇일까? 지금 이 순간 당신은 아마 "제발 저를 가만히 놔두세요! 저는 이미 제 안의 장애물이 무엇인지 잘 알고 있답니다. 현재 고치려고 노력하고 있어요!"라고 항변하고 싶을 것이다. 그러나 하나님이 어두운 밤을 통해 다루시려고 하는 문제들은 매우 복잡하고 미묘해서 우리 자신은 전혀 눈치를 못 채고 있는 경우가 허다하다. 아니면 우리의 세련된(?) 신앙생활에 가려 그것들이 눈에 띄지 않을 수도 있다. 예를 들어 (속으로는 전혀 그렇게 생각하지 않으면서) 목사의 설교가 훌륭하다고 치켜세우는 말 뒤에는 영적 교만 혹은 우월감이 존재할 수 있다. 이러한 칭찬을 받으면 기분이 좋고 받지 못하면 서운한 것은 칭찬을 받는 당사자도 마찬가지다. 이러한 은밀한 죄와 허물들은 겉으로 드러나지 않고 마음속에 숨어 있기 때문에 자기 자신도 알아채기가 쉽지 않다.

물론 우리의 신앙이 그동안 많이 성장한 건 사실이다. 그리스도인이 된 이후에 하나님만이 진정으로 우리를 만족시켜줄 수 있다는 것을 알게 되었고 하나님과의 관계를 통해 이제까지 느껴보지 못했던 진정한 기쁨과 충만감을 맛보기도 했다. 그러나 우리의 타락한 본성은 언제나 자기중심적으로 살아가려 하고 인생의 의미와 만족을 얻기 위해 이 세상의 쾌락에 탐닉하려고 한다. 우리는 자신이 얼마나 세상을 의존하며 하나님을 신뢰하지 못하는지를 제대로 깨닫지 못한 채 자신의 신앙심을 과대평가하려는 경향이 있다. 하나님은 우리를 지극히 사랑하시기 때문에 그 모든 사실을 알고 계시면서도 그대로 용납하시는 것이다.

그러나 하나님은 우리가 그 사랑과 용서에 그대로 안주하는 것을 원치 않으신다. 우리는 한 걸음 더 나아가 하나님 한 분만을 사랑하고 신뢰하기 위해 세상의 거짓된 것에 의존하는 습관을 완전히 버려야 한다. 궁극적으로 하나님은 우리의 애정과 신뢰를 어느 다른 존재와 나누기를 원치 않으신다. 오로지 그분만을 사랑하고 그분만을 신뢰하기를 바라시는 것이다. 하나님의 그러한 소원은 십계명의 첫 번째 계명에도 잘 나타나 있다. "너는 나 외에는 다른 신들을 네게 두지 말라. 너를 위하여 새긴 우상을 만들지 말고 또 위로 하늘에 있는 것이나 아래로 땅에 있는 것이나 땅 아래 물 속에 있는 것의 어떤 형상도 만들지 말며 그것들에게 절하지 말며 그것들을 섬기지 말라. 나 네 하나님 여호와는 질투하는 하나님인즉(출 20:3-5)"

당신과 나는 재빨리 이렇게 대꾸하고 싶어진다. 우리는 다른 신들을 믿지도 않거니와 그것들을 숭배하는 일은 더더욱 없을 거라고……. 하지만 자기중심적인 죄의 뿌리가 우리 영혼 깊숙이 박혀 있음을 우리는 부인하지 못한다. 인간이 기본적으로 갈망하는 사랑, 인정, 자존감, 신뢰는 사람과 장소와 재물과 업적 등에 크게 좌우된다. 그것이 인생사이기 때문에 우리가 그런 것들에 집착하고 있다는 사실조차 의식하지 못하며 살아간다. 하지만 그중 하나라도 잃으면 우리는 마음이 상하거나 분노를 느낀다. 재빨리 하나님께 달려가 위로를 구하지만 그 후에는 다시 자신이 평소에 '의존하는 대상'에게 돌아가면서도 여전히 그 사실을 깨닫지 못한다. 우리가 정말로 하나님과 하나 되기 위해서는 하나님께서 우리 안에 자리 잡고 있는 우상들을 보여주셔서 우리가 그것들을 모조리 제거할 수 있게 되어야 한다. 또한 신실한 믿음으로 주님과 동행하는 법을 배우고 영적으로 체험하는 기쁨의 순간조차 의존하지 말아야 한다. 어두운 밤 동안 하나님이 우리를 위해 하시는 일이 바로 그런 것이다.

어두운 밤을 '밤에 타오르는 불'이라고 불렀던 토머스 두베이는 이런 말을 했다. "그러나 (앞서 논한 기도 생활과 도덕적 삶이 영적 성숙을 위해 충분하다는) 이런 주장은 한편으로 하나님의 완전무결하심을 제대로 이해하지 못하고 다른 한편으로 우리 자신의 불완전한 실상이 어느 정도인지를 알지 못하기 때문이라고밖에 말할 수 없다. 주님의 빛이 우리 마음을 환하게 비춰 그 사실을 보게 하지 않는 한 우리는 태워버려야 할 쓰레기가 자기 안에 얼마나 많은지 전혀 알지 못한다."[1]

어두운 밤의 신병 훈련소와 성인 예식을 올바로 이해하기 위해 이제부터는 '어두운 밤'을 가장 명료한 필체로 전했던 성 요한의 이야기를 들어보자.² 그는 어두운 밤을 두 가지로 구별했는데 하나는 '감각의 어두운 밤'이고 다른 하나는 '영의 어두운 밤'이다. 여기에서는 그 두 가지의 밤을 차례로 살펴볼 것이다. 성 요한은 「어느 어둔 밤」이라는 자작시에 주석을 붙이면서 처음으로 어두운 밤을 언급했다.³ 그는 당시의 계관시인이었다. 사람들은 그가 쓴 시들을 사랑의 시로 애송하곤 했지만 실제로는 신앙생활에서 느끼는 깊은 영적 고뇌를 표현하는 내용이었다. 처음 두 연은 우리 영혼의 두 가지 어두운 밤을 묘사한 것이고, 그 뒤로는 그 밤들이 갖는 의미를 나타냈다.

1. 어느 어둔 밤,
   갑자기 사랑에 목이 말라
   - 아, 이것이 바로 은혜일세!
   남 몰래 밖으로 나왔네
   내 집은 완전히 적막에 잠겨 있네

2. 어둠 속에서 안전하게
   변장을 하고 비밀의 층계로
   - 아, 이것이 바로 은혜일세!
   어둠 속에서 은밀히 내려왔네
   내 집은 완전히 적막에 잠겨 있네

감각의 어두운 밤

걸음마를 배우는 어린아이를 엄마가 손으로 붙잡아주고 있는 장면을 상상해보라. 일 년이 다 되도록 엄마는 아이를 안아주고 감싸주고, 뭐든지 옆에서 돌봐주었다. 엄마의 사랑 덕분에 아이는 안정된 정서 속에서 무럭무럭 자랐다. 이제 엄마는 아이가 걸을 때가 되었다고 판단해 아이를 바닥에 내려놓고는 처음에는 탁자를 잡고 혼자 서 있다가 차츰차츰 걸음마를 뗄 수 있게 해주었다. 아이는 엄마가 곁에서 멀어지자 울먹였지만, 엄마는 이때 달려가서 안아주는 것보다 그대로 놓아두는 것이 아이를 위해 현명한 처사임을 알고 있다. 그래서 아이의 울음에도 불구하고 그 아이가 걸음을 떼고 과감히 걸어보기를, 그래서 인생의 다음 단계로 나아가기를 참을성 있게 숨어서 기다리고 있다.

성 요한은 이 비유를 사용해 우리의 영적 성숙을 묘사했다. 처음 얼마 동안 우리는 기도와 묵상으로 하나님과 만나는 것을 매우 즐거워했다. 성경을 공부할 때면 성령님은 하나님의 성품과 사랑에 대해 새로운 것들을 깨닫게 해주셨다. 기도하면서 마음을 쏟아부으면 하나님의 존재가 가깝게 느껴졌고 기쁨과 평안과 사랑이 가슴을 벅차게 했다. 게다가 훌륭한 그리스도인과의 교제, 감명 깊은 설교, 은혜로운 예배가 우리를 하나님의 임재 가운데로 인도해주었다.

그런데 갑자기 너무도 어이없는 일이 벌어진다. 우리의 생각과 감정과 촉각과 시각과 청각을 통해 경험했던 그 모든 일들이 느닷없이 멈춰버린 것이다. 성경을 묵상해도 깨달아지는 게 없고 기도를 해도 마치 벽에 대고 얘기하는 것만 같다. 하나님이 멀게만 느껴지고 우리의 그 어떤 '감각'도 하나님을 느끼지 못한다. 방금 전까지만 해도 하나님과 다정하게 걷고 있었건만 갑자기 누군가 영적 전등을 꺼버려 홀로 캄캄한 어둠 속에 버려진 것 같다. 한때는 하나님과의 친밀감을 묘사하던 비유들이 이제는 정반대가 된다. 강, 샘물, 오아시스는 완전히 메말랐고 빛과 불은 꺼졌고 속삭임은 더 이상 들리지 않는다. 내적인 확신도 사라지고 하나님이 나를 버렸다는 생각이 든다. 아무리 도움을 요청하고 간구해도 하나님은 들은 척도 안 하시는 것만 같다. 바야흐로 신병 훈련이 시작된 것이다.

어둠 속에서 모든 감각이 무뎌져버리면 우리는 무엇이 잘못되었는지를 미친 듯이 찾아내려고 한다. 머리로는 하나님이 나를 버리지 않으셨다는 걸 알지만 그분이 멀게 느껴지는 데에는 필시 이유가 있을 것이라고 생각한다. 다시 힘을 내서 새로운 열정으로 영적 훈련에 돌입하여 이전의 체험을 다시 재현해보려고 애를 써도 아무 소용이 없다. 혹시라도 고백하지 않은 죄가 있는지, 아니면 삶에서 잘못하고 있는 부분이 없는지 샅샅이 찾아내어 회개하고 고치려고 노력한다. 그래도 상황은 달라지지 않을 뿐 아니라 자꾸 신앙이 퇴보하는 것만 같다.

우리가 하나님을 체험하지 못하는 상태에서 마음이 냉랭해지거나 기분을 풀어줄 만한 것들을 찾기도 하지만 그럴수록 하나님에 대한 갈증과 목마름은 더 커지기만 한다. 하나님에 대한 관심이 사라지는 게 아니라 오히려 더 간절해진다. 하지만 간절한 열망과 갈증이 생긴다 해도 우리가 겪고 있는 긴 어두움의 밤에 대해서 우리가 할 수 있는 일은 아무것도 없다. 꼭꼭 숨어 계신 하나님을 우리 힘으로는 찾아내지 못한다. 더 이상 버티지 못하게 되거나 그분의 기대만큼 성장했을 때 하나님은 다시 우리에게 '돌아오실' 것이다.

신앙생활을 하는 그리스도인이라면 누구나 하나님이 멀게 느껴질 때가 있다. 그러나 '감각의 어두운 밤'에는 특유의 증상들이 있다고 성 요한은 설명했다. 모든 사람이 모든 증상을 똑같이 겪는 것은 아니지만 성 요한이 언급한 특징들을 살펴보면 그 고통스런 시간을 이해하는 데 조금이나마 도움이 될 것이다.[4]

- 감각의 어두운 밤은 보통 충만하고 만족스런 기도 생활을 한 이후, 더 이상 세속적인 것들에 의존하지 않게 된 이후에 찾아온다.
- 어둠 속에 있을 때에는 예전처럼 신앙생활이나 다른 사람들에게서 기쁨과 위로를 받지 못한다.

- 어둠이 올 만한 뚜렷한 이유가 없다. 우울증이나 최근에 지은 죄, 결점 때문이 아니다.[5]
- 하나님을 제대로 섬기지 못하고 믿음이 후퇴한다는 생각에 하나님을 실망시켜 드릴까 봐 전전긍긍한다.
- 하나님의 말씀을 묵상하는 게 너무도 힘들어지고 성경의 진리가 가슴에 와 닿지 않는다. 성경 말씀을 아무리 분석하고 종합해봐도 하나님이 더 이상 성경을 통해 말씀하시지 않는 것만 같다. 기도는 시간 낭비로 느껴질 만큼 무미건조하다.
- 영적인 메마름과 하나님의 위로가 없는 가운데 비치는 '희미한 빛'이 우리를 더 큰 고통으로 몰아넣는다. 그 희미한 빛이 비치면 우리의 타락한 본성과 이기적인 언행이 더욱 두드러지게 나타나기 때문이다.
- 자신의 타락한 본성과 다른 사람에게 짓는 죄들을 더 깊이 인식하고 슬픔에 잠긴다.
- 자기 자신을 더 확실히 알게 되어 겸손해지고 다른 사람의 결점을 전보다 잘 참아준다.
- 어둔 밤을 지날 때에는 그 상황을 설명해줄 수 있는 성숙한 신앙인의 조언을 듣지 못하거나 심지어 엉뚱한 충고를 들음으로써 더 큰 괴로움에 빠질 때가 많다.
- 어두운 밤의 시기가 비교적 짧든 아니면 몇 년씩 이어지든 그 시기는 상당히 고통스럽다. 사랑하던 애인과 헤어진 심정과 유사하다.

감각의 어두운 밤을 지나는 그리스도인들은 각자 독특한 체험을 한다. 나도 그중 하나였다. 홀리트리니티 수도원을 다녀온 이후부터 가끔씩 어두운 밤의 '맛'을 살짝 보기는 했지만 내가 완전하게 신병 훈련소에 들어간 것은 그로부터 15년의 세월이 흐른 뒤였다. 나는 루터

교회에서의 목회를 접고 CRM이라는 선교단체에 들어가 이마고 크리스티라는 영성개발 훈련 사역을 시작했다.⁶ 당시는 새로 시작한 선교 사역을 위해 후원금을 모금하고, 조지폭스 복음주의 신학대학원에서 영성개발에 대한 박사 과정을 밟고, CRM 선교사들을 만나기 위해 전 세계를 돌아다니느라 정신없이 바쁠 때였다.

처음에는 내가 너무 바쁘고 피곤해서 내 기도에 그런 변화가 찾아왔다고 생각했다. 나는 여전히 아침 일찍 일어나 1시간 동안 기도했지만 하나님과 함께 시간을 보낸다기보다 그냥 멍하니 앉아 있다 일어나는 것에 불과했다. 전에는 시간이 쏜살같이 지나갔는데 그때는 십 분이 멀다 하고 시계를 쳐다보면서 언제 끝나는지만 생각했다. 사람들에게는 향심 기도를 가르치면서 정작 나 자신의 기도는 너무도 공허하고 답답했다.

그런 광야의 시간이 지속되자 나는 점점 더 내 생각과 행동을 의식하게 되었다. 기도 시간에 진정한 '빛'이 사라져버렸으니 내 생각과 행동만이 훤하게 드러나서 나의 죄가 더욱 뚜렷하게 보였다. 내가 하는 모든 일과 심지어 생각까지 나의 타락한 본성을 반영하고 있었다. 누군가가 내 곁에 바짝 붙어서 비난이나 정죄 없이 객관적으로 내 잘못과 실수를 하루 종일 지적해주는 것 같았다. 물론 하나님이 그렇게 하실 리는 없었다. 그냥 내 죄가 있는 그대로 확연하게 보일 뿐이었다. 그것은 나만이 아니라 하늘의 모든 존재들에게도 확연히 보일 게 아닌가! 나는 마치 벌거벗고 도심 한복판에 서 있는 기분이었다.

지금도 생생하게 기억나는 일이 하나 있다. 어느 날, 아내에게 사랑한다고 말했는데 그 말이 입에서 나가는 순간 흡사 '추신'처럼 곧장 이런 생각이 머리를 스치고 지나갔다. '나에겐 당신이 필요해. 나를 사랑해주어야 하니까. 당신이 나를 정말로 소중하게 여겨야 내 자신이 스스로 소중하게 여겨지지 않겠어?' 이런 예는 한두 번이 아니었다.

처음에는 사탄이 내게 죄책감과 수치심을 안겨주려는 계략이려니 생각했다. 하지만 내가 아무리 사탄을 대적하고 하나님의 '전신 갑주'를 입고 덤벼도 내 안의 어둠은 가실 기미가 보이지 않았다. 그제야 사탄의 공격이 아니라는 것을 깨닫고 이번에는 내 생각에만 몰두하는 자기 연민이 원인인 것 같아 자기 연민을 회개했다. 하지만 죄의식의 우울한 빛은 더 강렬하게 내 마음을 파고들었다. 자신이 죄인임을 알고 가끔 죄의 가책을 느끼는 것도 괴로운 일이지만 24시간 내내 그런 죄의식에 시달리는 것은 고문이나 다름없었다. 마치 화려한 파티장에서 계속 개똥 냄새가 나는 원인을 찾아봤더니 결국은 내 신발 바닥이었음이 밝혀졌을 때의 느낌과도 같았다. 어느 누구도 대놓고 얘기하지는 않았지만 나는 내가 냄새의 주범임을 강하게 의식하고 있었다.

몇 달이 지나서 나는 수도원을 다시 찾아가 보니페이스 수사에게 나의 괴로움을 털어놓았다. "그것 참, 듣던 중 반가운 일이네요! 목사님이 진실을 보실 수 있다는 건 하나님의 크신 은혜가 아닙니까?" "그럼, 제가 지금 벌을 받고 있는 게 아니라는 말씀인가요?" "물론 아니지요. 하나님의 사랑이 목사님의 마음을 환히 비추고 있는 거랍니다. 하나님은 목사님의 진정한 모습을 사랑하십니다. 목사님이 원하는 그런 이상적인 사람을 사랑하시는 게 아니지요. 그러니 그런 이상적인 사람이 되어야 사랑을 받을 수 있다고 생각하는 한 하나님의 사랑을 놓치고 말 겁니다. 먼저는 하나님이 사랑하시는 인간이 대체 어떤 인간인지를 제대로 알아야 그 사랑을 올바로 이해할 수 있지 않겠어요?" 보니페이스 수사는 잠시 입을 다물고 있다가 살짝 미소를 머금으며 덧붙였다. "어두운 밤이 사실은 아주 좋은 거예요."

글쎄……. 나는 전혀 좋다는 느낌이 들지 않았지만 내 신앙이 퇴보하는 게 아니라 하나님이 뭔가 뜻이 있어서 그렇게 하신다는 말에는 일단 안심이 되었다. 그러나 어두운 밤은 그 후 몇 달이 지나도 끝나지 않았다. 마침내 나는 그것을 하나님의 은혜로 받아들이기로 했다.

희미한 빛이 내 죄를 비출 때마다 벌거벗고 냄새나는 듯한 수치심에 주눅 들지 않고 그저 그 사실을 담담히 인정하기로 한 것이다.

"무릇 나는 내 죄과를 아오니
내 죄가 항상 내 앞에 있나이다.
내게 즐겁고 기쁜 소리를 들려주시사
주께서 꺾으신 뼈들도 즐거워하게 하소서.
주의 얼굴을 내 죄에서 돌이키시고
내 모든 죄악을 지워주소서.
하나님이여 내 속에 정한 마음을 창조하시고
내 안에 정직한 영을 새롭게 하소서(시 51:3, 8-10)."

나는 예수님이 나를 위해 죽으셨다는 사실이 새삼 가슴에 사무쳤다. 내 죄는 결코 하찮은 것이 아니었다. 예수님이 나를 위해 죽으셔야 할 정도의 흉악하기 그지없는 것이었다. 예수님의 십자가는 내 신앙의 중심이 되었다. 내 죄가 얼마나 무겁고 심각한지를 깨달을수록 하나님의 은혜가 새롭게 나의 가슴을 울렸다. 하나님이 가깝게 느껴지지 않는다고 투덜대며 법석을 떠는 대신에 하나님이 존재하신다는 사실, 보이지 않고 느껴지지 않더라도 그저 존재하신다는 사실 하나만으로도 감사할 수 있게 되었다.

지금까지는 감각의 어두운 밤에 대한 전형적인 증상들을 살펴보았다. 그렇다면 성 요한은 감각의 어두운 밤이 어떻게 일어나고 그 결과 영적 성숙에는 어떤 영향을 미친다고 말했을까? 더 구체적인 내용을 알고 싶다면 『성 요한 전집 The Collected Works of John of the Cross』을 참고하기 바란다. 여기서는 영적 성숙의 단계를 이해하기 위해 그 내용을 간단히 요약해서 설명하도록 하겠다.

성 요한은 이 과정을 통해 하나님이 우리 마음을 다른 방식으로 살찌게 하는 것이라고 말했다. 전에는 육신적 감각을 통해 (말씀과 사랑과 임재로) 우리를 먹이셨지만 이제는 우리의 영을 통해 먹이신다는 것이다. 예수님은 하나님이 먹이시는 '양식'에 대해 여러 번 언급하셨다. 그중 하나가 사마리아를 여행하시면서 만난 여인과 대화하실 때였다. 야곱의 우물가에서 사마리아 여인을 만난 후에 제자들이 와서 배가 고프신지를 여쭤자 예수님은 전혀 뜻밖의 말씀을 하셨다.

"이르시되 내게는 너희가 알지 못하는 먹을 양식이 있느니라. 제자들이 서로 말하되 누가 잡수실 것을 갖다 드렸는가 하니 예수께서 이르시되 나의 양식은 나를 보내신 이의 뜻을 행하며 그의 일을 온전히 이루는 이것이니라(요 4:32-34)."

그 외에도 예수님은 우리의 영혼을 살찌게 하는 양식에 대해 여러 번 말씀하셨다.

"썩을 양식을 위하여 일하지 말고 영생하도록 있는 양식을 위하여 하라. 이 양식은 인자가 너희에게 주리니 인자는 아버지 하나님께서 인 치신 자니라(요 6:27)."

"예수께서 이르시되 내가 진실로 진실로 너희에게 이르노니 모세가 너희에게 하늘로부터 떡을 준 것이 아니라. 내 아버지께서 너희에게 하늘로부터 참 떡을 주시나니 하나님의 떡은 하늘에서 내려 세상에 생명을 주는 것이니라. 그들이 이르되 주여 이 떡을 항상 우리에게 주소서. 예수께서 이르시되 나는 생명의 떡이니 내게 오는 자는 결코 주리지 아니할 터이요 나를 믿는 자는 영원히 목마르지 아니하리라(요 6:32-35)."

"내 살은 참된 양식이요 내 피는 참된 음료로다. 내 살을 먹고 내 피를 마시는 자는 내 안에 거하고 나도 그의 안에 거하나니 살아 계신 아버지께서 나를 보내시매 내가 아버지로 말미암아 사는 것 같이 나를 먹는 그 사람도 나로 말미암아 살리라. 이것은 하늘에서 내려온 떡이니 조상들이 먹고도 죽은 그것과 같지 아니하여 이 떡을 먹는 자는 영원히 살리라(요 6:55-58)."

"나는 포도나무요 너희는 가지라. 그가 내 안에, 내가 그 안에 거하면 사람이 열매를 많이 맺나니 나를 떠나서는 너희가 아무것도 할 수 없음이라(요 15:5)."

사도 바울과 베드로는 양식의 비유를 사용해서 우리의 영적 성장과 하나님이 우리 안에 역사하시는 방법을 설명했다.

"형제들아 내가 신령한 자들을 대함과 같이 너희에게 말할 수 없어서 육신에 속한 자 곧 그리스도 안에서 어린아이들을 대함과 같이 하노라. 내가 너희를 젖으로 먹이고 밥으로 아니하였노니 이는 너희가 감당하지 못하였음이거니와 지금도 못하리라(고전 3:1-2)."

"이는 젖을 먹는 자마다 어린아이니 의의 말씀을 경험하지 못한 자요 단단한 음식은 장성한 자의 것이니 그들은 지각을 사용함으로 연단을 받아 선악을 분별하는 자들이니라(히 5:13-14)."

하나님이 우리를 먹이시는 방식을 변경하시면 우리에게 혼란이 일어날 수밖에 없다고 성 요한은 말했다. 마치 식단이 바뀐 어린아이처럼 우리로서는 무슨 일이 일어나는지를 전혀 이해할 수 없기 때문이다. 우리는 오히려 아무것도 먹지 못하는 것처럼 느끼게 된다. 성 요한의 말을 직접 들어보라. "감각의 어두운 밤에서 무미건조한 나날을 보내는 동안 하나님은 우리 영혼이 감각적인 삶에서 멀어지게 하시고 그 대신에 영적인 삶으로 다가가게 하신다. 즉 묵상(meditation)에서 관상(마주 머묾, contemplation)으로 이끌어 더 이상 하나님을 우리의 힘과 의지로 묵상하거나 우리의 노력으로 무언가를 이룰 수 없게 만드시는 것이다."7

성 요한은 단순히 우리가 기도에서 경험하는 것들만 말한 것이 아니었다. 묵상을 할 때는 우리 자신의 것들을 사용해서 하나님께 나아가지만 마주 머묾에서는 하나님이 영으로 우리에게 다가오신다. 그것은 우리의 생각, 언어, 상상을 초월하는 것이다. 마치 어린아이가 걸음마를 배우기 위해 무조건 발을 떼어야 하고, 군인이 상사의 지시에 전적으로 순복하는 것처럼 분별과 이해를 할 수 없는 상황에서도 하나님의 말씀을 신뢰할 수 있어야 한다.

성경의 기자들도 그 기간에 느끼는 고통을 토로하면서 믿음 하나로 그 시간을 견뎌야 한다고 말했다. 한 예로 다윗의 고백을 들어보라.

"내 마음이 산란하며 내 양심이 찔렸나이다. 내가 이같이 우매 무지함으로 주 앞에 짐승이오나 내가 항상 주와 함께하니 주께서 내 오른손을 붙드셨나이다. 주의 교훈으로 나를 인도하시고 후에는 영광으로 나를 영접하시리니(시 73:21-24)."

참고 견디다 보면 하나님을 '감각으로' 체험하는 것만이 아니라 더 새롭고 은밀하게 그분을 체험하는 법이 있음을 알게 된다. 바로 우리 '마음으로' 하나님을 체험하는 것이다. 그렇다면 노상 부딪치는 게 자신의 죄와 사악함밖에 없다면서 도대체 어떻게 하나님을 발견한단 말인가? 우리는 자신의 마음을 들여다보면서 이렇게 자문해야 한다. "예수님이 지금 내 마음에 계시고 나를 사랑하신다는 걸 믿는가?" 모든 게 그 반대로 느껴지지만 우리가 할 수 있는 대답은 한 가지밖에 없다. "내가 믿나이다. 나의 믿음 없는 것을 도와주소서(막 9:24)." 우리의 마음은 그분의 사랑에 사로잡혔고 그 사실을 부인하지 못한다. 그래서 세상이 주는 만족에도 의존하지 않게 된다. 세상 것들이 우리의 공허함을 채워주지 못함을 확실히 알았기 때문이다. 이제는 '세상에 대한 관심'에서 멀어져 오직 하나님만, 보이지도 않고 느껴지지도 않는 하나님만 더욱더 갈망하고 있다. 하나님의 사랑을 직접적으로 느끼고 싶은 마음이 아무리 간절해도 우리는 그저 "주님, 당신의 존재만으로 충분합니다"라고 말할 수 있어야 한다.

우리가 감각의 어두운 밤에서 얻는 진정한 유익 중 하나는 "자기가 어떤 사람이며 얼마나 구제불능인가를 깨닫는 것"이라고 성 요한은 말했다.[8] 하나님의 빛이 사라지고 나면 우리 눈앞에는 자신의 본모습이 적나라하게 드러난다. 더 이상 하나님을 '바라볼' 수 없게 되었기 때문에 자연히 자기 자신을 주시하게 되는 것이다. 우리는 그 어느 때보다 우리의 필요에 민감해지고 다른 사람들과 물질에 의존하여 그런 욕구들을 채우고자 발버둥 치는 모습을 보게 된다. 우리 마음에서는 하나님의 능력이 비밀스레 영적 양식을 먹이고 계시는 동안 우리의 눈은 자신이 하나님의 거룩함에서 얼마나 동떨어진 삶을 사는지를 똑똑히 목격하는 것이다. 예수님의 십자가와 그분 안에서 주어진 용서와 은혜가 없다면 우리 자신이 얼마나 비참한 존재인가를 더 깊이 의식하게 된다. 따라서 그분의 사랑과 임재가 주는 감미로운 순간을 전보다 더 사모하게 된다. 하지만 이 순간 우리 안에는 위대한 일이 진행되고 있다. 전에는 한 번도 갖지 못했던 진정한 겸손이 우러나오고 영적 교만의 위험이 수그러든다. 성 요한은 이렇게 말했다. "자신의 황폐함과 비참함을 깨달은 사람에게는 자기의 신앙이 다른 사람의 신앙보다 낫다는 예전의 생각이 아예 머릿속에 떠오르지도 않는다. 오히려 다른 사람이 자기보다 낫다고 생각한다."[9]

감각의 어두운 밤에서는 하나님에 대한 사랑과 타인에 대한 사랑이 깊어져 세상과 다른 사람들에게 큰 관심과 연민을 갖게 된다. 무엇보다 견디기 힘든 것은 하나님의 사랑에 감격하고 그분에 대한 사랑으로 활활 타오른 나머지 죄로 물든 육신과 타락한 세상에서 살아가기가 참을 수 없을 만큼 고통스럽게 느껴지는 것이다. 아무리 하나님을 사랑해도 자신 안에는 이중성, 두 마음, 거룩하지 못한 무능력이 존재함을 뼈저리게 깨닫는다. 그것이 바로 로마서 7장에서 사도 바울이 탄식한 이유였다. "오호라 나는 곤고한 사람이로다. 이 사망의 몸에서 누가 나를 건져내랴(롬 7:24)."

감각의 어두운 밤에서는 갈라디아서 5장 16-22절에서 말하는 성령의 열매를 갈망한다. 그래서 육체의 행위를 버리고 성령의 열매를 맺게 되길 간절히 소망한다. 비록 육체의 행위를 오래전에 그만두었다고 해도 이것들이 여전히 마음 어딘가에 숨어 있음을 알기 때문에 "내 안에 정직한 영을 새롭게 하소서"라는 기도가 절로 나올 수밖에 없다.[10]

그렇다면 감각의 어두운 밤을 맞이했을 때 우리는 어떻게 해야 할까? 성 요한은 예전에 사용하던 방법을 총동원해서 어떻게든 하나님을 체험해보려고 노력하는 일을 그만두라고 충고한다. 그저 믿음으로 주님을 기다리면서 그분의 선하심과 은혜를 신뢰하기만 하면 된다는 것이다. 또한 기도 중에 더 많이 침묵하라고 말한다. 하나님으로부터 무엇을 받기 위해서가 아니라 하나님만을 위해서 하나님이 그저 우리와 함께하시도록 하라는 것이다. 오스왈드 챔버스 역시 비슷한 조언을 했다. "'너희는 가만히 있어 내가 하나님 됨을 알지어다(시 46:10).' 당신은 지금 삶이나 신앙에서 어두움 가운데 들어가 있는가? 그렇다면 조용히 있으라. 어둠 속에서 입을 열면 분위기를 망치게 된다. 어두움의 시간은 귀 기울여 듣는 시간이다."[11]

때가 되면 하나님은 어둠을 걷어내시고 그동안 무슨 일을 하셨는지를 우리가 볼 수 있게 하실 것이다. 설령 또다시 어둠이 찾아온다고 해도 그 안에서 무슨 일이 일어나는지를 알기 때문에 감사와 확신으로 그 시간을 보낼 수 있게 된다. 어두운 밤의 가장 큰 고통은 두려움이다. 다시는 사랑하는 주님의 임재를 체험하지 못할까 봐 두려워한다. 그러나 이제는 그와 같은 시험의 시간이 하나님의 사랑의 표현임을 알기에 기다릴 수 있다. 성 요한은 헌신적인 성도들이 어두운 밤을 경험하지만 그 기간을 성공적으로 통과하는 사람이 매우 드물다고 말했다. 그 이유는 인내심이 부족하고 올바른 영적 지도를 받지 못하기 때문이라는 것이다.[12] 하지만 그 뒤에 이어지는 고통에 비하면 감각의 어두운 밤은 그래도 나은 편이라고 성 요한은 말했다.

어두운 밤의 두 번째 단계를 논하기 전에 중간에 맞이하는 황홀한 '휴식기'를 빼놓을 수 없다. 성 요한은 두 개의 어두운 밤이 꼬리를 물고 이어지는 법은 없다고 말했다. 감각의 어두운 밤이 끝나고 나면 보통은 오랫동안 위로의 시간이 주어진다. 그래서 마주 머뭄(contemplation)을 통해 하나님과 친교를 나눌 수 있게 된다. 더 이상 하나님의 임재를 감각적으로 느끼려 하지 않고 그분의 사랑을 충분히 알고 있기에 자아를 버리고 영적으로 그분을 체험하며 친밀감을 만끽하게 되는 것이다. 성 요한은 그 사실을 이렇게 설명했다. "이것은 나에게 엄청난 행복이며 진정한 은혜다. 왜냐하면 하나님과의 관계와 만족의 기반이었던 나라는 존재의 감각과 욕구와 애정을 제거함으로써 인간적 방법과 행위에서 벗어나 하나님의 방법대로 그를 누릴 수 있기 때문이다."[13]

그 뒤에 성 요한은 이제 우리가 '옛 자아'의 본성이 아닌 새롭게 창조된 하나님을 닮은 본성으로 그분과 관계를 가질 수 있게 되었다고 말했다.[14] 따라서 마주 머뭄과 침묵에 들어가기 위해 묵상의 문을 거칠 필요가 없다. 곧바로 영적 기쁨을 누리는 관계에 들어갈 수 있게 된 것이다.

그렇지만 여전히 우리 영혼에는 하나님과의 온전한 연합을 방해하는 수많은 결점과 허물들이 남아 있다. 죄에서 옮은 무감각이 우리 영에 들어와 있고 마음은 쉽게 산만해져 함께하시는 하나님께 집중하지 못한다. 사탄은 우리의 영적 무감각을 이용해서 잘못된 환상과 예언을 믿게 하고 착각과 교만이 일어나게도 만든다. 그런 까닭에 여섯 번째 방에서 하나님과 깊은 관계를 맛본 사람도 잠시 동안 기도가 메마르고 내면의 갈등이 심화되는 기간을 경험하기도 한다. 이는 앞으로 다가올 '영의 어두운 밤'에 대한 예고편이라고 할 수 있다. 어쨌든 우리의 '영적 감각'은 한결 강해졌고 정화되었다. 이제는 하나님 외에 다른 것을 의지하려는 경향을 뿌리 뽑아야 한다. 우리가 겸손히, 그리고 기꺼이 받아들일 수 있을 때 우리 앞에는 성인 예식과 비슷한 영적 성숙 과정이 기다리고 있다.

영의 어두운 밤

영의 어두운 밤은 우리가 짓는 죄의 근본 뿌리를 표적으로 삼고 있다. 이 어두운 밤에서는 하나님을 더더욱 느낄 수가 없다. 토머스 두베이의 설명을 들어보라. "우리는 한발 더 나아가 기억, 상상, 지성, 의지를 통한 모든 인간적인 방법을 박탈당한다. 기도드릴 때의 포근함은 사라지고 하늘과 땅 사이에서 그저 막막하게 홀로 남은 기분을 느낀다."[15] 여섯 번째 방에서 '삼층천'을 보았을지라도 이제는 하나님과 그분의 왕국 안에서 하나님을 의식하는 모든 영적(감각적인 면은 물론이고) 의식이 제거당한 채 살아야 한다는 것을 확실히 알게 된다.[16] 우리의 영혼은 다시 어두워진 것이다.

그 와중에도 하나님의 빛은 우리 안에 비쳐들지만 우리는 전혀 알아채지 못한다. 우리가 느끼는 것은 오직 암울하고 답답한 마음과 자신에 대한 비참한 심정뿐이다. 영의 어두운 밤을 맞이하면 하나님으로부터 버림받은 기분이 드는데 마치 자기 영혼이 지옥에 있는 것처럼 느껴진다고 성 요한은 말했다. 또한 아기에게 젖을 주던 어머니가 젖을 떼기 위해 젖꼭지에 쓰디쓴 즙을 바르는 것과도 비슷하다고 말했다. 우리는 더 이상 하나님 안에서 기뻐할 수가 없다. 이번에도 어둠을 몰고 온 정확한 원인을 알지 못하고 하나님의 뜻 이외에 다른 설명이 불가능하다. 어쩔 수 없이 어둠 속에 살면서 전적으로 믿음만을 의지해야 한다. 하나님은 여전히 함께하시고 역사하시지만 그분의 인도하심을 전혀 의식할 수 없고 기도 중에 느꼈던 기쁨도 전혀 느낄 수가 없다. 그러한 어둠 속에서도 우리의 마음과 정신은 오로지 하나님께만 고정되어 그분을 더 알고 싶고 사랑으로 섬기고 싶어진다.

테레사는 '어두운 밤'이라는 용어를 사용하지는 않았지만 그 상황을 이렇게 묘사했다. "어찌 보면 주님이 사탄에게 허가증을 주어서 우리 영혼이 시험을 받게 하고 심지어 하나님으로부터 버림받았다는 느낌을 갖게 만드는 것 같습니다. 수많은 것들이 맞서고 내면의 반발도 극심하여 견디지 못할 정도에 이르고 보면 지옥의 고통밖에는 달리 비교할 대상도 없을 지경입니다. 그런 시련 속에서는 어떤 위로도 허락되지 않기 때문입니다."[17]

성 요한은 두 번째 어두운 밤에서 겪는 고통을 한층 더 자세하게 설명했다. "감각과 영의 어둠 속에서 우리 영혼은 모든 이해력과 기쁨을 빼앗긴 채 그 어둠 속을 오직 믿음만으로 걸어가야 한다. 그것이 하나님과 연합하는 올바르고 적절한 방법이다. (…) 하나님은 우리 영혼이 누렸던 모든 영적 축복의 기쁨과 만족을 앗아감으로써 우리의 지성을 어둠에, 우리의 의지를 메마름에, 우리의 기억을 공허에, 우리의 애정을 잔인한 고통과 번민에 놓아두신다."[18]

영혼의 황금이 제련되어야 비로소 순결한 사랑으로 하나님과 하나 될 수 있다고 성 요한은 말했다.

우리는 성경 묵상이나 향심 기도 등의 방법으로 예전의 기쁨을 되찾을 수 없다는 것을 이미 배웠기 때문에 계속해서 침묵 속에 (그리고 이제는 어둠 속에) 느껴지지 않고, 보이지 않고, 인식할 수 없는 하나님과 그저 함께 머무는 수밖에 없다. 그동안 하나님을 지극히 사랑하게 되었으니 지금 버림받은 기분은 당연히 가슴이 찢어질 정도로 고통스럽다. 예전에는 자신의 갈급함이 채워졌고, 시련을 당해도 위로를 받았고, 영적 가난함에 대한 갈망이 있었지만 이제는 인간으로서의 비참한 상태만 절감할 뿐이다. 길 잃은 양처럼 바위산을 헤매고, 잡아먹으려는 늑대를 피해 도망 다니면서, 하나님이 주신 힘도 전혀 활용할 수가 없다.

그러나 우리를 단련하는 그 불이 우리의 가장 깊은 영혼에 새 생명을 불어넣어준다. 토머스 두베이는 그것이 "영적 고질병의 뿌리를 자르고 제거하는 것이며 우리를 변질시키는 이기심으로부터 분리시키는 것이다"라고 말했다.[19] 또한 성 요한은 이렇게 덧붙였다. "이후 우리의 영혼에 불붙어 영화롭게 만드는 사랑의 불이 이전에 우리를 혹독하게 단련시켰던 바로 그 불이다."[20] 어둠의 불길 속에서 우리의 영적 교만과 착각은 사정없이 태워진다. 우리 힘으로 하나님을 찾을 수 있고, 만날 수 있고, 대화할 수 있다고 믿었던 환상은 무수한 실패에 의해 산산이 깨져버린다. 이제 남은 길은 두 가지밖에 없다. 포기하거나 참고 견디는 것이다. 그러나 이미 오래전부터 포기는 선택의 대상이 아니다.

포기는 하지 않더라도 우리는 무슨 일이 일어나는지 모르는 상태에서 좌절과 번민만을 되풀이한다. 혼란이 계속되다 보면 안개 낀 바다 위에서 방황하는 배처럼 방향감각이 없어지고 탈출구도 보이지 않는다. 바람을 보내주시지 않는 하나님을 원망하거나 방향타 없이 운행하는 자신을 원망하겠지만 어느 쪽이든 우리는 버림받은 느낌을 지울 수가 없다. 이때는 무엇보다 성도들끼리 서로 돌보고 보살펴주는 일이 중요하다. 자신의 마음을 비롯해 상대의 마음에 민감하게 귀를 기울이고 형제와 자매들이 그토록 듣기 원하는 격려의 말을 해주는 믿음의 공동체가 필요하다. 하나님은 우리가 인내력이나 배움의 한계를 벗어날 때까지 우리를 어두운 밤에 홀로 방치하지 않으신다.

어두운 밤이 진정으로 열매를 맺으려면 정도의 심각성에 상관없이 적어도 몇 년 이상 지속되어야 한다고 성 요한은 믿었다. 다만 어두운 밤을 겪는 중에도 잠깐의 휴식기가 찾아와서 우리를 비추고 있는 빛의 일부를 볼 수 있게 되며, 그로 인해 하나님을 사랑하고 사랑받을 수 있는 새로운 자유와 여유를 누리게 된다고 말했다. 그런 후에 다시 어둠이 시작되고 사랑 안에서 인내하는 것이 우리의 유일한 목표가 되는 것이다. 우리의 초점은 자신의 영적 성숙에서 하나님과의 연합으로 옮겨가게 된다. 하나님 한 분만이 우리의 운명이자 생의 목표가 되는 것이다.

성 요한은 우리가 이 두 가지 어두운 밤을 피할 수 없다고 강조했다. 하나님과의 관계가 친밀한 단계에 이르렀다고 이것들이 자동적으로 면제되는 것이 아니라고 했다. 저명한 기독교 심리학자 제럴드 메이Gerald May를 포함해 현대의 저술가들, 성 요한과 테레사에 대해 책을 쓴 토머스 두베이는 그 주장에 전적으로 동의했다.[21] 이러한 밤들은 우리가 시작할 수 없고 오직 우리가 준비되었다고 생각될 때 하나님만이 시작하실 수 있다고 말했다. "뒤이어 설명할 '어두운 밤'이라는 수동적 정화 과정에서 우리 영혼이 하나님 손 안에 놓이기 전까지 스스로를 허물이나 다른 것으로부터 완벽하게 자체 정화할 수 없다. (…) 개인적으로 아무리 많은 노력을 기울인다 해도 완벽하신 하나님과 연합을 이룰 최소한의 수준만큼도 자기 자신을 깨끗하게 하지 못한다. 우리에게는 어둡게 여겨지는 그 불 속에서 하나님께서 그 일을 맡아서 우리를 깨끗하게 해주셔야 한다."[22]

캐버노와 로드리게스Rodriguez는 『십자가의 성 요한 전집』의 머리말에서 성 요한이 어두운 밤에 대해 글을 쓴 것이 왜 중요한지를 다음과 같이 이야기했다.

"그의 가장 큰 관심사는 신앙생활에 어려움을 겪는 사람들이었다. 내면의 시험을 받고 있는 영혼들을 보면서 그는 『어둔 밤』과 『카르멜산의 등정』을 쓰게 되었다. 어두운 밤에 겪는 시련을 사람들이 겁을 집어먹을 정도로 실감나게 표현한 것은 가급적 가장 심각한 형태의 어두운 밤 경험을 묘사함으로써 어느 누구도 탈락되지 않도록 하기 위함이다. 따라서 정화의 과정이 아무리 모질고 힘들어도 그 과정에 여전히 하나님의 부드러운 손이 함께하시며 무절제한 애정의 파편을 제거하시고 그분의 빛이 비칠 수 있는 여지를 만들어가고 계시다는 생각에 누구든지 위안을 받을 수 있을 것이다."[23]

예수님의 가르침에도 어두운 밤이 등장한다. "의에 주리고 목마른 자는 복이 있나니 그들이 배부를 것임이요(마 5:6)"와 "의를 위하여 박해를 받는 자는 복이 있나니 천국이 그들의 것임이라(마 5:10)"가 그것이다. 많은 그리스도인이 의를 위한 굶주림과 목마름, 고난과 박해가 축복인 것을 알지 못한다. 그래서 신앙이 퇴보하거나 실패한 것으로 해석한다. 하지만 우리가 성삼위와 사랑으로 연합할 가능성이 있음을 보시는 하나님은 우리를 위해 신병 훈련소와 성인 예식을 준비하시고 우리를 사랑의 전사로 변화시켜 주신다. 한 가지 명심할 것은 어느 누구도 똑같은 형태와 방식으로 어두운 밤을 경험하지 않는다는 점이다. 우리를 본래의 아름다운 모습으로 회복하기 위한 하나님의 정화 작업은 각자에게 적합한 맞춤형으로 진행된다.

지금까지 어두운 밤에 대해 많은 것을 논했으니 십자가의 성 요한이 지은 「어둔 밤」이라는 시를 읽으면서 가능한 한 그 밑에 숨은 의미까지 헤아려보기 바란다.[24]

1. 어느 어두운 밤,
　갑자기 사랑에 목이 말라
　- 아, 이것이 바로 은혜일세!
　남 몰래 밖으로 나왔네
　내 집은 완전히 적막에 잠겨 있네

2. 어둠 속에서 안전하게

변장을 하고 비밀의 층계로
– 아, 이것이 바로 은혜일세!
어둠 속에서 은밀히 내려왔네
내 집은 완전히 적막에 잠겨 있네

3. 상서로운 야밤에 남 몰래,
   아무도 보지 않았고
   나 역시 아무도 보지 못했네
   내 마음에서 불타는 것 외에는
   다른 빛도 길잡이도 없었으므로

4. 한낮의 빛보다 더 확실히
   마음속의 불이 나를 인도했네
   내가 아주 잘 아는 그분,
   그분이 나를 기다리는 곳으로
   아무것도 없는 그곳으로

5. 아, 길을 인도하는 밤이여!
   새벽보다 더 아름다운 밤이여!
   사랑하는 자와 사랑받는 자를
   하나로 묶어주는 밤이여!
   사랑하는 자 안에서
   사랑받는 자를 변화시키는 밤이여!

6. 오직 그분만을 위해 지켜온
   나의 꽃피는 가슴을 베고
   그분은 고이 잠이 드셨네

잣나무 부채로 부치면서
   나는 그분을 어루만지네

7. 작은 탑에서 미풍이 불어와
   그분의 머리카락을 흩날리면
   그는 부드러운 손길로
   내 목을 다치게 해서
   모든 감각을 멈추게 하시네

8. 나 자신을 버리고 잊은 채
   얼굴을 사랑하는 분께 기대니
   모든 게 멈추었네 나는 나 자신에게서 나왔네
   내 시름일랑 접어놓고
   백합화 떨기 속에서 잊혔네

 이 정화의 여정을 선택한 사람은 복 있는 자로, 그는 고통과 시련 속에서 영원한 사랑을 발견할 것이다. 다음에 이어지는 장에서는 마이클과 애비게일과 상규가 어떻게 어두운 밤을 경험하는지 지켜보기로 하자.

생각해보기

어두운 밤은 신앙이 성숙한 사람에게 찾아온다는 사실을 기억하라. 누구나 한 번쯤은 광야와 같은 시간들을 지나지만 어두운 밤에 행해지는 마음의 수술은 온전히 하나님이 행하시는 일이다. 다음의 질문들을 생각해보라.

- 당신은 어떤 식으로 어두운 밤을 경험했는가?
- 당신도 언젠가는 어두운 밤을 경험하게 될 터인데, 그에 대해 어떻게 생각하는가? 어떻게 마음의 준비를 할 것인가?
- 당신은 어두운 밤도 마다하지 않을 정도로 하나님과 하나되기를 소망하고 있는가?
- 당신은 마음의 정결함을 하나님을 사랑하는 표현으로써 원하는가, 아니면 하나님의 사랑을 받기 위한 전제 조건으로써 원하는가?
- 언젠가 하나님이 당신에게서 숨으실 때 인내하며 견딜 수 있는 힘을 얻기 원해서 오늘 하루 그분이 어떤 은혜를 베풀어주시기를 바라는가?

10

여섯 번째 방: 하나님을 향한 열정적인 삶 (그리스도와의 영적 약혼)

"내가 여호와께 바라는 한 가지 일 그것을 구하리니 곧 내가 내 평생에 여호와의 집에 살면서 여호와의 아름다움을 바라보며 그의 성전에서 사모하는 그것이라(시 27:4)."

10장
여섯 번째 방: 하나님을 향한 열정적인 삶
(그리스도와의 영적 약혼)

참으로 긴 여정이었다. 오래전 우리가 예수님을 영접했을 때 우리는 주님의 빛에 이끌려 그분의 사랑의 성 안으로 들어갔고 그분만이 주실 수 있는 용서와 은혜로 우리의 영혼이 해방감을 누릴 수 있었다. 그것이 첫 번째 방이었다.

우리 마음속에서는 두 왕국 사이에 전쟁이 벌어졌고 우리는 팔을 뻗어 하나님의 든든한 손을 잡으며 거듭거듭 "예!"라고 대답하며 따라갔다. 주님을 따르려는 결심을 흔드는 수많은 유혹들이 있었지만 믿음과 은혜로 견뎌내었다. 그것이 두 번째 방이었다.

하나님 가족 안에서 자신의 자리를 찾아가면서 내가 받은 성령의 은사와 매일의 삶에서 주님을 섬기는 기쁨이 무엇인지를 알게 되었다. 하나님은 우리가 처한 상황을 사용하여 우리의 마음을 변화의 과정으로 초대하셨고 그분을 더 깊이 알고 사랑하도록 이끄셨다. 시간이 가면서 우리를 망가뜨리려는 죄와 원수의 계속되는 공격 때문에 더 이상 주님을 따를 수 없을 것 같은 좌절감을 느낄 때도 있었다. 그러나 우리는 주님의 변함없는 사랑과 거듭되는 가지치기로 인하여 회개와 순종을 반복했다. 하나님의 사랑의 공동체인 교회 안에서 우리는 새로운 정체성과 새로운 삶을 발견했다. 바로 만군의 하나님이 우리 아버지였고 우리는 그의 자녀였다. 그것이 세 번째 방이었다.

세월이 흐르는 가운데 우리는 계속해서 주님을 따라갔다. 산꼭대기의 절정을 경험하게 하는 예배와 평지에서의 섬김 속에서 우리의 관심사가 서서히 바뀌기 시작했다. 불꽃이 타오르는 듯한 그분의 눈길, 그분의 미소, 그분의 긍휼, 그분의 사랑에 우리의 마음이 매료당했다. 주님으로만 여겨졌던 그분이 우리를 친히 부르셨고 어느새 우리 마음을 사로잡고 있었다. '예수, 그 이름의 비밀'과 같은 옛 찬송이 한편으로는 좋으면서도 한편으로는 두려운, 우리 마음의 갈등을 잘 표현해주었다. 도대체 그분은 어떤 분이신가? 한때는 그분에 대한 지식만으로 만족했지만 이제는 그분을 진정으로 경험해보고 싶은 간절한 욕구가 생겨난다. 예전에는 한두 차례의 기적을 경험하는 것만으로도 몇 달간 넋을 잃을 정도였지만 이제는 오직 그분만을 갈망한다. 실제로 기적이 일어나든 안 일어나든 우리는 오직 그분 발 앞에 앉아 그분의 마음에 귀를 기울이며 그분의 사랑을 체험하고 싶다. 예수님, 그리고 그분의 사랑이 우리가 바라는 가장 귀한 보물이다. 그것이 네 번째 방이었다.

어느 사이엔가 우리는 더 이상 하나님과 가끔씩 만나는 것에 만족하지 못하게 되었다. 큰 아량이라도 베풀듯 우리 삶의 '1등석' 자리를 그분에게 내어드리는 것만으로는 충분하지 못하다는 생각이 든다. 그것은 주객이 전도된 꼴이 아닌가! 예수님이 우리 삶의 일부가 되어야 하는 게 아니라 우리가 그분의 일부로서 살아가야 한다. 주님이 우리 마음에 거하시는 것은 감사한 일이지만 이제는 주님이 보좌에 앉아 만왕의 왕, 만유의 주로서 역할을 하시도록 해야 한다.

이제 우리는 감히 자신을 주님의 사랑받는 자로 생각한다. 예전에는 그분의 양, 자녀, 제자, 종으로 만족했고 그것이 우리 자신을 이해하는 정도였다. 하지만 이제는 우리가 그분의 신부가 되기를 갈망한다. 다섯 번째 방에 있을 때부터 우리 마음에 그런 소망이 간절해지기 시작한다. 그분의 빛과 사랑이 우리를 그에게로 더욱 가까이 이끌어가며 깨끗하게 정화시킴으로써 그분의 아름다움을 더 깊이 바라볼 수 있게 해주었다. 전에도 묵상 기도 중에 하나님과 하나 되고 싶은 마음이 이따금 떠오르긴 했지만 이제는 그것이 간절한 소원이 되었고 오로지 그분의 것이 되고자 한다. 세상이 주는 쾌락은 얼마든지 포기할 수 있다는 결의와 이제까지 인생에 쌓아왔던 중요한 것들을 내려놓고 그분만을 위해 살아가고 싶다는 확고한 의지를 가지게 되었다. 우리도 요한처럼 예수님이 '사랑하시는' 제자가 되기를 소망한다. 그것이 다섯 번째 방이었다.

이제, 우리는 여섯 번째 방에 들어와 왕의 존전에서 그분의 신부로서 그의 위엄을 바라보게 되었다. 그러나 하나님이 창조하신 본연의 아름다운 존재가 되기 위해서는 아직도 가야 할 길이 너무 멀다는 사실을 깨닫는다. 우리가 그분의 영광을 바라본다는 것이 어떠한 것인지 조금씩 알게 되면서 우리 안에 남아 있는 어둠 또한 그 어느 때보다 선명히 보게 된다. 주님의 사랑은 그분의 거룩하심 안에서 우리가 다른 사람을 무조건적으로 사랑할 수 있는 기반이 되어준다. 우리는 더욱더 주님의 형상을 닮고 싶고 성삼위께서 나누시는 사랑의 소용돌이 속으로 빨려 들어가고 싶다. 여섯 번째 방에서는 정식으로 약혼을 했지만 아직 혼인 날짜를 알지 못하는 예비 신부가 된다.

이제 애비게일과 마이클과 상규의 삶을 보면서 그들이 하나님과의 연합을 갈망하는 가운데 어떤 경험들을 했는지 알아보자.

마이클

　어느 새 50대 후반에 들어선 마이클은 여전히 미션힐스 교회에서 목회를 하고 있었다. 미션힐스 교회는 그 지역에서 '회복과 치유의 교회'로 알려지면서 계속해서 교인들이 증가했고 많은 사람이 주님을 영접하며 치유의 능력을 경험했다. 그동안 마이클의 설교에도 많은 변화가 일어났다. 폴 목사와 함께 어린 시절의 상처와 분노를 치유하는 기도를 드린 다음부터 나타난 변화였다. 주님의 사랑 안에서 새롭게 발견한 기쁨과 자유로움으로 그는 하나님의 무한한 사랑을 힘차게 설교하게 되었고, 교인들에게도 그런 사랑에 전적으로 응답하는 삶을 살도록 권유하게 되었다. 하나님의 사랑 안에서 느끼는 안정감이 목회에서나 대인관계에서 그를 더욱 너그럽고 자신있는 존재로 만들어 갔다. 스스로의 결점을 인정하는 겸손과 솔직함, 사교적이고 재미있는 마이클의 성격을 하나님이 십분 활용하셔서 효과적인 사역을 하도록 그를 인도하셨다.

　예전의 달리기가 이제는 '빨리 걷기'로 바뀌기는 했지만 마이클은 여전히 날마다 운동을 하면서 기도를 드렸다. 걷거나 혹은 소예배당에 앉아서 기도를 드릴 때마다 예수님의 임재를 가까이 느낄 수 있었다. 하나님의 말씀을 묵상한 후에는 조용히 앉아서 하나님께 귀를 기울였고, 그런 시간이 마이클과 주님의 관계에 새로운 깊이를 더해주었다. 과거에는 예수님을 친구요, 안내자요, 구원자로 따랐으나 이제는 하나님이 아버지라는 사실이 그의 가슴에 생생하게 와 닿았다. 예수님을 생각할 때마다 그분의 부드러운 눈길을 좇아 하나님 아버지를 바라보게 되었다. 그가 예수님 안에서 느끼고 감지하는 하나님 아버지는 육신의 아버지처럼 엄격하고 심판하시는 분이 아니라 사랑과 은혜로 가득한 분이었다. 그의 기도 시간은 하나님의 거룩하심과 위엄과 아름다움과 능력에 대한 묵상으로 채워졌다. 한번은 거리를 빠르게 걷고 있는데 갑자기 하나님의 위대하심에 감격하고 압도된 나머지 그대로 주저앉아 무릎을 꿇고 얼굴을 땅바닥에 대며 경배를 드린 적이 있었다. 지나가던 사람들이 놀라서 하마터면 구급차를 부를 뻔했다!

　마이클은 홀로 있는 시간을 갖기 위해 정기적으로 수도원을 찾았다. 가끔씩은 혼자 산에 올라 주님과 은밀한 만남을 즐기기도 했다. 다음은 폴 목사에게 보낸 편지의 일부로 그가 하나님과의 만남을 통해 어떠한 은혜를 받았는지를 잘 엿볼 수 있다.

"저는 해발 2천 미터 고지에 올라가 나무가 병풍처럼 둘러싼 정상의 목초지에 다다랐습니다. 눈부시게 푸른 작은 호수에서 물줄기 하나가 뻗어나와 산 밑으로 큰 소리를 내며 흘러가고 있더군요. 저는 따뜻한 햇살이 비치는 곳에 혼자서 한 시간 정도 앉아 그 아름다움을 감상하며 천지를 지으신 하나님을 찬양하고 있었습니다. 하나님은 이 모든 것을 그 순간 나를 위해 만들어 주셨으니까요. 물을 마시려고 호숫가로 다가서는데 수면에 햇빛이 찬란하게 반짝거리면서 주변까지 환해지는 기분이 들었습니다. 곧이어 목초지 전체가 생동감 있게 일렁이는 빛으로 가득 찼습니다. 저는 무릎을 꿇고 그 빛을 멍하니 바라보았습니다. 그런데 빛 속에서 어렴풋이 사람들의 모습이 보이는 듯 했습니다. 자세히 보이지는 않았지만 대충 모습과 동작이 사람들 같았지요. 얼마 있다가 그중 한 사람만이 남아서 그 빛 가운데 서서히 제게로 다가왔습니다. 저는 제 마음의 반응을 통해 즉시 그분이 누구인지 알아보았습니다. 저는 빛 속에 서 계시는 그분을 사랑합니다! 정말 말로 표현할 수 없을 정도로 깊이 그분을 사랑하고 경배합니다! 그분을 가까이서 만져볼 수만 있다면 지금 죽어도 여한이 없을 것 같습니다. 제게 다가온 그분은 바로 예수님이었지요! 아무 말도 할 수 없었고 아무 생각도 나지 않았습니다. 그저 형용할 수 없이 평화롭고 기뻤습니다! 예전 같으면 높은 산에 올라갔을 때 나타나는 고산병이나 탈수증이라고 생각할 수 있었겠지만 그날은 아주 특별하게 주님께서 저에게 나타나셨다고 믿습니다. 아마도 장래에 대비해서 제 믿음을 견고하게 해 주시기 위해서겠지요. 저는 한 시간 가량을 바위 위에 가만히 누워 있다가 다시 힘을 회복하여 산을 내려왔습니다."

마이클의 믿음은 강해졌고 기도는 그의 삶 전반으로 새롭게 퍼져나갔다. 그는 '쉬지 말고 기도하라'는 말씀이 늘 이해되지 않았는데 이제는 알 수 있을 것 같았다.[1] 그는 영성개발 소그룹 모임에서 사람들에게 이렇게 말했다. "기도는 우리가 드리는 간구가 아니라 하나님 아버지와 끊임없이 대화하며 사는 것임을 조금씩 깨닫고 있습니다."

마이클이 본 환상이 앞으로 다가올 힘겹고 어려운 시간의 준비일지도 모른다는 생각은 결국 사실로 드러났다. 그 뒤 몇 개월이 지나서 아무런 예고도 없이 그의 신앙생활은 메마르기 시작했다. 전에는 걷거나 앉아서 기도를 드리는 시간이 정말로 즐겁고 기다려졌지만 이제는 기도를 드리려고 했다가도 바쁜 일 때문에 그 시간을 넘기고 나면 도저히 기도할 시간을 낼 수가 없었다. 기도를 드려도 공허하고 답답하기만 했다. 더 이상 아무런 감정도 느낄 수 없었고, 침묵하기도 힘들었고, 하나님의 임재도 느낄 수 없었다. 머릿속에는 온갖 잡념들만 떠올라 자신이 드리는 기도는 허공을 맴돌다 사라지는 것만 같았다. 마이클은 아내에게 고민을 털어놓으며 자신이 무엇을 잘못했고 왜 하나님이 이런 벌을 주시는지 모르겠다고 말했다. 그의 아내는 스트레스를 받아서 그럴지도 모른다며 상담을 받아보라고 권했다. 하지만 심리상담사가 자신의 문제를 이해할 것 같지 않았기에 영성개발 소그룹에 속한 사람들에게만 자기의 고민을 이야기하고 그들에게 기도를 부탁했다. 하지만 그 무엇도 나아지지 않았다. 일기장에 쓴 고백에는 그가 겪는 고통이 고스란히 배어 있다.

"예수님, 하나님, 성령님, 도대체 어디에 계십니까? 우리가 오붓이 만났던 장소들을 전부 찾아다녔지만 아무도 없었습니다. 기도할 때나 설교할 때 주님의 임재를 기다렸지만 그냥 저 혼자 내버려진 느낌이었습니다. 왜 전에 풍성히 내리셨던 은혜를 이제는 거두시는 건가요? 아버지, 제가 죄인인 것은 알지만 새삼스레 당신을 거역한 일도 없지 않습니까? 정말 저는 지금과 같은 광야는 도저히 견뎌낼 수가 없습니다!"

마이클의 가장 큰 두려움은 이대로 영영 하나님과 멀어질지도 모른다는 것이었다. 지금으로서는 그저 '주를 기다리는' 것밖에 다른 방도가 없긴 했지만 대체 얼마나 기다려야 한단 말인가? 그때까지 살아남을 수 있을까? 목회를 계속할 수 있을까?

처음 세 개의 방보다 뒤에 나오는 세 개의 방은 서로 그다지 뚜렷한 구별이나 차이가 없다는 점을 기억하기 바란다. 특히 다섯 번째 방과 여섯 번째 방은 그 차이가 더 모호하다. 여섯 번째 방의 특징이라면 변화시키는 하나님의 사랑을 더 깊이 체험한다는 것이다. 우리는 하나님과 '사랑에 빠지는' 단계를 지나며 대단한 기쁨(그 사랑을 만끽할 때)과 대단한 고통(그 사랑이 갑자기 사라질 때)을 경험했다. 여섯 번째 방에서는 온전히 '그리스도 안에서' 살아간다는 것이 어떤 의미인지를 깨닫게 된다.[2] 영적 체험을 통해 예수님은 우리의 마음을 치유하시고, 우리가 보이는 것에서나 보이지 않는 것에서 더 온전하게 그분의 신비한 능력 속에 살아가게 하신다.

다섯 번째 방에서는 영적 성장을 거의 알아차리지 못했지만 여섯 번째 방에서는 어느새 자신이 많이 변했다는 사실을 깨닫게 된다. 오직 주님과 함께 살고 싶고, 계속해서 그분을 가까이 의식하고 싶고, 더 완벽하게 순종하며 섬기고 싶어한다. 그 마음은 다섯 번째 방에서 생겨났지만 여섯 번째 방에서 더 강하게 느낀다. 따라서 다섯 번째 방과 여섯 번째 방의 차이점은 간절한 정도의 차이라고 할 수 있다. 테레사는 여섯 번째 방을 소개하면서 갈수록 깊어가는 이 사랑과 헌신을 이렇게 설명했다. "여기에는 신랑에 대한 사랑으로 가슴앓이를 하는 한 영혼이 있습니다. 그는 혼자 있을 기회를 더욱 갈망하고 자신의 처지에서 홀로 있기를 방해할 만한 그 어떤 것도 용납하지 않으려 합니다. (…) 그분을 만나고 나면 남는 것이라곤 오직 다시 보고 싶은 마음뿐입니다. (…) 다른 신랑은 어느 누구도 거들떠보지 않겠다고 굳게 결심합니다."[3]

기도는 하나님을 향한 우리의 사랑과 우리를 향한 하나님의 사랑이 오가는 불타는 열애의 시간이 된다. 그러다가 어느 순간 하나님의 흔적조차 느낄 수 없는 어두운 밤을 경험하기도 한다. 하지만 여섯 번째 방에서는 어두운 밤이 온다 해도 하나님을 더욱 깊이 갈망하게 되며, 하나님과의 더 깊은 친밀감이나 헌신에 도움이 되지 않는 것들은 '해로 여겨' 멀리한다(빌 3:8 참조). 성경 시대의 약혼은 지금보다 구속력이 강했다. 반드시 결혼을 전제로 했고 두 사람 간의 사랑이 점차 무르익고 깊어지도록 기다리는 시기이기도 했다. 그러나 완전한 연합, 성적인 결합은 결혼 후에야 가능했다. 테레사가 여섯 번째 방에서 사용한 비유가 그것이었다. 하나님에 대한 깊은 사랑과 열정이 활활 타올라서 그 사랑의 불길에 온전히 자신이 태워지기를 바라는 것이다.

여섯 번째 방을 가장 잘 보여주는 성경 구절은 하나님에 대한 완전한 헌신과 사랑을 노래하는 구절들이다. 여기에 대표적인 두 구절을 소개하겠다.

"내가 여호와께 바라는 한 가지 일 그것을 구하리니 곧 내가 내 평생에 여호와의 집에 살면서 여호와의 아름다움을 바라보며 그의 성전에서 사모하는 그것이라. 여호와의 환난 날에 나를 그의 초막 속에 비밀히 지키시고 그의 장막 은밀한 곳에 나를 숨기시며 높은 바위 위에 두시리로다. 이제 내 머리가 나를 둘러싼 내 원수 위에 들리리니 내가 그의 장막에서 즐거운 제사를 드리겠고 노래하며 여호와를 찬송하리로다(시 27:4-6)."

"그러나 무엇이든지 내게 유익하던 것을 내가 그리스도를 위하여 다 해로 여길뿐더러 또한 모든 것을 해로 여김은 내 주 그리스도 예수를 아는 지식이 가장 고상하기 때문이라. 내가 그를 위하여 모든 것을 잃어버리고 배설물로 여김은 그리스도를 얻고 그 안에서 발견되려 함이니 내가 가진 의는 율법에서 난 것이 아니요 오직 그리스도를 믿음으로 말미암은 것이니 곧 믿음으로 하나님께로부터 난 의라. 내가 그리스도와 그 부활의 권능과 그 고난에 참여함을 알고자 하여 그의 죽으심을 본받아 어떻게 해서든지 죽은 자 가운데서 부활에 이르려 하노니(빌 3:7-11)."

시편의 말씀은 테레사가 여섯 번째 방에 대해 언급한 열정과 갈망을 보여준다. 다윗은 눈에 보이는 성전이나 성막만이 아니라 하나님 안에 감추어진 친밀감에 대한 갈망을 표현하고 있다. 사랑받는 자를 분석하거나 찬미하는 것이 아니라 그분의 놀라운 아름다움과 영광을 기뻐하며 그것으로 채워지기만을 기대하며 그를 바라보고 있는 것이다. 빌립보서에서 사도 바울은 그리스도에 대한 철저한 헌신과 더불어 육체적 혹은 사회적으로 안전감을 가져다주는 것들을 내려놓고 그리스도와 그 부활의 권능과 그 고난 속으로 깊이 들어가기 원하는 열망을 이야기하고 있다. 이것이 바로 여섯 번째 방에서 전형적으로 나타나는 모습이다. 아울러 이 두 가지 성경 구절에서는 네 번째 방의 특성도 엿볼 수 있다. 하나님과의 친밀감을 간절히 원하는 마음이 그것이다. 네 번째 방에서 불이 붙었다면 여섯 번째 방에서는 그 불길이 활활 타오르고 있는 셈이다.

상규

이때부터 상규의 마음을 사로잡기 시작한 것은 주님을 앙망하는 기도였다. "내가 여호와께 바라는 한 가지 일 그것을 구하리니 곧 내가 내 평생에 여호와의 집에 살면서 여호와의 아름다움을 바라보며 그의 성전에서 사모하는 그것이라(시 27:4)." 이 말씀 그대로 그는 어디서나 기회만 있으면 마음을 다해 여호와의 아름다움을 바라보기 원했고 그의 음성에 귀 기울여 듣기 원했다. 그래서 집에서도 홀로 침묵 속에서 기도로 시간을 보내는 일들이 잦아졌다.

이즈음 그는 또한 영성 훈련에 헌신한 사람들과 공동체를 시작하였는데 대부분 홀로 오랫동안 영적 수련에만 정진해온 사람들이었다. 이들과의 교제를 통해 상규는 영성개발에 관한 방대한 자료와 서적들을 읽고 거기에 나오는 다양한 기도 형태를 배우고 실습하기 시작했다. 영성 고전들을 읽으면서 얼마나 풍요함과 기쁨을 느꼈는지! 광야 사막 길에서 방황하며 거주할 성읍을 찾지 못할 때(시 107:4) 배불리 먹을 양식들이 여기에 있었다! 달라스 윌라드, 유진 피터슨, 리처드 포스터 같은 현대 작가들만이 아니라 초대 교부들의 고전 등을 읽으면서 그의 영혼은 다시 새로워지고 충만해지기 시작하였다. 그리고 침묵 기도를 통해 이 은혜들은 그의 삶에 새롭게 접목되어 영적인 힘을 불어넣어주었다.

이러한 은혜는 마치 오랜 가뭄에 내리는 단비 같이 어떤 때에는 촉촉하게 적시는 봄비처럼, 어떤 때는 여름의 소나기처럼 쏟아지며 그의 심령 깊이 새싹을 틔워가는 것 같았다. 시편 기도와 묵상 기도를 통해 받은 은혜들을 주위의 사람들과 나누며 그의 기쁨은 더욱 커졌고 매일의 침묵 기도와 거룩한 독서를 통해 삶의 변화가 열매로 맺히는 것을 눈으로도 볼 수 있었다. 경숙도 상규가 변화되는 모습을 신기하게 생각할 정도였고, 가정 전체의 분위기가 주님의 거룩한 임재로 채워지는 듯한 느낌이 들었다. 이렇게 해서 우리 모두가 언젠가는 그리스도의 장성한 분량에까지도 이르게 되는 것이 아닐까 하는 생각이 들었다. 이것이 바로 상규가 그렇게도 원하던 삶이었으며 그가 찾던 소명이었다는 것을 다시 한 번 깨닫게 되었다.

상규가 지도자 훈련과 영성 훈련에 초점을 두고 이곳까지 달려오는 데 동역자들의 격려와 지원이 가장 큰 도움이 되었다. 훈련과 코칭을 통하여 관점이 바뀌면서 변화의 과정이 시작되고, 믿음 공동체를 통해 거룩한 습관이 자리를 잡으면서 이것이 삶과 사역의 열매로 이어지는 것을 보는 것은 그에게 큰 보람이자 기쁨이었다. 교회 중직으로서 교회를 돕는 것 외에도 상규의 훈련과 코칭 사역은 교단 차원에서, 그리고 초교파적으로 확장되었다. 교회 밖에서도 기업을 대상으로 한 코칭과 지도력 개발 사업이 성장해가면서 한국과 미국 등지에서도 깊은 변화와 성장의 열매들이 맺히는 것을 볼 수 있었다. 기도 속에 갈망을 심어주셨던 그분께서 그가 구하고 생각하던 모든 것에 넘치도록 능히 이루시는 모습을 다시 한 번 경험하게 해주신 것이다.

오래전 스페인의 안달루시아 지역을 방문했을 때 작고 큰 감람나무들이 작은 산과 골짜기, 평지에 빼빼하게 심긴 풍경이 끝없이 펼쳐지는 것을 보고 감탄을 금치 못했던 기억이 있다. 그때 그의 마음속에 떠올랐던 생각은 '하나님의 넓은 과수원과 풍성한 열매들, 여호와를 아는 지식이 온 땅에 편만해진다는 모습이 이런 것이로구나'라는 것이었다. 이 광활한 하나님의 과수원은 우선 집 안뜰에 심은 한 그루의 감람나무로부터 시작된다. 하나님께서 그의 집에 심으신 감람나무들이 건강하게 자랄 수 있도록 은혜를 베푸시고 농부들을 많이 보내주시기를!

애비게일

세월은 쏜살같이 흘러 애비게일은 어느 새 예순두 살이 되었다. 두 아들 필립과 제이슨은 결혼을 해서 이제는 손자를 둔 행복한 할머니였다. 애비게일은 남편의 직장이 바뀌는 바람에 라구나 비치를 떠나 시카고 지역으로 이사를 왔다. 얼마 후 은퇴를 하면 부부가 함께 여행 다닐 꿈에 부풀어 있었다. 그들은 세인트 제임스St. James라는 새로운 교회에 다녔는데, 전보다 작은 교회여서 훨씬 더 가족적인 분위기가 났다. 애비게일도 지난 몇 년간 직장 생활을 하면서 아들들의 대학 등록금을 벌었지만 현재는 은퇴를 해서 교회 여성도들을 지도하며 제자훈련 사역을 이끌고 있었다.

그동안 애비게일의 영적 성장 과정에서 세 가지 중요한 변화가 있었다. 첫째는 가난한 사람들에 대한 연민과 긍휼의 마음이었다. 일 년에 한 번씩 교인들과 아이티로 전도여행을 다녀올 때마다 그런 마음이 새록새록 피어났다. 애비게일이 다니는 교회는 아이티 남부에 있는 작은 침례교회와 자매결연을 하고 매년 한 차례씩 그곳을 방문하여 현지인들을 도와주고 있었다. 애비게일은 그 작은 아이티 교회의 교인들이 빈궁한 처지에도 불구하고 강한 믿음을 갖고 있는 모습에 충격을 받았다. 그녀의 일기에는 첫 여행의 경험과 그 여행이 그녀 삶에 끼친 영향이 잘 드러나 있다.

"우리는 지프차를 타고서 몇 개의 개울을 건너 마을로 들어갔다. 마침내 교회 앞에 차를 세우자 수많은 사람이 노래를 부르며 따뜻하게 환영해주는 것이 마치 전 교인이 우리를 마중 나온 것만 같았다. 놀랍게도 대부분이 아주 멋진 옷을 차려입고 있었다. 나중에 그들이 살고 있는 오두막을 들여다보니 멋진 옷은 한 벌에 불과했고 그나마도 헌옷을 기증받은 것이었다. 그곳에 도착한 첫날 밤, 나는 밤새 기도를 드렸다. 그 나라 전체에 퍼져 있는 부두교라는 미신 숭배, 온 국민을 빈곤으로 몰아넣은 부패한 정부, 그 와중에도 담대하게 주님을 선포하는 이 작은 교회가 보여준 용기가 나를 기도하지 않을 수 없게 만들었다. 다음 날 새벽에 나는 예수님이 이렇게 말씀하시는 것을 느낄 수 있었다. '애비게일, 여기에는 네가 줄 수 있는 것보다 더 많은 도움이 필요하단다. 내가 너에게 세 명의 여인을 보낼 테니 그들을 돌봐주기 바란다. 나의 사랑으로 그들을 사랑한다면 내가 많은 열매를 맺게 해주겠다.' 다음 날, 세 명의 아이티 여인이 통역자와 함께 나를 찾아와서 자기들이 전날 꾸었던 꿈 이야기를 들려주었다. 아주 환한 빛이 비쳤는데 그 속에서 말씀이 들리기를 교회에 있는 한 사람을 찾아가면 자기들을 도와줄 것이라고 했다는 것이었다. 그 얘기를 듣는 순간 내 머릿속에는 그들의 가난과 위생 상태와 아이들 양육 문제부터 도와주어야겠다는 생각이 떠올랐지만 이내 예수님이 하셨던 말씀이 기억나 그냥 그 여인들과 친해지기를 원한다고만 말했다. 며칠 동안 그들은 내게 자신들의 언어인 크리올을, 나는 그들에게 영어를 가르치며 서로 가까워졌다. 신기한 것은 우리가 서로의 언어를 거의 알아듣지 못하는데도 불구하고 서로의 뜻을 이해하고 마음이 통했다는 사실이었다. 우리의 관계는 나중에 빈곤 문제를 함께 풀어가는 동역의 관계로 발전했다. 예수님이 왜 육신적으로나 영적으로 가난한 사람들을 '복 있는' 자들이라고 했는지 알 수 있을 것 같았다. 예수님, 언제나 저 자신의 빈곤함을 잊지 않는 겸손함으로 당신 앞에 나아가게 하시고 제 가슴에 심어주신 이들과 함께 나아가게 하소서."

세 명의 아이티 여인과 그 교회의 다른 여성도들에게 성경 말씀을 가르치면서 주님을 향한 새로운 사랑의 물결이 그 교회에 흘러 넘치기 시작했다.

아이티 전도여행을 마치고 집으로 돌아온 애비게일은 가난한 사람들을 도울 뿐 아니라 그들과 같은 공감대를 가지기 위해 자신의 생활 규모를 줄여서 단출한 삶을 살아가기로 했다. 그동안 모아둔 골동품과 수집품은 자녀들에게 주거나 교회 바자회에 기증했다. 친목회 모임은 최소한으로 줄이고 일주일에 한 번은 남편과 함께 그 지역의 구제 사역에 참가해서 불우한 이웃들에게 따뜻한 한 끼 식사를 나누어주고 어려운 사정 이야기를 들어주었다. 얼마 지나지 않아 그곳에서 애비게일과 친숙해진 여성들은 정기적인 모임을 갖기로 했다. 그들은 커피를 마시며 짧은 시간 동안 성경을 읽고 그 뜻을 토론한 다음 함께 기도했다. 노숙자 여성들은 애비게일의 기도를 들으며 놀라움을 감추지 못했다. 그들은 마치 예수님이 자기들 옆에 앉아 계신 것 같고 대화 중에는 애비게일의 입을 통해 예수님의 생각이 그대로 전달되는 것 같다고 말했다. 애비게일은 기도를 마칠 때마다 여인들을 다정하게 안아주며 축복해주었다. 애비게일은 그들과 함께 있을 때, 그리고 아이티의 세 명의 여성들과 함께 있을 때가 그 어느 때보다 주님이 가깝게 느껴지는 시간이라고 남편에게 말했다.

애비게일의 신앙생활에 일어난 또 하나의 변화는 영적 공동체가 달라진 것이었다. 처음에는 그것이 가장 힘들었다. 라구나 비치에서 그녀의 영성개발 코치였던 메리 목사를 더 이상 만날 수 없는 처지였고 시카고에서는 그와 같은 사람을 여전히 찾지 못했다. 결국 애비게일은 영성개발 공동체로 소그룹을 하나 만들기로 결심하고 여성도들 몇 명과 모임을 시작했다. 그들은 믿음이 더욱 성숙하며 주님과 깊은 관계를 세워갈 수 있도록 서로 돕기를 원하는 성도들이었다. 처음에는 메리 목사와 하던 것처럼 그들 앞에서 솔직하게 마음을 터놓기가 쉽지 않았다. 하지만 용기를 내어 겸손하게 자신의 문제를 내어놓자 곧 다른 사람들도 마음의 문을 열고 어떤 이야기든 꺼낼 수 있는 안전한 분위기가 되어갔다. 그들은 매달 한 번씩 모여서 신앙생활의 중요한 사건이 될 만한 일기 내용을 공개하고 기도제목을 나눈 후에 함께 기도했다. 애비게일의 영성개발 그룹이 다른 소그룹 모임과 다른 점이 있다면 침묵의 시간을 갖는다는 것이었다. 참석자 중 한 명이 이야기를 하고 나면 모두가 5분 정도 가만히 앉아서 주님이 어떤 생각을 주시는지 조용히 정신을 집중한 후에 마음에 떠오르는 생각들을 이야기했다. 기도할 때에도 기도를 받는 사람의 몸에 손을 얹고서 조용히 속으로만 기도했다. 애비게일은 그들 안에 내주하시는 성령님의 기도만으로 보통 충분하다고 가르쳤다.⁴ 그들이 기도를 받은 후에 느끼는 깊은 평안과 위로가 애비게일의 가르침이 틀리지 않았음을 증명해 주었다. 기도를 말로 표현하지 않더라도 얼마 후에 기도한 대로 응답을 받는 경우가 많았다. 참석자들 중에는 별다른 이유 없이 그냥 어떤 사람 혹은 어떤 문제가 마음에 걸려서 관심을 가지고 기도했는데 나중에 봤더니 정말로 기도가 필요한 상황이었다는 식으로 지난 주간의 간증을 들려주곤 했다. 그들이 미처 알아차리기도 전에 그들 속에 거하시는 성령님이 먼저 그 대상을 위해 기도하게 이끄셨던 것이다.

애비게일에게 일어난 세 번째 변화는 개인적인 기도 생활이었다. 혼자 기도 골방에서 기도할 때마다 그녀는 대부분의 시간 동안 조용히 하나님을 찬미하며 사랑의 마음을 전했다. 시간 가는 줄 모르고 반 시간 가량을 그렇게 앉아 있는 날도 많았다. 심지어 중보기도를 할 때에도 거의 말이 없었다. 그저 머릿속에 그 사람들을 생각하면서 그들을 주님의 사랑과 지혜와 자비와 능력에 조용히 맡기곤 했다. 비록 그들이 알아채지 못할지라도 자신을 감싸고 있는 하나님의 사랑이 자기가 기도하는 그 사람들도 분명히 감싸고 계심을 진심으로 믿었다. 애비게일을 아는 사람들 중에 나중에 그녀를 찾아와 자신이 받은 축복을 이야기하며 분명히 그녀가 자기를 위해 기도한 덕분이었다고 말하는 이들이 있었다. 그러면 애비게일은 "아니에요, 저는 그렇게 기도한 적이 없어요. 아마도 하나님이 당신을 사랑해서 그렇게 하셨을 거예요"라며 손사래를 쳤다.

애비게일과 예수님의 관계는 가히 '연인 관계'라고 불러도 무방할 정도였다. 하나님이 언제나 자신을 사랑하심을 일찍부터 알고 있었고 오래전부터 하나님을 사랑하는 법도 배웠지만 이제 오가는 그 사랑은 한층 더 새롭고 충만했다. 마치 영광의 왕이 보좌에서 내려와 그녀의 손을 잡고 영혼의 정원을 함께 산책하는 것만 같았다. 때로는 정말 하늘 정원과도 같은 곳이 환상으로 보일 때도 있었다. 그곳은 죽은 뒤에나 주님과 함께 실제로 산책할 수 있는 곳이리라. 어떤 때는 그 같은 '산책'이 너무 황홀해서 그때 받은 주님의 사랑의 감격에 며칠씩 잠겨 있기도 했다.

반면 기도하려고 앉아도 며칠, 몇 주, 혹은 몇 달 동안이나 하나님의 임재가 전혀 느껴지지 않을 때도 있었다. 물론 하나님이 애비게일 자신을 결코 떠나지 않으신다는 걸 알고 있었지만 그분이 '부재한' 듯한 느낌은 그녀를 외롭게 했고 때로는 이것이 괴로워 견딜 수 없었다. 남편이 몇 주간 출장을 가도 외롭고 힘든데 그것과는 비교가 안 될 정도로 힘들었다. 뒤늦게 깨달은 것은 하나님이 때로 '어두운 밤'을 사용해서 감정을 의지하지 않고 전적으로 하나님만 의지하게 하신다는 사실이었다. 그녀로서는 기다리는 수밖에 다른 도리가 없었다. 언젠가는 주님의 얼굴을 가까이 느끼면서 그분의 사랑에 푹 잠길 수 있을 것이라고 믿고 기다릴 뿐이었다.

그럼 이번에도 여섯 번째 방을 더 구체적으로 알아보기 위해 앞선 장에서처럼 신앙의 여섯 가지 범주를 하나씩 살펴보겠다. 객관적인 틀에서 살펴봐야 이 시기의 영적 성숙 과정을 분명히 이해할 것이고 다른 방들과 비교하기도 쉬울 것이다.

하나님과의 관계에서 '당신의 마음이 갈망하는 것'
하나님과의 깊은 연합을 경험하면서 우리는 더욱더 하나님에 대한 생각과 그분의 뜻에 골몰하게 된다. 어떤 상황에서든지 그분의 뜻을 알고 그 뜻을 온전히 따라가고 싶어한다. 전적으로 하나님만을 의지하기 때문에 다른 것들에는 더 이상 애착이 생기지 않는다. 그렇다고 다른 물건이나 사람에 전혀 관심을 가지지 않는다는 얘기가 아니다. 하나님에 대한 사랑과 순종의 차원에서만 그들을 가치 있게 여긴다는 이야기다. 우리는 예전에 살던 방식대로 사람과 재물에 마음을 두지 않는다. 하나님만이 우리에게 생의 의미와 보람과 안전감과 확신을 가져다주시기 때문이다. 우리의 영혼은 하나님을 향한 사랑으로 불타오른다. 이 시기에는 또한 앞서 언급했던 감각의 어두운 밤을 깊게 경험하기도 한다.

이때가 되면 우리의 의지는 계속해서 하나님의 뜻을 따라가지만 상상력과 기억은 그렇지 못하다. 여전히 잡념과 공상에 사로잡힐 때가 있는데, 그것을 하나님께 복종하도록 해야 한다. 하나님의 거룩하심을 더 깊이 알게 되었는데도 여전히 그런 생각과 공상을 한다는 사실에 놀라기도 한다.

하나님을 향해 나타나는 '주요 반응들'

여섯 번째 방에서도 지속적으로 하나님 중심의 삶을 살아가며 복음의 말씀을 날마다의 삶에서 구체적으로 실천하고자 노력한다. 일상의 작은 일에도 하나님의 임재와 뜻이 있음을 깨닫고 모든 일에서 하나님을 경험하고자 한다. 자신을 내세우고 싶은 마음은 서서히 줄어들고 오직 사랑하는 주님과 이 세상을 향한 그분의 위대한 계획만이 궁극적으로 중요하다는 사실을 깨닫는다. 아무리 사소한 것이라도 자연스럽게 겸손과 순종으로 주님을 섬길 때 보람을 느낀다. 또한 전보다 주님의 뜻을 더 민감하게 알아차리게 되었으므로 그분의 역사에 더 적극적으로 동참하게 된다.

후반기 영적 성숙의 특징이 그렇듯 여섯 번째 방에서도 성숙의 깊이에서 앞선 시기와 차이를 보인다. 다섯 번째 방에서는 하나님의 뜻을 어렴풋이 짐작했다면 여섯 번째 방에서는 더 분명히 깨닫고 더 자연스럽게 그 뜻을 따라간다. 하나님에 대한 사랑도 깊어질 뿐 아니라 자신을 향한 그분의 사랑을 더 확실히 의식하게 되며 무엇을 하든 기쁨이 넘친다. 그 기쁨은 상황과 감정을 초월하는 초자연적인 기쁨이다.

이 시기의 영적 성숙 과정에도 어려움이 찾아온다. 주변 사람들이 우리 안에 일어나는 일들을 제대로 이해하지 못하기 때문이다. 사람들은 뒤에서 험담을 늘어놓으며 남보다 더 거룩해 보이려고 애쓴다는 식의 비난을 할 것이라고 테레사는 말했다. 때로는 교회에서 새롭게 부탁하는 사역에 협조하지 않는다고 목사나 교인들이 당신에게 섭섭함을 느낄 수도 있다. 심지어 계속 칭찬을 받는 것도 하나의 시험이 될 수 있다고 테레사는 경고했다. 칭찬을 받으면 하나님이 아니라 자기 자신에게 초점이 맞추어지기 때문이다. 하지만 그런 어려움도 하나님께서는 우리를 축복하는 도구로 사용하신다. "우리가 더 성숙해지면 비난을 받아도 우리 영혼이 기가 꺾이는 게 아니라 도리어 활력

침묵의 발전

하나님과 친밀한 관계가 깊어질 때 영적 침묵은 기도 안에서 체험하는 커다란 신비 중의 하나다.

네 번째 방에서는 침묵이 그저 하나님과 함께 있는 시간이라고 말했다. 즉 말이나 생각의 필요 없이 잠잠히 그분 앞에 있는 것을 의미했다.

다섯 번째 방에 오면 침묵이 전혀 다른 차원으로 발전한다. 단순히 말과 생각을 그치는 게 아니라 침묵은 하나님이 자신의 임재를 통하여 우리의 마음에 직접적으로 말씀하시는 통로가 된다. 침묵 속에서 하나님은 우리 마음을 재창조하시고 그로 인해 하나님과 함께 있는 것이 매우 편안하게 느껴진다.

여섯 번째 방에서는 하나님을 체험하는 데 침묵이 더 큰 역할을 한다. 가만히 앉아서 마음으로 성삼위 하나님과 교통하지만 어떤 경우에는 현실을 초월해서 무소부재(어디에든 계심)하시고 하늘에 계시는 하나님을 직접 체험하기도 한다. 우리의 의지를 초월하는 침묵 속에서 하나님은 우리의 마음을 계속 재창조하시고 우리가 알고 있는 시간과 공간의 개념을 넘어서 우리를 그분의 임재 가운데 온전히 들어가게 하신다.

일곱 번째 방으로 가면 우리는 성부 하나님, 성자 하나님, 성령 하나님과의 온전한 연합을 경험하게 된다.

을 얻습니다. (…) 자기를 괴롭히는 이들에게 더 특별하고 부드러운 애정을 느낍니다.5 또한 육체의 여러 질병으로 어려움을 겪기도 하지만(테레사나 성 요한 모두 육체적 질병으로 많은 고통을 겪었다) 이전처럼 원망을 하는 게 아니라 오히려 '그리스도의 고난에 참여하는' 기회로 여기게 됩니다(벧전 4:13 참조)."

하나님을 향한 '기도의 변화 양상'

기도할 때에는 여전히 기복이 있지만 전에 비해 하나님의 임재를 느끼고 체험하는 면이 깊어진다. 주님과 함께 거하는 기도가 깊어질수록 감각과 언어의 한계를 초월해서 하나님과 교통하게 된다. 네 번째 방에서는 하나님을 알아가기 위해서 그분께 아뢰기보다 그분의 음성을 '듣는' 법을 배웠다. 다섯 번째 방에서는 하나님께만 마음을 집중함으로써 기도가 주님 안에 거하는 시간으로 승화되었다. 그리고 이제 여섯 번째 방에 들어오면 하나님만을 바라보는 조용한 침묵이 기도 생활의 중심이 된다. 이런 멋진 '침묵'을 통해 황홀경, 환희, 영음(靈音), 이동, 입신 등 다양한 신비 체험도 하게 된다.

내가 기도의 영적 체험에 대한 책을 읽을 때는 그런 용어들이 무척이나 생소했다. 아마 이 글을 읽는 독자들 중에도 그런 사람들이 많으리라고 생각한다. 그래서 뜻부터 간단히 소개하기로 하겠다. 황홀경ecstasy이란 극도의 기쁨을 느끼는 상태를 말하며 일시적 환희rapture는 보통 하나님의 경이로움에 몰입한 나머지 현재 자신이 처한 주위 상황을 전혀 의식하지 못하는 상태를 일컫는 말이다. 영음locutions은 하나님의 음성이 사람의 말처럼 실제 귀로 들리는 것이고 이동transport은 자신이 갑자기 다른 장소에 가 있다고 느끼는 것인데 실제로 육신이 순식간에 이동했을 수도 있고 다만 환상인 경우도 있다(행 8:39-40 참조). 입신flight of the spirit이란 사도 바울과 요한이 그랬듯이 생전에 천국을 체험하는 것을 말한다(고후 12:2; 계 4:1 참조). 이러한 신비한 체험들은 당황스럽고 심지어 두렵기까지 하다. 테레사는 사탄의 계략과 엉뚱한 착각에 빠지지 않도록 주의를 게을리하지 말라고 당부했다. 신비한 체험이 정말로 하나님이 주신 체험인지를 알려면 세 가지를 놓고 시험을 해보아야 한다고 매우 구체적으로 설명했다. 요약하면 다음과 같다. "[하나님의 말씀에 관하여] 첫째로 신뢰할 만하고 가장 틀림없는 표식은 그 (말씀의) 권위와 위력을 보는 것입니다. 하나님의 영음을 들었다면 분명히 그대로 이루어질 것입니다. (…) 두 번째 표식은 영혼 안에 남아 있는 깊은 고요함과 경건하고도 평온한 마음의 기억, 언제든지 하나님을 찬미하고 싶은 마음입니다. (…) 세 번째 표식은 하나님의 말씀이 오랜 시간이 지나도 기억에 남아 있고 어떤 말씀은 이 세상에서 우리가 들은 누군가의 말처럼 평생 잊히지 않는 것입니다."[6]

테레사가 한 이야기들은 여섯 번째 방에 들어간 사람들에게 매우 큰 도움이 될 뿐 아니라 이 단계에 처한 성도를 지도하는 영성 코치와 인도자에게도 많은 도움이 될 것이다.[7]

우리를 하나님께로 이끄시는 '예수님의 역사'

하나님과 나누는 사랑의 시간이 무척이나 감미롭기는 하지만 너무 순식간에 지나가는 바람에 마치 '사랑의 생채기'처럼 느껴진다고 테레사는 이야기했다. "문득 이런 생각이 들었습니다. 우리 하나님은 이글이글 타오르는 화로이신데 거기에서 불티 하나가 튀어나와 우리 영혼에 닿을 때 우리가 그 뜨거운 불길을 느끼게 되는 것이 아닐까? 그 불길이 몹시도 따뜻하고 좋지만 영혼 전체에 불이 붙지 않았기 때문에 영혼이 갈급함과 고통을 느끼는 게 아닐까. (…) 그러나 불길이 막 타오르려는 순간에 불꽃이 꺼져버리고 나면 우리 영혼은 그 불길로 인해 생긴 사랑의 고통과 환희를 또다시 맛보고자 애타합니다."[8]

성 요한은 이렇게 말했다. "하나님의 사랑과 불길의 어루만짐은 우리의 영혼을 너무도 갈급하게 해서, 그 갈증을 해소하고 싶은 열망에 사로잡혀 말할 수 없이 하나님을 그리워하고 헤아릴 수 없이 그분을 연모하게 된다. 다윗은 그런 심정을 시편에서 잘 표현하고 있다. '내가 간절히 주를 찾되 물이 없어 마르고 황폐한 땅에서 내 영혼이 주를 갈망하며 내 육체가 주를 앙모하나이다(시 63:1).'"[9]

하나님의 사랑의 그 찬란한 빛에 감싸일 때 우리는 상상 못할 기쁨과 놀라움과 충만함과 생명력을 경험하게 된다. 하지만 그런 시간이 지나면 상대적으로 허탈감을 느끼고 세상의 어둠이 더 강하게 의식될 수밖에 없다. 우리는 그 캄캄한 어둠 속에서 하나님을 바라보고 있는 것이다. 하나님은 우리가 그 사랑의 감미로운 추억을 안고 계속해서 그분의 사랑받는 자로 살아가기를 원하신다. 하지만 우리가 갖고 있는 하나님의 사랑에 대한 갈증이나 허기는 무척이나 고통스럽기만 하다.

하나님의 완전한 거룩하심과 사랑의 빛에 우리의 추악한 죄악과 본성이 더 선명하게 드러난다. 고의와 실수로 지은 '죄들' 이전에 우리 안의 근원적인 이기심과 사악한 성향이 우리의 모든 생각과 행동을 더럽히고 있음을 깨닫는다. 과거의 상처와 아픔도 여전히 한번씩 견디지 못할 정도로 우리를 괴롭게 한다. "우리의 위대하신 하나님은 우리가 스스로 얼마나 비참한 상태에 놓여 있는지를 알고 그분이 왕이라는 사실을 깨닫기 원하신다. 우리 앞에 기다리고 있는 것에 대비하려면 이것은 우리가 알아야 할 중요한 사실이다. (…) 이 고통이 오는 이유는 일곱 번째 방으로 들어가기 위함이다."[10] 이 말은 어두운 밤의 상태를 설명해주는 동시에 예수님의 임재로 충만했다가 곧 그 임재가 사라지면 느껴지는 그 사랑의 고통을 잘 표현해주고 있다.

우리의 영적 성숙을 방해하려는 '원수의 계략'

영적 전쟁은 앞선 방과 마찬가지로 여섯 번째 방에서도 기본적으로 '어두운 밤'에서 일어난다. 어두운 밤을 지나는 동안 원수들은 우리에게 뭔가 잘못이 있어서 계속 죄를 의식하게 되고 하나님의 임재를 못 느끼는 것이라고 생각하게 만든다. 아니면 하나님이 불공평하시고 우리를 사랑하시지 않아서 이런 일이 일어난다고 믿게 한다. 테레사가 신비한 체험이 하나님으로부터 온 것인지를 시험해보라고 했던 것처럼, 사탄은 그런 체험들을 교묘히 위조해서 우리가 하나님과 멀어지게 할 수 있기 때문이다. 어두운 밤이 아닐지라도 좌절감이나 절망감은 항상 원수가 공격하는 방법이다. 따라서 언제나 원수의 공격을 분별하고 이에 강력하게 저항하면서 견뎌내야 한다.

하나님께 협력하게 만드는 '성숙의 열쇠'

여섯 번째 방에서는 하나님의 인도하심을 잘 따라가는 가운데 영적 성장이 이루어진다. 이제 우리는 네 번째 물 시기에 들어선 것이다. 즉 우리의 성숙과 변화는 거의 대부분이 하나님의 은혜와 주도하에 이루어진다. 밭에 물을 주는 테레사의 비유를 사용하면 우리는 이제 더 이상 스스로의 영적 성숙을 위해 수고하지 않는다. 전에는 물동이로 물을 길어 날랐고, 물레방아를 돌렸고, 도랑을 이용해 물(하나님의 은혜)을 받았지만 이제는 그러지 않아도 된다. 땅에서 솟아나는 샘물이나 하늘에서 내리는 빗줄기처럼 온전히 하나님의 인도와 능력으로 우리 영혼에 물이 공급된다. 성령님은 하나님의 뜻에 따라 그분이 정한 때에 정확하게 움직이신다. 우리는 계속해서 기도와 섬김으로 하나님의 역사에 동참하고 주변에서 일어나는 일 속에서 하나님의 역사하심을 분별해내며 그분이 이끄시는 대로 따라가야 한다. 그러다 보면 사역의 목표는 명확해지지만 계획이나 구조는 전만큼 치밀하지 않게 된다. '성령의 바람이 부는 대로' 우리도 자유롭게 움직이기 위함이다.[11]

또한 정신없이 바쁜 삶이 아니라 좀 더 균형 잡힌 삶을 살고자 노력한다. 이때 무엇보다 필요한 것은 충분한 기도와 묵상의 시간이다. 우리의 지성(생각과 의지)과 기억력은 아직은 전적으로 하나님과 합치되지 못했기 때문이다.

　멘토와 코치의 도움은 여전히 중요하다. 어쩌면 가장 필요한 시기라고도 할 수 있다. 주변에서 이 정도의 깊은 영성을 가진 그리스도인을 찾기는 힘들고, 유능한 멘토는 더더욱 드물다. 하지만 적절한 영성 지도자를 만날 수 있다면 그보다 큰 도움은 없을 것이다. 테레사는 영음의 분별에 대해 이야기하면서 다음과 같은 설명을 덧붙였다. "하지만 확신이 너무 강하면 안 됩니다. (…) 학식이 높고 신중한 분들과 하나님의 종들의 의견을 들어야 합니다. (…) 전능하신 하나님은 우리가 그런 식으로 조언받기를 원하십니다."[12] 교회에서 행하는 성도의 예언은 예언하는 다른 성도의 감독을 받아야 한다(고전 14:32 참조). 기도 중에 신비한 체험을 했다면 성숙한 성도가 객관적으로 평가해서 그 체험을 제대로 해석할 수 있도록 도와주어야 한다. 아울러 계속되는 절망과 좌절의 유혹에 맞서기 위해 서로를 격려하고 인내와 균형을 갖추도록 도울 필요가 있다. 지속적으로 영적 일기를 쓰는 것도 좋은 훈련이다. 특히 과거의 영적 체험을 상기하고 하나님의 뜻을 재확인하며 지혜를 얻는 데 일기만큼 효과적인 것이 없다. 또한 성경을 열심히 읽고 상고하며 하나님이 주시는 개인적인 말씀을 들어야 한다. 기독교 신비주의자, 그중에서도 테레사와 십자가의 요한, 클레르보의 베르나르가 쓴 책 등을 많이 읽는다면 감동과 교훈과 용기를 얻을 것이다. 우리를 이해해주고 사랑해주는 믿음의 공동체도 필요하다. 그래야 미지의 바다를 과감히 항해하고 그리스도의 몸 안에 근거하여 중심을 잡을 수 있다. 한두 명이라도 우리의 영적 상태를 이해해줄 가까운 신앙의 친구가 있다면 그보다 더 큰 축복이 없을 것이다. 언뜻 생각하면 아무도 없을 것 같지만 하나님은 항상 그런 사람을 보내주신다. 문제는 우리가 찾아야 한다는 것이다.

　기도와 삶에서 경험하는 모든 것이 우리가 이 세상에 살고는 있지만 세상에 '속한' 존재가 아님을 깊이 확신시켜줄 것이다. 잠시라도 하나님 나라를 실제로 체험한 사람은 그 확신이 더욱 분명해진다. 언젠가는 그런 이원적 현실에도 적응이 되겠지만 지금 당장은 설렘과 두려움과 혼동이 교차할 수 있다. 마이클과 애비게일, 상규도 미지의 바다를 헤쳐나갔다. 그들이 어떻게 하나님의 마음을 향해 노를 저어갔는지 이번에도 살짝 엿보기로 하자.

마이클

　여전히 마이클은 메마른 기도 생활과 하나님의 임재를 느낄 수 없는 상황에서 큰 좌절감을 경험하고 있었다. 특히 예전에 맛보았던 놀라운 체험들을 생각하면 견디기가 더욱 힘들었다. 날마다 기도는 하지만 아무 일도 일어나지 않았다. 어느 날, 자기가 사는 도시 근교에서 교회 지도자들을 위한 영성 수련회가 열린다는 말을 듣고, 그곳에 가서 도움을 받아야겠다는 생각이 들었다. 그는 수련회에 등록해놓고 주일예배가 끝나자마자 산으로 차를 몰아 수련회가 열리는 기도원을 찾아갔다. 가는 길의 아름다운 자연경관이 그의 지친 심신을 달래주는 것 같았다. 어떡하든 이번 기회에 하나님을 다시 한 번 만나고 싶었지만 그렇다고 해서 자신이 무언가를 만들어내거나 상황을 바꿀 수는 없다는 사실을 알고 있었다. 배정받은 객실에 들어간 마이클은 나흘 동안 머물 짐을 푼 뒤에 영성 코치와 상담을 하고 싶다고 요청했다. 그렇게 만난 패트릭 목사는 다정하고 겸손하며 생기 넘치는 푸른 눈이 매우 인상적인 사람이었다. 그는 동남부 지역에서 오랜 기간 목회를 하다가 은퇴하고 지금은 뉴욕 북부에 있는 지체장애자를 섬기는 기관에서 봉사하고 있다고 말했다. 오랜 세월의 기도와 예배와 섬김의 삶, 마이클 같은 수많은 젊은 목회자들과 나누었던 대화들로 인한 남다른 지혜와 통찰력이 그의 삶 전반에 녹아들어 있었다. 패트릭 목사는 하나님이 이 수련회 동안 예배와 성경 묵상과 침묵의 시간을 통해 마이클에게 어떤 일을 하실지 자기도 무척이나 기대가 된다고 말했다. 그들은 다음 날 휴식 시간에 정원에서 다시 만나기로 약속했다.

다음 날, 마이클과 패트릭 목사는 약속대로 기도원 중간의 잘 가꾸어진 정원에서 만났다. 아름다운 꽃들이 향기를 발하고 낡은 분수대에서 솟구치는 물줄기의 소리는 마치 멀리서 들려오는 음악 같았다. 지치고 힘들었던 마음을 부드럽게 다독여주는 참으로 아름다운 장소였다. 두 사람은 돌로 만든 긴 의자에 앉아 따스한 햇살을 받으며 상쾌한 산 공기를 들이마셨다. 먼저 패트릭 목사가 간단히 기도를 한 후 마이클은 지나온 신앙 여정과 현재의 답답하고 괴로운 심정을 허심탄회하게 이야기했다. 한때는 꿈이나 환상으로 정말 생생하게 하나님을 체험했고 하나님의 사랑을 깊이 느꼈는데 갑자기 모든 것이 사라졌다고 말하자 패트릭 목사는 마이클의 눈을 바라보며 조용히 물었다. "목사님, 하나님이 어떻게 해주셨으면 좋겠습니까?" 마이클은 한동안 입을 다물고 생각에 잠겼다. 그러다 눈물이 글썽한 눈으로 늙은 목사를 바라보며 말했다. "하나님이 저를 다시 품어주시면서 사랑을 확증해주셨으면 좋겠습니다. 이상하게 들릴지 모르지만 저는 실제로 하나님이 저를 어루만져 주시는 것을 느껴보고 싶습니다. 마음 깊은 곳에서 그분의 사랑을 경험하고 싶거든요."

패트릭 목사는 오랫동안 아무 말도 하지 않았다. 이윽고 입을 연 그가 마이클에게 다정히 이야기했다. "마이클 목사님, 지금 목사님이 원하시는 것을 하나님도 원하고 계십니다. 하지만 방금 하신 말씀은 인간적인 방식일 뿐이지요. 이를테면 목사님의 가족이나 친구들과 나누는 사랑의 표현은 그렇게 하실 수가 있지요. 그러나 하나님은 영이십니다. 그렇기에 그분은 목사님이 단순히 인간적인 감각을 통해서가 아니라 그분의 있는 모습 그대로를 경험하기를 원하십니다." 그 말에 마이클은 난감한 표정을 지었다. "하지만 대체 어떻게 하면 그럴 수가 있다는 말씀입니까?" 패트릭 목사는 자리에서 일어나 정원 한구석을 왔다 갔다 걸으면서 말을 이었다. "바로 그겁니다! 성삼위 안에서 살아가는 법이라든지, 예수님이 하나님을 어떻게 대하시고 하나님은 예수님을 어떻게 대하셨는지 성령님께 배워야 합니다. 성령님께서 우리에게 모든 것을 가르치시고, 예수님이 말씀하신 모든 것을 생각나게 해주시리라고 주님께서 말씀하지 않으셨나요? 말하자면 믿음과 소망과 사랑 안에서 살아가는 것이라고 할 수 있지요. 하나님은 언제나 목사님을 사랑하시지만 목사님은 그 사랑 안에서 어떻게 살아가야 할지 모르고 계실 뿐입니다. 한때는 그 사랑을 느꼈고, 만졌고, 갈망했지만 지금은 하나님께서 그분 안에서 살아가는 법을 직접 가르쳐 주시기를 원하십니다. 목사님과 세상을 향한 하나님의 충만한 사랑 안에서 살아가는 법을 말이지요." 패트릭 목사는 온화한 미소를 머금으며 정원 밖으로 걸음을 옮겼다. 그러고는 오랜 침묵에서 흘러나온 다정한 음성으로 속삭였다. "그냥 하나님이 하시도록 가만히 계시면 됩니다." "······?"

기도원에 머물렀던 그 이후의 시간은 참으로 놀라웠다. 정말 하나님이 '하시도록' 가만히 있을수록 하나님의 임재가 더욱 뚜렷하게 느껴졌다. 아무런 말도, 감정도, 새로운 깨달음도 필요 없었다. 그저 하나님의 사랑이 마이클을 포근히 감싸는 것 같았다. 그럴 때마다 마이클은 일어서거나 가만히 앉아서 그 사랑을 받아들이기만 했다. 전에는 설명을 해달라고 요구하고 숨은 뜻이 뭔지를 곰곰이 생각했지만 이제는 그냥 하나님이 마음대로 하시도록 가만히 있는 것을 배우고 있었다. 하나님이 하시도록······. 그러자 매 순간 모든 것 속에서 하나님의 존재가 느껴졌고 마이클 자신의 내면에도 하나님이 함께하신다는 확신이 생겼다. 자신이 거룩한 땅에 서 있다는 생각이 들었다. 아니, 마이클 자신이 곧 거룩한 땅이었다. 어느 날 밤, 그는 잠에서 깨어 즉시 일기장에 떠오르는 생각을 적어 내려갔다.

"마이클, 언제나 그랬지. 나는 언제나 이렇게 네 가까이 있었단다. 하지만 이제야 네가 제멋대로 나를 지배하려 들지 않고 그 사실을 제대로 '볼 수' 있게 되었구나. 하루하루 바쁘게 살다 보면 내 모습이 희미해질 때가 있겠지만 걱정하지 마라. 나는 항상 네 곁에 있을 것이고 내 방식대로 임할 것이다."

마이클은 미소를 지으면서 다시 잠을 청했다. "오, 주님!" 그의 입에서 조용한 감탄사가 흘러나왔다.

상규

10여 년 전에 시작한 지도자 훈련과 비즈니스 코칭 사업은 시간이 지나면서 점차 뿌리를 내리며 정착했고 사업을 지속하는 데 필요한 수입원과 후원도 확보되었다. 네트워크가 세워지고 관계가 형성된 지역에서는 참가자들의 변화와 성장의 열매들이 지속적으로 나타났고, 지역별로 자체적인 네트워크 사역들이 확장되는 모습도 볼 수 있었다.

상규도 이제는 나이가 60대 중반에 이르러 네트워크 후배들이나 고객에게서 "어르신"이라는 말을 듣는 처지가 되었다. 마음은 전혀 그렇지 않지만 체력이 예전 같지 않다는 것을 인정할 수밖에 없었다. 나이가 들어가는 탓인지 과거를 회상하는 시간이 많아졌고, 이는 기도할 때도 마찬가지였다. 이제까지의 삶에 크고 작은 문제들이 수없이 많았지만 지나고 보면 모든 일은 다음 단계를 위한 하나님의 특별한 배려이며 준비였음을 깨달을 수 있었다. 주님 앞에 조용히 앉아 마음을 드릴 때마다 상규의 마음과 영혼은 형언할 수 없는 은혜와 감사로 가득 차곤 했다.

그러나 인생에서 때때로 이해할 수 없는 풍파들이 일어나고 어떤 때는 도저히 감당할 수 없을 것만 같은 문제들이 한꺼번에 몰아닥칠 때도 있었다. 모든 것이 평안하고 은혜가 넘치는 상태로 지내는 도중 상규는 전혀 예상치 않은 곳으로부터, 예상치 않은 사람들로부터 시련을 받게 되었다. 처음에는 사소해 보였던 교회 안의 개인적인 갈등이 점점 커지면서 교회 전체의 문제로, 나아가서는 그의 전체 삶에 영향을 끼치는 큰 문제로 비화되었다. 이로 인해 그와 오랫동안 함께 일해온 동역자들로부터도 이유 없는 오해와 질시를 받았고, 이러한 상황에서 자신은 아무런 대응책도 강구할 수 없다는 사실을 발견하게 되었다. 모든 관계에서 고립되면서 전혀 손을 쓸 수 없는 상태에서 마음의 고통을 겪게 되었는데, 문제해결사로 자처하던 상규에게는 견디기 힘든 일이었다. 교회 안에서의 갈등은 세상에서의 갈등보다 더 미묘하고 해결이 힘들며 동역자 간의 갈등은 소명과 사역의 뿌리까지 흔들어놓는다. 심각한 갈등이 가까운 친구로부터, 특히 믿음의 동역자들로부터 올 때는 인간 자체에 대한 실망감과 배신감이 뒤얽혀 우리의 영혼을 좀먹는다.

　상규가 홀로 겪는 이 시련은 오랫동안 그의 영적 상태에도 영향을 끼쳤다. 나이에서 오는 갱년기 증상에다 이 일들이 겹치면서 그는 영혼의 사막지대를 건너가고 있었다. 영혼의 기쁨과 활력은 사라지고 믿음의 열정도 증발되어버린 것 같은 느낌이었다. 그때 그를 붙잡아주었던 것은 과거의 삶 속에 함께 하셨던 애틋한 하나님의 기억이었고, 시편을 가지고 기도할 때마다 그 오래된 기억들이 그의 마음을 더없이 흔들어놓았다(시 41:9). 그의 기도는 이전처럼 하나님과의 정다운 대화라기보다 아득한 과거의 회상, 멀리 떠나신 것 같은 그분의 의도와 감정을 헤아려보는 것, 답답함과 두려움 속에서 그저 기다리는 것 등이 전부였다. 다른 사람들을 위한 중보기도도 습관적이고 공허하게만 느껴졌다. 이것이 그동안 책에서 읽었던 영혼의 어두운 밤은 아니라 할지라도 상황은 거의 비슷했다. 이러한 경험을 통하여 하나님께서 자신을 위해 무언가 새로운 것을 예비하고 계신다는 확신이 들었고 하나님에 대한 갈망은 식지 않았지만, 하나님이 떠나 계신 것 같은 감정은 하루하루 고통스러웠다. 동역자들과의 관계에서 하나님 나라의 비전은 간 곳 없어지고 한갓 헤게모니 쟁탈과 다툼만 남았을 때 그 실망감과 낙망은 말할 수 없는 고통 그 자체였다.

　수년이 지난 후에 이 문제의 해결책은 시작되었을 때처럼 전혀 예상치 못한 사람들에게서 왔다. 새롭게 네트워크에 들어온 젊은 지도자들을 통해 화해의 과정이 시작되었고 꼬였던 문제들이 하나씩 해결되기 시작한 것이다. 고통스러웠던 그 기간 동안 하나님께서는 직접 상규의 영혼을 어루만지며 치유해주셨고 동시에 그의 자기중심성과 자기 의를 드러내 보여주셨다. 그동안 상규가 받았던 상처와 원망들도 결국 자신의 부족함과 내면의 쓴 뿌리에서 온 것임을 인정하게 되었는데, 이때부터 문제들이 실타래 풀리듯이 하나씩 풀리기 시작한 것이다. 이 길고 지루한 과정에 함께하시며 인내해주신 그분의 깊은 사랑을 느끼면서 주님에 대한 감사와 열정이 다시 되살아나는 것을 느끼게 되었다. 주님을 위해 일한다고 하면서도 이제까지 자신의 삶이 얼마나 자기중심적이었으며 얼마나 지엽적이고 비본질적인 것에 매달려 살아왔는지 깨닫게 해주시면서 하나님께서는 그에게 새로운 가능성과 비전을 보여주시기 시작했다. 마치 달구어진 그릇에 시원한 물이 부어지는 것처럼 새로운 희망이 샘솟아 올랐고, 어디엔가 하나님께서 새롭게 시작할 수 있는 기회를 예비해놓으셨다는 생각을 갖게 되었다. 기도를 할 때면 어디선가 답답하고 도움이 절박한 사람들이 주님께 부르짖는 모습을 떠올리게 해주셨다. 그리고 그 사람들을 향한 주님의 연민과 애틋한 심정을 마음속에 느끼게 해주셨다.

지난 10여 년 동안 하나님께서는 첫 소명을 잘 감당하게 해주셨고, 기대하지도 못했던 풍성한 기쁨과 열매를 누리게 하셨는데……. 이제는 어느 정도 사업과 사역을 마무리하고 은퇴 준비를 시작해야 할 때가 아닌가, 이 와중에 갑자기 이 새로운 부르심은 과연 무슨 의미인가 하는 생각도 들었지만 가만히 돌아보니 이것은 소명을 받았을 때의 초심과 하나님과의 첫사랑을 회복하라는 메시지라는 생각이 들었다. 첫 소명 때처럼 이것이 구체적으로 어떠한 부르심이며 어떻게 순종해가야 할지 몰랐지만 일단 주님의 사랑 안으로 더 깊이 들어가서 그의 뜻을 구한다면 하나님께서 한 발자국씩 인도해주시고 길을 보여주시리라는 확신이 그의 마음을 채웠다.

애비게일

어느 겨울날 저녁, 애비게일은 거실 벽난로 앞에 앉아 있었다. 그때 밖에서 초인종을 누르는 소리가 들렸다. 애비게일이 현관문을 열자 시내 노숙자센터에서 온 한 여인이 낡고 해진 옷을 입고서 문 앞에 서 있었다. "들어가도 될까요?" 그 여인이 물었다. 애비게일은 가정과 사역의 경계를 분명하게 짓는 사람이었지만 그날 저녁만큼은 왠지 하나님의 은밀한 뜻이 있는 것 같아 주저 없이 그녀에게 들어오라고 말했다.

제인이라는 그 여인은 애비게일과 함께 거실의 벽난로 앞에 나란히 앉았다.

"집까지 찾아와서 귀찮게 해드려 죄송해요. 사무실에서 당신의 연락처를 알게 되었어요. 그냥 누군가랑 얘기 좀 하고 싶어서요." 제인의 말에 애비게일은 빙긋이 다정한 미소를 지었다. "괜찮아요. 내가 뭐 도울 일이 있나요?" 제인은 노숙자 생활에서 벗어나기가 너무 힘들다고 했다. 사실은 사회의 구조 자체가 제인의 자립을 어렵게 하고 있었다. 일정한 거주지와 전화번호가 없으니 취직을 할 수 없었고 일정한 일자리가 없으니 집과 전화번호를 가질 수 없었다. 그녀가 원하는 것은 단지 자신에게 자립할 기회를 달라는 것이었다. 노숙자센터에서 많이 들어본 이야기였지만, 애비게일은 마음을 기울여 진지하게 들어주었다.

"정말 안되었군요." 애비게일은 제인의 손을 잡았고 두 사람은 타오르는 난롯불을 말없이 바라보았다. 애비게일도 사회 구조의 문제점이나 제인 같은 사람들이 어떤 어려움을 겪는지를 누구보다 잘 알고 있었다. 물론 제인이 그런 상황에까지 몰린 것은 그녀가 과거에 저지른 잘못 때문이기도 했지만 어쨌든 마음 아픈 일이었다. 지금 자기 옆에 앉아 있는 제인만이 아니라 이 세상의 모든 제인 같은 사람들로 인해 애비게일은 마음이 무겁고 착잡해졌다. 한동안 아무 말이 없던 제인이 조용히 자리에서 일어나더니 "제 이야기를 들어 주셔서 감사해요"라고 인사를 하며 현관문 쪽으로 걸어갔고, 애비게일은 떠나는 그녀를 배웅했다.

제인이 가고 난 후 애비게일은 다시 벽난로 앞에 앉아 방금 일어난 일들을 생각했다. 제인은 자기에게 돈을 달라거나 재워달라고 부탁하지 않았다. 노숙자들이 흔히 그러듯이 자기 얘기만 하염없이 늘어놓아 듣는 사람을 지치게 하지도 않았다. 계단을 올라 침실로 향하던 애비게일은 마음속에서 이런 음성이 들리는 것을 감지했다. "고통 중에 있는 내 딸을 사랑해주어 고맙다." 하나님이 이 일을 보고 계셨고 이 일에 자신을 사용하셨다는 생각에 왈칵 눈물이 솟구쳤다. 주님의 마음에 동참하다니 이보다 더 큰 특권이 어디 있겠는가! 그 후 애비게일은 노숙자센터에서 제인을 다시 보지 못했고 볼 수 있으리라는 기대도 하지 않았다. 그 특별한 만남을 기억할 때마다 그때 좀 더 제인의 눈을 깊이 바라봐주고 그녀의 손을 꽉 잡아주지 못한 게 후회되었다. 언젠가는 성부와 성자 두 분 모두에게 나의 사랑을 표현할 날이 올 것이다. 그러나 지금은 그저 마음의 눈을 열고 주저 없이 주위에 있는 사람들을 더 열심히 사랑하는 수밖에 없었다.

생각해보기

여섯 번째 방의 영적 성숙 과정에서 당신이 경험했던 것들과 비슷한 점들을 발견했는가? 사람마다 각 방에서 겪는 일이 전부 다르다는 것을 명심하라. 하나님이 당신을 어떻게 이끄시는지 생각하면서 다음의 질문에 대답해보라.

- 당신은 하나님에 대한 사랑을 어떻게 표현하고 있는가?
- 당신은 기도하다가 말없이 잠잠할 때가 있는가? 기도 중 침묵을 많이 하는 편인가, 아니면 침묵하지 않으려고 애쓰는 편인가?
- 하나님과의 관계에서 현재 당신이 갈망하고 있는 것은 무엇인가?
- 하나님이 숨어 계신 것 같고 당신의 죄만 크게 의식될 때 그 시간을 견딜 수 있도록 힘을 주는 것은 무엇인가?
- 하나님은 당신에게 어떻게 '가장 낮은 자'를 통해 하나님을 경험하도록 부르고 계신가?

11

일곱 번째 방: 성삼위 안에서의 사랑의 삶 (성삼위와의 신비로운 연합)

"나는 내 사랑하는 자에게 속하였도다.
그가 나를 사모하는구나.
내 사랑하는 자야 우리가 함께 들로 가서
동네에서 유숙하자.
우리가 일찍이 일어나서 포도원으로 가서
포도 움이 돋았는지, 꽃술이 퍼졌는지,
석류꽃이 피었는지 보자.
거기에서 내가 내 사랑을 네게 주리라(아 7:10-12)."

11장
일곱 번째 방: 성삼위 안에서의 사랑의 삶
(성삼위와의 신비로운 연합)

당신은 이 아가서 말씀과 같은 사랑을 예수님과 나눌 수 있기를 원하는가? 언젠가 우리가 이렇게 말하는 모습을 상상해 보라. "나는 오늘 사랑하는 하나님을 만났다. 우리는 낮 시간 내내 시골에서 사람들을 돌보았고 밤에는 서로를 향한 사랑의 빛 가운데서 보냈다. 전날 밤의 친밀감 속에서 다음 날 우리는 다시 사람들의 삶 속으로 나아갔다. 하나님에게 매우 소중한 사람들, 그분이 나에게 포도밭으로 주신 사람들에게 나아가서 그분의 사랑이 그들 속에서 어떻게 피어나는지를 보았다. 그분의 사랑을 다른 사람들과 나눌 때 나는 가장 온전한 사랑으로 내 자신을 주님께 드리게 된다." 갈망 속에서 살짝 엿볼 수만 있었던 이러한 일이 실제로 현실에서 이루어진다면 얼마나 놀랍고 감격스러울 것인가!

자, 그럼 계속해서 그 감격스런 모습을 살펴보자.

우리는 마침내 오랜 순례의 길을 거쳐 테레사가 최종 단계로 언급한 영적 성숙의 일곱 번째 방에 들어왔다. 왕의 왕, 주의 주이신 하나님과의 연합이 얼마나 경이롭고 신비로운지 테레사도 적합한 말을 찾느라 애를 먹었던 것 같다.

"아, 위대하신 하나님! 비루하기 짝이 없는 피조물인 제가 감히 이해할 수도 없고 저에게 낯선 일을 이야기하자니 몸이 절로 떨려옵니다. 실제로 너무 혼란스러워 단 몇 마디로 이 방에 대한 언급을 끝내는 것이 상책이겠다는 생각까지 해보았습니다. 남들은 내가 경험으로 이런 일들을 알고 있다고 생각할지도 모릅니다. 그렇다면 저는 말할 수 없이 부끄러울 따름입니다. 내가 나 자신을 아는데 그런 말을 듣는 게 어찌 두렵지 않겠습니까? 그러나 한편으로 이 방을 대충 설명하고 끝낸다면 그것 또한 잘못된 유혹이며 내가 연약한 탓이라는 생각이 들었습니다. 여러 사람이 나에 대해 어떻게 판단하고 비난을 하든 상관하지 않겠습니다. 조금이라도 하나님이 더 알려지고 찬미 받으시기를 바랄 뿐입니다."[1]

어떤 오해와 비난을 받더라도 적어도 나와 당신은 이 땅에서 이룰 수 있는 영적 성숙의 최종 단계가 어떤 것인지를 알아야 하고, 그 맛을 보고 그것이 우리가 생각하던 것보다 훨씬 더 멋지고 훌륭한 것이라는 사실에 격려를 받을 필요가 있다. 그와 더불어 일곱 번째 방에 들어간 사람들도 여전히 탐색하고 알아야 할 영역이 많다는 사실을 깨달아야 한다. 그럼, 이제부터 흥미진진한 탐색을 시작해보기로 하자.

일곱 번째 방은 인간이 이생에서 맛볼 수 있는 하나님과의 최고의 친밀감, 즉 성삼위와의 연합이 이루어지는 곳이다. 앞선 방들에서도 그렇듯이 이 방도 여전히 영적 성장이 이루어지는 과정이다. 마지막 방이라고 해서 영적 성장이 끝나거나 목적지에 도달한 것이 아니다. 다만 이 시기에 들어서면 우리의 영과 혼과 육이 그리스도의 삶 안에서 조화를 이루며 하나로 통합되는 것을 경험한다. 이 시점에 도달하면 사도 바울이 말한 것처럼 "이제는 내가 사는 것이 아니요 오직 내 안에 그리스도께서 사시는 것이라"는 상태가 된다(갈 2:20 참조). 말하자면 하나님과의 관계에서 요한복음에 기록된 예수님의 대제사장 기도가 이루어지는 것이다.

"아버지여, 아버지께서 내 안에, 내가 아버지 안에 있는 것 같이 그들도 다 하나가 되어 우리 안에 있게 하사 세상으로 아버지께서 나를 보내신 것을 믿게 하옵소서. 내게 주신 영광을 내가 그들에게 주었사오니 이는 우리가 하나가 된 것 같이 그들도 하나가 되게 하려 함이니이다. 곧 내가 그들 안에 있고 아버지께서 내 안에 계시어 그들로 온전함을 이루어 하나가 되게 하려 함은 아버지께서 나를 보내신 것과 또 나를 사랑하심 같이 그들도 사랑하신 것을 세상으로 알게 하려 함이로소이다. 아버지여 내게 주신 자도 나 있는 곳에 나와 함께 있어 아버지께서 창세전부터 나를 사랑하시므로 내게 주신 나의 영광을 그들로 보게 하시기를 원하옵나이다(요 17:21-24)."

독자들 중에는 이미 일곱 번째 방에 도달해서 그 연합의 아름다움을 맛본 사람들도 있겠지만, 그 안에 계속해서 머무는 사람은 극히 드물다. 사실은 우리가 온전하게 '그리스도 안에서' 살고 그리스도께서 온전하게 우리 안에 사심으로써 우리의 성품과 존재가 그분의 형상으로 완성된다는 것은 이 땅에서는 상상하기조차 어렵다. 하루하루 자신의 악한 본성과 싸울 필요가 없다는 것이 과연 가능한 일인가? 성삼위 안에서 자유롭고 온전하게 살아간다는 것, 성부 성자 성령께서 서로를 알고 사랑하듯 그분들을 알고 사랑하며 살아간다는 것은 대체 어떤 것일까? 불가능한 일이 아닐까? 절대 그렇지 않다. 성경이 그런 삶을 약속했고 하나님도 우리가 그렇게 살기를 바라고 계시며 예수님을 따르는 수많은 사람이 그런 삶을 살아갔다. 애비게일과 마이클, 상규의 마지막 간증이 우리의 이해를 도와줄 것이다.

마이클

마이클은 계속해서 어두운 밤의 시기를 경험했지만 간간이 몇 개월씩 은혜로운 기회들을 통해 가슴 뭉클한 하나님의 사랑을 체험했다. 그렇게 십 년이라는 세월이 흐르는 동안 그는 어둠에 대해 불평하거나 원망하지 않고 그 안에 계시는 하나님의 임재를 신뢰하는 법을 배웠다. 그가 섬기는 미션힐스 교회는 성장에 성장을 거듭해서 두 개의 지교회를 개척했다. 교인의 수가 점차 증가하자 교회에서는 목양 담당 목사를 따로 두어 교역자들을 돌보며 교회 사역을 감독하게 했다. 마이클은 이제 교회 개척팀과 밀접하게 일하면서 지역의 다른 목회자들에게 영성 지도를 해주고 있었다. 그가 하나님을 가깝게 느끼지 못할 때조차 다른 사람들은 그를 보며 예수님의 임재를 느낀다고 말했다. 그럴 때마다 그는 놀라움을 금치 못했다. "하나님, 정말 당신은 이 눈멀고 귀먹은 제자에게 참으로 자비를 베푸시는군요"라고 혼자 중얼거리곤 했다. 하지만 이 우주의 창조자를 사랑한다는 것은 결코 거기서 끝나지 않는다는 사실을 그는 잘 알고 있었다. 문제는 그가 죽기 전에 모든 것을 깨달을 수 있을까 하는 것이었다.

어느 주일날, 예배가 끝나고 교인들이 모두 돌아간 뒤에 마이클은 의자에 털썩 주저앉았다. 그날은 성찬식이 있던 날이었는데 교인들이 앞으로 나와 떡과 포도주를 받을 때 주님의 특별한 임재가 느껴졌다. 하나님이 보이지 않는 방법으로 그들을 실제로 어루만지시는 것만 같았다. 강대상을 치우기 전 잠시 의자에 앉아 쉬고 있는데 앞에 놓인 포도주와 떡이 눈에 들어왔다. 그는 잠시 그것들을 뚫어져라 쳐다보면서 이런 간단한 예식에도 주님이 함께하신다는 사실이 참으로 신기하다고 생각했다. 예수님이 삶과 죽음과 부활을 통해 이루신 모든 일을 성찬식에서 떡과 포도주를 받듯이 그저 받기만 하면 어느 누구나 누릴 수 있지 않은가! 그럼에도 불구하고 이 비밀은 대부분의 사람들이 모르거나 잘못 이해하고 있었다.

그날 누군가 마이클을 지켜보았다면 그가 두 번의 예배에서 설교하고 나서 너무 지쳐 잠시 졸고 있었다고 생각했을지도 모른다. 그러나 그의 내면에서는 아주 굉장한 일이 일어나고 있었다. 그 어느 때보다도 생생하게 그의 의식이 깨어 있었고 입속으로는 끊임없이 "성부와 성자와 성령의 이름으로"를 중얼거리고 있었다. 그는 거의 한 시간가량을 그렇게 자리에 앉아 넋 없이 바라보고 있었다. 그 시간 이후 마이클은 전혀 딴 사람이 된 것 같았다. 기도 시간의 메마름은 온데간데없이 사라지고 어두운 밤은 그 이후 두 번 다시 찾아오지 않았다. 그는 일기장에 다음과 같이 적었다.

"오, 주님! 당신은 얼마나 아름다우신지요! 제 안에서 그러한 것들을 볼 수 있게 해주시다니 그저 송구스러울 따름입니다. 지금까지는 당신의 위대함과 권능과 성품을 제 주변의 세상을 통해서만 계시하신다고 생각했습니다. 그러나 이제는 그 세상이, 당신의 왕국이 바로 제 안에, 당신이 살고 계시는 제 안에 있음을 알게 되었습니다. 저는 제 마음속에서 별과 은하수와 우주를 보았습니다. 아니, 경험했습니다. 그리고 그 광활하고 무한한 공간 속에서 저는 아버지와 당신이 사랑하시는 아들 예수님을 보았습니다. 주님, 당신은 아버지를 사랑하셨고 성령님, 당신은 성부와 성자를 사랑하시며 성삼위의 사랑 가운데서 저를 구름 속의 빛처럼 감싸주셨습니다. 천국에 가면 당신의 영광을 온전히 볼 수 있겠지만 지금 이 순간에도 그 영광을 맛보게 해주셨습니다. 지금은 그때처럼 당신을 감지하지 못하지만 거룩한 성삼위께서 여전히 내 안에, 제가 보았던 그대로 여기에 함께 계심을 믿습니다. 제가 언제나 당신의 임재만을 의식하며 살아갈 수 있게 하옵소서. 그리고 제발 주님, 저를 통해 넘쳐 흐르시옵소서. 당신을 미워하는 세상을 향해서도 저를 통해 넘치는 사랑을 베풀게 하옵소서."

마이클은 당시의 체험만 음미하면서 평생을 살아갈 수 있을 것 같았다. 하지만 하나님은 더 많은 것을 준비해놓고 계셨다. 몇 달 후 그는 여전히 소예배당에 앉아서 앞에 걸린 커다란 십자가를 바라보며 기도를 드리고 있었다. 그때 갑자기 예수님이 찬란한 빛을 발하며 실제로 그의 앞에 나타나셨다. 주님은 다정한 미소를 지으시며 "마이클, 너를 나에게 완전히 줄 수 있겠느냐?"라고 물으셨다. 그러면서 손을 뻗어 초대하는 손짓을 하셨고, 마이클이 그 손을 잡자 예수님은 그를 자기 가까이로 끌어당기셨다. 그 순간 마이클은 예수님과 같은 공간에 서 있는 느낌이 들었다. 그는 예수님의 피가 자신의 혈관을 통해 흐르는 것을 느꼈고 그분이 갖고 계신 헤아릴 수 없이 많은 생각도 깨달을 수 있었다. 자신을 비롯해 온 세상을 향한 예수님의 무한한 사랑도 느껴졌다. 마이클은 그 순간 그 자리에 영원히 서 있고 싶었다. 하지만 곧이어 내면에서 이런 속삭임이 들려왔다. "자, 친구여, 가자! 우리는 아직 할 일이 남아 있다."

일곱 번째 방에 이르면 영혼의 어두운 밤이 마침내 끝난다. 영적 성숙 로드맵에서 어두운 밤의 정확한 지점을 찾아낼 수 없는 이유는 성 요한이 어두운 밤을 테레사의 각 방 설명에 직접 연관시키지 않았고, 테레사 또한 어디에서도 '어두운 밤'이라는 용어를 사용하지 않았기 때문이다. 그러나 어두운 밤을 거치며 하나님의 거룩한 불과 온전히 연합하는 데 방해되는 것들을 태워 정화시키는 시기가 일곱 번째 방에 이르기 전 어디쯤인 것만은 분명하다.

테레사는 일곱 번째 방에서 세 가지 경험 또는 움직임을 중점적으로 다루는데, 이것들이 생애 마지막까지 우리를 인도해준다. 물론 이번에도 사람마다 그 세 가지 경험을 체험하는 방식들이 다르다는 것을 애비게일과 마이클과 상규의 사례에서 잘 알 수 있다. 여기에서는 그 세 가지 경험들이 무엇인지를 간단히 소개하고 하나씩 요약한 다음, 나중에 일곱 번째 방의 여섯 가지 범주를 다룰 때 더 구체적으로 설명하도록 하겠다. (1) 각자 독특한 방식으로 성삼위에 대한 계시를 받는다. 그리하여 성삼위이신 하나님에 대한 지식이 '체험적' 지식으로 바뀐다. (2) 예수님이 인간의 모습으로 자신을 드러내신다. 말하자면 부활하신 뒤에 제자들에게 나타나셨던 것과 비슷한 방법으로 나타나시는 것이다. 그리고 영적인 결혼에서처럼 우리를 그분과 하나 되게 하신다. (3) 그 이후 남은 생애에 하나님과의 지속적이고, 갈수록 깊어지는, 특별한 연합의 관계 가운데서 살아가게 된다. 이 세 가지가 각각 독특한 체험이지만 서로 중복되거나 연관성을 갖기도 한다. 그럼 조금 더 깊이 파헤쳐보자.

영혼의 어두운 밤을 지나면서 하나님의 임재를 절대적으로 신뢰하게 되고 그 밤들을 무사히 '통과한' 사람들에게 하나님은 내주하시는 성삼위에 대해 특별한 체험을 하게 함으로써 우리의 믿음을 더욱 강화시켜 주신다. 다음은 이 과정에 대한 테레사의 설명이다.

"이 일곱 번째 방에 들어가면 연합은 아주 다른 방식으로 이루어집니다. 선하신 우리 하나님은 우리 영혼의 눈에서 비늘을 제거하여 우리가 스스로 보고 깨닫게 되기를 원하십니다. (…) 이 방으로 들어온 영혼은 가장 찬양받으실 만한 성삼위 즉 세 분의 하나님을 지성의 눈으로, 특정한 진리의 계시를 통해 보게 됩니다. 먼저는 찬란한 광채의 구름처럼 영혼을 환하게 비추며 그 세 분의 하나님이 각각 구별된 모습으로 나타나시는데 우리의 영은 아주 특별한 인식력으로 하나님이 세 분이시면서도 동시에 하나의 본질, 하나의 권능, 하나의 앎, 하나의 유일한 하나님이라는 심오한 진리를 이해하게 됩니다. (…) 세 분의 하나님은 서로 교통하시고, 서로 말씀하시고, 복음서에서 주신 예수님의 말씀을 설명해 주십니다. 주님을 사랑하고 주님의 계명을 지키는 자에게 성부와 성자와 성령께서 함께 오셔서 내주하신다는 그 말씀을 설명해 주시는 겁니다."2

성삼위에 대한 이 계시는 우리가 이전에 경험한 그 어떤 체험과도 비교할 수 없는 독특한 것이다. 테레사는 '지성의 계시'라고 불렀다. 우리가 성삼위 하나님을 상상으로나 눈으로 봄으로써 직접 체험하는 것이 아니라, 우리의 마음으로 '봄'으로써 실제로 교통이 이루어지고 우리가 경험한 것의 진리를 터득하게 되는 것이다. 과거에 나타났다가 사라진 환상들과 달리 이 '교통'의 경험과 내용은 우리 마음에 계속 남아 있게 된다. 항상 처음에 일어났을 때처럼 분명하거나 확실하게 느껴지지는 않는다 해도 마음에 계속 남아서 그 이후부터 성삼위 하나님이 자기 안에 계심을 알게 된다. '지성의 계시'의 대표적인 예는 사도 바울이 삼층천의 경험을 암시한 대목이다. 그는 그곳에서 인간의 말로는 형용할 수 없는 너무도 놀랍고 신령한 것을 경험했노라고 이야기했다(고후 12:2-4 참조).

그 다음에 테레사가 언급한 것은 예수님이 인간의 모습으로 나타나셔서 신적인 영적 결혼이 이루어지지만 그 결혼이 온전하게 완성되는 것은 죽음 뒤에나 가능하다는 사실이다.[3] 테레사는 이 경험이 사람에 따라 여러 가지 다른 형태로 나타난다고 말했다. "주님께서 처음 그 은혜를 내리실 때는 우리 영혼이 하나님께서 주시는 최상의 은혜를 제대로 이해하고 감사히 받을 수 있도록 우리에게 환상을 통해 자신을 드러내시고 자신의 가장 신성한 인성을 보게 하십니다."[4]

테레사에게는 성찬을 받은 직후에 그와 같은 일이 일어났다고 한다. 성경에 보면 예수님이 부활하신 뒤에 찬란한 광채의 형태로 나타나셨다고 하는데, 테레사에게도 그와 동일한 모습으로 나타나셨다. 그녀는 예수님을 '보았고' 그분이 하시는 말씀을 들었다. 인간의 모습으로 오신 예수님을 체험함으로써 우리는 그분을 아주 새롭게 인식하게 된다. 우리는 그분의 신부이고 그분과 하나 되어 우리 마음의 은밀한 곳에서 그분의 생명력을 누리게 된다. 테레사는 형언할 수 없는 그 사실을 설명할 수 있는 가장 적절한 말을 찾고자 애썼다. "여기서 하나님이 우리 영혼에 일순간 내려주시는 것은 참으로 막중한 비밀이요, 참으로 숭고한 은혜요, 우리 영혼이 경험하는 참된 극치의 즐거움이라서 나는 대체 그것을 무엇에 비교해야 할지 모르겠습니다. (…) 현재까지 이해하고 있는 한에서 할 수 있는 말이라곤 영혼, 그러니까 우리 영이 하나님과 하나가 된다는 것뿐입니다."[5]

이번의 체험도 앞서 말한 것처럼 과거에 일어났던 일시적인 연합이 아니라, 현실로 생생하게 지속적으로 남아 있다. 그래서 우리 마음 중심에 하나님이 거하시며 우리가 그 하나님과 함께 존재한다는 사실을 항상 의식하게 된다. 천국에서나 일어나는 일을 이 세상에서 경험하는 것이다.

그 뒤에 그 두 가지의 체험은 하나의 새로운 형태로 통합된다. 테레사는 몇 가지 비유를 들어 그 사실을 설명했다. 예를 들면 두 개의 촛불이 타다가 가까워지면 하나의 촛불이 되는 것처럼, 말하자면 두 개의 초에 있는 각각의 심지가 한데 붙어서 하나의 불을 밝히고 있는 형상이다. 이 영적 결혼의 더 정확한 비유로 빗물이 모여 강과 호수를 이루는 것이나 작은 시냇물이 흘러 바다가 되는 것 혹은 두 개의 창문에서 들어온 햇빛이 방 한가운데서 만나 하나의 광선을 이루는 것을 들 수 있다. 이들은 따로 분리하기가 불가능하다. 완전히 하나가 되었기 때문이다. 이런 연합은 어떤 면에서 사도 바울이 언급했던 경험이다. "주와 합하는 자는 한 영이니라(고전 6:17)." "이는 내게 사는 것이 그리스도니 죽는 것도 유익함이라(빌 1:21)." 주님은 우리 영혼을 그분의 가장 깊숙한 거처(우리 마음에 있는 영혼의 방들)에 넣으시고 우리를 안전하게 지켜주신다. 그곳에서 일어나는 성삼위와의 연합으로 우리는 완전한 하나님의 관점에서 인생을 바라보게 되고, 그로부터 그분의 사랑이 우리 삶의 모든 순간으로 흘러 들어오게 된다. 이로써 나날의 삶이 그런 멋진 현실을 더 충만하게 의식하는 삶이 되어간다.

다음의 성경 구절들은 일곱 번째 방에서 일어나는 하나님과의 연합과 우리 안에 온전히 나타나는 그리스도의 풍성한 생명력에 관한 말씀들이다.

"이러므로 내가 하늘과 땅에 있는 각 족속에게 이름을 주신 아버지 앞에 무릎을 꿇고 비노니 그의 영광의 풍성함을 따라 그의 성령으로 말미암아 너희 속사람을 능력으로 강건하게 하시오며 믿음으로 말미암아 그리스도께서 너희 마음에 계시게 하시옵고 너희가 사랑 가운데서 뿌리가 박히고 터가 굳어져서 능히 모든 성도와 함께 지식에 넘치는 그리스도의 사랑을 알고 그 너비와 길이와 높이와 깊이가 어떠함을 깨달아 하나님의 모든 충만하신 것으로 너희에게 충만하게 하시기를 구하노라(엡 3:14-19)."

"내가 그리스도와 함께 십자가에 못 박혔나니 그런즉 이제는 내가 사는 것이 아니요 오직 내 안에 그리스도께서 사시는 것이라. 이제 내가 육체 가운데 사는 것은 나를 사랑하사 나를 위하여 자기 자신을 버리신 하나님의 아들을 믿는 믿음 안에서 사는 것이라(갈 2:20)."

에베소 교인들을 위한 사도 바울의 기도는 그리스도인의 목표가 무엇인지를 알려준다. 그리스도인은 점차 영적으로 성숙해가지만 하나님과의 '충만함'에 도달하는 것은 일곱 번째 방에서다. 우리의 자아가 죽고 그리스도 안에서 새 생명을 얻는 일은 예수님의 십자가 위에서 '일순간'에 일어난다. 그런 후에는 성화의 과정을 거쳐 일곱 번째 방에서 변화가 완성되는 것이다.

일곱 번째 방에서 매우 특이하고 신령한 체험을 하는 것은 사실이지만 여기서는 이전의 네 번째 방이나 다섯 번째 방, 여섯 번째 방에서처럼 신앙의 기복이 심하지 않다. 우리는 계속해서 그리스도의 충만한 사랑 가운데 현재 순간에 얽매이지 않는 삶을 살아간다. 테레사는 그런 삶을 가리켜 '상대적으로 완전한' 그리스도인의 삶이라고 표현했다. 나중에 주요 행동의 특성을 이야기할 때 '상대적으로 완전한' 삶이란 어떤 것인지를 더 자세히 설명하겠다.

마지막으로 일곱 번째 방에서는 온전하게 주님의 뜻을 좇아 다른 사람을 섬길 수 있게 된다. 한때는 빨리 세상을 떠나 하나님과 환희의 삶을 살고 싶다고 소망한 사람도 이제는 더 오래 살아서 주님의 사랑으로 이 세상을 섬기며 불신자들을 그분의 자녀로 인도하고 싶어한다. 밭에 물을 주는 테레사의 비유를 사용하자면 일곱 번째 방은 전적으로 네 번째 물의 시기에 해당한다. 이곳에서의 영적 성숙은 말 그대로 우리의 노력과 수고가 전혀 필요 없다. 오직 성령께서 완전히 주관하시고 우리를 인도하시며 우리의 영혼에 하나님 사랑의 물을 부어주신다.

내가 지켜 본 보니페이스 수사의 말년도 그랬다. 나는 기도 시간에 잠잠히 있는 법과 여러 형태의 침묵 기도를 시도하느라 애를 먹었지만 보니페이스 수사는 그런 노력을 전혀 하지 않는 것 같았다. 비록 노구의 몸으로 건강 때문에 고생을 했지만 하나님과의 관계는 언제나 다정하고 친밀했으며 그 점이 내 신앙에 큰 자극제가 되기도 했다. 그러면서도 그는 자신이 어떤 경지에 도달한 듯 행동하지 않았다. 오히려 하나님의 무한한 사랑과 은혜의 신비가 그의 존재를 더 넓게 확장시키고 있었다. 그날 해야 할 일이 끝나면 그는 나를 데리고 작은 종탑 방에 올라가서 함께 스팀 난방에 몸을 녹이곤 했다. 우리는 양동이를 거꾸로 뒤집어놓고 그 위에 앉아서 조용히 침묵하거나 함께 기도했다. 그런 후에는 그날의 복음서 말씀을 나누거나 신학적인 토론을 벌였다. 보니페이스 수사는 하나님의 깊은 우물에서 물을 더 많이 끌어오려고 애쓰지 않았다. 그 물이 그의 안에서 넘치고 있었다.

이제 우리는 일곱 번째 방을 여섯 가지 범주의 관점에서 세밀하게 들여다볼 것이다. 그럼 먼저 애비게일과 상규가 어떤 식으로 하나님과의 연합을 경험했는지부터 알아보자.

애비게일

애비게일은 여전히 시카고에 살고 있었다. 은퇴한 남편과 함께 교회에서 여러 가지 봉사를 하고 그 지역의 구제 사역과 교회에서 하는 아이티 전도 사역에도 참여하고 있었다. 지난 몇 년간 애비게일은 상당히 힘든 시간을 보냈다.

영혼의 어두운 밤이 정말 극심하게 지속되고 있었다. 날마다 신실하게 기도의 자리를 지켰지만 언제나 홀로라는 느낌을 지울 수 없었다. 아무런 빛도, 깨달음도, 환상도 없었다. 심지어 성경을 묵상하는 중에 하나님의 음성을 듣고자 노력했지만 눈에 들어오는 까만 글자 외에는 아무런 내적 음성도 들려오지 않았다. 애비게일이 이끄는 소그룹과 영성개발 모임의 여성 참석자들은 그녀의 사랑과 지혜에 큰 도움을 받았으나 정작 그녀 자신은 영혼의 어두운 밤 속에서 어찌할 수 없는 자신의 모습을 발견하게 되었다.

다행히 애비게일에게 한 가닥 위안이 된 것은 캘커타의 테레사 수녀가 말년에 쓴 글에 보면 그분도 고통스런 어두운 밤을 겪었다는 것이다.[6] 테레사 수녀의 신실한 믿음과 불굴의 인내력은 애비게일에게 큰 힘이 되었다. 하나님이 안 계신 것이 아니라 숨어 계실 뿐임을 믿고 그녀는 계속해서 기도와 사역에 충실했다. 소그룹 사람들에게 자신이 겪는 고충을 털어놓는 것은 아무 소용이 없었다. 무슨 일이 벌어지고 있는지 이해도 못할 뿐더러 엉뚱한 충고를 해주기 때문이었다. 물론 좋은 의도에서 하는 충고였지만 그들이 어떤 말을 하든, 혹은 애비게일이 어떤 일을 하든 하나님이 하고 계시는 일을 바꾸지 못하리라는 걸 그녀는 잘 알고 있었다. 애비게일은 이전보다 더욱 하나님을 신뢰했고 더 겸손한 사람이 되어갔다. 하나님에 대한 갈급함은 어느 때보다 깊고 간절해졌다. 하지만 자신의 내면에서 일어나고 있는 놀라운 변화에 대해서는 깨달을 수 없었기에 마음의 위로조차 받을 수가 없었다.

애비게일이 일곱 번째 방에 들어가 새로운 하나님과의 관계가 시작된 것은 작은 미술관에서였다. 그 미술관은 그녀가 일했던 시내의 구제 사역센터에서 몇 블록 떨어진 곳에 있었다. 몇 달 전에 한 노숙자 여성이 애비게일에게 자신만의 '아지트'를 보여준 적이 있었다. "진짜로 멋진 곳이에요. 거기 있으면 아주 마음이 편해요"라며 그녀는 애비게일을 이끌고 뒷골목으로 데려갔다. 두 사람이 다다른 곳은 어느 시골풍 석조 건물 앞이었는데 정문에는 '당신 마음을 위한 예술품'이라는 간판이 걸려 있었다. 안으로 들어가자 꽤 널찍한 공간이 나왔다. 벽에는 그림들이 걸려 있고 조각품이 얹은 나무상자들이 여기저기

놓여 있었다. 그중 한쪽 벽에 아름다운 스테인드글라스 창문이 있었다. 그곳은 옆에 딸려 있는 예술품 판매소에서 운영하는 미술관으로, 손님들이 조용히 앉아서 휴식하며 전시되어 있는 여러 종류의 미술 작품을 감상할 수 있게 만든 공간이었다. 판매소 주인이 그 노숙자 여인을 내쫓지 않고 계속 오도록 허락했다는 것이 놀라운 일이었다.

그 안에 들어가자마자 유독 애비게일의 눈을 사로잡는 그림 하나가 있었다. 커다란 유화 캔버스에 십자가에 못 박힌 예수님의 형상을 양각에 가까울 정도로 두드러지게 그려놓은 작품이었다. 그 그림에 있는 예수님의 눈이 마치 정면으로 애비게일을 바라보는 것만 같았다. 화가의 솜씨로 고통받는 예수님의 얼굴에 사랑과 긍휼과 용서의 표정이 나타나 있었다. 그 노숙자 여인이 왜 그곳에서 마음이 편해졌는지를 알 수 있을 것만 같았다.

그다음부터 애비게일은 커피 친교 모임을 마치고 집으로 돌아가는 길이면 가끔씩 그 미술관에 들러 햇빛이 밝게 비치는 긴 의자에 앉아 있곤 했다. 청명한 날에는 스테인드글라스 창문을 통해 내리쬐는 햇빛이 온 방을 엷은 분홍과 파란 빛으로 비추었다. 애비게일은 아무 말 없이 그곳에 앉아서 마음 문을 열고 그 안에 있는 모든 그림과 조각들이 아주 독특한 방법으로 자신에게 하나님의 사랑을 전해주도록 초대했다. 그녀가 좋아하는 예수님의 십자가 그림은 하도 익숙해져서 다른 곳을 가도 그 얼굴 표정이 그대로 머릿속에 떠오를 정도였다.

어느 날, 미술관을 찾은 애비게일은 평소에 자신이 즐겨 앉던 자리에 앉았다. 그런데 처음 보는 새로운 그림 하나가 눈에 띄었다. 하얀 드레스를 입은 신부가 장미로 뒤덮인 아치 밑에 서 있는 모습이 매우 섬세한 화필로 그려진 작품이었다. 신부는 그리움에 사무친 눈으로 아치 넘어 아름다운 정원을 바라보고 있었는데 마치 신랑이 오기를 간절히 기다리는 것만 같았다. 신부의 간절함이 애비게일의 가슴에도 그대로 전해졌다. 하나님을 사모하며 그리워하는 자신의 갈급한 모습과 다를 게 없어 보였기 때문이다.

그렇게 말없이 그림을 바라보고 있는데, 등 뒤에서 누군가의 음성이 들려왔다. 미술관의 관리자일 거라고 생각하며 눈을 뜨는 순간 화사한 푸른빛 속에서 흰색의 웨딩 턱시도를 입은 남자 한 명이 서 있는 게 보였다. 그는 머리에 화관을 쓰고 있었는데 스테인드글라스에서 들어오는 햇빛이 찬란하게 그를 비추고 있었다. 미술관 안에는 분홍과 푸른빛이 가득했지만 오직 그 남자만은 눈부시게 흰빛에 감싸여 있었다. 놀란 눈으로 그 광경을 뚫어지게 쳐다보던 애비게일은 그 빛이 사실은 바로 그 남자에게서 흘러나오는 것임을 알게 되었다. 더 놀라운 것은 그 남자의 얼굴이 십자가 그림에 그려진 예수님의 얼굴과 흡사하다는 것이었다. 다만 그 순간에는 부드러운 미소를 짓고 있었다. "예수님!" 애비게일은 마음속으로 부르짖었다.

　예수님이 팔을 뻗어 자신에게 가까이 오라고 손을 내밀었다. 애비게일은 생각할 겨를도 없이 자리에서 일어나 앞으로 걸어 나갔다. 그때 또 다른 사실이 그녀를 놀라게 했다. 자신이 어느새 그림에서 본 것처럼 아름다운 웨딩드레스를 입고 손에는 하얀 꽃다발을 들고서 장미 아치 밑에 서 있는 것이 아닌가! 아치 쪽으로 한걸음씩 다가서던 그녀가 이윽고 예수님이 내민 손을 잡자 예수님은 사랑이 가득 담긴 눈으로 그녀를 그윽하게 바라보셨다. 그 사랑의 감정이 얼마나 열렬한지 정신이 몽롱해질 정도였다. 그때 예수님이 이렇게 말씀하시는 것이 느껴졌다. "네가 나를 알기 이전부터 나는 너를 사랑해왔단다. 지난 세월 동안 어둠 속에서, 그리고 빛 속에서 너를 한 걸음씩 인도해주었지. 너는 나를 변함없이 사랑했으니 이제부터는 우리가 전보다 더 친밀하고 다정하게 살자꾸나……." 그의 목소리는 찬란하게 빛나는 빛 속에서 마치 장미 향기처럼 온 방 안에 은은히 퍼져나갔다. 예수님이 하신 말씀은 애비게일이 그동안 무엇보다 간절히 바라고 소망했던 것이었다. "예, 물론이죠!" 애비게일은 즉시 대답했다. 마치 시간이 그 순간에 멈춰버린 것 같았다. 주님의 사랑에 포근히 감싸여 몸속의 세포 하나하나에까지 그 사랑이 흘러드는 느낌이었다. 어느 때와도 비교할 수 없는 깊은 평안과 기쁨이 마음 가득 넘쳐흘렀다. 영원처럼 느껴지는 그 순간에 애비게일은 지그시 감았던 눈을 떴다. 빛은 그대로 있었지만 예수님은 보이지 않았다.

그 순간, 어딘가에서 아주 또렷한 음성이 귀에 들려오는 것 같았다. "우리는 너를 사랑한단다, 애비게일!" 애비게일은 얼른 고개를 들어 위를 바라보았다. 방 한가운데 세 분의 모습이 보였다. 예수님이 애비게일의 손을 잡아 성부의 손에 올려놓으셨고 성령께서는 마치 살아 있는 빛의 외투인 양 성부와 애비게일 주위를 감싸 안았다. 미술관 안에는 웃음과 노래와 음악과 박수갈채가 요란하게 울려 퍼졌다. 애비게일은 세 분이 성삼위 하나님인 것을 즉시 알아차렸다. 분명 세 분이 그곳에 계셨지만 그럼에도 불구하고 그분들은 하나였다. "우리는 네 안에 거할 것이다, 애비게일! 너도 우리 안에 영원히 거하여라." 세 분이 한 목소리로 말씀하셨다.

애비게일이 그다음으로 기억하는 것은 차를 몰고 자기 집의 차고로 들어갈 때 자기 손으로 운전대를 붙잡고 있었다는 사실뿐이었다. 남편 빌이 현관문을 열고 나와 애비게일을 맞이했다. 빌이 "여보, 오늘은 꽤 늦었네"라고 말하는 순간 애비게일의 눈에 맺힌 눈물과 눈부시게 빛나는 미소가 눈에 들어왔다. "여보, 무슨 일이 있었던 거야?" 그로부터 몇 달이 지나서 빌은 가까운 친구에게 그날 있었던 일을 들려주었다. "나는 우리 아내가 그렇게 환하게 웃는 걸 처음 보았네. 심지어 우리 결혼식에서도 안 그랬는데 말이지. 그 환한 표정이 빛으로 널리 비치는 것 같았어."

상규

우리가 상규에 대한 소식을 듣게 된 것은 그가 은퇴 후에 미주 북서부 쪽으로 이사를 떠난 후였다. 한동안 소식을 듣지 못하다가 한 친구에게 보낸 편지를 통해 그의 소식을 알게 되었는데, 상규는 건강에 문제가 있었지만 이제는 많이 나아지고 있으며 경숙도 잘 지내고 있다는 소식이었다. 경숙에게 찾아온 치매 증세와 두 부부의 건강을 위해 물 좋고 공기 좋다는 요양원을 찾아서 북서부 지역까지 가게 된 것인데 그는 그곳에서의 생활에 아주 만족한 모습이었다. 최근에 온 그의 편지를 보면 그의 현재 상태를 알 수 있다.

"지난번의 편지 고마웠네. 나는 염려해준 덕분에 잘 지내고 있지. 경숙도 이곳에 와서 매우 좋아졌고 만족해하는 것 같네. 무엇보다 불안감과 초조감이 많이 사라졌네. 나는 요즘 아내와 거의 24시간 함께 지내며 돌보고 있는데 자네도 알다시피 내가 그동안 많은 출장과 타지 업무로 그녀를 돌보지 못했던 것을 어느 정도 만회하는 시간인 것 같은 느낌이 드네. 자녀들과도 이런 시간을 갖고 싶지만 그들은 나름대로 바쁘니 나 홀로 아쉬워하며 그들을 위해 기도하는 수밖에. 물론 친구들과 가족들을 위해서도 열심히 기도하고 있네. 아내와 함께 하면서 그녀를 돌보는 시간들이 지루하게 느껴지지 않고 오히려 기도할 시간이 많아져서 내 영혼은 말할 수 없이 유익함을 얻고 있다네.

요즘에는 주로 그녀와 함께 시간을 보내지만 요양원의 다른 노인들과 함께 지낼 때도 있다네. 그들과 함께 있을 때면 주님의 강한 임재와 역사하심을 느낄 수 있지. 그래서 우리 가운데 함께 계시는 그분과 자연스럽게 대화가 이어지네. 그분은 우리 안으로 스스럼없이 들어오셔서 우리들의 대화 가운데 말씀하시며 우리로 깨닫게 하시고 위로받게 하신다네. 언젠가는 우리가 파티를 하러 모여 있는데 그분이 실제로 방문하셔서 우리와 함께 웃기도 하고 우리 이야기를 들으며 시간 가는지 모르고 좋은 시간을 가진 적도 있었지. 그럴 때마다 나는 그분이 정말 좋은 분이라는 것을 느끼며 마음속 깊이 감탄하게 되네. 함께하는 사람들도 똑같이 느끼고 기뻐하는 것 같아. 그래서 그때마다 우리는 서로의 얼굴을 쳐다보며 함께 웃지.

내가 가장 좋아하는 시간은 아내의 휠체어를 밀고 밖에 나와 앉아 함께 밖의 풍경을 바라볼 때라네. 그때마다 주위의 아름다운 풍경과 신선한 공기와 아내의 모습이 너무나 자연스럽게 어울리는 것을 볼 수 있다네. 경숙은 정말 천사야. 시간이 지날수록 하나님께서 그녀를 나의 인생의 반려자로 삼아주신 것에 깊은 감사를 느끼고 있네. 그녀의 모습을 바라보고 있노라면 얼마나 사랑스러운지, 하나님이 이 세상을 이처럼 사랑하사 독생자를 주셨다는 그 말씀이 정말로 실감이 나네. 그런데 이 사실은 자네나 나에게도 해당되는 말씀이 아닌가? 주위에 있는 노인들의 모습을 봐도 정말 인간이 하나님의 걸작품이며 그분의 강렬한 사랑의 대상이라는 사실을 새삼스럽게 느끼게 되네. 비록 몸은 늙어가고 거동도 제대로 안 되며 불편한 모습이지만 그들의 평안한 모습과 느린 움직임, 그들의 눈빛 속에서 신적인 아름다움과 하나님의 영광의 흔적들을 보네. 요즘에는 그들의 얼굴을 하나씩 바라보면서 눈을 떼지 못하는 습관이 생겼는데, 그들의 표정을 볼 때마다 그 안에 새겨진 그들의 삶의 이야기뿐만 아니라 그들과 함께하신 하나님의 사랑의 흔적을 읽는 것 같아서 그러네. 하나님께서 천지를 창조하시고 '보시기에 좋았더라'고 하셨던 것처럼 그들을 바라보면 마음속에 기쁨과 찬탄이 솟아 나온다네. 그럴 때면 아버지께서도 함께 기뻐하시고, 아들께서 따라 웃으시고, 성령께서 크게 즐거워하시는 것을 느끼네.

언제라도 시간이 되면 이쪽으로 한번 놀러오게나. 사람들만 아름다운 것이 아니라, 요양원 근처에 울창한 삼나무 숲이 있는데 정말 웅장하고 아름답다네. 아침에 나가 숲 가운데 서 있노라면 태고의 신비함을 들이마시고 몸으로 느낄 수 있지. 그곳에서 자네도 하나님의 광대하심과 무한한 아름다움을 느낄 수 있을 걸세. 하나님과 함께 그곳을 거닐 수도 있겠지……. 꼭 방문해줄 것이라 믿고 다음에 만날 때까지 건강히 지내기를 바라네……."

이 편지를 받고 한참 있다가 같은 친구에게서 시집을 한 권 받았다. 대학 졸업 40주년을 기념하며 같은 과 친구들이 출판한 책으로, 거기에 상규의 시가 한 편 실려 있는 것을 보았다. 그 시를 여기에 그대로 옮긴다.

종이배

내 마음은 종이배
어슴푸레한 기억을 더듬어
오래전에 떠났던 포구를 향해
기나긴 항해를 떠난 종이배

내 마음은 호수

종이배가 가라앉지 않도록
심연으로부터의 온 힘을 모아
수면을 떠받치는 호수
그 수면에 하얀 종이배가 비추인다
출렁이는 모습이 온 수면을 가득 채운다

"목적지에 잘 도착해야 할 텐데……"
"바람이 불어야 앞으로 나갈 터인데……"
때때로 산들바람처럼 불어오는 걱정과 두려움들은
수면에 이리저리 출렁이다 사라지고 만다

내 마음은 우주
밤이 되면 하늘의 모든 별들이
호수의 수면으로 쏟아져 내리고
종이배는 그 위에서 넘실거리는 물결들과 함께
은하수를 건넌다
빨강색, 노랑색, 황갈색의
낙엽들이 어둠 속에서
함께 출렁이며 춤을 춘다
종이배를 따라 북극성을 향해 흘러간다

내 마음은 종이배
수면 위에 출렁이는 낙엽들,
끝없는 욕망처럼 일어나는 포말들과 함께
밤새도록 출렁이며 군무는 계속된다
은하수를 건너 북극성을 향해 가는 포구의 길목에서

마이클과 애비게일과 상규의 체험이 특이해 보이기는 하지만, 하나님이 아주 구체적인 방법을 사용해서 우리와의 관계를 깊게 해주시는 것을 볼 수 있다.

하나님과의 관계에서 '당신의 마음이 갈망하는 것'

우리가 예수님의 인도로 일곱 번째 방에 들어갈 즈음에는 오직 그분을 더 알고, 사랑하고, 섬기겠다는 소망밖에 없다. 어두운 밤을 지나면서 우리의 마음이 깨끗이 정화되었고 세상에 대한 애착과 욕심도 버렸으므로 이제 우리의 마음은 일편단심 주님만을 향해 있다. 우리의 전 존재가 주님과 하나 되었기에 그분이 인도하시는 곳이라면 어디든지 그분을 따라갈 준비가 되어 있다. 우리는 주님의 임재를 의식하면서 사람들을 섬기고 돌본다. 이전에 잠시 경험한 것이었지만 그 기억은 그대로 남아 일상의 어느 곳, 어느 순간이든 항상 '우리(나와 성삼위)'가 있다.

그동안 신앙생활에서 그토록 갈급했고 두려워했던 마음들이 봄눈 녹듯 사라진다. 우리는 더 이상 주님을 기쁘시게 하지 못할까 봐 불안해하지도 않고, 그분이 자신의 뜻대로 이끌어가신다는 확신 속에 살아간다. 더 이상 그분을 찾거나 경험하려고 애쓰지도 않고 우리 마음속에 그분이 계시다는 확신 속에서 그분의 임재를 온전히 누릴 뿐이다. 신앙과 일, 기도와 섬김 간의 혼란과 갈등도 사라진다. 우리가 하는 모든 일이 아무리 힘들고 싫은 일이라도 그것은 사랑하는 연인과 함께하고 그분의 거룩함을 마주 바라보는 일이다. 우리는 이제 진실하고 생동감이 충만하고 언제든 그분의 뜻을 따를 수 있는 온전한 사람이 되었다. 영적 성숙에서 목표로 하는 하나님과의 친밀한 사랑의 관계 즉 거룩함, 유능함, 온전함이라는 결과로 이어지는 영적 성숙의 모든 목표가 바로 이 일곱 번째 방에서 이루어진다.

하나님을 향해 나타나는 '주요 반응들'

일곱 번째 방에서의 삶은 크게 두 가지로 나눌 수 있다. 하나는 주님을 사랑하는 삶이고 다른 하나는 섬기는 삶인데 결론적으로 보면 이 두 가지는 하나라고 말할 수 있다. 이제 우리는 이 세상을 향한 주님의 열정이 어떠한 것인지 어느 때보다 분명하게 깨닫고 이해하게 된다. 주님이 만물의 구속과 그들과 자신의 화해를 위해 어떤 대가를 치르셨는가를 깊이 이해하게 되고, 주님과 세상을 사랑하는 마음으로 다른 사람의 고난에 동참함으로써 주님에 대한 사랑을 나타내고 싶어한다.

테레사는 우리 안에 있는 마리아의 성향과 마르다의 성향이 비로소 이 방에서 합쳐진다고 말한다. 예배와 일, 경배와 섬김, 존재와 행위가 아름다운 조화를 이루게 되는 것이다. 우리는 하나님이 주시는 사명을 따라 섬김의 삶을 살아간다. 어떤 이들은 독거와 마주 머묾(contemplation)의 삶을 살아가겠지만 대부분의 사람들은 테레사나 성 요한처럼 다른 사람들 안에 계신 예수님을 섬기며 살아갈 것이다. 하나님에 대한 사랑은 이웃에 대한 사랑으로 표출된다. 다섯 번째 방에서 언급한 테레사의 이웃 사랑은 일곱 번째 방에서도 같은 내용을 전해 준다. "우리의 신앙생활에서 주님이 요구하시는 것은 두 가지입니다. 여호와 하나님을 사랑하고 우리의 이웃을 사랑하는 것입니다. 제 생각에 우리가 하나님을 사랑하는지 안 하는지를 보여주는 가장 확실한 징표는 우리가 이웃을 진정으로 사랑하는지의 여부라고 봅니다."[7]

우리는 성삼위께서 거하시는 마음의 중심, 그 확실한 기반 위에서 사람들을 사랑하고 섬긴다. 그런 기반이 있기 때문에 감정은 요동쳐도 내면은 언제나 고요하고 평화롭다. 우리가 사는 세상은 타락한 세상이기에 여전히 수많은 문제와 갈등에 부딪치며 살아갈 수밖에 없다. 어떤 면에서는 죄악이 더 두드러지게 나타나 더 마음이 아프고 괴롭다. 하나님과의 연합이 세상의 고통에서 벗어나게 하는 게 아니라 오히려 그 고통 속으로 들어가게 한다.

하지만 우리 마음의 중심에는 평강이 있다. 하나님이 만물을 통치하시고 만사가 그분의 계획대로 이루어질 것을 믿기 때문이다. 이것이 빌립보서 4장 7절에서 사도바울이 말한 "모든 지각에 뛰어난 하나님의 평강"이다. 주변 상황이나 자신의 건강, 질병의 상태에도 좌우되지 않는 평강을 말한다.

바람이 세차게 몰아치는 어느 날, 나는 보니페이스 수사와 함께 홀리트리니티 수도원을 걸어서 올라갔다. 내 뜻대로 되지 않는 어떤 일에 잔뜩 불만을 늘어놓고 있는데 보니페이스 수사가 내게 이런 말을 했다. "토머스 목사님, 목사님 속에 있는 '느껴지지 않는 평강과 느껴지지 않는 기쁨'으로 마음의 여유를 찾아야 합니다." 처음에는 그 말이 모순처럼 들렸지만 나의 내면을 들여다보니 맞는 말이었다. 낙심과 혼란에도 불구하고 내 마음의 깊은 곳에는 주님의 사랑에 의한 기쁨과 그분의 돌보심에 안주하는 평강이 자리 잡고 있었다. 그 사실을 깨닫고 나니 아무리 감정이 흔들려도 평강과 기쁨이 찾아왔다. 자, 이렇게 생각해보라. 사도 바울이 말한 '성령의 열매들'은 사실상 감정적인 차원이 아닌 영적 차원의 것들이다. "오직 성령의 열매는 사랑과 희락과 화평과 오래 참음과 자비와 양선과 충성과 온유와 절제니 이 같은 것을 금지할 법이 없느니라. 그리스도 예수의 사람들은 육체와 함께 그 정욕과 탐심을 십자가에 못 박았느니라. 만일 우리가 성령으로 살면 또한 성령으로 행할지니 (갈 5:22-25)"

물론 그런 미덕이 하나님의 모양과 형상으로 빚어진 인간의 본성에서 나온 것일 수도 있지만 근본적으로 성령의 열매들은 우리의 영 안에 성령께서 내주하심으로 인해 맺히는 열매들이다.

우리가 고통이나 박해를 당할 때 혹은 다른 사람의 불행에 마음이 아플 때 우리는 결코 기쁨이나 평강을 느낄 수 없다. 그러나 우리가 우리 안에 실재하시는 예수님의 반석 위에서 살아간다면 어떤 외부의 상황도 우리가 거하는 기반이 되는 이 바위를 흔들지 못한다. 일곱 번째 방에 도달하기 아주 오래 전에, 나는 시련 속에서 신비롭게도 이 '모든 지각에 뛰어난' 하나님의 기쁨과 평강을 경험한 적이 있다. 그때 나는 외부의 상황에 따라 행동할 것인지 내 안에서 일어나는 상황에 따라 진실되게 행동해야 할 것인지를 결정해야만 했다.

일곱 번째 방에서는 우리가 '상대적으로 완전한' 그리스도인이 된다고 테레사는 말했다. 하지만 테레사나 성 요한도 우리가 천국에 가기 전까지 진정한 완전함에는 이르지 못한다고 믿었다. 이생에서 도달할 수 있는 것은 오직 상대적인 완전함이라는 것이다. 한 가지 중요한 점은 테레사가 완전함을 말할 때, 우리 인격과 성품이 완전해진다는 것이 아니라 우리가 주님을 사랑하고 순종하는 면에서 완전해지는 것을 말하고 있다는 것이다. "기도를 시작하는 사람들이 목표로 삼아야 하는 것은 (…) 열심히 노력하고 준비해서 무슨 일을 하든지 자신의 의지를 하나님의 뜻에 맞추겠다고 굳은 결단을 내리는 것입니다. 나중에도 이야기하겠지만 신앙생활을 하면서 이룰 수 있는 가장 완전의 단계는 바로 우리의 뜻이 주님의 뜻에 맞춰지는 일치에 있음을 분명히 알아야 합니다."[8]

토머스 두베이는 완전함을 다음과 같이 설명했다. "기도의 마지막 성숙 단계에 들어서면 복음서에서 명했고 동시에 특권이라고 말하는 상대적으로 완전한 그리스도인의 삶을 살아가게 된다. 그것은 온 맘과 뜻과 정성과 힘을 다해 하나님을 사랑하는 것이다. 하나님 아버지가 완전하신 것처럼 우리도 완전해야 하고 그분과 완전히 하나가 되어야 한다. 신앙의 어느 단계든지 영적 성숙은 이루어지지만 주님과 연합함으로써 변화를 이룬 사람은 사실상 영광에서 영광으로 변화되어 하나님의 형상을 반영하게 된다. 따라서 상대적인 완전함을 이루었다고 말할 수 있다."[9]

일곱 번째 방에서 '상대적인 완전함'이 이루어진다면 그것은 어떤 영적 성숙의 모습일까 궁금한 사람들이 있을 것이다. 하나님과의 연합 이후에 이루어지는 영적 성숙은 다양하게 나타난다. 첫 번째로는 우리가 '자신을 잊고' 살아가게 되는 것이다.[10] 현대의 위대한 복음주의 신학자로서 리젠트 대학의 설립자이며 영적 성숙에 대해 수많은 책을 쓴 제임스 휴스턴은 80세 생일 직후에 개인적으로 가장 의미 있는 일이 무엇이냐는 질문을 받았다. 그때 그가 "나도 모르게 나를 잊고 사는 것입니다"라고 대답했던 말이 잊히지 않는다.[11]

성삼위와의 연합은 우리 안에 전혀 다른 차원의 믿음을 갖게 한다. 우리가 신실하게 주님을 따르고 섬기면 주님은 우리에게 최선이 되는 방법으로 모든 상황을 인도해주실 것이라는 순전한 믿음을 가지고 살아가게 된다. 우리는 더 이상 걱정할 필요가 없고, 예수님 한 분만으로 충분하다. 그렇다고 먹고 자고 운동하는 것에 전혀 신경 쓰지 말라는 이야기는 아니라고 테레사는 덧붙였다. 우리가 최선을 다해 주님을 섬기기 위해서라도 우리 자신을 최상의 상태로 유지해야 한다. 아울러 어떤 자리든지 주님을 섬기라고 부르신 상황에 기꺼이 순종하려는 각오도 따라야 한다.

또 한 가지 영적으로 성숙하는 부분은 '고난을 감수하려는 마음가짐'이다.[12] 주님이 십자가에서 어떤 고난을 받으셨고 지금도 우리를 위해, 이 세상을 위해 얼마나 인내하고 계시는지를 분명히 알기 때문에 그 고난에 동참함으로써 그분에 대한 사랑을 표현하고 싶어한다. 또한 예수님을 믿고 따른다는 이유로 온갖 저항과 박해에 부딪치기도 한다. 주님을 진실하게 사랑하며 섬기다 보면 그 사랑과 겸손에 거부감이나 시기심을 갖는 사람도 생긴다. 고난을 감수하려는 마음은 위안이나 영적 기쁨에 대한 욕구도 초월한다.

하나님을 향한 '기도의 변화 양상'

일곱 번째 방에서 드리는 기도는 주로 신뢰와 침묵 속에서 사모하는 마음으로 거룩한 성삼위께 집중하는 시간이다. 이 침묵 속에서 성삼위와의 완전한 연합이 이루어진다. 즉 영혼의 가장 깊은 중심에서 영적 결혼의 경험이 일어난다고 할 수 있다. 예수님은 인간의 모습으로, 성삼위는 세 인격의 모습으로 나타나셨다는 사실을 기억하라. 아직 그런 환상을 '보는' 것은 아니어도 그들의 존재를 의식하면서 살아가게 된다. 우리의 기도는 성삼위의 기도를 반영하게 되고 성삼위의 기도가 우리의 기도가 된다. 우리는 성삼위와 함께 살고, 사랑하고, 중보기도한다. 기도의 경험에 관한 테레사의 설명을 들어보라. "이 방의 색다른 점은 앞서 말한 바와 같이 다른 방들에서 겪었던 메마름이나 마음속의 혼란이 거의 사라지고 영혼이 언제나 고요하며 잔잔하다는 것입니다."[13]

테레사는 이런 기도를 가리켜 '변화를 가져오는 연합'이라고 불렀다. 우리에게 주님의 마음을 갖게 하고 전적인 헌신으로 나아가는 기도가 이루어진다는 뜻이다. 이런 기도를 유일하게 설명할 수 있는 비유가 '결혼'이다. 이 기도의 깊이를 설명하자면 부부의 육체적 친밀감이나 함께 잠잠히 있는 시간과 비슷한 상태라고 말할 수 있다. 성 요한은 이 연합의 기도가 '카르멜 산' 정상이라고 했다. 테레사의 일곱 번째 방에 해당되는 말이다.[14]

영적 성숙의 초기 단계에서도 거함 기도(abiding prayer)를 드리다가 가끔 그런 연합을 경험할 때가 있지만 일곱 번째 방에 오면 이제 그것이 대중 기도에서나 개인 기도에서도 흔히 나타난다.

기도 생활이나 일상생활에서 정신이 산란해질 때는 주님이 직접 사랑의 불꽃으로 우리를 깨워 주셔서 즉시 주님께 집중할 수 있도록 하신다고 테레사는 말했다. 초기의 방들에서는 잡념이나 산란함이 한동안 지속되다가 어떤 기억이나 체험으로 다시 주님께 집중하곤 했다. 그러나 이제는 주님이 우리 마음의 눈을 여셔서 우리가 쉬지 않고 그분을 바라볼 수 있게 하신다.

전에는 영적 체험을 통해 대단한 황홀경을 느끼곤 했지만 일곱 번째 방에서는 우리의 예상과 달리 그런 체험이나 황홀경이 사라진다. 그 이유는 하나님의 임재에 관한 내적 경험 때문이다. 테레사는 그 사실을 이렇게 설명했다. "아주 간혹 황홀한 체험을 한다고 해도 예전의 이동이나 영의 입신같은 것은 없습니다. (…) 더욱이 사람들 앞에서 그런 일들이 나타나는 일은 전혀 없습니다."[15] 전에는 그런 체험이 없다는 게 낙심의 요인이 되기도 했지만 이제는 그런 체험 자체가 필요 없어지는 것이다. (한 번은 도시들을 방문하던 중에 동행했던 아빌라의 줄리언 신부가 테레사에게 물었다. "수녀님, 전에는 주님께서 자주 황홀경을 맛보게 하셨다고 말씀하셨는데 요즘에는 그런 모습을 좀처럼 볼 수 없는 것 같으니 어떻게 된 겁니까?" 그러자 테레사 수녀는 이렇게 대답했다. "더 이상 황홀경을 맛보지 않는 게 사실입니다. 하지만 예전에 황홀경 속에서 드렸던 기도보다 지금은 더 훌륭한 기도를 드리고 있답니다."[16]

테레사는 계속해서 말하기를 이전에는 영적 체험이 너무도 놀랍고 신비해서 망연자실할 정도였고 "영혼이 자신 안에서" 느끼는 강렬한 희열에 정신이 몽롱해지기도 했지만[17] 이제는 그것에 익숙해졌다고 했다. 그 후에도 다른 사람으로부터 비슷한 질문을 받은 적이 있는데, 테레사는 "아마도 지금은 하나님만으로 '충분해서' 그런 것 같다"고 대꾸했다.

다만 하나님의 임재를 의식하는 정도는 경우에 따라 차이가 난다. 앞선 방들에서 경험했던 것처럼 '광야'나 '메마름'은 없지만 그렇다고 여기서 우리 안에 거하시는 주님을 항상 의식하고 사는 것은 아니다. 가끔은 하나님이 우리를 원래의 상태로 돌려놓으실 때도 있다고 테레사는 말한다. 보통 살면서 부닥치는 어떤 사건들 때문에 영적 전쟁의 소용돌이에 빠지게 되는 경우이다. 단 며칠간만 그런 상태가 지속될 뿐이지만 그럴 때는 신앙 공동체의 도움을 받는 것이 중요하다고 테레사는 강조했다.

우리를 하나님께로 이끄시는 '예수님의 역사'

앞에서 성삼위를 지성으로 보게 된다고 했는데 그것은 영적 결혼에 비유할 수 있고 우리 안에 성삼위께서 거하심을 새롭게 깨닫는 것이라고 말했다. 이런 깨달음은 하나님이 우리 마음 안에서 역사하신 결과로 생기는 것이다. 테레사의 '네 가지 물' 비유를 기억하는가? 영적 성숙의 후반기로 갈수록 우리의 '노력'은 점차 줄어들고 하나님의 역사와 은혜가 점점 더 증가한다고 말했다. 일곱 번째 방에서는 실질적으로 우리의 모든 삶이 예수님의 주도하심에 따라가는 삶으로 변모한다. 성삼위와의 연합이 우리를 계속해서 더 깊은 친밀감으로 이끌어 가고 그러한 친밀감은 다시 우리를 변화시키고, 치유하고, 아름답게 만드는 것이다.

초기 방들에서도 예수님이 먼저 은혜를 주셨지만 우리는 눈과 귀가 멀어 그 사실을 제대로 알아채지 못하고 자기 나름대로 최선을 다해 살아가려고만 애썼을 뿐이다. 그러나 지금은 주님이 인도하심을 마음과 생각으로 알아채고 그야말로 "아버지께서 하시는 일을 보지 않고는 아무것도 스스로 할 수 없는" 사람이 되어가는 것이다.[18]

우리의 영적 성숙을 방해하려는 '원수의 계략'

9장에서 이야기한 것처럼 원수들은 우리가 '영혼의 어두운 밤'을 지날 때 집중적인 공격을 퍼부었다. 어두운 밤 속에서 우리를 공격하고 유혹하여 혼동을 일으키고자 했다. 하지만 우리를 포기하게 만들려는 사탄의 거짓말과 공격에도 불구하고 그 결과는 우리가 이전보다 더 주님을 닮아가고 성령의 열매가 풍성히 맺히는 삶이 되었다.

현재 이 순간의 삶

예수님을 구세주로 아는 사람들이 일곱 번째 방에 들어가서야 새삼스레 깨닫게 되는 아주 신비로운 사실이 있다. 예수님은 알파와 오메가시고, 만물의 처음과 나중이시고, 무소부재하시고, 이제도 계시고 전에도 계셨고 장차 오실 분이라는 점이다(계 1:4; 4:8 참조). 우리는 '그리스도 안에' 거하고 '그리스도는 우리 안에' 거하시며 우리는 현재의 순간과 현실의 공간을 그분과 함께 살아간다(엡 1:3; 골 1:27 참조). 다섯 번째와 여섯 번째 방에서는 그와 같은 사실을 체험적으로 조금 알게 될 뿐이지만 일곱 번째 방에서는 살아가는 현재의 순간들이 그 같은 그리스도의 충만함에 온전히 거하는 것임을 깨닫게 된다. 다음의 성경 구절들은 그 사실을 보여주는 대표적인 말씀들이다.

"대답하여 이르시되 천국의 비밀을 아는 것이 너희에게는 허락되었으나 그들에게는 아니되었나니(마 13:11)"

"…나 있는 곳에 너희도 있게 하리라(요 14:3)."

"…사람이 나를 사랑하면 내 말을 지키리니 내 아버지께서 그를 사랑하실 것이요 우리가 그에게 가서 거처를 그와 함께 하리라(요 14:23)."

"찬송하리로다. 하나님 곧 우리 주 예수 그리스도의 아버지께서 그리스도 안에서 하늘에 속한 모든 신령한 복을 우리에게 주시되(엡 1:3)"

"또 함께 일으키사 그리스도 예수 안에서 함께 하늘에 앉히시니(엡 2:6)"

"…하나님의 모든 충만하신 것으로 너희에게 충만하게 하시기를 구하노라(엡 3:19)."

"우리가 주목하는 것은 보이는 것이 아니요 보이지 않는 것이니 보이는 것은 잠깐이요 보이지 않는 것은 영원함이라(고후 4:18)."

"무익하나마 내가 부득불 자랑하노니 주의 환상과 계시를 말하리라. 내가 그리스도 안에 있는 한 사람을 아노니 그는 십사 년 전에 셋째 하늘에 이끌려 간 자라…(고후 12:1–2)."

"마음이 청결한 자는 복이 있나니 그들이 하나님을 볼 것임이요(마 5:8)."

위의 말씀들을 놓고 볼 때 우리에게 일어나는 모든 사건은 하나님의 영원한 계획과 맞물려 있으며 그분의 사랑과 능력과 지혜로 가득 차 있음을 알 수 있다.

일곱 번째 방에 들어갔다고 해서 사탄이 그 계략을 단념하는 것은 아니다. 하지만 그가 아무리 우리를 유혹하고 비난하고 거짓을 속삭여도 우리는 반사적으로 반격하고 저항한다. 테레사는 이런 말을 했다. "거룩한 하나님이 자신을 우리 영혼에게 보여주시고 우리 영혼을 그분에게로 이끄시는데 그곳은 사탄이 감히 들어오지도 못하고 하나님이 그가 들어오게끔 허용하지도 않으시는 곳이라고 생각합니다."[19] 그리스도의 충만한 빛 가운데 사탄의 계략은 명백하게 드러나고 예수님의 사랑을 받는 우리는 하나님의 전신 갑주를 입고서 어떤 공격이든 당당히 물리칠 수 있게 된다.

하지만 우리의 본성은 여전히 죄로 물들어 있다. 그렇기에 우리는 한시도 주의를 게을리하지 말고 우리를 넘어지게 만드는 기만과 교만을 피해야 한다. 예를 들면 때때로 어떤 '은혜받은' 사람들은 하나님의 사랑에 너무도 몰입한 나머지 그분의 공의라든가 예수님께서 스스로 말씀하신 대로 그분만이 아버지께로 가는 유일한 길임을 무시하기도 한다. 또는 하나님의 초월적인 신령함에만 매료되어 이웃 형제들 가운데 임재하시는 하나님의 모습을 보지 않고 주님이 우리를 사랑하기 원하시는 대로 그들을 사랑해야 한다는 사실을 망각해버릴 때도 있다. 이와 같은 잘못이 비단 일곱 번째 방에서만 일어나는 일은 아니지만, 우리가 이곳에서도 얼마든지 교묘한 유혹에 넘어갈 수 있음을 시사해준다.

테레사는 근면과 부지런함이 반드시 필요하다고 강조했다. 그래야 이 세상과 사탄에 현혹되어 하나님으로부터 돌아서게 되지 않는다고 믿었다. 일곱 번째 방에서 이루어지는 영광스런 친밀감을 맛본 사람들이 그런 경험까지 하고 어떻게 하나님에게서 돌아설 수 있는지 의아할 것이다. 하지만 C.S. 루이스의 말을 들으면 이해가 된다. "선한 존재는 한 분밖에 없다. 그분은 하나님이다. 그 외의 모든 것은 하나님을 향할 때 선하고 하나님으로부터 돌아설 때 악해진다. 또한 이 세상에서 드높고 위대한 존재일수록 하나님께 반항하면 그만큼 더 사악해진다. 나쁜 생쥐나 벼룩이 악마가 된 게 아니다. 나쁜 천사장이 악마가 되었다."[20] 따라서 일곱 번째 방에 있던 그리스도인이 '어둠 쪽으로 돌아서면' 두 번째 방에 있던 그리스도인이 술, 마약, 음란물 등의 옛 습관으로 돌아가는 것보다(그것도 물론 비극이지만) 훨씬 더 극악무도해진다. 타락할 가능성은 다른 방에 비해 적을지라도 일단 타락하게 되면 그 결과는 엄청나게 파괴적이고 위험하다. 혹은 아주 명백한 '타락'이나 노골적인 '돌아섬'이 아니라 위선, 교만 같은 교묘한 형태로 나타나서 그동안 얻은 모든 성숙이나 빛을 무색하게 할 정도로 '심지어 가룟 유다도 생각지 못할 일을' 저지를 수 있다.[21] 성경에 등장하는 인물들이 정확히 성숙의 어느 단계에 도달했는지 판단하기는 쉽지 않지만 하나님과 친밀한 관계를 누리다가 배신하여 돌아선 사람들이 여러 명 등장한다. 아담과 하와가 대표적인 사례다. 그들은 하나님과 극도의 친밀감을 나누었지만 결국 돌아서버렸다. 이스라엘의 초대 왕 사울은 하나님의 기름부음을 받고 왕이 되었으나 말년에는 교만으로 인해 귀신 들린 사람이 되었다. 솔로몬 역시 신실한 믿음과 하나님이 주신 지혜와 깊은 예배의 경험으로 왕좌에 올랐으나 후궁들이 숭배하는 신들로 이스라엘 전체가 오염되는 것을 수수방관했다. 사도 바울도 "한 번 빛을 받고 하늘의 은사를 맛보고 성령에 참여한 바 되고 나서 타락한 자들"에게 엄중한 경고를 하고 있다(히 6:4-8 참조).

하나님께 협력하게 만드는 '성숙의 열쇠'

하나님과 연합하게 만드는 영적 성숙의 가장 든든한 기반은 신뢰와 침묵의 기도다. 앞에서도 이런 연합의 기도의 성격과 유익을 거듭 이야기했지만, 여기에서 다시 한 번 짚건대 이 일은 의도적으로 행해야 함을 명심해야 한다. 일곱 번째 방에서는 주님에 대한 사랑이 이웃 사랑과 봉사로 나타나기 때문에 주님께 나아가는 시간을 소중히 지키지 않으면 안 된다. 그분이 우리의 양식이고 인도자이며 생명이다. 그분의 임재로 집중하여 나아가는 시간이 우리를 지탱해주고 신실하게 그분을 따라갈 수 있게 이끄는 것이다.

침묵 기도에서 중요한 부분은 오랜 시간 동안 홀로 있는 시간을 확보하는 것이다. 애비게일과 마이클과 상규의 사례에서 보았듯이 그들은 언제나 홀로 주님과 마주 머무는 시간을 오랫동안 갖고자 노력했다. 지금은 역사상 어느 때보다 세상이 주는 압력, 정보의 홍수, 나날이 노출된 폭력이 우리를 지치게 만든다. 우리가 하나님의 마음을 더 깊이 이해하면 할수록 다른 사람들의 죄악이 우리를 더 슬프고 가슴 아프게 만든다. 그러므로 우리도 주님과 같이 따로 한적한 곳에 가서 휴식을 취할 필요가 있다.[22] 전에는 사람들과 함께 수양회에 가서 빼빼한 일정과 프로그램으로 영적 충전을 했다면 이제는 혼자 어디론가 가서 하나님과 단둘의 시간을 갖는 것이 도움이 될 것이다.

일곱 번째 방에 들어선 그리스도인에게는 날마다 주님께 순종하는 삶이 영적 성숙을 위한 또 하나의 중요한 길이다. 어떻게 보면 한 바퀴 돌아 제자리로 온 것 같은 느낌이 들 수도 있다. 세 번째 방에서는 주로 섬김과 봉사로 주님에 대한 사랑을 표현한다. 네 번째 방에서 여섯 번째 방까지는 주님께 더 초점을 맞추고 그분과 사랑에 빠지며 더 깊은 친밀감을 갈망한다. 이제 일곱 번째 방에 들어서면 주님과의 친밀감이 형성되었으므로, 다른 사람들 안에 거하시는 예수님을 더욱 사랑하는 데 초점이 맞추어진다. 하나님에 대한 사랑과 이웃 사랑이 하나로 통합되는 것이다. 예수님과 날마다 동행했던 제자들처럼 우리의 사역도 마음과 행동에 조화가 이루어진다. 테레사는 거함 기도(abiding prayer)를 통해서만 일곱 번째 방에 도달할 수 있다고 생각하는 사람들에게 다음과 같이 충고했다. "여러분은 그들이 자신을 잊고 살아가는 까닭에 다른 일들은 전혀 신경 쓸 여지가 없을 것이라고 생각할 것입니다. 하지만 이 사람들은 반대로 하나님을 섬기는 일이라면 무엇이든 더 적극적으로 관여하게 됩니다. 그래서 임무가 끝나더라도 그들의 영혼은 하나님과 교제가 지속되는 것입니다."[23]

마지막으로 일곱 번째 방에서의 영적 성숙을 돕기 위해서는 하나님과의 친밀감을 유지하는 데 도움이 된다고 증명된 영성 훈련들을 부지런히 실천해야 한다. 테레사의 말을 들어보자. "다시 말씀드립니다. 기도와 거함 기도(abiding prayer) 이외의 것들로도 여러분의 기반이 단단히 다져져야 합니다. 미덕을 실천하기 위해 노력하지 않는다면 여러분은 항상 발육 부진을 겪을 것입니다."[24] 우리의 영적 성숙은 믿음의 공동체 안에서 지속적으로 크게 이루어진다. 각 방을 설명할 때마다 빠지지 않고 등장한 것이 우리를 붙잡아주고 격려해주는 교인들 간의 친교였다. 이 마지막 단계에서도 교제의 중요성은 결코 감소하지 않는다. 우리는 세례를 받아 교인이 됨으로써 그리스도 지체의 일원이 되었다. 그러므로 영적 성숙의 어느 단계에 있든지 교인들 간의 상호 의존성은 변하지 않는다.[25] 하지만 적합한 공동체를 찾는 것이 쉬운 일은 아니다. 다섯 번째와 여섯 번째 방으로 갈수록 어려움이 점점 심해지고 일곱 번째 방 단계에 이르면 영성 지도자를 찾기가 매우 어려워진다. 그러나 우리가 눈만 똑바로 뜨고 본다면 하나님은 누구를 사용해서라도 우리를 도와주실 것이다. 사도 바울도 지속적으로 다른 성도들의 도움과 격려를 받지 않았는가! 특히 이제는 우리가 하나님으로부터 용서와 이해와 사랑을 받고 있음을 확실히 알기 때문에, 언제든지 다른 성도들의 사랑과 기도를 감사하게 받을 수 있다. 갓 주님을 믿은 초신자라도 상관없다. 우리가 일곱 번째 방에 들어가면 주변 사람들이 자연스럽게 마음을 열고 도움을 요청하게 된다. 따라서 우리도 자신의 연약함과 도움이 필요한 부분을 솔직히 나누고 서로 용기와 힘을 얻도록 해야 한다.

성경 읽기 또한 영적 성숙의 중요한 수단이므로 절대 중단해서는 안 된다. 성경을 읽으며 지식도 쌓지만, 그동안의 체험을 통해 성경은 글로 쓰인 책 이상의 의미를 갖는다. 주님과 함께 성경에 기록된 그분의 역사 속으로 여행을 떠나 그곳에서 주님을 더 사랑하고 배우게 된다. 이때 성경은 하나님의 감동으로 기록된 하나님의 말씀이라는 사실이 어느 때보다도 실제적으로 가슴에 와 닿는다. 성경만이 주님의 음성을 듣는 도구여서가 아니라, 우리 안에 거하시는 주님이 항상 성경을 통해 말씀하시기 때문이다. 일곱 번째 방에서의 삶을 '상대적으로 완전한 삶' 혹은 '온전한 연합'이라는 말로 표현했지만, 이 방 역시 계속해서 영적으로 성장해가는 여정의 한 부분임을 잊어서는 안 된다. 물론 주님이 우리 안에 거하심으로 하나님이 어떤 분이신지 알게 되고 그와 친밀한 관계를 맺긴 하지만 여전히 하나님은 영원무궁하시고, 알파와 오메가이시고, 모든 시간과 공간을 초월하시는 분이다. 적어도 이 세상에 사는 동안 우리는 결코 주님을 완전히 알고 완전히 경험할 수 없을 것이다. 성삼위는 우리의 생각과 상상을 초월하는 영원히 신비로운 존재로 남아 있다. 우리가 일곱 번째 방에서 얻는 친밀감과 지식이 엄청난 것이기는 하지만 하나님의 무한하고 영원한 시각에서 볼 때 우리는 아직도 어둠 속에 있는 것이나 마찬가지다. 그런 면에서 우리가 언젠가 하늘에 계신 하나님을 있는 그대로 알게 되리라는 사도 바울과 요한의 말씀은 참으로 고무적이다.

"우리가 지금은 거울로 보는 것같이 희미하나 그때에는 얼굴과 얼굴을 대하여 볼 것이요 지금은 내가 부분적으로 아나 그때에는 주께서 나를 아신 것 같이 내가 온전히 알리라(고전 13:12)."

"사랑하는 자들아 우리가 지금은 하나님의 자녀라. 장래에 어떻게 될지는 아직 나타나지 아니하였으나 그가 나타나시면 우리가 그와 같을 줄을 아는 것은 그의 참 모습 그대로 볼 것이기 때문이니 주를 향하여 이 소망을 가진 자마다 그의 깨끗하심과 같이 자기를 깨끗하게 하느니라(요일 3:2-3)."

천국에 들어가도 우리는 그저 유한한 피조물일 뿐이다. 반면 하나님은 왕 중의 왕, 주의 주, 영존하시는 아버지, 평강의 왕, 태고적부터 계신 분이시다. 천국에 가서 하나님을 더 깊이 알고 경험하게 될 것은 분명하지만 여전히 그분은 우리에게 영원한 사랑의 수수께끼로 남아 계실 것이라고 생각한다. 그렇기에 일곱 번째 방에 들어갔다 해도 아버지의 마음을 향해 가는 우리의 신앙 여정은 여전히 계속될 것이다. 우리는 막 시작한 상태인 것이다.

성삼위와의 연합: 영적 성숙의 목표

지금까지 우리는 여러 마음의 방들을 거치면서 놀라운 신앙 여정을 거쳐왔다. 이 시점에 2장에서 논의했던 영성개발의 목표를 다시 한 번 살펴보기로 하자. 예수 그리스도 안에서 하나님과 맺는 사랑의 관계는 우리의 출발점인 동시에 종착점이다. 테레사와 성 요한은 영성개발의 목표가 그리스도를 믿는 믿음 안에서 하나님과 맺는 사랑의 관계라고 단언했다. 두 사람의 주장과 성경의 가르침에 근거할 때 영성개발의 목표는 분명 하나님 자신이다. 애비게일과 마이클과 상규의 사례에서 보았듯이 하나님과의 깊은 관계와 그로 인한 인격의 변화가 우리의 목표인 것이다. 그들이 지금 이 순간에도 얼마나 더 하나님을 사랑하게 되었으며 노년에 얼마나 더 열매맺는 삶을 살고 있는지 알아볼 수 있겠지만, 여기에서 말하고 싶은 것은 하나님이 우리 각자를 독특하게 창조하셨기 때문에 각자의 인생 여정이 우리와는 다르다는 점이다. 그들은 지금까지 살아오면서 많은 어려움에 부딪쳤다. 그럼에도 불구하고 그들의 나날은 사랑하는 창조주와의 흥미진진한 모험이었다. 언젠가 그들이 영원히 돌아올 수 없는 강을 건너 주님이 약속하신 상급을 받을 때까지 그 모험은 계속 이어질 것이다. "내 아버지 집에 거할 곳이 많도다. 그렇지 않으면 너희에게 일렀으리라. 내가 너희를 위하여 거처를 예비하러 가노니 가서 너희를 위하여 거처를 예비하면 내가 다시 와서 너희를 내게로 영접하여 나 있는 곳에 너희도 있게 하리라(요 14:2-3)."

그때 그들은 사도 요한이 보았던 환상을 보게 될 것이다. 그들만이 아니라 주님을 구주로 영접한 사람이라면 어느 방에 도달해 있든지 상관없이 그 장면들을 두 눈으로 똑똑히 보게 될 것이다.

"또 내가 새 하늘과 새 땅을 보니 처음 하늘과 처음 땅이 없어졌고 바다도 다시 있지 않더라. 또 내가 보매 거룩한 성 새 예루살렘이 하나님께로부터 하늘에서 내려오니 그 준비한 것이 신부가 남편을 위하여 단장한 것 같더라. 내가 들으니 보좌에서 큰 음성이 나서 이르되 보라 하나님의 장막이 사람들과 함께 있으매 하나님이 그들과 함께 계시리니 그들은 하나님의 백성이 되고 하나님은 친히 그들과 함께 계셔서 모든 눈물을 그 눈에서 닦아주시니 다시는 사망이 없고 애통하는 것이나 곡하는 것이나 아픈 것이 다시 있지 아니하리니 처음 것들이 다 지나갔음이러라(계 21:1-4)."

"또 그가 수정 같이 맑은 생명수의 강을 내게 보이니 하나님과 및 어린양의 보좌로부터 나와서 길 가운데로 흐르더라. 강 좌우에 생명나무가 있어 열두 가지 열매를 맺되 달마다 그 열매를 맺고 그 나무 잎사귀들은 만국을 치료하기 위하여 있더라. 다시 저주가 없으며 하나님과 그 어린양의 보좌가 그 가운데에 있으리니 그의 종들이 그를 섬기며 그의 얼굴을 볼 터이요 그의 이름도 그들의 이마에 있으리라. 다시 밤이 없겠고 등불과 햇빛이 쓸데없으니 이는 주 하나님이 그들에게 비치심이라. 그들이 세세토록 왕 노릇 하리로다(계 22:1-5)."

예수님을 하나님의 아들이요 구세주로 믿는 사람이라면 누구나 똑같은 종착역을 향해 걸어간다. 우리는 동일한 기본적 과정을 거쳐 더 깊은 주님과의 관계로 나아가고 있다. 우리 모두는 유일무이한 존재로 창조되었기 때문에 각자의 인생 여정이 다를 수밖에 없다. 하나님은 그렇게 다른 면들을 사용하여 우리의 신앙을 독특하게 인도하신다. 다음 장에서는 하나님께서 어떻게 우리 각 개인의 차이점들을 사용하셔서 그분과의 관계를 맺게 하시는지 살펴볼 것이다. 그리고 마음의 방들을 통해 우리 개인의 영적 여정을 이해함으로써 믿음의 공동체 속에서 함께 어우러지는 삶이 영적 성숙의 과정에서 얼마나 놀라운 모험인가를 알게 될 것이다.

생각해보기

- 당신이 하나님과의 관계에서 목표로 정한 것은 무엇인가? 하나님과의 친밀성인가, 아니면 하나님으로부터 받는 선물들인가?
- 하나님과의 온전한 연합을 방해하는 것, 당신이 집착하고 있는 것으로 하나님이 당신의 삶에서 제거하기 원하시는 잡초들은 무엇이라고 생각하는가?
- 위에 언급한 성숙의 열쇠들 중 현재 당신의 신앙생활에서 가장 중요한 것은 무엇이라고 생각하는가?
- 영적 성숙의 일곱 단계를 살펴보고 나서 현재 당신은 어떤 마음을 갖게 되었는가?

12

각자의 특성에 맞는 영성개발

"우리가 이 보배를 질그릇에 가졌으니 이는 심히 큰 능력은 하나님께 있고 우리에게 있지 아니함을 알게 하려 함이라. 우리가 사방으로 욱여쌈을 당하여도 싸이지 아니하며 답답한 일을 당하여도 낙심하지 아니하며 박해를 받아도 버린 바 되지 아니하며 거꾸러뜨림을 당하여도 망하지 아니하고 우리가 항상 예수의 죽음을 몸에 짊어짐은 예수의 생명이 또한 우리 몸에 나타나게 하려 함이라(고후 4:7-10)."

12장
각자의 특성에 맞는 영성개발

아마도 독자들은 이 시점에서 이렇게 묻고 싶을 것이다. "내 경우는 어떻게 되는 거죠? 나는 마이클이나 상규나 애비게일과는 달라요. 제가 살아온 인생도 다르고 하나님께 나아가는 방법도 다르다고요!" 테레사의 영적 성숙론과 마이클, 애비게일, 상규의 이야기를 읽고 자연히 그런 의문을 가질 수 있다. 하나님이 우리 각자를 독특하게 창조하셨다는 것은 부인할 수 없는 사실이다. 우리의 생김새나 감정이나 사고나 행동은 이 세상 어느 누구와도 똑같지 않다. 우리가 살아온 배경도 모두 다르며 그로 인해 파생된 결과도 천차만별이다. 심지어 같은 부모에게서 태어나 한 집에서 자란 형제자매도 다를 뿐 아니라 환경의 영향도 다르게 받는다.

그럼 우리의 다른 개성들이 영적 성숙에서는 어떤 식으로 작용할까? 일찍이 우리는 하나님과의 친밀한 관계로 나아가는 영성의 로드맵은 기본적으로 누구에게나 같다는 사실을 확인했다. 하나님이 우리에게 바라시는 것은 그분과, 그리고 다른 사람들과 깊은 사랑의 관계를 맺는 것이다. 인간은 누구나 신체적, 정서적, 영적으로 성숙해지도록 창조되었다. 그것이 당연하고 마땅한 일이다. 그렇기에 영성 개발의 일반적인 과정, 즉 일곱 가지 방들로 소개된 과정은 누구에게나 동일하게 적용된다. 얼마나 성숙하느냐에 관계없이 일반적인 과정은 똑같은 것이다. 하지만 놀라운 사실은 하나님이 우리를 지극히 사랑하시어 우리의 독특한 개성 그대로 우리와 만나주시고 성장하게 하신다는 점이다. 성경의 위대한 인물들을 보아도 그 사실을 알 수 있다. 하나님은 그들과 일관성 있게 교류하셨지만 어느 누구의 이야기도 똑같지 않다. 아브라함, 모세, 다윗, 엘리야, 베드로, 바울은 각자 나름의 방식대로 하나님께 반응했고 하나님 또한 그들 각자의 성격과 상황에 맞추어 그들을 대하셨다. 그럼 개성이라는 문제를 조금 더 파고들어 영적 성숙과 어떤 연관성이 있는지를 알아보자. 우리 자신의 인생 여정, 발달 과정, 성격상의 특징, 독특한 기질 등을 파악해보면 하나님이 우리를 어떻게 인도하여 어떻게 변화시키실지 대충 이해할 수 있다. 하나님은 우리에게 꼭 맞는 방법으로 그분의 사랑을 체험하게 하신다.

여기에서 한 가지 더 고려할 사항이 있다. 우리는 독특한 존재로 창조되었을 뿐만 아니라 각자 독특한 상처도 안고 있다는 점이다. 처음 하나님이 우리를 창조하셨을 때는 죄도 없고 모든 면에서 완벽한 존재였다. 완벽한 세상에서 완벽한 부모, 완벽한 형제자매, 완벽한 마을, 완벽한 사람들과 함께 살도록 창조하셨다. 하지만 불행하게도 인간은 타락했고 그 결과 죄악이 우리 모두와 이 세상을 더럽히고 말았다. 우리는 누구나 죄에 상처를 받고 악에 물들어 살아간다. 어느 누구도 완벽하게 사랑을 받거나 완벽하게 사랑하지 못한다. 또한 하나님의 순전함과 거룩함 가운데 양육을 받지도 못한다.

우리의 상처는 신체적인 것일 수도 있다. 질병이나 부상으로 고생하는 사람들도 있고 누구든지 죽음을 앞두고 노화 현상을 겪는다. 반면에 감정적인 상처도 있다. 우리의 사고와 감정은 주변 세상의 영향과 우리에게 일어나는 문제들로 인해 뒤틀리고 손상을 입는다. 물론 영적인 상처도 빼놓을 수 없다. 모든 피조물 중에 유일하게 하나님을 닮은 우리의 영은 악의 영향을 받아 흉하게 일그러져버렸다.

성경에서는 이사야 선지자의 이야기가 좋은 예라고 할 수 있다. 이사야 6장에는 이사야가 선지자의 사명을 받는 장면이 기록되어 있다.[1] 보좌에 계신 하나님과 그 주위를 둘러싼 천사들의 환상을 보았을 때 그는 아마도 해마다 행하던 성전 임무를 수행하던 중이었을 것이다. 하나님의 거룩하심을 보는 순간 그는 자신의 죄와 과거의 허물이 먼저 떠올랐다. "나는 입술이 부정한 사람이요 나는 입술이 부정한 백성 중에 거주하면서 만군의 여호와이신 왕을 뵈었음이로다." 이사야가 말한 '입술'은 마음속의 죄를 발한 죄의 도구였다. 자신은 감히 하나님의 존전에 설 수 없는 존재였다. 하나님은 그 이사야를 용서하시고 치유해주셨다. 한 천사가 불타는 숯을 제단에서 가져와 이사야의 입에 대어주며 이렇게 말했다. "보라 이것이 네 입에 닿았으니 네 악이 제하여졌고 네 죄가 사하여졌느니라(사 6:7)." 이 하나님의 행동은 이후에 있을 예수님의 구속의 죽음과 하나님이 십자가를 통해 이루실 용서와 치유를 암시한다. "그가 채찍에 맞음으로 우리는 나음을 받았도다(사 53:5)." 이사야는 하나님으로부터 용서와 치유를 받은 다음에야 선지자가 되라는 하나님의 소명을 듣고 응답할 수 있었다. "내가 누구를 보내며 누가 우리를 위하여 갈꼬"라고 했을 때 이사야는 "내가 여기 있나이다. 나를 보내소서"라고 대답했다(사 6:8-9 참조).

우리가 지속적으로 성숙하고 변화되기 위해서는 타락한 세상에서 받은 상처와 죄로 인해 받은 상처들을 하나님께서 보여주시고 고쳐주셔야 한다. 사도 바울의 지혜로운 설명을 들어보라.

"피조물이 고대하는 바는 하나님의 아들들이 나타나는 것이니 피조물이 허무한 데 굴복하는 것은 자기 뜻이 아니요 오직 굴복하게 하시는 이로 말미암음이라. 그 바라는 것은 피조물도 썩어짐의 종노릇 한 데서 해방되어 하나님의 자녀들의 영광의 자유에 이르는 것이니라. 피조물이 다 이제까지 함께 탄식하며 함께 고통을 겪고 있는 것을 우리가 아느니라. 그뿐 아니라 또한 우리 곧 성령의 처음 익은 열매를 받은 우리까지도 속으로 탄식하여 양자 될 것 곧 우리 몸의 속량을 기다리느니라. 우리가 소망으로 구원을 얻었으매 보이는 소망이 소망이 아니니 보는 것을 누가 바라리요 만일 우리가 보지 못하는 것을 바라면 참음으로 기다릴지니라(롬 8:19-25)."

결과적으로 우리의 소망은 예수님을 바라보고 그분의 역사를 기대하는 것이다. 이 세상에서의 영적 성숙은 물론이고 새 하늘과 새 땅에서 모든 피조물이 완전히 새로워지는 소망도 결국은 주님에게 달려 있다. 주변 세상 역시 하나님의 아들과 딸인 우리가 어둡고 냉랭한 사회에 그분의 사랑과 빛으로 밝혀주기를 고대하고 있다. 하나님의 사랑의 빛이 우리를 통해 더 밝게 비추는 것은 우리의 지속적인 영적 성숙이 있어야 가능한 일이다.

영혼육의 발달 단계를 고려하라

영성개발을 논할 때에는 우리의 정신적 발달과 정서적 발달, 그리고 건강 상태도 고려해야 한다. 지금까지 심리학에서는 자기 인식이나 동기, 성격의 발달에 대한 심도 깊은 연구가 이루어졌다. 정신 건강에 관한 문제는 가치관이나 영적 체험과도 맞물려 있다. 신체와 정서 발달이 신앙관과 믿음에 영향을 주기 때문에 영성개발의 로드맵에는 신체적인 면과 정서적인 면까지 포함되어야 한다. 마이클과 애비게일과 상규가 영적으로 성숙해가는 과정에서 하나님이 아주 중요한 순간에 과거 상처들을 수면에 떠오르게 하신 일을 기억하는가? 상처들이 제대로 다루어지지 않으면 우리의 영적 성장은 벽에 부딪치고 좌절될 수밖에 없다.

인격 발달과 신앙

인간의 성장 과정과 성격 발달은 영적 성숙에서도 매우 중요한 요소다. 하나님은 특정한 과정을 거쳐 성장하고 성숙하게끔 인간을 창조하셨다. 다만 개인이 처한 환경이나 성장 배경에 따라 개인마다 발달의 차이를 보이기도 한다. 신앙 역시 그러한 맥락에서 성숙의 과정을 거친다. 제임스 파울러James Fowler가 1981년에 쓴 『신앙의 발달 단계』는 보편적인 측면에서 신앙의 발달 단계를 세밀하게 분석한 책이지만 종교적 신앙에만 국한되어 있지 않다.[2] 『신앙의 변화: 포스트모던 시대의 삶에서 만나게 되는 사적 공적 도전들Faithful Change: The Personal and Public Challenges of Postmodern Life』이라는 책에서 제임스 파울러는 변화의 성격과 그것이 신앙에 미치는 영향력을 논리 정연하게 제시했고[3] 신앙의 단계를 넓혀 유년 초기를 이야기할 때는 감정의 심리학을 개종, 변화의 개념과 비교했다. 파울러의 연구는 신앙의 발달 과정과 더불어 성인이 되어 하나님과 갖는 관계의 연관성을 이해하는 데 큰 이바지를 했다. 파울러가 말한 신앙의 단계들이 테레사의 일곱 개의 방들과 직결되지는 않지만 일단은 세 번째 방 이후의 영적 성숙이 이루어지려면 그 이전에 성인으로서의 신앙 성숙이 필요함을 알게 된다.

우리 교회 중고등부에 다니던 한 10대 소년이 생각난다. 필립이라는 그 아이는 친구들의 권유로 교회 수양회를 따라가게 되었다. 기독교 문화의 가정에서 자라긴 했어도 교회는 다니지 않았으며 예수님이 역사적 인물이라는 정도의 낮은 신앙 지식밖에 없었는데, 수양회 기간 동안 친구들의 믿음과 열정적인 예배에 큰 감동을 받았다. 그래서 어느 늦은 저녁에 수양회의 숙소 상담자와 이야기를 나눈 후 주님을 영접하고 그리스도인이 되었다. 처음 시작할 때는 '실험적'으로 해 보는 것이라고 했지만 그 이후 몇 달간 필립은 예수님에 대한 사랑을 공공연하게 전하고 다녔다. 실제로 필립의 삶은 눈에 띄게 달라졌고, 진심으로 하나님을 사랑하는 게 분명해 보였다. 어느 주일에는 교회에서 간증을 하기도 했다. 평생을 바쳐 예수님을 사랑하고 헌신하겠다는 다짐에 많은 교인들이 감명을 받았다. 테레사의 영적 성숙론과 인간 발달의 연관성을 알고 있는 우리는 필립의 영적 성숙에 대해 어떤 사실을 짐작할 수 있겠는가? 그가 순식간에 네 번째 방으로 들어갔다고 말할 수 있을까? 아니다. 그가 열렬히 헌신적으로 주님을 사랑하기는 했지만 그의 열정은 학교의 치어리더와 별반 다르지 않았다. 그는 겨우 열다섯 살이었고 사춘기라는 인생의 전환기를 맞이하고 있었다. 예수님에 대한 그의 사랑은 진심이었을까? 물론 진심이었다. 그럼 예수님을 성숙한 방법으로 사랑했을까? 아마도 아닐 것이다. 그 또래 아이들이 으레 그렇듯이 신앙생활에서도 기복이 심했을 것이다. 그래도 예수님은 필립의 어린 모습 그대로를 사랑하고 받아주셨을 것이다. 따라서 우리도 그렇게 해야 한다. 필립이 믿음에 상반되는 '어리석은' 짓을 하더라도, 교회 예배에서는 신나게 깃발을 흔들다가 이후에는 고개를 갸웃거리며 의심을 품더라도 놀라거나 낙심할 필요가 없다. 필립은 모든 면에서 성장하고 있는 소년이고 우리도 마찬가지다.

    인간 발달과 영적 성숙의 관계를 더 자세히 알고 싶다면 현대 작가들이 쓴 책을 읽어보는 것도 좋다. 베네딕트 J. 그로셸Benedict J. Groeschel이 쓴 『영적 항해: 영적 발달의 심리학Spiritual Passages: The Psychology of Spiritual

Development』이라는 책은 영성의 심리학과 더불어 심리학, 영성, 인간 발달 간의 연관성을 다루고 있다.[4] 그로셸은 그 이론을 속죄, 깨달음, 연합(contemplation)이라는 영적 성숙의 세 개의 사다리에 접목시켰다. 그로셸의 이론은 일곱 개의 영적 성숙의 방들과 밀접하게 연결되어 있다. 래리 크랩Larry Crabb 역시 인간의 정서적 건강과 영적 성숙에 관련하여 훌륭한 역작들을 탄생시켰다.[5] 피터 스카지로Peter Scazzero 는 그 두 가지의 요소의 통합을 강조했다.[6] 스카지로 목사는 뉴욕 시의 한 교회에서 목회를 하는 중에 자신의 정서적 발달장애가 부부 관계와 목회에 영향을 미치고 있다는 사실을 발견하고, 결혼 생활과 교회 목회에 정서적 건강이 절대적으로 필요하다는 사실을 역설했다. 그는 자신의 문제를 해결하기 위해 노력했고 그 결과 약간의 성과를 보이기는 했지만, 그의 삶이 획기적으로 변한 계기는 자신의 정서적 문제가 영적 성숙은 물론이고 교회 목회에도 부정적인 영향을 준다는 사실을 절감했던 순간이었다. 정서적인 문제는 하나님과의 관계에도 문제를 가져왔지만 감정을 다스리는 능력 또한 하나님과의 새롭고 깊은 관계가 이루어졌을 때 가능했다. 그가 쓴 책들은 탁월한 지혜와 교훈이 담겨 있으므로 누구나 한 번쯤 읽어보기를 권한다.

정서 발달과 영적 성숙 간의 관계를 알기 위해 먼저 마이클과 애비게일과 상규의 사례를 떠올려보자. 그들의 이야기가 본격적으로 펼쳐진 것은 성년이 된 이후이지만 그들의 성장 배경은 판이하게 달랐다. 애비게일은 기독교 가정에서 성장하여 환경적 영향을 받아 기본적인 기독교 가치관과 믿음을 갖고 있었다. 성년이 되어 주님을 영접한 것도 그녀에게는 어쩌면 지극히 당연한 일이었다. 반면에 마이클과 상규는 기독교 가정에서 성장하지 못했다. 상규는 이민 생활이라는 특수한 상황에 적응하는 과정에서 믿음을 갖게 되었고, 이 믿음이 새로운 환경에서의 적응과 그 이후 계속되는 변화의 기폭제 역할을 한 것을 볼 수 있다.

세 사람 모두 어린 시절 가정에서 받은 상처를 성년이 된 이후에 치유받았다. 마이클의 가정은 그의 가치관 형성에 지대한 악영향을 끼쳤고, 자신의 정서적 필요가 채워지지 않은 것에 부적절하게 대처하며 반항했던 것이 결국은 늦은 나이까지 신앙의 커다란 장애물로 작용했다. 상규는 아주 어릴 때 가정의 역기능적 상황으로 인해 냉혹한 현실에 대한 소극적인 태도와 장래에 대한 두려움을 갖게 되었다. 이 영향은 그가 성인이 되고 믿음을 가진 이후에도 나타났다. 애비게일은 자신을 '완벽하게' 사랑해주지 못하는 아버지의 모습을 그대로 하나님 아버지에게 투영했다. 그러나 한편으로는 세 사람의 상처와 정서장애가 하나님께로 나아가는 중요한 계기가 되었고, 다른 사람들을 도울 수 있는 원천이 되었다는 점도 기억할 필요가 있다. 중독에 허덕였던 마이클은 이후 같은 문제에 빠진 사람들과 깊은 공감대를 형성했고 인간을 조종하고 파괴하는 유혹과 애착에서 건져주기 원하시는 예수님의 마음을 더 절실히 느낄 수 있었다. 상규도 어려운 상황에 처한 사람들이 스스로의 무력감과 두려움 속에서 하나님의 뜻을 찾고 헤쳐나갈 수 있도록 리더십 훈련과 코칭 사역에 전념하게 되었다. 애비게일도 하나님 아버지의 깊고 무한한 사랑을 경험한 후에 남편과 다른 사람들을 새로운 애정으로 사랑하고 돌볼 수 있었다.

이 책의 초고를 읽은 사람 중 한 명이 내게 편지를 보내왔다. 그는 애비게일이 신앙 초기에 남자 친구와 잠자리를 같이했고 마이클은 세 번째 방 시기에도 마약이나 음란물과 씨름하고 있었다는 사실을 책 내용에 포함시켰다는 사실을 매우 유감스럽게 생각한다고 말했다. 우리는 누구나 자신의 신앙생활이 순조롭게 이어지기를 원한다(심지어 하나님이 그렇게 해주실 것이라고 기대한다). 그러면서도 나중에 후회할 일을 안 하는 사람은 거의 없다. 우리 중 어느 누구도 유혹을 피해갈 수 없을 것이며 할 수만 있다면 과거의 뼈저린 실수와 잘못들을 자신의 인생에서 지워버리고 싶은 심정일 것이다. 그러나 기쁜 소식이 있다. 예수님이 우리 죄를 용서하시고 상처를 치유하실 뿐만 아니라 그것을 구속해서 승화시킨다는 사실이다! 사도 바울은 로마서에서 그 사실을 명백하게 이야기했다. "우리가 알거니와 하나님을 사랑하는 자 곧 그의 뜻대로 부르심을 입은 자들에게는 모든 것이 합력하여 선을 이루느니라(롬 8:28)." 우리가 하나님의 사랑을 알고 그 사랑을 사람들에게 전할 수 있는 것도 우리가 받은 상처와 아픔이 있었기 때문에 가능하다.

하지만 과거의 죄와 상처에서 오는 고통스런 감정은 여전히 우리 안에 남아 있다. 죄를 뉘우치고 회개해서 용서와 치유를 받으면 고통스런 기억도 사라질 것이라고 생각할지 모른다. 과거에 얽매이지 않도록 하나님이 우리를 자유롭게 해주시는 것은 사실이지만 그 기억은 여전히 고통으로 남는다. 왜 그런가? 우리가 예수님의 부활의 기쁨뿐 아니라 그분의 고난에도 동참해야 하는 사람들이기 때문이다. 우리가 지은 죄와 잘못들이 주님의 마음을 아프시게 했고 십자가에 못 박혀 돌아가시게 했다. 하나님의 어린양이신 예수님은 지금도 계속해서 고통을 겪고 계신다. 지금도 생명이 아니라 죽음을 선택하고 스스로와 다른 사람들에게 죄를 지으며 상처를 주고 있는 사람들을 진정으로 사랑하시는 까닭이다. 만일 그러한 고통의 감정마저 사라져 버린다면 우리는 자신을 우월하다고 생각하며 다른 사람을 쉽사리 비난하고 판단하게 될 것이다. 그러나 우리에게도 고통이 있기에 예수님처럼 남의 고통에 함께 아파하고 동정심을 가지고 무조건적인 사랑을 할 수 있게 되는 것이다. 우리 자신이 저지른 죄가 아무리 심각할지라도 주님은 우리가 그 가운데서도 주님을 닮아가기를 원하신다. 우리의 주님은 얼마나 놀랍고 은혜로운 분이신가!

치유와 영성개발

이제 독자들은 치유가 영적 성숙의 또 하나 필수 요소라는 점을 알게 되었을 것이다. 하나님은 우리의 신앙 성장과 성숙을 가로막는 영적, 정서적 상처들을 볼 수 있게 해주신다. 예수님의 십자가 죽음은 우리의 영을 치유할 수 있는 든든한 기반이다. 하지만 주님은 우리에게 치유를 받으라고 강요하시지 않는다. 자발적으로 받기를 원하신다.

영적 성숙의 방들을 소개할 때 이야기했듯이 하나님은 우리의 신앙이 성장하는 과정에서 종종 치유의 필요성을 깨닫게 하신다. 특히 다섯 번째 방에 들어간 사람들 즉 하나님과의 더 깊은 친밀감을 갈망하는 사람들에게 예전의 관계에서 오는 상처들이 되살아나는 경우가 많다. 주님이 가까이 다가오실수록 그 상처의 단추가 눌려서 두려워하거나 도망가고 싶은 충동을 느낀다. 우리는 '케케묵은 옛 일'이 떠오르는 것에 당황하여 오래전에 끝난 문제가 왜 자신을 괴롭히는지 의아해한다. 그러나 하나님은 우리를 더 깊고 친밀한 곳으로 부르셔서 근원적인 치유가 이루어지게 하신다. 치유가 되지 않으면 우리는 제자리에서 맴돌 수밖에 없다.

이런 종류의 치유에 대해 많은 사람이 좋은 책들을 펴냈다. 그런 책들을 읽어보면 자신의 상처와 영적 성숙이 어떤 관계가 있는지를 깨닫게 되고 아울러 다른 사람을 돕는 데도 크게 도움이 될 것이다. 그중에서도 아그네스 샌퍼드Agnes Sanford는 치유 이론의 근간을 제공한 사람 중의 하나로서 그녀가 지은 『성령의 치유 은사Healing Gifts of the Spirit』는 간결하고도 명쾌한 책으로 정평이 나 있다.[7] 아그네스 샌퍼드는 영적 치유가 신체나 정서와 밀접한 연관성을 갖는 사실에 근거한 통찰력과 훈련 방법을 최초로 제시했던 현대의 저자였다. 내적 치유에 또 하나의 이정표를 세운 사람은 존John과 폴라 샌드포드Paula Sanford 부부였다.[8] 샌드포드 부부는 내적 치유의 성경적이고 신학적 토대를 마련해줌으로써 신체적으로나 영적 성숙 과정에서 부딪치는 일반적인 문제들에 매우 도움이 되는 조언을 주고 있다. 이 분야에서 가장 최근에 책을 펴낸 사람은 데이빗 A. 씨맨즈David A. Seamands다. 그가 지은 『상한 감정의 치유』는 심리학과 하나님의 치유 능력을 조화롭게 연결시킨 역작이다.[9] 내적 치유의 또 다른 장을 연 저자 겸 교사는 린 페인Leanne Payne이다. 그녀가 쓴 『그리스도인의 영혼의 회복Restoring the Christian Soul』이라는 책은 치밀하고도 간결하게 치유라는 주제를 다루었다.[10] 이들을 비롯해 수많은 저자가 육체와 정신과 영혼의 연관성을 주장했다. 말하자면 한 부분이 상처를 받으면 다른 부분도 영향을 받는다는 것이다. 그들의 연구와 가르침은 우리 자신의 영적 성장을 이해하는 데 중요한 자료가 될 뿐 아니라 다른 사람의 성장을 도울 수 있도록 우리를 구비시켜 준다. 위에 소개한 저자들의 충고와 통찰력은 내가 다른 사람들을 상담할 때에도 큰 도움이 되었다. 그것들이 단순한 학문적 연구가 아니라 내가 겪었던 것과 같은 수많은 경험을 토대로 만들어진 것이라는 생각에 눈물을 흘린 적도 여러 번 있었다. 나 자신이 걸어온 신앙의 발자취를 보더라도 영혼의 상처가 치유된 이후에 하나님과의 관계가 놀랍게 발전했던 것을 깨달을 수 있었다.

성격과 영성개발

혹시 누군가의 간증을 듣다가 속으로 '나는 저런 사람이 아닌데……. 저 사람 얘기는 별로 공감이 가지 않네'라고 생각해본 적이 있는가? 그렇다면 좋은 소식이 있다. 영적 성숙에서 우리가 알아야 할 또 한 가지 중요한 사항은 우리의 타고난 성격 유형이 영적 성장이나 신앙생활에 영향을 준다는 사실이다. 성격 유형을 검사하는 수단 중에 가장 널리 알려진 것은 'MBTI'라고 부르는 '마이어스-브릭스 유형 지표Myers-Briggs Type Indicator'이다. MBTI 지표에서는 네 개의 기질을 중심으로 성격 유형을 열여섯 가지로 분류했다. 원래 이것은 철학자 융Jung의 성격 유형 이론을 근간으로 마이어스와 브릭스가 공동으로 개발한 것이다. 그와 더불어 데이비드 커시David Keirsey라는 사람은 기질론을 정립했다.¹¹ 이러한 성격 유형 검사는 왜 우리가 다른 사람을 비롯해 하나님과도 일정한 방식으로 관계를 맺게 되는지 이해할 수 있게끔 도와준다. 아울러 영적 성숙의 어떤 면은 비교적 수월하게 이루어지는 반면 어떤 면은 왜 다른 것들보다 힘이 드는지 그 이유도 깨닫게 해준다. 한 예로 자신의 성향과 반대되는 영성 훈련이 영적으로 성장하는 데 더 큰 효과를 나타낸다는 의외의 연구 결과가 있다. 체스터 마이클Chester Michael과 마리 노르시Norrisey는 타고난 기질과 영적 성숙 간의 관계를 주도면밀하게 연구하여 발표했다.¹²

그럼 나 자신을 예로 들어보겠다. 행동파에 속한 나는 무엇을 성취하거나 사람들로부터 인정받기를 좋아하는 성격이라서 하나님 앞에 조용히 앉아 있거나 침묵 기도를 드리는 것이 고역에 가까웠다. 무엇보다 하던 일을 완수했을 때 가장 큰 보람을 느꼈으므로 내가 드리는 기도는 주로 일과 사역 중심이었다. 하나님 앞에 가만히 앉아서 그분과 시간을 보내는 것은 내게 시간 낭비처럼 느껴졌다. 비록 머리로는 그게 아니란 걸 알았지만 어쩔 수가 없었다. 마음을 가라앉히고 생각이나 잡념들을 없애는 것도 거의 불가능했다. 하지만 다른 어떤 것보다 거함 기도(abiding prayer)를 통해 하나님은 나를 그에게 가까이 인도하셨고 그분의 사랑을 깊이 체험할 수 있게 해주셨다. 성격상 그런 기도가 힘들다는 사실을 알았기에 더 인내해야 했고 이제는 침묵 안에서 올리는 거함 기도(abiding prayer)가 내 생활의 귀중한 일부가 되었다.

MBTI 검사를 해보면 나의 성격 유형은 NF(직관적 감정형)에 해당한다. 즉 무엇에 관해 깊이 사고하기보다는 직관이나 감정으로 접근

한다. 나의 가까운 신앙 친구들 중에는 심오한 신학 서적을 읽고 은혜를 받는 사람들이 많지만 나는 주로 사람들과 어울리고 교제하면서 하나님의 은혜를 깨닫는다. 내 인생에서 다른 사람의 책도 도움을 주었고 올바른 신학도 중요했지만, 하나님과 단둘이 보내는 시간이나 다른 영적 친구들과 대화를 나눌 때 하나님의 진리를 확실히 깨닫게 되며 내 마음에 큰 변화가 일어났다. 내가 어떤 기질을 갖고 태어났는지, 나의 천부적 성향을 앎으로써 나 자신을 이해하고 수용하게 되었을 뿐 아니라 나에게 주신 기질을 즐기며 내 성향과 반대되는 영성 훈련도 거부하지 않고 꾸준히 실천해 나가게 되었다.

자신의 독특성을 아는 것

우리에게 중요한 것은 자신을 아는 일이다. 앞선 장에서 각 방에서의 영적 성숙이 어떻게 일어나는지를 발견하면서 자신을 제대로 아는 일이 정서 발달과 신앙 성숙에 얼마나 중요한가를 깨달았을 것이다. 자기 자신과 세상을 잘못된 시각으로 보게 되면 중대한 과오를 범할 수밖에 없다. 자신을 아는 것은 주님과 동행하는 삶에도 필수적이다. 하나님은 진정한 우리 자신을 사랑하시지, 포장되거나 우리 망상 속의 존재를 사랑하시는 것이 아니다. 하나님은 우리의 참된 자아와 기질을 바탕으로 우리와 교통하시고 우리를 대해 주신다.

다만 여기에서 명심할 것이 한 가지 있다. 진정한 자아는 유전적으로 타고난 성격이나 기질만을 의미하는 것이 아니라는 점이다. 우리가 주변 세상을 어떻게 보며 그것과 어떤 관계를 맺는가 하는 것은 자아에 관한 지식의 첫 번째 차원이다. 두 번째 차원은 우리가 그리스도와 어떤 관계를 맺고 있는가 하는 것인데, 이것이 우리가 누구인가를 더 의미 깊게 정의해준다. 우리는 온 우주의 창조자로부터 사랑과 용서와 구원을 받은 죄인들이다. 우리 안에 내주하시는 성령님은 천부적 성격의 단점과 한계를 얼마든지 뛰어넘으실 수 있다.

믿음이 자라고 주님과의 관계가 깊어지면 천부적인 것보다 더 중요한 자신의 면모를 발견하게 된다. 이것이 세 번째 차원의 지식인데 바로 그리스도 안에서 새사람이 되었다는 점이다. 우리는 하나님의

나 자신을 알기

칼뱅이 말한 바와 같이 우리가 하나님을 알아간다는 것은 우리가 우리 자신을 안다는 것과 밀접한 관계가 있고 그 반대도 마찬가지이다. 우리가 하나님을 사랑하기 위해서는 그분을 알아야 하고, 그분을 알기 위해서 나를 알아가야 한다. 우리가 우리 자신을 알아가는 데는 세 단계가 있다.

1. 다른 사람들과의 관계 속에서 나 자신을 알기
자아 발견은 사람들과의 관계 안에서, 사회적 환경 속에서 이루어진다. 누구도 혼자서 존재할 수 없고 자신을 스스로 알 수 없다. 자존감과 자신에 대한 신념은 바로 다른 사람들과의 관계 속에서 이뤄지는 자기 이해에 대한 지식이 축적된 결과이다. 그것은 왜곡될 수도 있고 참된 것일 수도 있으나, 그 기준은 다른 사람들 간의 관계이다.
"라틴어에서 'Persona'라는 말은 희랍어인 'prosopon'이라는 말에서 유래하는데 이 말은 '얼굴과 얼굴을 맞대고'라는 뜻이다. 모든 인간은 다른 사람과 얼굴과 얼굴을 맞대고 있을 때, 다른 사람을 향하고 있을 때, 관계를 맺고 있을 때, 하나의 인격이 된다. 우리의 인간됨은 공동체와의 관계 속에서 발견되는 것이다(앤더슨 Anderson, 리스Reese)."[13]

2. 하나님과의 관계 속에서 나 자신을 알기
우리 정체성의 근본으로서 우리가 누구인가를 알아 가는데 또 다른 깊은 차원이 있는데, 이 지식은 하나님과 우리들의 관계에서 나타난다. 우리는 하나님의 자녀이지만 구속, 용서, 사랑, 부름을 받은 죄인임을 발견한다. 자신에 대한 더욱 깊은 이해

딸이요 아들이다. 우리의 전 존재가 성삼위 안에 거하고 우리는 내적인 부분에서부터 외적인 부분으로 점차 그리스도를 닮아가는 사람들이다. 이것이 우리의 영적 성장의 지속적인 기반이 되는 우리의 정체성이다. 가장 놀라운 것은 우리가 천편일률적 틀에 의해 찍혀 나오는 그런 존재가 아니라 우리의 개성을 십분 발휘하여 하나님과의 관계

와 수용은 대개 이 두 번째 차원에서 발견된다.
"우리가 가진 거의 모든 지혜, 곧 참되고 건전한 지혜는 두 부분으로 되어 있다. 하나는 하나님에 대한 지식이요, 다른 하나는 우리 자신에 대한 지식이다. 그러나 이 두 지식은 여러 줄로 연결되어 있기 때문에 어느 쪽이 먼저이며 어느 지식이 다른 지식을 만들어 가는지 알기 쉽지 않다……. 우리 자신의 무지, 공허, 빈곤, 허약, 심한 타락과 부패를 자각함으로써 지혜의 참된 광채, 건전한 덕, 차고 넘치는 선, 의의 순결함이 오직 주 안에만 있다는 것을 깨닫게 된다……. 그러므로 우리 자신에 대한 지식은 우리를 일깨워 하나님을 찾게 하며 우리를 인도하여 하나님을 발견하게 하는 것이다(장 칼뱅)." [14]

3. 하나님 안에서 나 자신을 알기

우리는 예수님이 우리와 함께 하기를 원하며 그분을 닮아가기를 원하지만, 그분은 그 이상을 원하신다. 그분은 우리 내면 가장 깊은 곳에서부터 그분 같이 되기를 원하시며 자기와 '하나'되기를 원하신다. 우리의 자기 이해와 관심의 중심이 '나'로부터 '그분'으로 바뀌게 되면 그분은 나를 위해 죽으시고 자기의 생명을 우리에게 주신 분으로서 우리는 그분 '안'에 있는 우리의 모습을 가지고 우리 자신을 규정하게 된다.

"우리의 가장 큰 두려움은 우리의 연약함이 아니다. 우리의 가장 큰 두려움은 우리가 세상이 감당할 수 없을 만큼 강력한 존재라는 것이다. 우리 안에 있는 어두움이 아니라 찬란한 빛이 우리를 두렵게 한다……. 우리는 하나님의 자녀이며 우리 안에 있는 하나님의 영광의 광채를 비추기 위해 태어난 존재이다. 우리가 그 광채를 발하기 시작하면 다른 사람들도 마음 놓고 광채를 발하기 시작한다. 우리가 우리의 두려움에서 해방되면 그 모습을 통해 다른 사람들도 저절로 해방되는 것이다(매리 앤 윌리암스Marianne Williamson)." [15]

에서 진정한 자아를 찾아갈 수 있다는 사실이다. 우리 자신을 제대로 이해하기 위해서는 바로 이 세 가지 측면에서 자신을 바라보아야 하고, 모든 핵심은 가장 후자임을 기억해야 한다.

자신을 알고 싶은 사람에게 찾아오는 문제는 바로 두려움이다. 수많은 사람들, 특히 그리스도인들은 남들 눈에 좋은 사람으로 보이고자 끊임없는 노력을 한다. 각고의 노력을 기울여서 어떻게든 사람들에게 멋지고, 사랑에 넘치고, 현명하고, 성공적인 이미지를 심어주려고 애쓴다. 개중에는 그런 이미지에 너무 신경을 쓴 나머지 정말 자신이 그런 사람이라고 착각하는 이들도 있다. 그렇게 포장된(물론 전부 다 거짓은 아니지만) 이미지 뒤에는 불안감이 도사리고 있다. 자신의 진짜 모습이 드러나면 사람들이 자기를 싫어하지 않을까, 심지어 자신조차 자기 자신을 싫어하게 되지는 않을까 두려워한다. 영적 성숙으로 나아갈 때 가장 괴롭고 고통스러운 일 중 하나가 자신의 진짜 모습을 발견하고 받아들이는 것이다. 하지만 그것이 위대한 승리의 발판이 된다.

수전 하워치Susan Howatch의 『번지르르한 이미지Glittering Images』라는 소설은 자아 발견의 과정을 예리한 필치로 그려내고 있다.[16] 소설의 주인공인 성공회 신부가 화려한 이미지 속에 숨어 있는 자신의 진정한 자아의식은 '짐승'이라는 사실을 깨닫게 된다는 줄거리이다. 자기 발견의 불편한 진실과 더불어 우리에게 어떤 도움이 필요한지를 잘 보여주는 소설이다.

발견의 과정

모두 그런 것은 아니지만 대부분 살다 보면 자신이 어떤 사람인가를 더 깊이 알게 된다. 그러나 의도적으로 자기 발견을 위해 노력하는 사람은 많지 않다. 안타깝게도 어떤 이들은 자기 자신을 비롯해 주변 사람들에 대해서도 대단한 망상과 착각 속에 빠져 살다가 무덤으로 들어간다. 영적으로 성장하고 하나님의 기대에 부응하여 주님을 닮은 사람으로 변화되기를 원한다면 우리는 자신이 어떤 사람인지, 하나님과 다른 사람과 어떤 관계를 맺고 있는 존재인지를 알아내기 위해 의도적인 노력을 기울여야 한다. 자신이 무엇에 동기를 부여받고 어떤 것에 만족을 느끼는지, 삶을 살아가기 위해 도움이 되는 것과 되지 않는 것은 무엇인지를 파악해야 한다. 잘못된 인식의 벽에 부딪쳤을 때에도 배우려는 마음만 있다면 제대로 깨닫게 되지만 그 전에 미리 알 수 있는 길이 있음을 명심하기 바란다. 사실은 그렇게 하는 것이 아주 바람직한 일이다.

그렇다면 각 방을 논의하면서 언급했던 자아 발견의 방법들을 살펴보고 어떻게 하면 우리가 자신을 더 깊이 알아갈 수 있는지 생각해보자.

성경적 관점 : 이 세상은 하나님을 떠나 비뚤어지고 사망을 향해 가는 사람들을 정상으로 간주하려고 한다. 그러나 성경에 나타난 하나님의 사랑과 용서와 화해의 빛 가운데서 볼 때에만 우리가 죄인이라는 사실을 올바로 직시하게 된다. 그러한 시각이 없으면 혼동만 지속될 뿐 결코 영적으로 성숙하지 못한다.

진정한 믿음의 친교 : 우리가 자신에 대해 아는 지식은 거짓이든 진실이든 대부분 다른 사람들로부터 듣거나 알게 된 것들이다. 우리에게는 마음을 터놓고 약점까지 드러낼 수 있고 사랑 속에서 진실을 이야기해줄 수 있는 믿음의 형제자매들이 필요하다.

기독교 공동체 : 우리 자신의 참모습을 보기 위해서는 개인적인 관

계도 중요하지만 안심하고 의지하며 사랑할 수 있는 기독교 공동체가 더 효과적이다. 그 안에서 다른 사람들과 부대끼며 우리의 독특성과 영적 은사가 드러나기도 하고 인정을 받기도 한다. MBTI와 같은 검사를 실시해서 자신의 성격 유형을 알게 되면 기독교 공동체 속에서 일할 때 큰 도움이 될 뿐 아니라 함께 일하는 사람들부터 확인을 받을 수도 있다.

영성 지도, 코칭, 상담 : 누군가 훈련을 받은 사람이 신앙 상담을 해주고 필요할 때 적절한 조언을 줄 수 있다면 그보다 큰 도움은 없을 것이다. 하지만 애석하게도 건강에 이상이 있을 때에만 의사를 찾는 것처럼 우리는 일반적인 해결책이 작동하지 않고 상황이 절박해질 때에만 영성 전문가들을 만나려 한다. 그런 사태로까지 치닫기 전에 정기적으로 전문가들을 만나 상담과 지도를 받는 것이 가장 바람직하다.

영적 일기 쓰기 : 자신이 느끼는 감정을 글로 적으면 훨씬 더 자신을 이해하기 쉬울 때가 많다. 누구나 한 번쯤은 이런 경험을 해보았을 것이다. 별다른 이유 없이 자기 안에서 어떤 생각과 감정이 소용돌이칠 때 그것을 다른 사람한테 이야기하면서 갑자기 번쩍하고 그 이유가 생각나는 경우 말이다. 마찬가지로 우리의 영적 경험을 글로 정리하면 모호한 것들이 더 명료해진다. 어떤 사람들은 기도한 내용을 비롯해 하나님과의 대화를 일기장에 꼼꼼히 기록하기도 한다. 가끔 쓰든지 날마다 쓰든지 일기를 쓰는 유익 중의 하나는 나중에 자신이 쓴 일기를 읽었을 때 신앙 여정의 발자취를 발견할 수 있다는 것이다. 지난날을 회상하며 자신이 얼마나 성장했는지, 여전히 갈등하고 있는 문제는 무엇인지를 볼 수 있다. 영적 친구에게 일기장을 보여주고 그의 의견을 물을 수도 있다.

홀로 있기(독거) : 바쁘고 분주한 삶은 자기 자신을 알아가는 데 큰 걸림돌이 된다. 미처 자신을 돌아볼 시간이 없기 때문이다. 우리는 하루하루 해야 할 일들에 치여 하나님의 뜻이 무엇인지, 자신의 마음속에 무슨 일이 일어나고 있는지조차 신경을 쓰지 못하고 살아간다. 그럴 때는 반드시 혼자 어딘가로 가서 오랜 시간 동안 하나님과 내면의 대화를 나눌 필요가 있다. 바쁜 일정이나 어수선함 없이 홀로 하나님과 마주 앉을 때 우리 내면에서 일어나는 일을 의식하지 않을 수 없고 자연스레 하나님의 도움을 구하게 된다.

영성개발 수련회 : 아마도 많은 그리스도인이 교회 수양회나 여름 캠프에 가서 신앙의 획기적인 전환점을 맞이한 경험들을 갖고 있을 것이다. 수양회에서 독거, 공동체, 예배, 개인 묵상, 나눔 같은 시간 등을 인도하고 조언해줄 경험자가 있으면 각자 처한 위치에서 주님의 음성을 듣는 데 도움을 받을 수 있다. 한 예로 '이마고 크리스티'에서 주관하는 수양회를 소개하고자 한다.

앞에서도 말했듯이 지도자 계발 전문 선교단체인 CRM(2019년부터 NOVO라는 이름으로 바뀌었다)의 한 부속 사역인 이마고 크리스티는 저자들이 소속되어 있는 기독교 공동체이자 사역 단체의 이름이다. 이마고 크리스티가 하는 중요한 사역 중 하나는 지도자들을 위한 영성개발 여정의 발견 Spiritual Formation Discovery for Leaders 수련회이다.[17] 3일간의 일정으로 진행되는 이 훈련은 영적으로 성숙해가는 참가자들이 자신의 영적 성숙이 어느 단계에 와 있는지를 발견하고 성숙의 과정에 더 적극적으로 참여하는 방법을 모색한다. 또한 하나님이 주신 사명을 확인하고 아빌라의 테레사의 영적 성숙 이론에 근거하여 자신의 삶을 되돌아보는 기회도 갖는다. 하나님에 대한 실제적 혹은 주관적 관점을 파악해서 그것이 신학적 관점들과 얼마나 다른지를 비교한다. 모든 참석자는 묵상 기도와 거함 기도(abiding prayer)에 관해 배우고 실천하며 진정한 영적 공동체가 무엇인지도 체험해본다. 훈련 과정 중에는 자신이 발견한 것들을 바탕으로 각자의 영성개발 계획을 짜는 시간도 포함된다. 계획을 세우다 보면 참석자들이 새로이 깨닫게 되는 사실이 있다. 많은 경우에 그것은 하나님이 자신의 삶에서 어떤 일을 행하고 계시며 앞으로의 영적 성숙을 위해 어떤 일을 시작하셨는지를 발견하게 된다는 사실이다. 독자들도 이마고 크리스티의 홈페이지를 방문해서 훈련 일정을 살펴보고 거기에 나오는 다른 자료들도 참고해보기를 바란다. 홈페이지 주소는 www.ImagoChristi.org 와 www.crmkorea.org 또는 www.novokorea.org이다.

우리는 하나님의 마음이라는 동일한 목적지를 향해 각자 주어진 길을 걸어가고 있는 순례자이다. 네 번째 방에서 언급했던 영적 로드맵을 따라서, 우리는 자신의 개성에 맞게 영적 순례를 하고 있는 것이다. 하나님은 우리 한 사람 한 사람을 개인적으로 사랑하시고 우리 각자의 성격과 인생 여정과 필요에 꼭 알맞은 길로 인도해주신다. 다음 장에서는 그런 독자적인 순례가 교회라는 기독교 공동체 속에서 어떻게 적용되는가를 알아볼 것이다. 활기차고 생동감 넘치는 공동체의 일원이 되어 각자가 위치한 영적 성숙의 방에서 주님과 동행한다는 것은 무엇을 의미하는가? 그 공동체가 서로를 도와서 하나님과의 사랑의 관계를 깊게 해주고 주변의 세상 사람들과도 그 사랑을 나누게 해준다면 어떤 일이 일어날까?

생각해보기

- 하나님은 어떤 사건을 통해 당신이 자신을 가장 잘 알 수 있도록 도우셨는가?
- 당신의 성격이나 과거의 어떤 부분을 가장 인정하기 싫고 다른 사람에게 이야기하기 어려운가?
- 당신의 개성을 발견하고 확인하기 위해, 현재 하나님은 당신이 어떤 일들을 하기 원하신다고 생각하는가?
- 당신이 생각하는 이상적인 영적 공동체의 특징은 무엇인가?

13

교회 안에서의 영성개발

"너희는 세상의 빛이라. 산 위에 있는 동네가 숨겨지지 못할 것이요 사람이 등불을 켜서 말 아래에 두지 아니하고 등경 위에 두나니 이러므로 집 안 모든 사람에게 비치느니라. 이같이 너희 빛이 사람 앞에 비치게 하여 그들로 너희 착한 행실을 보고 하늘에 계신 너희 아버지께 영광을 돌리게 하라(마 5:14-16)."

13장
교회 안에서의 영성개발

이제 독자들은 영성개발의 목표와 과정을 확실히 알게 되었으리라 믿는다. 이 책의 내용을 검토하면서 당신 자신의 신앙 여정을 되돌아보고 이제까지 하나하나 지나온 방들과 당신의 독특한 경험들을 비교하면서 주님이 예비하신 멋진 모험을 주님과 함께 하고 있다는 사실에 마음이 뿌듯해졌을 것이다.

이 시점에서 한 가지 짚고 넘어가야 할 대단히 중요한 사항이 있는데, 바로 교회다. 아빌라의 테레사가 '수동적 방들(네 번째 방에서 일곱 번째 방까지)'이라고 부른 단계에 있는 사람들 중에 이상하게도 교회 생활에 적응하지 못해 갈등하고 있는 경우가 많다. 교회에서 신앙의 도움을 별로 받지 못하고 있다고 생각할 뿐 아니라 마치 세 번째 방에서의 신앙생활이 전부인 것처럼, 즉 하나님을 위해 일만 하면 그만인 것처럼 설교하고 가르치는 것에 염증을 내기도 한다. 예수님을 따라가며 성삼위와의 관계 안에서 성숙해가는 신앙생활에서 믿음의 공동체가 얼마나 중요한 역할을 하는지 나는 이 책에서 여러 번 강조했다. 마이클과 애비게일과 상규의 경우도 교회의 영성 지도자, 코치, 교우 관계, 수양회, 소그룹 등을 통해서 함께 기도하고 대화하는 시간들이 신앙의 전환점을 마련해주었다.

이 책의 첫 장에서 말했듯이 최근에 윌로우크릭 교회에서 펴낸 보고서가 교인들의 실망감을 대변하고 있다. 기억하는가? (아마도 네 번째 방 이상에 도달한) 헌신된 교인들의 60퍼센트가 교회가 자신의 신앙생활에 실질적으로 아무런 도움도 주지 못하고 있다고 응답했다는 것이다. 그들 중에는 교회 생활에 너무도 실망한 나머지 다니던 교회를 떠나려고 생각하는 사람들도 상당수 있었다. 저명한 기독교 사회학자이자 연구원인 조지 바나는 주님께 헌신한 그리스도인들 중에 그와 같은 사람들이 점점 더 늘어나는 추세라고 말했다.[1] 조지 바나는 헌신된 그리스도인들이 실망감에서 교회를 떠나는 것을 장려하지는 않았지만 교회가 과연 변화에 대한 복된 소식을 제대로 가르치며 실천하고 있는지, 교회가 과연 세상에 큰 영향을 줄 수 있다는 사실을 인식하고 있는지에 대해 적잖은 우려를 나타내고 있다.

나는 개인적으로 그보다는 훨씬 낙관적이다. 교인들의 수가 심각하게 줄고 있음에도 불구하고 성령은 새로운 방법으로 역사하고 계신다. 예수님은 교회의 머리가 되시고 세계 복음화라는 하나님의 계획의 선봉장이 되신다. 물론 교회 목회의 방식에 변화가 시급하다는 점에는 나 역시 이견이 없지만 이미 곳곳에서 반가운 조짐들이 보이고 있다. 오늘날 많은 교회가 '영성개발'에 주목한다. 신앙이 성숙하지 못한 교인들이 이 비정한 사회에서 주님을 따르는 것이 쉽지 않다는 사실을 교회 지도자들도 인식하기 시작했다. 어쩌면 시대적 유행을 따라 예전의 '교회 교육 프로그램'을 이름만 '영성개발'로 바꾼 교회들도 있겠지만, 많은 교회가 초신자나 교인들이 단순히 교회 생활에 적응하는 차원을 넘어서 평생 그들의 신앙 성숙과 변화를 지원해줄 수 있는 길이 무엇인지를 진지하게 모색하고 있다. 우리가 어떤 교회가 진정성 있고 영적으로 성숙하는 공동체인가를 고민하다 보면 언젠가는 지역 교회와 세상에 강한 영향력을 끼치게 될 수 있을 것이라고 믿는다.

　이런 상상을 한 번 해보자. 교인들이 하나님을 사랑하고, 받은 사랑으로 이웃을 섬기는 교회가 있다고 하자. 주일 아침의 예배는 주님을 향한 역동적인 사랑을 뿜어내고 설교와 가르침은 그 사랑을 더 깊이 체험하며 실천하도록 돕는다. 모든 교인은 자신의 독특한 신앙 여정을 통해 하나님의 마음을 향해 나아가는 영적 순례자로서 교인 간에 각자의 여정을 격려하며 도와준다. 소그룹 참석자들이나 교우들끼리 서로가 영적으로 성장하면서 주변 세상으로 나아가 주님의 사랑을 실천하도록 지원하고 격려한다. 일률적인 프로그램이나 전통을 고수하는 대신에 영적으로 성숙한 교회 지도자들이 모여서 교회를 향한 하나님의 구체적인 뜻을 분별하여 실행에 옮긴다. 예수님과 제자들이 산으로 올라가서 밤새 기도한 후에 마을에 들어가서 하나님의 사랑이 절실히 필요한 사람들에게 복음을 전하고 기적을 일으켰다는 성경 말씀을 읽고 나면 교인들은 "당연하지. 우리 교회에서도 매주 그런 일이 일어나고 있는 걸"이라고 말한다.

　최근에 나는 이런 교회에 대한 두 가지 멋진 그림을 보게 되었다. 어둠이 채 가시지 않은 어느 날 새벽, 기도를 하기 위해 항상 내가 앉는 의자에 앉아 있었다. 옆에 있는 책상에는 초가 하나 놓여 있었는데 주님 앞에서 깊은 침묵에 빠져 있을 때 불현듯 초를 쳐다보고 싶은 마음이 들었다. 직경 3인치짜리 둥글넓적한 초였는데 거의 다 타서 심지가 거의 바닥에 닿아 있었다. 촛불은 환한 빛을 발했지만 실제 불길은 내 눈으로 볼 수 없었다. 초를 가만히 응시하고 있는 동안 이런 생각이 머리를 스쳤다. '아름다운 것은 초가 아니라 그 안의 빛이다' 얼마 후 기도를 드리다가 문득 눈을 떴는데 온 방에 따사로운 노란빛이 감돌고 있었다. 내 방의 창문은 북쪽을 향해 나 있기 때문에 햇빛은 분명 아니었다. 창문 밖을 내다보니 정원에 있는 겨울나무가 떠오르는 해의 빛을 받아 눈부시게 반짝이고 있었다. 그 빛이 너무도 환해서 내 방까지 비친 것이다. 그 두 가지 빛은 내 마음속에 교회를 떠올리게 했다. 교회는 내부에서부터 그리스도의 빛을 비칠 때에만 '산 위의 빛'이 될 수 있다. 우리가 주님의 모습을 닮아갈 때 그 빛이 우리를 통해 퍼져나갈 것이다. 그리스도로 가득 찬 성숙한 교인들의 공동체는 주변의 모든 사람에게 밝은 빛을 비춘다. 신약에서 말하는 이상적인 교회가 바로 그런 교회임을 누구도 부정하지 않을 것이다. 그런데 어디에서 빗나간 것일까?

물론 개인의 영성개발은 예나 지금이나 지역 교회의 핵심 과제다. 성경도 교인들의 영성을 개발하고 발전시키는 것이 교회의 주 임무임을 강조하고 있다. 유대인 사회에서는 아주 오랜 옛날부터 어린 아이들에게 하나님과의 언약의 관계 속에서 살아가는 법을 가르치는 것이 마을 공동체의 임무였다. 잠언은 이렇게 말한다. "마땅히 행할 길을 아이에게 가르치라. 그리하면 늙어도 그것을 떠나지 아니하리라(잠 22:6)." 하나님은 아론을 불러 이스라엘 백성을 가르치는 책임에 대해 이야기하셨다. "또 나 여호와가 모세를 통하여 모든 규례를 이스라엘 자손에게 가르치리라(레 10:11)." 사도 바울 역시 사도와 선지자와 교사 등을 세우신 근거를 제시하면서 같은 책임을 교회에 부여했다(엡 4:11; 딤후 4:1-2 참조). 이 구절들은 믿음의 공동체, 즉 교회가 교인들을 가르치고 영적으로 성숙하도록 도와주어야 할 의무를 말하고 있다. 이는 구약 시대나 신약 시대나 마찬가지다.

영적으로 성장할 수 있도록 의도적으로 가르치고 돕는 교회의 역할은 초대교회의 세례 전 문답이나 예배시의 설교 형태로 나타났다. 초대교회들은 규모가 작았고 교우 관계가 밀접했기 때문에 그들의 신앙 교육은 가르침만이 아니라 곧바로 실천으로 이어졌다. 아이들과 초신자들은 성경 말씀과 교리를 배웠고 실제로 어떻게 기도하며 어떻게 그리스도인으로 살아가는가를 곁에서 지켜보며 배웠다. 즉 성숙한 그리스도인이 믿음으로 살며 영적으로 성장해가는 것을 지켜보면서 양육을 받은 것이다(딤전 4:11-15; 엡 4:14-16 참조).

시간이 흐르고 성례전(세례식, 성찬식 등)이 교회 생활의 중심이 되면서 목회자 훈련을 제외하고는 교회에서의 가르침이 이전보다 덜 중요해졌다.[2] 종교혁명 시대 이후 평민들이 성경을 읽을 수 있게 되면서 기독교 교육(대부분 주일예배 설교를 통해 이루어졌다)이 다시 한 번 개신교 교회 예배의 중심으로 회복되었다.[3]

그러나 목회자 중심으로 변모한 서양의 교회들은 성경 지식이나 교리 교육에만 집착하여 의도적인 영적 훈련도 그저 지식 전달에 그치는 경우가 많았다. 인격 형성과 변화가 설교와 가르침의 목표였고 규범이라고 했지만 별다른 진전은 없었다. 개인의 영적 성숙은 그저 개인의 문제일 따름이었다.

그러나 동서양을 막론하고 영성개발 훈련의 전통은 수도원이나 평신도 운동 가운데 그대로 보존되었다.[4] 수사와 수녀들은 목회자와 그 외 신앙에 관심 있는 소수의 사람들에게 영성 지도자 역할을 했다. 모라비아교도, 퀘이커교도, 감리교인, 청교도, 그리고 어떤 면에서는 대부분의 개신교인도 영성개발에 대한 관심을 계속 유지했다. 현대 선교 운동과 주일학교 운동이 대표적인 예라고 할 수 있다. 각 교단의 선교사들은 전 세계 불신자들을 전도하는 일만이 아니라 그들이 그리스도인답게 살아가도록 가르치는 일에 주력했다. 주일학교에서는 청년과 장년들에게 성경의 진리를 가르쳤고 그 진리를 삶에서 실천하는 방법들을 모색하도록 도왔다. 각 교파마다 헌신되고 경건한 교인들이 많았고 그들의 삶은 영적 성숙의 본이 되어 다른 사람들에게 등대와 같은 역할을 했다. 그러나 대부분의 교회가 자신의 교리적 입장만을 고수하며 교인들끼리의 친목에 안주하고 불신자들에게는 기본적인 전도만 강조하는 한계성을 보였다.

개신교 내부에서도 영성 지도(Spiritial direction)의 필요성이 이전보다 더 주목받기는 하지만 대부분은 교회 밖에서 즉 기독교 단체나 선교단체에서 실시하는 수양회, 세미나 등을 통해 행해지는 추세다. 심지어는 '영성 지도'를 목양의 부속 사역으로 만들자는 움직임까지 일어나고 있다. 그 의미는 영성 지도가 목회자나 장로들의 영역이 아니라는 것이다. 교회를 목회하며 교회 컨설턴트로도 일하고 있는 존 애커먼John Ackerman 목사는 교회의 영적 각성에 대해 이야기하면서 다음과 같은 말을 했다. "목사들은 교인의 영성을 지도하는 사람으로 훈련받을 필요가 없고 아마 그래서도 안 될 것이다."[5] 그는 영성 지도라는 것이 영성개발과 심리학의 지식이 필요한 일이라서 지역 교회 목사들의 단순한 목회 훈련(혹은 관심)만으로는 부족하다고 생각했다.

하지만 문제는 그게 아니다. 이 세상에 있는 수많은 그리스도인에 비해 훈련되어 있는 영성 지도자는 극소수에 불과하다. 그렇다면 교인들을 위한 영성 지도는 가히 불가능에 가깝다고 말할 수 있다. 어쨌든 대부분의 그리스도인은 자신의 교회에서 주어지는 만큼만 영성개발이나 훈련을 받고 있는 실정이다. 전문적인 훈련이나 세미나를 받으려 하는 그리스도인은 얼마 되지 않는다. 그 이유는 전문가들이 있는지, 혹은 훈련이 필요한지도 모르기 때문이다. 오늘날의 그리스도인이 영적으로 성숙해지려면 교인들이 나서서 영성개발을 자신의 우선적 과제로 인식해야 한다.

앞선 장들에서는 영적 성숙의 모든 단계에서 영성 지도자, 멘토, 교사와 권면자 등의 역할이 얼마나 중요하고 필요한가를 역설했다. 성경을 보더라도 하나님은 그런 사람들이 지역 교회에 반드시 준비되어 있기를 원하신다. 우리는 사도 바울이 말한 대로 "그리스도와 합하기 위하여 세례를 받은 자"들이다(고전 12:13; 갈 3:27 참조). 우리가 서로 도우면서 그 목적에 순종하고 따라갈 때 주님은 우리를 개인적으로 이끄실 뿐 아니라 하나의 양 떼로 목양해주신다. 하지만 그렇게 되기 위해서는 목회자들과 교회 지도자들이(지도자로서의 권위 혹은 경건의 본을 통해) 영성개발의 목표와 성숙의 단계들을 제대로 이해하고 있어야 한다. 영성개발은 초신자 시기부터 시작해서 평생 지속되는 과정이다. 우리는 어느 성도가 현재 어느 단계에 있는지를 알고 그가 다음 단계로 계속 성장할 수 있도록 도와줄 수 있는 방법을 강구해야 한다.

제자훈련과 영성개발

문제는 교회가 갖고 있는 영적 성숙에 대한 개념이 기초적인 제자훈련이나 세 번째 방 수준에 머물러 있다는 것이다. 영성개발의 목표도 상당히 근시안적이다. 교회의 주된 사역은 불신자 전도에만 초점이 맞추어져 있다. 앞으로 소개할 몇 가지 사례에서도 보겠지만 교회들이 외적 성장에만 주된 관심을 둔 나머지 교인들은 교회 밖에서 불신자들을 전도하고, 교회를 위해 더 많은 사람을 전도해야 하는 일꾼들이 되어버렸다. 지상명령(Great Commission)을 근거로 한 전도 사역은 분명히 교회의 중요한 과업 중 하나다. 하지만 우리는 지상명령만큼이나 가장 큰 계명, 즉 하나님을 사랑하고 이웃을 사랑하라는 계명도 함께 실천해야 한다. 예수님이 실질적으로, 체험적으로 교인들 안에 거하실 때에만 교회가 불신자들을 전도하고 예수님의 사랑을 전하는 도구가 될 수 있다.

그럼 현재의 제자훈련 프로그램이 갖고 있는 한계성을 잠시 살펴보도록 하겠다. 어느 교회나 똑같지는 않지만 대다수의 교회에서 실시하고 있는 가장 일반적이고 전형적인 형태의 제자훈련을 예로 들어보겠다. 가령 릭 워렌Rick Warren 목사가 시무하는 새들백 커뮤니티 교회의 '목적이 이끄는 교회' 훈련은 다른 교회들보다 더 영적 성숙에 주안점을 두고 교인들이 성숙한 성도가 되는 것을 목표로 삼고 이것을 의도적으로 시행하는 것으로 알려져 있다. 새들백 교회에서 하는 제자훈련의 네 가지 중점 사항은 (1) 회심, 예수님을 알아가기 (2) 예배 참석자들을 교인으로 만들기, 그리스도 안에서 자라가기 (3) 성숙한 교인으로 성장시키기, 그리스도를 섬기기 (4) 교인을 사역자로 키우기, 그리스도를 전하기이다.[6] 릭 워렌 목사는 (세 번째 방에 이르는 데까지) 그리스도인을 훈련하는 탁월한 프로그램을 개발했다. 그러나 주님을 더 사랑하는 것이나 개인적으로 친밀한 관계로 나아가는 법에 대해서는 거의 다루지 않고 있다.

론 베넷Ron Bennett은 제자훈련을 네비게이토 선교회의 시각으로 해석했다.[7] 그는 영적 성숙을 위해 헌신, 유능, 성품, 회개라는 네 가지 기본 틀을 세우고 그 목표를 교회 사역에서 유능하게 일하는 그리스도인으로 설정했다. 릭 워렌처럼 그가 제시한 제자훈련의 형태도 세 번째 방, 즉 교회에서 활발하게 봉사하는 그리스도인의 단계를 벗어나지 못했다.

그 외에도 훌륭한 제자훈련 프로그램이 많지만 널리 알려진 제자훈련의 대부분이 세 번째 방의 단계를 신앙생활의 최종 목표로 삼고 있다.

개중에 그 단계를 벗어나는 훈련들도 있다. 예를 들어 미국 장로회 총회장을 지낸 하워드 라이스Howard Rice 목사는 신앙적 지도라는 렌즈를 통해 모든 목회를 볼 수 있어야 한다고 강조했다.[8] 그가 개발한 여덟 가지 훈련은 매우 유용하다. 특히 멘토나 영성 코치의 도움을 받을 수 있다면 더할 나위 없다. 다만 영성개발의 로드맵이라든가 이 책에서 논의한 성숙의 척도들을 겸비했다면 분명 더 효율적인 훈련이 되었을 것이다. 모든 신앙 훈련이 언제 어디서나 유효적절한 것은 아니다. 예를 들어 묵상은 아주 좋은 훈련이지만 묵상과 마주 머 묾이 영적 성숙 과정의 핵심이 되는 네 번째 방에서부터 더 많은 열매들을 맺을 것이다.

여기에서 더 가까이 근접한 모델을 들라면 윌로우크릭 커뮤니티 교회의 빌 하이벨스 목사를 들 수 있다. 아빌라의 테레사처럼 그도 하나님과의 관계의 열쇠는 기도라고 가르쳤다.[9] 구도자 중심의 교회 목사로서 그는 다른 교회들보다 한 걸음 더 나아가 하나님의 음성을 듣고 그 말씀에 순종하라고 역설했다. 대다수의 교회처럼 윌로우크릭 교회의 제자훈련도 초신자들이 세 번째 방으로 들어갈 수 있는 훌륭한 기반을 제공했지만 역시 네 번째 방 이후의 단계로 진입하는 그리스도인에게는 큰 도움을 주지 못하고 있다.

현재 대다수의 교회가 시행하고 있는 제자훈련의 목표는 교인으로서 지성과 도덕을 겸비하고 교회 조직에서 효율적으로 봉사하는 교인을 양성하는 것이다. 전형적인 기독교 교육 프로그램 역시 초신자들에게 좋은 출발점을 제공해 주지만 하나님과의 친밀한 관계를 통해 진정으로 그들의 '가치관을 변화시키는' 데까지는 이끌어가지 못하고 있다(롬 12:2 참조).

각 교회가 영적 순례의 전 단계를 다루어주고 교인들을 그 순례의 길로 인도해간다면 어떤 일이 일어날지를 한 번 상상해보라.

교회의 변화

우리에게 필요한 것은 기본적인 제자훈련 위에 영성개발 사역이 더해지는 것이다. 교회마다 필요한 사역이나 처한 상황이 다르다. 하지만 이 책에서 묘사하는 좋은 제자훈련 모델과 일곱 가지 방의 영적 성숙 단계를 바탕으로 교인들을 위한 훌륭한 영성개발 사역을 개발해낼 수 있다. 결과적으로 교회가 하는 모든 사역의 근간은 영성개발이다. 어쩌면 이것은 너무 막중한 과업으로 느껴질지도 모른다. 교회에서 하는 모든 사역을 영성개발과 연관 지을 수 있기 때문이다. 하지만 비교적 간단한 단계를 밟아 교인들의 변화를 촉진하는 길이 존재한다.

이곳에 소개하는 사항은 정식 '훈련 과목'이라기보다 모든 교인이 실생활에서 의도적으로 실천하기 바라는 행동 강령이라고 말할 수 있다. 만일 한 교회에서 실천이 불가능하면 몇 개 교회의 교인들이 모여서 함께 자원을 공유하며 서로 도움을 줄 수도 있다.

한 가지 명심할 것은 각 사항이 명백한 성경적인 근거에 입각해야 한다는 점이다. 영적 성숙에서 말하는 몇 가지 요소들은 그것이 성경 말씀에 근거한 것인지 아니면 개인의 주장인지를 분명히 할 필요가 있다. 물론 성경에 언급이 없거나 모호한 주제들은 개인의 의견이나 주장을 참고할 수 있겠지만 적어도 성경 말씀과 일관성이 있는지는 반드시 짚고 넘어가야 한다.

또 한 가지 중요한 것은 하나님과의 관계에서 성숙해가는 것은 개인의 책임이라는 점이다. 교회가 교인들을 성숙하게 만드는 것이 아니라 성숙할 수 있는 환경과 상황을 조성해서 하나님이 각 교인의 삶에서 역사하시도록 돕는 역할을 하는 것이다.

이 책에서 말한 영적 성숙의 관점에서 볼 때 이상적인 교회는 적어도 다음과 같은 사항들에 주력해야 한다고 생각한다. 각 사항에 관한 짧은 설명을 덧붙인다.

1. 영성개발의 비전과 가치
2. 영적 지도력
3. 진실한 믿음의 공동체(교회)와 영성개발 소그룹
4. 전체 신앙 여정을 포함하는 제자훈련
5. 영성개발 로드맵

6. 거함 기도(abiding prayer)
7. 영적 전쟁에 대한 지원
8. 영성개발 자료 센터
9. 상담. 치유, 영성 지도와 코칭
10. 영성 훈련과 생활 수칙
11. 단체 수양회와 개인 기도 수련회
12. 영성개발 차원에서의 전도와 선교

1. 교인들을 위한 영성개발의 비전과 가치

포스트모던 시대에는 교회가 교인들에게 비전과 가치를 제시하는 일이 갈수록 중요해지고 있다. 예전에는 교회에서 하는 사역의 목적이나 전략을 교인들이 대체로 다 알고 있었다. 그러나 모든 것이 빠르게 변해가는 현대 사회에서는 예전의 방식이 더 이상 통하지 않기 때문에 새로운 대안을 끊임없이 발굴하지 않으면 안 된다. 다음의 성경 말씀이 어느 때보다 설득력 있게 들리지 않는가? "묵시가 없으면 백성이 방자히 행하거니와(잠 29:18)"

오늘날의 교회들은 명백한 비전과 핵심 가치를 제시함으로써 하나님이 주신, 그리고 모두가 합의한 목표를 중심으로 교인들의 단결과 연합을 이끌어낸다. 교회 비전이 대체로 내적인 성격보다는 외적인 성격이 강해서 보이는 결과에 더 치중하기 마련이지만 두 가지 모두 중요한 요소임을 간과해서는 안 된다. 교인들 모두가 외적인 사역에 동의하고 따라가는 동시에 교인들 자신의 영적 성숙과 변화도 하나님의 비전이라는 사실을 인식할 필요가 있다. 교인들의 영적 성숙은 외적인 목표 달성의 수단이 아니라 그 자체가 우리 가운데 깊숙한 곳에 심어주신 가치임을 인식해야 한다. 따라서 모든 교회는 불신자를 신자로, 초신자를 성숙한 그리스도인으로 변화시킬 수 있는 지속적인 영성개발의 비전을 제시해야 한다. 교인들의 영성개발은 우리가 꿈꾸는 모든 비전의 핵심이다. 그것을 절대로 교회의 '구석진 곳'에 처박아두면 안 된다.

2. 영적 지도력

교인들의 영성개발을 중요시하는 것은 좋지만 그렇다고 해서 일련의 프로그램만 있으면 저절로 영성개발이 이루어지리라고 착각해서는 안 된다. 예수님은 교회의 머리이시기 때문에 진정으로 성숙한 교회가 되려면 예수님께서 세워주셔야 한다. "여호와께서 집을 세우지 아니하시면 세우는 자의 수고가 헛되며(시 127:1)" 교회는 저마다 특색이 있고 서로 다르다. 지나온 역사가 다르고 주변 환경과 교인들과 안고 있는 문제들이 각각 다르다. 정말로 하나님을 사랑하고 예수님을 헌신적으로 따르는 교회가 되고 싶다면 그 출발은 교회 지도자들에서부터 이루어져야 한다. 지도자들이 변화하지 않으면 어느 교회나 단체도 진정한 변화가 일어날 수 없다. 자신이 가보지도 않은 곳에 다른 사람을 이끌고 갈 수는 없는 노릇이기 때문이다. 교회에서 지도자가 어떻게 세워졌든지 그 지도자 그룹은 교인들을 영적 성숙으로 이끌기 전에 먼저 자신들부터 영적으로 성숙하기 위한 노력을 게을리하지 말아야 한다.

최근에 어느 목사로부터 이런 얘기를 들었다. "우리 교회 장로님들은 영성개발 쪽으로 가자는 의견에 전적으로 동의했습니다." 영성개발을 시작하고 프로그램을 운영하는 데 지도자들의 '동의'를 얻는 것은 그다지 어려운 일이 아니다. 영적으로 성숙하자는 데 반대를 할 사람이 어디 있겠는가? 하지만 동의하는 것과 그 일을 이루기 위해 진정한 지도력을 발휘하는 것에는 차이가 있다. 어느 교회든지 변화란 쉬운 일이 아니다. 지도자들끼리 먼저 신뢰와 상호 협력의 관계를 형성해서 영적으로 성숙하기 위한 노력을 하지 않는 한 교인들을 영적 성숙의 단계로 이끌 수 없다. 더 나아가 지도자들이 의도적으로 자신의 영성을 개발해 나가는 삶을 살지 않는다면 교인들에게 영성개발을 강조할 영적 권위를 갖추지 못하게 된다.

이마고 크리스티의 행사에 참여했던 교회 중에는 교역자, 장로, 소그룹 지도자, 교사들 모두를 배우자와 함께 지도자 영성개발 훈련에 참여시킨 교회가 있었다. 그들은 함께 경험한 공통의 기반 위에서 개인적으로 놀라운 영적 성장을 이루어갔고, 예수님의 뜻에 함께 귀를 기울이는 법도 배웠다. 그런 후에는 그 뜻에 따라 교인들을 이끌어갔다. 참으로 멋지고 감격적인 일이었다.

3. 진실한 믿음의 공동체(교회)와 영성개발 소그룹

개인의 영성개발은 그리스도의 몸, 즉 교회 생활에 크게 영향을 받는다고 몇 번 강조했다. 과거 역사를 보더라도 수도원에서 함께 생활하던 수도사나 수녀들이 영성개발의 본을 보였고 실제적 측면에서 그 실행에 대한 귀한 통찰력을 남겼다. 현대 지역 교회들도 얼마든지 영적 성숙을 격려하고 지원해주는 촉매제 역할을 할 수 있다. 그러기 위해서는 먼저 영적 성숙이 우리의 핵심 가치로 자리매김해야 한다.

교회에서 의도적으로 노력해야 할 부분은 적어도 두 가지다. 첫째는 솔직하게 인생의 여정에서 자신의 이야기를 할 수 있고 서로의 연약함을 보듬어줄 수 있는 영적인 '분위기'를 형성하는 것이다. 은연중에 교인들 사이에는 '진짜' 그리스도인이라면 이 정도 성경 지식이 있어야 하고 이 정도 헌금과 봉사와 예배 참석을 해야 한다는 식의 기준이 세워져 있다. 그러나 영적으로 성숙하기 위해서는 모든 교인이 성장하는 과정 중임을 명심해야 한다. 누구나 신앙생활이 잘 나가는 것 같을 때가 있고 퇴보하는 것 같이 생각될 때도 있다. 지도자들부터 솔직하고 따뜻한 분위기를 조성해간다면 교인들 모두 부담 없이 자신의 성장 과정 중에 일어나는 일들을 털어놓으면서 궁극적으로 진정한 변화와 성장의 기쁨을 맛보게 될 것이다.

두 번째로 변화의 공동체를 만들기 위해서 우선 교인들끼리 서로 안전하고 친밀한 관계를 형성하도록 도와주는 것이다. 잘 모르는 사람에게 자신의 고민을 이야기하기도 어렵거니와 완벽해 보이는 멘토에게 도움을 요청하는 것도 쉽지 않다. 주일예배를 비롯해 소그룹이나 회의를 할 때 일을 우선하는 경우가 있고, 관계를 우선하는 경우가 있다. 교회는 항상 후자를 지향해야 한다.

여기서 교회의 전체적인 공동체의 분위기도 중요하지만 영성개발에서는 소규모 단위로 친밀감과 신뢰 관계를 형성할 필요가 있다. 따라서 영성개발 소그룹이 절대적으로 필요하다. 참석자들이 신앙생활의 성패를 부담 없이 나누는 것이 영적 성숙 과정의 중요한 원천이다. 성도들 간의 친밀한 교제를 통해 영적 성숙에 필요한 조언과 격려를 받을 수 있다. 영성개발 소그룹을 통해 교인들끼리 영적으로 성장하며 발생하는 문제들에 서로 도움을 주고 격려한다면 굳이 영성개발 지도자나 멘토, 상담 전문가들의 도움이 따로 필요하지는 않을 것이다.[10]

4. 전체 신앙 여정을 포함하는 제자훈련

제자훈련에 관해서는 성도들을 세 번째 방까지 인도하는 매우 훌륭한 프로그램이 많이 존재한다고 앞서 말했기 때문에 여기에서 반복하여 언급하지는 않겠다. 다만 한 가지 흥미로운 사실은 그런 프로그램들도 두 번째 방에서의 '성장의 고통'을 다루지 않는다는 점이다. 두 번째 방을 설명할 때 말했듯이 우리는 하나님이 원하시는 믿음과 사랑의 삶과 세속적 삶의 마찰 속에서 믿음이 점차 성장한다. 그 과정 중에 주님을 따르는 대신 세상을 좇아가고 싶은 강한 충동을 느끼기도 한다. 어떤 제자훈련 교재에서는 은연중에 영적 성장이 지속적인 오르막길처럼 저절로 완벽한 그리스도인이 되는 과정인 양 시사하지만, 성장이 정체되는 것 같고 혼란스럽기만 한 이 '세상과의 전쟁'의 시기가 믿음 성장에 중요한 부분임을 망각하면 안 된다. 교회가 교인들의 평생 동안의 영적 성장을 촉진하기 위해서는 그러한 제자훈련을 보강해서 영적 성숙의 진정한 목표와 그 과정의 세부사항을 제대로 가르쳐야 한다. 영적 성숙의 일곱 단계 개념이 중요한 이유다.

그러기 위해 교인들 각자에게 알맞은 과정이 무엇인지를 진지하게 고려할 필요가 있다. 예를 들어 이제 막 주님을 영접한 사람에게 여섯 번째 방에 해당하는 소그룹에 참석하게 하는 것은 큰 효과를 거두지 못할 것이다. 그렇기에 사람들이 영적 성숙의 단계들을 이해할 필요가 있는데, 다음에서 다룰 주제가 바로 그것이다.

5. 영성개발 로드맵

하나님과의 관계에서 일반적인 영적 성숙의 단계들을 보여주는 명확한 로드맵만 있다면 사람들이 현재 어느 단계에 있는지를 어느 정도 정확하게 알아낼 수 있을 것이다. 교인들이 자신이 처한 위치를 파악해야 하나님의 인도하심에 발맞추어 영적 성숙의 과정을 더 의도적이고 효과적으로 밟아갈 수 있다. 영적 성숙의 각 단계에 대한 설명을 읽어보는 것도 자신의 성숙도를 발견하는 데 도움이 되겠지만 단계마다 중복되는 사실들이 너무 많아서 자칫 헷갈릴 위험성이 있다. 따라서 정확한 지점을 짚어내는 도구가 있다면 훨씬 더 객관성이 높아질 것이다. 이마고 크리스티 사역팀에서는 테레사의 일곱 개 방들과 다섯 가지 기준을 사용해서 자신이 현재 어느 방에 있는지를 알아낼 수 있는 시스템을 개발했고, 그것을 더욱 발전시켜 사용하고 있다.

영적 성숙 로드맵에서 자신의 위치를 측정하는 도구를 사용하는 방법은 먼저 각 방마다 다섯 가지 표지를 발견하고 각 표지마다 세 가지 질문을 해보는 것이다. 그 세 가지 질문에 대한 대답이 자신이 경험하고 있는 방 위치를 말해준다고 볼 수 있다.[11] 우리가 고안한 105항의 질문은 일곱 가지 방들에 각각의 점수를 매기도록 되어 있다. 따라서 가장 높은 점수를 받은 방이 현재 자신이 처한 영적 성숙 단계인 셈이다. 다만 우리가 더 높은 단계로 나아가고는 있지만 일직선으로 가지 않는다는 사실을 기억하라. 당신이 한 개의 방에 '머무르고' 있더라도 그 앞뒤에 있는 방들을 얼마든지 일시적으로 오고갈 수 있다.

영적 성숙 로드맵의 위치 측정 도구는 어느 단계에 있는 사람이든 자유롭게 사용할 수 있다. 하지만 어느 정도 영적으로 성숙하고 하나님이나 교회에 헌신된 사람들이 사용하는 것이 더 바람직하다. 초신자들이 영적 성숙의 단계를 가늠하다 보면 자칫 경쟁심이나 교만을 부추길 수 있다. 영적 성숙 로드맵 측정 도구를 사용할 때는 먼저 영적 성숙이 무엇인지를 소개하고 일곱 가지 방을 하나씩 요약해서 설명한 후에 하나님의 은혜와 우리 자신의 노력이 어떻게 상호작용하는지를 알려주는 게 좋다. 개인적으로 멘토와 함께 있는 자리에서 설명하거나 소그룹 혹은 단체 훈련 등에서 설명해도 좋을 것이다. 그런 다음에는 TMMG(Teresian Mansions' Movements of Growth)라는 방식을 사용해서 각 사람에게 알맞은 성장 계획을 짜도록 한다(TMMG는 이마고 크리스티를 통해 구할 수 있다). 이 방식은 성숙한 단계의 그리스도인에게 유용하기 때문에 개인 훈련의 일환으로만 사용할 수 있게끔 구성되어 있다. 또한 앞서 언급한 이마고 크리스티의 훈련 프로그램의 일부로도 사용 중이다.[12]

6. 거함 기도(Abiding Prayer)

제자훈련의 기초 과정에서는 하나님과의 대화에 균형을 잡아주는, 앞서 언급한 ACTS 방법 같은 기도법을 반드시 가르쳐야 한다. 중보기도와 하나님의 도우심을 구하는 '사역적인 차원에서의 기도'도 필요하지만 궁극적으로는 '관계적인 차원의 기도'를 토대로 삼아야 한다. 주님과 더 깊은 관계로 나아가기 위해서는 하나님이 주도하시고 우리가 응답하는 기도, 즉 말하기보다 듣는 데 주력하는 기도를 배울 필요가 있다.

요한복음 15장에서 말씀하신 의존의 관계가 그런 기도의 관계적 측면을 부각하는(이런 식으로 이해하는 경우는 많지 않지만) 대표적인 주님의 가르침이다. 예수님은 포도나무와 가지의 비유를 사용해서 우리 관계에서 '거함'의 의미를 설명하셨다. 하나님과의 대화도 그에 바탕을 두어야 한다.[13] '거함 기도(abiding prayer)'는 마음속에서 이루어지는 주님과의 영적인 대화를 말한다. 이런 기도를 통해 주님의 뜻을 직관적으로 알아채거나, 말로 표현하기에는 너무나 심오한 생각들을 표현하면서 주님과 교통하는 것이다. 거함 기도(abiding prayer)에는 성경 말씀을 묵상하면서 그 말씀을 통해 하나님의 음성 듣기, 마주 머묾(contemplation), 아무 말 없이 주님 앞에 잠잠히 앉아 있기 등이 포함된다.

성경을 '공부'하는 차원에서 벗어나 성경을 묵상하며 주님의 음성을 들을 수 있는 좋은 방법 중의 하나는 이냐시오(이그나티우스)가 쓴 『영신 훈련』 책의 열아홉 번째 주석을 참고하는 것이다. 소그룹이나 수양회에서 혹은 개인적으로 코칭을 받을 수도 있다. 제임스 웨이크필드는 『영신 훈련』의 열아홉 번째 주석을 개신교 방식으로 약간 변형하여 일기를 쓰는 방법과 교회에서 사용할 수 있는 구체적인 지침을 만들었다.[14]

영적 일기 쓰기도 기도의 한몫을 차지한다. 누구에게나 도움이 되지는 않더라도 영적으로 성숙해가는 과정에서 자신이 터득한 지혜나 깨달음, 기도하면서 체험한 것들을 일기에 기록해두면 매우 유용하다.

기도 생활을 도와주는 훌륭한 자료들이 시중에 많이 보급되어 있다. 리처드 포스터가 쓴 기도에 관한 책들은 기도의 초기 단계와 더불어 깊이 있는 기도에 대해 알게 해준다.[15] 조이스 허깃Joyce Huggett의 『하나님의 음성 듣기』는 복음주의 관점에서 반응적 기도를 다룬 좋은 책이다.[16] 바실 페닝턴Basil Pennington 신부의 『향심 기도Centering Prayer』 또한 마주 머묾과 침묵 수행의 중요성을 잘 보여주고 있다.[17] 영성 코치는 자신이 코치하는 성도에게 더 진전된 형태의 기도에 관한 책을 읽게 하고 실험적으로 새로운 형태의 기도를 드리도록 격려하며 그에 따른 적절한 지도와 조언을 주어야 한다.

7. 영적 전쟁에 대한 지원

영적 전쟁은 그리스도인이 되기 이전부터 이 세상을 떠나는 순간까지 계속되는 우리 영적 경험의 일부분이다. 또한 성경의 명백한 가르침에도 불구하고 많은 사람이 혼동을 일으키고 있는 부분이기도 하다. 그리스도인은 누구나 사탄과 마귀의 존재, 그들의 목적과 전술을 기본적으로 알고 있어야 한다. 그런 것들을 모르거나 억측하는 것은 대단히 위험한 일이다. 각 방을 설명할 때 언급했듯이 그리스도인들이 성숙해감에 따라 원수들의 공격 양상은 달라진다. 그것을 분별하는 것도 중요하지만 언제 다른 성숙한 성도들의 도움을 받아야 할지를 아는 것도 중요하다. 영적 전쟁에는 광범위한 요소들이 포함되어 있고, 교단과 교파를 막론하고 수많은 저자들이 영적 전쟁에 대한 책을 썼지만 기본적으로는 성경 말씀에 근거를 두고 대처하여야 한다. 영적 전쟁에 대한 책들 중에는 기도 중에 받는 영적 공격을 다룬 책이 거의 없다. 에바그리오스의 『열정과 생각의 판별에 관한 책Texts on Discrimination in Respect of Passions and Thoughts』이라든가 로욜라의 이그나티우스가 쓴 『하나님의 뜻을 분별하는 규칙Rules of Discernment』 등의 고전을 읽어보면 도움이 될 것이다.[18]

8. 영성개발 자료 센터

영적 성숙이란 하나님의 신비로움을 탐색하는 일, 즉 우리가 가보지 못한 길을 여행하는 것이라고 말할 수 있다. 교회 안에도 인생과 신앙에 대해 논할 수 있는 성숙한 교인들이 많겠지만 과거와 현대의 기독교 신비주의자들이나 지도자들도 우리에게 주어진 중요한 '성도들의 교제' 안에 포함되며 우리는 그들로부터 많은 것을 배울 수 있다.

개인이나 단체의 훈련과 멘토링을 보완해주는 광범위한 영성개발 자료들이 제공된다면 영적 성숙에 큰 도움이 될 것은 두 말할 여지가 없다. 교회 안에 영성개발 자료 센터가 있어 영적 성숙의 각 단계에서 참고할 만한 다양한 분야의 신앙 서적과 자료들을 비치해두면 좋을 것이다. 책, 잡지, 인터넷 자료, 영화, 연극 등의 다양한 자료들이 비치되어 있으면 교회 지도자들이 자신이 속한 교회의 교리와 일관된 자료들을 선택해서 사용할 수 있고, 교인들도 자신의 영적 성숙의 진도에 맞추어 자료들을 참고할 수 있게 된다. 다만 자신의 교파와 교리만을 고집하지 말고 더 폭넓은 관점에서 쓰인 책들과 자료들도 구비해 놓는 것이 좋다. 특히 사역과 존재의 균형을 맞추어주는 고전 양서들을 많이 구비해야 한다. 교인들에게 적절한 출처를 알려주고, 아울러 사려 깊게 쓰일 수 있도록 주석이 달린 서적 목록을 준비해두는 것이 좋다. 또한 시각과 촉각에 민감한 우뇌형 교인들을 위해 그들에게 맞는 자료도 제공해 주어야 한다. 예를 들면 음악, 그림, 조각, 예술품 등 영적 체험의 초월적인 면을 이해하고 공감대를 제공하는 자료들을 말한다. 레노바레에서는 영성개발과 영성 지도에 관한 인터넷 홈페이지 자료가 풍부한 자료 목록을 출판하고 있고[19] 이마고 크리스티에서는 테레사의 일곱 가지 방에 따라 구성한 참고서적 목록을 갖추고 있다.[20] 리처드 포스터의 레노바레 목록에도 다양한 자료에 대한 설명이 들어 있으며[21] 그 외에도 수많은 자료와 목록이 시중에 나와 있다.

9. 상담, 치유, 영성 지도와 코칭

인간은 누구나 저마다의 갈등과 고민을 안고 살아간다. 영성개발 과정에서도 마찬가지로 문제가 존재한다. 어려움에 처한 성도들을 돌보는 일이 목사나 교인의 임무이기는 하지만 그 섬김이 개인의 영적 성숙을 돕기도 하고 방해하기도 한다는 점을 알아야 한다. 하나님은 언제나 우리와 함께 하시므로 우리가 만나는 어려움도 성숙의 계기가 되어준다. 목사는 그 점을 교인들에게 충분히 이해시켜야 한다. 영성 훈련에서는 도움을 요청하는 것이 나약함의 증거가 아니라 성숙함의 증거임을 반드시 강조할 필요가 있다.

목사는 어떻게든 도움을 주고 싶은 마음에, 상담 중 교인들의 문제를 해결하거나 교인을 교정하려 드는 경우가 있다. 그러나 당면한 문제의 해결보다는 하나님이 현재 어떤 일을 하고 계시는지, 이로 인해 무엇을 배울 수 있는지를 깨닫게 해주는 것이 훨씬 더 중요하다. 목사와 전문 상담가들은 상대가 영적으로 어느 정도 성숙했는지를 파악하여 문제 속에서 스스로 하나님의 뜻을 분별할 수 있도록 도와주어야 한다.

교인들에 대한 영성 코칭과 멘토링 사역은 교인들이 위기에 처하기 전 영적 생활의 문제들을 다룰 수 있는 길을 열어준다. 앞에서도 말했듯이 영성이 개발되는 과정은 각 개인별로 독특한 여정이기 때문에 틀에 박힌 '표준형' 방식은 통하지 않는다. 가능하면 교인들 중에서 영성개발 코치들을 발굴하여 교인들을 돕도록 해줘야 한다. 은사가 있고 영적으로 성숙한 교인들을 발견하면 그들을 위한 프로그램을 제공하고 훈련시킴으로써 아직 성숙하지 못한 다른 교인들을 이끌어주고 도와주는 멘토가 되게 한다. 훈련을 받은 사람은 더욱 자신감 있고 유능한 멘토나 코치가 되어 다른 교인들과 유익하고도 적절한 멘토 관계를 맺을 수 있게 된다. 교인들은 완벽해 보이는 목사나 장로보다 같은 평신도에게 속 이야기를 쉽게 터놓는다.

요즘에는 영성 지도spiritual direction가 하나의 전문 분야로 인식되어 특별한 훈련과 자격증을 요하기도 한다. 대부분의 경우 목사나 영적 멘토들이 주는 도움으로 충분하지만 영적으로 성숙한 사람이거나 문제가 심각한 교인일 경우에는 전문가의 도움도 고려할 필요가 있다. 교인들이 영적으로 성숙하는 데 관심이 많은 목사들은 시간을 내어 영성 지도에 대한 훈련을 따로 받기도 한다. 그동안은 영성개발에 대해 합의된 목표나 척도가 없었기 때문에 영성 지도라는 것 자체가 중구난방이었다. 목사들 중에는 그 지역의 전문적인 영성 지도자를 추천하여 교인들이 지도를 받게 하기도 한다.

목사나 교인들의 영적 멘토링이나 코칭이 영적 성장을 촉진하기도 하지만, 경우에 따라서는 전문가의 도움이 필요할 때가 있다. 영적 성장을 위해 때로는 자신에게 해를 끼치는 잘못된 생활 태도와 행동양식에 묶여있게 하는 과거의 상처들을 치유해야만 한다. 많은 그리스도인이 마약이나 음란물 중독, 재물에 대한 욕심, 대인 관계 등의 문제들을 갖고 있다. 마이클의 경우 중독 문제는 하나님과의 관계와 영적 성장에 최대의 걸림돌이었다. 하지만 이후에는 자신의 경험을 살려 그 분야의 목회에 성공하기도 했다. 애비게일 역시 과거의 영적, 정서적 상처들을 치유하기 위해 상담과 기도를 받았다.

영적으로 성숙해가는 과정에서 상담이나 심리치료가 필요한 시점이 있다. 주님의 도움을 받아 특정 상처를 치유할 때가 되었다고 하나님이 판단하실 때가 바로 그때이다. 사춘기, 중년, 노년의 시기에 겪는 문제들은 적절한 도움을 받아 원만히 해결하느냐 그렇지 못하느냐에 따라 영적 성숙의 디딤돌이 되거나 걸림돌로 작용한다. 모든 교회가 교인들에게 적절한 신앙 상담을 제공할 수 있는 것은 아니므로, 심각한 문제가 있을 때는 전문가의 도움을 받는 것이 바람직하다.

10. 영성 훈련과 생활 수칙

앞선 장들에서 강조했듯이 변화를 위해서는 인간적이며 의도적인 노력이 필수적이다. 우리 안에서 역사하시는 하나님께 협조를 하느냐 안 하느냐의 여부는 우리가 어떻게 살아가느냐로 나타난다. 그 사실을 알고 계셨던 예수님은 언제나 하나님 아버지와 동행하는 영적인 삶의 실제 모본을 우리들에게 보여주셨다고 제자들은 기록하고 있다. 그렇기 때문에 그분은 "아버지께서 하시는 일을 보지 않고는 아무것도 스스로 할 수 없나니"라고 말씀하신 것이다(요 5:19 참조). 지난 2천 년간 수많은 그리스도인이 예수님의 삶을 본받아 '생활 수칙Rule of Life'을 작성하고 실천했다. '생활 수칙'이란 간단히 말해서 일상생활 속에 다양한 신앙 훈련을 포함시킴으로써 당대의 세속적 가치관에 대항하여 신실하게 예수님을 사랑하며 그를 따라 살아가려는 일상적인 삶의 모본(틀, 규정, 리듬)을 말한다. 역사적으로 여러 가지 삶의 수칙들이 만들어졌으며, 현대에 들어와서 새롭게 만들어진 수칙들과 함께 우리 삶의 좋은 안내자가 되어준다.[22] 영적 성숙 과정을 이해하고 자신의 단계를 알고 있는 사람은 자신의 단계와 기질에 맞는 생활 수칙을 새롭게 정하거나 기존의 규범 등을 자신에 맞게 적용하면 된다.

교인들이 자신의 생활 수칙을 작성해 사용하고자 한다면 먼저 영적 성숙의 단계들을 이해하고 고전적인 영성 훈련에 어떤 것들이 있는지 배울 수 있도록 도와주어야 한다. 교사들은 성경 말씀과 역사적 근거들을 이용해서 그들이 실천할 수 있는 방법들을 가르쳐주어야 한다. 영적으로 성장해가는 동안 자연스럽게 영성 훈련의 종류가 달라지기도 하지만 일단은 어떤 훈련들이 있는지 알고 시도해봄으로써 무엇이 자신에게 가장 도움이 되는지를 파악할 수 있다. 그에 따라 영성개발 계획을 새롭게 짜거나 기존 계획을 수정하면 된다. 영성 훈련을 배울 수 있는 최적의 장소는 소그룹이다. 그 안에서 사람들은 모르는 것을 질문하고 서로를 통해 배우게 된다. 가끔은 '실험'을 해보는 것도 좋다. 실패를 두려워하지 말고 다양한 영성 훈련을 시도해보면 경험을 통해 많은 것을 깨닫게 된다. 리처드 포스터와 달라스 윌라드는 영성 훈련들을 자세히 소개하고 방대한 양의 참고 자료들을 제공했으며[23]

애들 칼훈Adele Calhoun의 『영성 훈련 핸드북』은 영성 훈련과 그 실천 방법을 매우 폭넓게 다루고 있다.[24]

11. 단체 수양회와 개인 기도 수련회

교회에서 실시하는 제자훈련 프로그램은 학교 교육을 본떠 만들어졌다. 성도들이 알아야 한다고 생각하는 사항들을 일방적으로 정한 후에 교재로 만들어 정보를 가르치는 식이다. 그러나 이 책에서 보았듯이 우리는 정보 습득보다 실제적인 체험을 통해 영적으로 성숙한다. 교회에서는 주로 강의로 교육하고 있지만 교인들의 영적 성숙에 그것이 최선의 방책이라고는 말할 수 없다. 오히려 신앙생활에 대해 배우고 그것을 그대로 실천해볼 수 있는 영성개발 수양회가 영적 성장 과정에 더 도움이 되리라 생각한다.

수양회의 장점 중 하나는 시간적인 여유다. 현대 그리스도인의 영성개발에 가장 방해가 되는 것은 언제나 바쁘다는 사실이다. 하루하루가 가정, 직장, 취미 생활, 교회 봉사로 꽉 차 있다 보니 하나님 앞에 조용히 앉아서 대화를 나눌 시간이 없다. 그렇게 바쁘고 모든 것이 정신없이 살다 보면 기도나 묵상을 하는 시간에도 일에 대한 생각과 온갖 잡념으로 정신을 집중하기가 힘들다. 예로부터 그리스도인들은 장시간 어딘가로 가서 기도와 묵상을 하는 게 큰 도움이 된다는 것을 알고 있었다. 어쩌면 그것이 가장 필요하고 절실한 사람들은 바쁘고 정신없이 돌아가는 현대의 그리스도인일 것이다. 번거로운 일상을 떠나서 하나님 앞에 앉아 오직 그분만을 주목할 때 하나님은 우리에게 놀라운 일을 행하신다.

영적 성숙에 큰 진전을 가져올 수 있는 수양회에는 적어도 두 가지 형태가 있다. 하나는 단체로 가는 수양회이고 또 하나는 개인적으로 기도하기 위해 떠나는 기도 수련회이다. 단체 수양회에는 강의나 설교, 예배, 홀로 기도하는 시간 등이 있어 성도들과의 교제와 열린 분위기 속에서 깊이 있는 영성 체험을 할 수 있다. 충분히 기도하지 못해 고민하는 교인들에게는 교회에서 정기적으로 가는 영성 수양회가 절호의 기회가 되는 셈이다. 스스로 영성 훈련을 실천해온 사람은 홀로 기도원이나 수도원을 찾아가서 기도, 묵상, 침묵을 하면 매우 의미 있는 시간을 보낼 수 있다. 교회는 영적으로 안정된 분위기와 적절한 시설을 갖춘 장소를 선정하여 교인들에게 알려주면 좋을 것이다. 수양회가 끝난 뒤 영적 멘토나 친구들과 만나 수양회를 통해 어떤 은혜를 받았는지를 서로 나누어보는 것도 좋다. 이것이 전체적으로 이루어진다면 교인들이 수양회 기간 동안 적은 일기를 발표하게 하는 것도 한 방법일 것이다.

12. 영성개발 차원에서의 전도와 선교

영적 성숙 과정을 통해 우리가 알 수 있었던 한 가지는 하나님과의 진실한 사랑이 자연스럽게 이웃 사랑으로 이어진다는 사실이었다. 거꾸로, 다른 사람을 사랑하고 돌보다 보면 우리 자신이 하나님과 더 가까워지고 그분을 깊이 신뢰하게 되는 것을 발견한다. 그렇기 때문에 교회에서의 전도 구제 사역과 영성개발을 별개로 취급해서는 안 된다. 여기에서는 교회의 특별 프로그램이나 사역을 말하는 것이 아니다. 교회 생활에서 가장 핵심이 되는 그 두 가지를 어떻게 생각하고 이야기할 것인가에 대한 문제이다. 영성개발 훈련과 코칭에서는 우리 자신을 넘어 하나님이 우리 삶에 보내주신 사람들도 생각할 수 있도록 도와줘야 한다. 전도와 선교를 영적 성숙의 기회로 여기고 교인들과 함께 그 기회를 만들어 하나님이 우리 안에서 하시는 일에 협조하도록 해야 한다. 반대로 전도와 선교에 참여했던 사람들로부터 그 기간 동안에 하나님이 그들을 통해서 무엇을 하셨는지만이 아니라 그들 안에서 무엇을 하셨는지를 들어볼 수 있다. 전도나 선교여행을 다녀온 청소년이나 청년들로부터 이런 말을 많이 듣는다. "하나님이 저를 사용하셨는지는 잘 모르겠지만 저 자신은 큰 은혜를 받았습니다." 우리는 그들이 하나님의 역사하심에 대해 깨달은 것을 이해하도록 도와주고 일상에서 그 깨달음대로 살 수 있도록 격려하고 도와주어야 한다.

영적으로 개발되는 교회

지금까지 이야기한 영성개발 사역의 요소는 간단히 요약한 것에 불과하지만, 한 가지만큼은 분명하다. 교회에 네 가지 요소만 갖추어져 있다면 영성개발 사역을 얼마든지 계획하고 시작할 수 있다는 점이다. 네 가지란 바로 (1) 영적 성숙의 목표에 대한 분명한 이해 (2) 영적 성숙을 위한 로드맵 (3) 영적 성숙도를 평가할 수 있는 척도 (4) 하나님에 대한 사랑과 이웃 사랑을 북돋아주는 교회 생활이다.

우리의 영성개발이 교회나 목사의 책임만은 아니다. 성삼위와의 진실하고 깊은 사랑의 관계로 나아오라는 주님의 초대에 응하는 것은 우리 모두가 해야 할 일이다. 하지만 교회 생활이 그 과정에 필수적이다.

교회에서 실시하는 영성개발 사역은 주님의 사랑을 더 풍성하게 나타내는 믿음의 공동체로 이끌어준다. 이 책에서 설명한 영적 성숙 로드맵과 활용 방법, 영성개발 사역을 통해 영성 지도, 멘토링, 코칭 등의 교회 사역을 시도해보기 바란다. 충돌이나 마찰이 생기면 그것을 해결해야 할 문제로만 여기지 말고 영적 코칭의 기회로 삼으라. 교회의 영성 지도자들은 교인들이 하나님과 깊이 친밀해지며 믿음 안에서 자라고 성숙해지도록 이끌어야 한다. 우리는 교회 사역의 빈자리를 채우는 데 급급해하지 말고 하나님이 주신 사명감을 갖고 교회 사역에 임해야 한다. 영성개발의 자료들을 효과적으로 사용하면 우리 안의 열정에 불을 붙여줄 것이다. 예수님의 제자인 우리들은 자신의 영적 성숙에 전적인 책임을 져야 한다. 다른 사람이 우리의 영적 성숙을 책임져야 한다는 식의 책임 회피나 책임 전가는 옳지 않다. 교인들 모두가 영적 순례자라는 사실을 인식하고 교회는 그런 교인들의 연약함을 보듬어주며 솔직하게 자신을 열어 보일 수 있는 분위기를 조성해야 한다. 교인들이 예수님과의 관계에서 성장해갈수록 교회 역시 주님의 사역과 전도에서 더욱 성숙한 교회가 될 것이다. 새로운 삶을 드림으로써 무엇보다 주님이 우리 안에서, 그리고 우리를 통해서 더 큰 영광을 받으실 것이다. 우리의 마음속에 주님 사랑과 이웃 사랑이 깊어져야 우리의 교회들도 '등경 위의 등불'이 되어 찬란한 빛을 발하지 않겠는가?

생각해보기

- 당신의 교회에서는 영성개발의 어떤 면이 보완되어야 한다고 생각하는가? 하나님은 당신이 그 일에 어떻게 돕기를 원하고 계신다고 생각하는가?
- 기독교 공동체는 두 사람부터 시작된다. 하나님은 당신에게 누구와 믿음의 공동체 혹은 믿음의 친구가 되라고 말씀하시는가?
- 당신은 어떻게 교회와 지도자들을 위해 기도하고 그들과 함께 영적으로 성숙해가는 교회를 만들어갈 생각인가?

14
우리의 소명

"여호와의 말씀이니라. 너희를 향한 나의 생각을 내가 아나니 평안이요 재앙이 아니니라. 너희에게 미래와 희망을 주는 것이니라. 너희가 내게 부르짖으며 내게 와서 기도하면 내가 너희들의 기도를 들을 것이요 너희가 온 마음으로 나를 구하면 나를 찾을 것이요 나를 만나리라. 이것은 여호와의 말씀이니라. 나는 너희들을 만날 것이며 너희를 포로된 중에서 다시 돌아오게 하되…(렘 29:11-14)"

14장
우리의 소명

보니페이스 수사는 기도의 성격과 하나님과의 관계를 설명할 때마다 '아우스컬타'라는 말을 자주 사용했다. '아우스컬타'란 오래된 라틴어로 '귀를 기울이다'라는 뜻이다. 보니페이스 수사는 그 말을 '경청하다'는 뜻으로 사용해, 하나님이 우리에게 경청하기를 바라시는 이유는 그분이 많은 '말씀'을 하시기 때문이 아니라 우리가 그분의 움직이심과 그에 따른 우리 마음의 은밀한 반응까지 직관으로 알기 위해 그분의 마음에 귀를 기울이기 원하시기 때문이라고 했다. 이 책을 읽는 독자들도 주님께서 말씀하시는 것에 귀를 기울이고 경청하기를 바란다.

이 책을 읽는 중요한 핵심은(어쩌면 이것은 하나님의 요점일 수 있다) 정보 습득이 아니라 당신이 처해 있는 마음의 방에서 더 깊은 하나님과의 사랑으로 향하는 순례의 길을 떠나는 데 격려를 얻기 위함이다. 지금까지 주의 깊게 읽어온 독자라면 어느 특정한 내용이나 이야기에 이상하게 마음이 끌리는 것을 발견했을 것이고, 심지어 눈물이 핑 돌았을지도 모른다. 반면 어떤 내용들은 대충대충 넘어가기도 했을 것이다. 당신의 마음이 하나님을 향해 이끌리는 내용과 이야기가 있었다는 것은 당신의 마음속에도 성숙에 대한 갈망이 있음을 말해준다. 그것은 당신이 알고 싶었고, 고민했고, 소원했고, 하나님이 조용히 속삭여주셨던 부르심에 대해 말해주고 있다.

최근에 나는 이마고 크리스티의 '영성개발 여정의 발견' 수양회를 인도하면서 여섯 번째와 일곱 번째 방에서 경험할 수 있는 영적 성숙의 절정에 관해 간증 형식으로 나누었다. 마이클, 애비게일과 상규가 경험한 내용들이었다. 그 뒤에 참석자들의 토론이 이어졌는데, 내 말을 듣고 감격했던 한 참가자가 흐르는 눈물을 주체하지 못해 잠시 밖으로 뛰쳐나가는 일까지 벌어졌다. 얼마 후에 그는 내게로 와서 강의가 정말 은혜로웠다고 말했다. 그에게 고맙다고 인사를 하고 가만히 생각해보니 그가 감격한 이유는 내가 강의를 잘해서가 아니라 내가 말한 내용을 체험해보고 싶은 그의 간절한 갈망 때문임이 분명해 보였다. 그는 눈물을 글썽이며 내게 이렇게 말했다. "제 심령이 갈급했던 건 꽤 오래전부터였지만 그걸 말로 정확히 표현해주신 분은 목사님이 처음이었습니다. 지금에야 제가 소망했던 게 가능한 일일 뿐 아니라 심지어 주님이 나에게 베풀어주고 싶었던 것이라는 것을 확실히 알게 되었습니다."

당신도 이 책을 읽는 동안 많은 부분에서 마음이 움직였기를 바란다. 하나님은 지금 당신 안에서 그분의 방법으로 역사하고 계시며 그분의 사랑을 더 깊이 깨닫도록 부드럽게 당신을 인도하고 계신다. 그리고 그분은 당신이 또한 당신처럼 영혼이 갈급한 사람들에게 다가가 그들을 인도해주기를 기대하신다. 그럼 우리가 왔던 길을 다시 한 번 돌아보고 앞으로 하나님이 우리를 어디로 이끌어주실지를 생각해보자.

지금까지 걸어온 길

많은 교회가 영성개발에 대한 명확한 개념이 없을 뿐 아니라 교인들의 영적 성숙도를 평가할 척도도 없고 영적 성장을 도울 만한 적절한 과정이 결여되어 있다고 이야기했다. 많은 그리스도인이 주님을 더 깊이 알고 싶어 애를 쓰지만 잘못된 길에서 헤매다가 막다른 골목에 도달하면 낙담하거나 믿음을 떠나기도 한다. 우선 영적 성숙의 전체 과정을 살펴보고 현재 각자가 어디에 있는지를 깨달아 그곳에서 하나님이 계획하신 곳으로 이끌어가시는 손길에 협조할 방법을 찾아내야 한다.

영성개발 책에서 제시하는 목표도 제각각인 경우가 많아 독자들을 더 혼란스럽게 한다는 점도 지적했다. 일반적으로 개인적인 거룩함, 유능함, 온전함을 영성개발의 목표라고 이야기한다. 하지만 이 세 가지를 궁극적인 목표로 삼으면 막다른 골목에 다다를 수밖에 없고, 결국은 하나님만이 하실 수 있는 일을 우리 힘으로 해내려고 시도하는 잘못을 범하게 된다. 영성개발의 목표는 하나님과 맺는 사랑의 관계다. 성삼위의 속성이나 성경 말씀 전체를 보아도 그 사실을 알 수 있다. 아울러 이는 기독교의 성경적, 역사적, 신학적 증거와도 일치한다. 하나님의 목적은 우리가 그분의 은혜와 사랑과 임재를 충만히 누리고 우리가 예수 그리스도의 형상으로 변화되는 것이다. 그분의 아들과 딸이라는 은혜와 특권 속에서 그분과 함께 거하고 성삼위와 동행하는 삶을 사는 것이 우리를 향한 그분의 기쁘신 뜻이다. 또한 우리가 자연스럽게 그분의 계획을 좇아 이 세상의 구원 사역에 협력하기를 바라신다. 우리가 스스로 대단한 업적을 성취하기를 원하시는 것이 아니라 단순히 그분이 하시는 일을 보고 그 일에 참여하기를 바라시는 것이다.

이 책에서는 영적 성숙의 길을 보여주고 각자의 위치를 알려주는 영성개발 로드맵이 필요하다는 사실을 역설했다. 그러나 아무 로드맵이나 다 된다는 이야기는 아니다. 우리에게 필요한 로드맵은 성경 말씀에 근거하고, 역사적으로 입증되고, 설명이 구체적이고, 그리스도 안에서 하나님과 맺는 사랑의 관계라는 뚜렷한 목표가 있고, 인간의 성장 과정과도 일치하며, 문화와 성별과 사회경제와 신체와 감정의 차이에 상관없이 보편적으로 타당하고, 그리스도인의 평생의 과정을 포괄적으로 다루고 있어야 한다. 그 조건을 충족시킨 것 중 하나가 아빌라의 테레사가 제시한 일곱 개의 방, 즉 이 책에서 다룬 영적 성숙의 일곱 단계였다.

그다음으로는 영적 성숙의 각 방들을 살펴보면서 예수님이 어떤 식으로 우리가 그 방에서 성장하기를 원하시는지를 설명했다. 영성 훈련, 개인적 동기, 기도, 영적 전쟁, 하나님에 대한 체험, 성숙의 열쇠가 각 방을 들여다보는 창문들이었다. 우리가 이곳저곳을 방문하면서 일곱 번째 방을 향해 나아가는 동안 성령님은 우리의 생각과 감정과 행동을 변화시켜주신다. 무엇보다 하나님께 온전히 사랑받고 사랑할 수 있는 마음을 만들어주신다. 애비게일과 마이클과 상규의 이야기는 영적 순례에서 우리가 경험할 수 있는 일들을 구체적으로 보여주었고, 하나님이 우리를 인도하실 때 어떻게 응답하는 것이 최선인지를 생각하게 해주었다.

그다음으로 거론한 것은 우리 각자의 고유한 개성이 미치는 영향력이었다. 하나님은 우리가 틀에 찍혀 나온 과자처럼 판에 박힌 그리스도인이 되는 걸 원하지 않으신다. 각자 창조된 모습 그대로 개성 있고 독특한 아름다움을 발휘하기를 바라신다. 그렇기 때문에 그분은 우리가 이해하고 호응할 수 있는 방법으로 우리를 대하시고 사랑해주신다.

마지막으로 교회에서의 영성개발에 대해 이야기하면서 우리 자신의 영적 성숙만이 아니라 교인들의 변화를 추구하는 데에도 힘써야 한다는 점을 강조했다. 하나님은 우리의 영성개발이 기독교 공동체, 즉 교회라는 틀 안에서 이루어지도록 고안하셨다. 교회의 전반적인 사역은 교인들이 영성개발에 대한 분명하고 구체적이며 측정 가능한 과정과 본보기를 갖고 계속해서 영적으로 성숙해갈 수 있도록 이끌어주어야 한다. 테레사의 영적 성숙 단계와 교회의 전형적인 제자훈련 프로그램을 비교했을 때 대부분의 제자훈련이 세 번째 방까지 인도하는 데 그친다는 점도 지적했다. 교회는 성도들이 어느 단계에 있든지 그들에게 필요한 가르침과 멘토링을 제공해서 그들이 그 단계를 넘어 지속적으로 성장할 수 있도록 도와주어야 한다. 영성개발 로드맵 측정 도구를 사용해 자신이 현재 어느 위치에 있는지를 확인한다면 자신에게 필요한 것을 구체적으로 알 수 있고 앞으로의 성장에 대한 계획도 세울 수 있게 될 것이다.

영성개발은 교회의 선택 사항이 아니다

교인들이 최대한 영적으로 성장하도록 도와주는 것은 지역 교회가 해도 되고 안 해도 되는 선택 사항이 아니다. 성숙한 교인이 성숙한 교회를 만듦으로써 초신자와 불신자들에게 편안하고 은혜로운 분위기를 조성해준다. 나와 당신도 교회에서 영성개발 사역을 개발하고 실행해서 교인들이 주님이 주신 소명에 따라 살아가도록 돕는 사람들이 될 수 있다. 불신자들에게 전도해서 교인들의 수를 늘린다거나 교회의 부흥에 집중하는 것만으로는 충분하지 않다. 하나님과의 깊고 충만한 관계를 갈망하는 사람들에게 어떤 한계점을 벗어나지 못하는 제자훈련만 제공하는 것도 부적당하다. 하나님은 교회가 지금보다 더 큰 일을 해주기 바라고 계신다. 조지 바나는 이렇게 말했다. "미국인들의 얄팍한 영성은 새롭게 도전받아야 할 국면을 맞이했으며 이제는 사람들이 공감할 수 있는 새로운 전도 방법을 강구해야 할 시점에 와 있다. 수박 겉핥기식의 신앙생활을 하는 그리스도인들은 자신들을 지켜보고 있는 회의적인 세상을 향해 강하고 매력적인 전도 방법을 제시하기 이전에 우리 자신의 삶부터 제대로 세워야 한다."[1]

하나님은 자신을 좇아 하나님 나라의 새로운 시대를 열어가라고 우리에게 간절히 호소하고 계신다. 우리는 여러 가지 관점에서 그분의 마음을 확인해볼 수 있다.

성경이 명령하고 있다

우리가 영성개발을 추구해야 하는 일차적인 이유는 마태복음 22장 37-40절에 나오는 가장 큰 계명과 마태복음 28장 18-20절에 나오는 주님의 지상명령에서 비롯된다. 구약에서 하나님이 우리를 위해 준비하신 모든 것, 그리고 신약에서 하나님이 성취하신 모든 것은 하나님과 이웃을 열렬히 사랑하는 것에서 완성을 이룬다. 3장에서 밝힌 일곱 가지 방들의 성경적 근거만 보더라도 그리스도 안에서 하나님과 맺는 사랑의 관계가 가장 큰 계명을 지키는 것이고 지상명령을 수행하는 길이며 우리를 하나님과 이웃을 사랑하는 믿음의 공동체가 되게 한다는 점이 분명해진다. 바로 그런 하나님과 이웃에 대한 사랑이 동기가 되어 구원과 생명의 복음을 헌신적으로 전파하게 되는 것이다. 진정으로 주님을 사랑하는 사람이라면 그렇게 하지 않을 수가 없다.

예수님께 "예"라고 응할 때이다

마지막 장을 집필하는 동안 우리에게는 새로운 희망이 솟았지만 동시에 은근한 불안감도 엄습했다. 우리는 지금 하나님이 역사의 새 장을 여시려 하는 시점에 와 있다. 하나님께서는 우리에게 그분과 연합해서 그분의 세계 복음화에 동참하라고 새롭게 부르고 계신다. 나와 당신은 하나님의 특별한 초대를 받았다. 하나님이 사랑하시는 사람들의 마음과 생각을 되찾기 위한 최후 결전에 참여하라는 것이다. 짙어지는 어둠 속에서 하나님은 나와 당신을 통해 그의 영광스런 빛을 환하게 비춰주실 것이다. 그 일은 우리가 그리스도의 형상으로 변화될 때에만 가능하다. 예수님은 우리 각자에게 손을 뻗으며 이렇게 말씀하고 계신다. "나에게 와서 나의 사람이 되어라. 나와 같이 되어라. 나를 따라오너라. 나를 따라 내 목숨을 내어준 이들의 삶 안으로 들어가라." 주님은 우리가 그 음성을 듣고 온 마음으로 화답하기를 원하신다.

그렇다면 은근한 불안감은 무엇 때문인가? 영성개발에 대한 관심이 자신의 내면에만 집중되어 일신의 유익과 평안만을 추구하거나 혹은 교회를 부흥시키는 새로운 도구로 인식될까 봐 걱정스럽다. 우리는 온 세상을 위해 주어진 이 영성개발의 만나를 손에 들고 자기 혼자 게걸스럽게 먹다가 썩혀버릴 수도 있다. 결코 그런 일이 일어나게 해서는 안 된다. 하나님은 인류 역사의 특정한 시기에 우리를 이 세상에 보내주셨다. 우리가 이 소명에 어떻게 반응하는가는 매우 중요한 문제다.

하나님이 교회에 새로운 활력을 주신다

오늘날 우리는 역사에서 배운 교훈 위에 굳건히 서서 전도와 선교의 새로운 장을 개척해나가려 하고 있다. 미약했던 교회 사역이 어마어마한 조직으로 성장했고 이제는 세계적인 공동체로서 그리스도의 몸이 되어야 한다는 사명감을 깊이 인식하게 되었다. 교회는 지역적으로나 세계적으로나 하나의 유기체로 존재한다.[2] 교회는 지금까지 이성주의, 신비주의, 행동주의라는 시대적 사상을 통해 많은 것을 터득하게 되었다. 이성주의는 우리의 신학과 신앙생활을 더 객관적으로 생각하게 만들었고 신비주의는 하나님과의 내면적 교제에 집중하게 했으며 행동주의는 전 세계 복음화와 구제 활동에 전폭적으로 뛰어들게 해주었다. 영성개발은 우리를 그 다음 단계로 나가도록 부르고 있다.

영성에 대한 관심이 높아지는 가운데 이제는 우리 내부에서 일어나는 일들을 교회의 중심 사역으로 발전시킬 필요성이 있다. 우리가 하나님의 자녀이고 그리스도의 몸인 교회라고 말할 수 있는 근거는 우리가 무엇을 하느냐가 아니라 어떤 존재인가 하는 점이다(벧전 2:9-10 참조). 우리는 우리가 받은 것만을 줄 수 있고 실천한 것만을 선포할 수 있다.

하나님이 변화하는 세상에서 역사하고 계신다

우리 개인의 삶만이 아니라 믿음의 공동체 안에서 예수님이 그 존재를 나타내 보여주시기를 이 세상은 절실히 요구하고 있다. 세상이 자멸할 가능성은 그 어느 때보다 심각하다. 모든 문제를 다룰 수 있을 만큼 과학과 기술이 눈부신 발전을 이루었는데도 불구하고 폭력, 범죄, 빈곤, 질병, 기아 등의 문제는 세계 인구의 대다수를 끊임없이 괴롭히고 있다. 과거에는 교회가 사회의 도덕적 규범을 제시했지만 현대 사회는 이미 후기독교 사회로 진입했다는 것에 사회학자들도 동의하고 있다. 이 세상은 더 이상 교회나 기독교 가치관에 귀를 기울이지 않는다. 오히려 교회가 세상의 가치관을 받아들여 상대주의와 자

기중심주의에 물들어가고 있다.³

급변하는 현대 사회에서 교회가 진정한 영적 공동체로 활동하며 효과적으로 세상을 복음화하기가 날이 갈수록 힘들어지고 있다. 변화된 세상에서 이러한 조류를 슬기롭게 헤쳐나가기 위해서는 예전의 방식들에만 매달려서는 안 된다. 심지어 "예수님이라면 어떻게 하셨을까?"라는 질문도 더 이상 삶의 방향이나 복음화의 묘안을 제시해주지 못한다. 이제는 예수님이 무엇을 하고 계시는지를 알아내서 그 일에 적극적으로 동참해야 한다. 예수님은 하나님 아버지께서 하고 계시는 일을 하신다. 그 이상도 아니고 그 이하도 아니다. 하나님 아버지가 예수님을 세상에 보내신 것처럼 예수님도 우리를 그렇게 세상에 보내신다.

교회 안팎으로 새로운 영적 갈망이 싹트고 있다

'영성'에 대한 관심이 교회 안에서뿐 아니라 교회 밖에서도 고조되고 있다. 특히 급변하는 세대를 관찰해보면 그 추세가 더욱 두드러진다. 전 지역에 걸쳐 영성이 주요 관심사로 떠오르고 있다. 산타바바라에 있는 캘리포니아 대학의 웨이드 클라크 루프Wade Clark Roof 신학과 교수는 베이비붐 세대⁴의 새로운 동향을 다음과 같이 설명했다. "새로운 가치관에서 강조하는 것은 자아 실현과 자아 성장, 그리고 내면의 영성 추구이다."⁵ 조지 바나는 베이비붐 이후 세대의 영성을 언급하면서 중요한 점을 지적했다. "베이비버스터 세대⁶가 종교에 관심을 갖는 이유는 그들의 합리주의적 사고방식으로 보았을 때 종교적 신앙이 인생의 깨달음을 주거나 삶을 살아가는 데 유익한 관점을 제시해줄 것 같다는 계산이 서기 때문이다. 하지만 정기적으로 교회에 출석하는 일은 그들의 생활방식에 맞지 않거나 그들이 느끼는 영적 공

허함을 채워주지 못한다."⁷

비록 영성에 대한 관심이 엉뚱한 곳으로 흘러 안타깝기는 하지만 그들이 갈구하는 것이 예수님만이 주실 수 있는 것임에는 틀림이 없다. 리플렉션 선교회Reflection Ministries의 대표이자 종교 역사학자인 케네스 보아Kenneth Boa는 이렇게 말했다. "그러므로 종교는 물러나고 내면의 주관성과 체험적 진실성을 강조하는 영성이 들어오고 있다. (…) 세간에서 영성에 대한 관심이 고조되는 것과 평행선을 이루어 교회에서는 영적 쇄신을 향한 갈증이 갈수록 증가하고 있다."⁸

존 웨스터호프John Westerhoff 교수는 구체적인 사례를 들어 영성에 대한 관심을 설명했다. 그는 자신이 듀크 대학에서 기독교 교육을 가르치며 영성에 관심이 생겼다고 한다. "처음에는 그저 학생이랑 교수 몇 명만이 그런 데 관심이 있었습니다. 영성에 관한 과목을 개설하자는 논의는 상당한 반발에 부딪쳤지요. 하지만 지금은 교수와 학생들의 주된 관심사가 영성개발입니다."⁹ 세 번째 방에서의 양식만 먹었던 그리스도인들이 이제 더 많은 것을 요구하고 있는 것이다.

미래를 향한 새로운 비전

요엘 2장 28절에서 하나님은 "내가 내 영을 만민에게 부어주리니"라고 말씀하셨다. 교회가 할 일은 새 하늘과 새 땅을 만드는 게 아니다. 그리스도인은 다만 하나님이 원하시는 관계 속에서 살아가야 한다. 우리가 할 일은 "우리에게 분부한 모든 것을 가르쳐 지키게" 하는 것이다(마 28:20). 우리에게는 믿음의 공동체를 이루어갈 책임이 있다. 믿음의 공동체 안에 있는 모든 자원을 활용해서 모든 그리스도인이 주님이 원하시는 최고의 경지까지 자라고 성숙해야 한다. 그리스도를 따르는 모든 사람이 하나님과의 친밀한 관계 속에서 변화되는 연합을 향해 나아가는 영적 순례 과정에서 그들이 경험할 수 있는 모든 영적 경험을 이해해야 한다. 우리는 "그리스도의 장성한 분량"까지 성숙해감으로써 진정한 그리스도의 몸의 역할을 감당하게 되는 것이다(엡 4:13).

나머지는 예수님이 하실 일이다. 승천하시기 전에 예수님은 우리에게 이런 약속을 주셨다. "너희는 마음에 근심하지 말라. 하나님을 믿으니 또 나를 믿으라. 내 아버지 집에 거할 곳이 많도다. 그렇지 않으면 너희에게 일렀으리라. 내가 너희를 위하여 거처를 예비하러 가노니 가서 너희를 위하여 거처를 예비하면 내가 다시 와서 너희를 내게로 영접하여 나 있는 곳에 너희도 있게 하리라. 내가 어디로 가는지 그 길을 너희가 아느니라(요 14:1-4)."

지금, 바로 이 순간 우리는 예수님의 초대에 어떻게 응할 것인가? 성삼위께서는 당신 가운데, 그리고 이 세상 가운데 거하시며 사랑하시는 사람들을 구원하기 위한 계획을 지속적으로 수행하고 계신다. 하나님은 당신 마음의 방들에 거하시면서 우리를 그분과의 더 깊은 친밀감과 사랑의 기쁨으로 부르고 계신다. 그분을 깊이 알게 됨으로써 당신을 향한 그분의 사랑과 세상에 대한 사랑으로 당신 가슴이 활활 타오르기를 원하신다. 더 나아가 하나님 나라 확장이라는 숭고한 하나님의 역사에 동참하기를 바라신다.

그분의 사랑과 소명에 응하는 일은 하루하루의 일상에서 시작된다. 우리 마음에 거하시는 성령님의 부드러운 속삭임에 "예"라고 대답하면서 주변 사람들을 향한 그분의 뜻을 깨닫고 그 뜻에 순종하기만 하면 된다. 우리 마음의 방들에서 흥미진진한 모험이 우리를 기다리고 있다!

나가며

톰 애쉬브룩

　인생의 나그네들이 씨실과 날실의 바탕을 짜놓으면 어떤 저자든지 그 직물로부터 이야기를 풀어낼 수 있다. 나의 경우에는 절망과 좌절과 무지의 어두움에서 나를 만나준 한 분이 그 바탕이 되는 직물을 짜주었다. 그분은 성령의 내적인 역사를 통해 지금까지 나와 함께 걸으면서 나를 하나님 아버지의 사랑과 용서의 품으로 이끌어주었다. 사랑하는 친구가 된 그는 나의 죄와 어리석음까지 대신 짊어져주었고 그의 희생은 지금도 내 세포 하나하나에 스며들어 있다. 그분의 이름은 예수다.

　이 책이 세상에 나오기까지 예수님은 일일이 열거하기도 힘들 정도의 많은 사람을 보내주셔서 그들의 아름다움과 색깔이 직물에 엮이게 하셨다. 그중에서도 몇몇 사람은 실로 막대한 영향력을 끼쳤다. 나의 아내 샬럿은 항상 주님의 임재 가운데 살면서 내 신앙의 모범이 되어주었다. 때로는 주님의 부르심이 막연해서 겁이 날 때도 있었지만, 아내는 안전하고 낯익은 환경을 떠나 내게 주신 주님의 사명에 기꺼이 동참해주었다. 주님을 진정으로 경외하는 아내의 아름다운 색깔과 문양들은 이 책의 곳곳에서 찬란하게 빛을 발하고 있다.

　직물에 삼차원적 깊이를 더하기 위해 하나님은 보니페이스라는 이름의 수사를 사용하셨다. 보니페이스 수사는 내게 '잠잠하여 하나님을 알라'고 권해주었고, 성삼위와의 친밀한 관계 속에서 '잠잠하는' 법과 나아가 '그냥 있는' 법을 가르쳐주었다. 나에게 아빌라의 성녀 테레사를 알게 해준 이도, 일곱 번째 방을 몸소 보여준 이도 바로 그였다. 우리의 만남은 언제나 주님을 경험하게 만들었다. 내 안에 있는 수사의 본능을 일깨워준 그에게 언제까지나 감사할 것이다.

이 책에서 나는 공동체에 대해 많은 이야기를 했다. 내가 예수님을 따르고 이 책을 쓸 수 있었던 원동력은 지난 수년간 하나님이 형성해주신 공동체였다. 전 조지폭스 복음주의 신학대학원의 부총장이자 웨스턴 신학대학원 학장인 척 코니어리 박사는 아빌라의 테레사의 신비주의 문제를 영성 훈련의 패러다임으로 바꾸는 데 큰 힘이 되어주었다. 크리스 라이온스는 더 많은 독자가 나의 박사 논문을 읽을 수 있도록 책으로 출판해보라고 권해준 사람이다. 우리는 '이마고 크리스티'라는 영성 훈련팀에서 함께 기도하며 성부와의 더 깊은 친밀감을 누렸고, 다른 훈련 참가자들도 같은 기쁨을 누리도록 돕는 가운데 이 책의 내용을 현장에서 검증해볼 수 있었다. 이 책의 직물이 공교히 짜이도록 변함없는 사랑과 용서와 헌신을 보여준 이마고 크리스티의 형제자매들에게 감사한다.

마이크 클라센, 크리스 라이온스, 빌 오번, 제레미 스테파노, 라반 페르, 알린 캄페 등은 이 책의 원고를 읽고, 교정하고, 편집하고, 교정한 원고를 또다시 읽으면서 하나님이 내게 허락하신 말씀을 더 효과적으로 전달하는 법을 깨닫게 해주었다. 현명한 충고를 해준 나의 저작권 대리자 그렉 존슨, 하나님이 짜신 이 직물이 빛을 볼 수 있도록 기쁨을 주고 전문적 지식을 보태준 조시 바스Jossey-Bass 출판사 직원들에게 감사한다. 그리고 한국적인 상황에서의 경험들을 근거로 수정하고 보완 작업을 해준 동역자 박동건 목사에게도 감사를 전한다.

내가 주님의 인도를 따라갈 수 있도록 내 삶을 어루만져 변화시켜준 모든 분에게 진심으로 고마움을 전하고 싶다. 우리를 사랑의 성으로 불러주신 하나님께 우리 삶을 엮고 있는 모든 씨실과 날실이 영원한 사랑과 존경의 아름다운 직물이 되기를 소망해본다.

주

1장 이것이 신앙생활의 전부인가?

1. 레노바레(Renovare)는 리처드 포스터가 기독교 지도자들을 위해 시작한 영성 훈련이다. 홈페이지 주소 http://www.renovare.org.

2. Thomas Dubay, Fire Within: St. Teresa of Avila, St. John of the Cross, and the Gospel on Prayer, San Francisco: Ignatius Press, 1989.

3. 이마고 크리스티(Imago Christi)의 사역에 대한 정보는 다음의 홈페이지를 참고하라. http://www.imagoChristi.org.

4. James Wakefield, Sacred Listening: Discovering the Spiritual Exercises of Ignatius, Grand Rapids, Mich.: Baker Books, 2006. 이 책은 2021년 한국어로 번역 출판될 예정이다.

5. Richard V. Peace, "From Discipleship to Spiritual Direction," Theology, News ε Notes, Mar. 1999, 46(1), 7.

6. Peace, "Discipleship," 7, 8.

7. 리처드 포스터, 영적 훈련과 성장, 생명의 말씀사, 2009.

8. Kieran Kavanaugh and Otilio Rodriguez, The Collected Works of St. Teresa of Avila, Washington, D.C.: ICS, 1986.

9. 토머스 아 켐피스, 그리스도를 본받아, 두란노, 2010.

10. Peace, "Discipleship," 8.

11. James M. Houston, "Spirituality," in The Evangelical Dictionary of Theology, ed. Walter A. Elwell, Grand Rapids, Mich.: Baker Books, 1984, 1046.

12. Peace, "Discipleship," 9.

13. 그렉 L. 호킨스외, 발견: 당신은 지금 어디에 있는가? - 당신의 교회를 변화시킬 윌로우크릭의 영적 성장 실태 보고서, 국제제자훈련원, 2008. 윌로우크릭 협회는 빌하이벨스 목사와의 결별이후 글로벌리더십네트워크(Global Leadership Network)로 이름을 변경했다. http://www.willowcreek.com.

14. 보니페이스 수사는 2006년 2월 8일에 소천했다.

2장 막다른 골목으로 이끌어가는 오류와 착각

1. 그렉 L. 호킨스외, 발견: 당신은 지금 어디에 있는가? - 당신의 교회를 변화시킬 윌로우크릭의 영적 성장 실태 보고서
2. Cf. George Barna, Virtual America, Ventura, Calif.: Regal Books, 1994.

3장 하나님의 사랑을 향해 떠나는 여정

1. 영적 성숙의 본보기들을 비교할 만한 경우가 많지 않을 뿐더러 자세한 설명도 찾아보기 힘들다. 영성개발이나 훈련의 경험을 장황하게 이야기하는 책은 많은 반면 구체적인 본보기를 제시하는 책은 극소수에 불과하다. 다만 과거에 나온 책들 중에는 참고해 볼 만한 것들이 꽤 있다. 하지만 그 책들마저도 어떤 것들은 너무 단순하고 어떤 것들은 너무 복잡하다. 또한 너무 오래된 책도 있고 매우 한정된 경험을 바탕으로 쓴 책들도 있다.
2. Kavanaugh and Rodriguez, The Collected Works of St. Teresa of Avila, 1986.
3. Kavanaugh and Rodriguez, St. Teresa: Kavanaugh and Rodriguez, The Collected Works of St. John of the Cross, Washington, D.C.: ICS, 1987.
4. 아우구스티누스, 고백록, 종합출판 범우, 2008.
5. 달라스 윌라드, 잊혀진 제자도, 복있는사람, 2021.
6. Kavanaugh and Rodriguez, St. John.
7. 같은 책.
8. Dubay, Fire Within, 78.
9. 같은 책.
10. Kavanaugh and Rodriguez, St. Teresa, 1:263–452.

4장 첫 번째 방: 새로운 출발

1. Kavanaugh and Rodriguez, St. Teresa, Interior Castle, I:286.
2. 같은 책, 1:294.
3. C.S. 루이스, 천국과 지옥의 이혼, 홍성사, 2003.
4. Tom Clegg and Warren Bird, Lost in America: How You and Your Church Can Impact the World Next Door, Loveland, Colo.: Group, 2001, 34.
5. George Barna, Virtual America, Ventura, Calif.: Regal Books, 1994, 83, 84.

6. Kavanaugh and Rodriguez, St. Teresa, 2:287.

7. 같은 책, 2:285.

8. 같은 책, 2:293.

9. C.S. 루이스, 스크루테이프의 편지, 홍성사, 2005.

10. Lewis B. Smedes, Shame and Grace: Healing the Shame We Don't Deserve, San Francisco: HarperOne, 1993, 126.

11. Irving Harris, "Finding a Handle," in Groups That Work, ed. Walden Howard, Grand Rapids, Mich.:Zondervan, 1967, 11.

12. Kavanaugh and Rodriguez, St. Teresa, 2:270.

13. Dubay, Fire Within, 136-152. 테레사 성녀가 살던 시대에는 중독이라는 말이 '집착하다'라는 뜻이었다. 요즘의 중독이 그렇듯 하나님을 대신해서 위안과 힘과 안정감을 주는 것들을 의미했다. 토머스 두베이는 아빌라의 테레사와 성 요한의 관점에서 훌륭한 논쟁을 펼치고 있다.

14. 같은 책, 80, 81.

15. 키스 웨브(Keith Webb), 크리스천 지도자들을 위한 코칭 워크숍 교재, CRM Korea, 2014, 22

5장 두 번째 방: 신앙과 세상 사이

1. Kavanaugh and Rodriguez, St. Teresa, 2:298.

2. Dubay, Fire Within, 83.

3. Kavanaugh and Rodriguez, St. Teresa, 2:298.

4. 같은 책, 2:301, 302.

5. 같은 책, 2:298, 299.

6. 제자훈련 교재들을 보면 이 사실을 금방 알 수 있다. 오순절이나 은사주의 교회들이 영적 전쟁에 대해 더 많이 가르치는 편이다.

7. Kavanaugh and Rodriguez, St. Teresa, 2:303.

8. Dubay, Fire Within, 84.

9. Kavanaugh and Rodriguez, St. Teresa, 2:301.

10. C.S. 루이스, 스크루테이프의 편지.

6장 세 번째 방: 예수님을 따라감

1. Kavanaugh and Rodriguez, St. Teresa, 2:309.

2. 같은 책, 2:304.

3. 같은 책, 2:306.

4. 같은 책, 2:313.

5. 같은 책, 2:309.

6. 같은 책, 2:311.

7. 같은 책, 2:314.

8. Wakefiled, Sacred Listening.

9. 토머스 아 켐피스, 그리스도를 본받아.

10. Kavanaugh and Rodriguez, St. Teresa, 2:309.

7장 네 번째 방: 예수님과 사랑에 빠짐

1. 계 2:4.

2. 오즈월드 체임버스, 주님은 나의 최고봉, 토기장이, 2009.

3. Dubay, Fire Within, 88.

4. Kavanaugh and Rodriguez, St. Teresa, 2:332.

5. 같은 책, 2:327, 328.

6. 같은 책, 2:317.

7. 달라스 윌라드, 영성 훈련, 은성출판사, 1993.

8. 리처드 포스터, 영적훈련과 성장, 생명의말씀사, 2009.

9. Bernard of Clairvaux, On the Song of Songs, Cistercian Fathers Series, ed. Kilian J. Walsh and Irene M. Edmonds, vol. 40, Spencer, Mass.: Cistercian, 1971-1980; The Love of God, Portland, Ore.: Multnomah Press, 1983.

10. Kavanaugh and Rodriguez, St. Teresa, 2:313.

8장 다섯 번째 방: 하나님과의 하나 됨을 갈망함

1. Kavanaugh and Rodriguez, St. Teresa, 2:335.

2. 하프타임이란 인생의 전반기에는 성공을 추구하며 살아가지만 후반기에는 성공보다는 인생의 의미와 보람을 추구하며 살아가는 현상에 대한 설명이다. 하프타임 자체는

전반기와 후반기가 교차하는 시기로, 이때 인생에 대한 관점의 변화와 삶의 전환이 일어난다.

3. Dubay, Fire Within, 96.

4. Kavanaugh and Rodriguez, St. Teresa, 2:350.

5. 같은 책, 2:351.

6. 같은 책, 2:336.

7. 같은 책, 2:346.

8. 같은 책, 2:357.

9. 같은 책, 2:351.

10. 같은 책, 2:339.

11. 같은 책, 2:348.

12. 같은 책, 2:337.

13. Benedict J. Groeschel, Spiritual Passages: The Psychology of Spiritual Development, New York: Crossroad, 2000, 147, 148.

14. 같은 책, 152.

15. 리처드 포스터, 영적 훈련과 성장.

16. Dubay, Fire Within, 129.

17. 겔 11:19-20.

18. 시 51:10.

9장 영혼의 어둔 밤

1. Dubay, Fire Within, 159.

2. Kavanaugh and Rodriguez, St. John.

3. 같은 책, 295.

4. 이 내용은 같은 책 313-329쪽에 수록되어 있다.

5. 제럴드 메이, 영혼의 어두운 밤, 아침영성지도연구원, 2006. 이 책에서는 '어둠'을 육체적이고 심리적인 고통으로 묘사하고 있다. 하지만 성 요한은 '어둔 밤'이 오직 하나님의 역사라는 점을 강조한다. 시련을 당하면 사탄의 유혹을 받기도 하고 위안거리가 없어 고통이 심화될 수는 있지만 근본적으로 인간이 어둔 밤을 유발하지는 않는다.

6. 이마고 크리스티는 전 세계 그리스도인의 언약 공동체로서 영성 훈련 자료들을 개발

하고 기독교 지도자들에게 영성 훈련 코칭을 실시하고 있다. 홈페이지는 다음과 같다. http://www.ImagoChristi.org, www.crmkorea.org. 훈련 프로그램/영성 훈련 프로그램

7. Kavanaugh and Rodriguez, St. John, 316.
8. 같은 책, 321.
9. 같은 책, 323.
10. 시 51:10.
11. 오즈월드 체임버스, 주님은 나의 최고봉(365일 묵상 탁상용 캘린더), 토기장이, 2009.
12. 두베이는 그리스도인이 경험하는 정신적, 정서적 문제를 감각의 어두운 밤에서 겪는 일들과 비교함으로써 이해에 도움을 주었다. Fire Within, 163, 164.
13. Kavanaugh and Rodriguez, St. John, 334.
14. 롬 6:6, 엡 4:22, 골 3:9.
15. Dubay, Fire Within, 169.
16. 고후 12:2.
17. Kavanaugh and Rodriguez, St. Teresa, 2:364.
18. Kavanaugh and Rodriguez, St. John, 332-333.
19. 같은 책, 160.
20. Kavanaugh and Rodriguez, St. Teresa, 2:386.
21. 제럴드 메이, 영혼의 어두운 밤. Dubay, Fire Within 참조.
22. Kavanaugh and Rodriguez, St. John, 311, 303.
23. 같은 책, 29.
24. 같은 책, 295-296.

10장 여섯 번째 방: 하나님을 향한 열정적인 삶

1. 살전 5:17.
2. 고후 5:15;, 살전 12:2.
3. Kavanaugh and Rodriguez, St. Teresa, 2:359.
4. 롬 8:26, 27.
5. Kavanaugh and Rodriguez, St. Teresa, 2:362.
6. 같은 책, 2:272, 273.

7. 같은 책, 2:372-426.

8. 같은 책, 2:368.

9. Kavanaugh and Rodriguez, St. John, 354.

10. 같은 책, 365.

11. 요 3:8.

12. Kavanaugh and Rodriguez, St. John, 375.

11장 일곱 번째 방: 성삼위 안에서의 사랑의 삶

1. Kavanaugh and Rodriguez, St. Teresa, 2:428.

2. 같은 책, 2:430.

3. 같은 책, 2:432.

4. 같은 책, 2:232.

5. 같은 책, 2:433-434.

6. 브라이언 콜로디척, 마더 데레사 – 나의 빛이 되어라, 오래된미래, 2008. 마더 테레사의 어둔 밤이 성 요한이 말한 요소들을 포함하고 있기는 하지만 그 의미는 한층 더 깊었다. 마더 테레사는 주님이 그녀에게 엄청난 '영적 빈곤'을 주셔서 자신이 돕는 사람들의 육적·영적 가난을 깊이 이해하게 하셨음을 깨달았다. 성 요한이 말한 일시적인 어둔 밤과 달리 마더 테레사의 어둔 밤은 죽을 때까지 지속되었다.

7. Kavanaugh and Rodriguez, St. Teresa, 2:351.

8. 같은 책, 2:301.

9. Dubay, Fire Within, 106.

10. Kavanaugh and Rodriguez, St. Teresa, 2:438.

11. 2002년 11월 6일, 헝가리에서 영성개발에 대한 FFF(Follower Formation Fellowship) 국제 모임을 하는 동안 있었던 제임스 휴스턴의 인터뷰.

12. Kavanaugh and Rodriguez, St. Teresa, 2:438.

13. 같은 책, 2:441.

14. Kavanaugh and Rodriguez, St. John, 44f.

15. Kavanaugh and Rodriguez, St. Teresa, 2:442.

16. Dubay, Fire Within, 103.

17. 같은 책.

18. 요 5:19 참조.
19. Kavanaugh and Rodriguez, St. Teresa, 2:441.
20. C.S. 루이스, 천국과 지옥의 이혼.
21. C.S. Lewis, Hideous Strength, London: Macmillan, 1965, 1979, 290.
22. 막 6:31.
23. Kavanaugh and Rodriguez, St. Teresa, 2:430.
24. 같은 책, 2:447.
25. 고전 12:13.

12장 각자의 특성에 맞는 영성개발

1. 사 6:1.
2. 제임스 파울러, 신앙의 발달 단계, 한국장로교출판사, 2002. 파울러는 인간의 발달 단계에 따라 점진적으로 의미와 가치의 기본 체계를 형성해간다고 말했다. 그가 직접적으로 영적 성숙을 다룬 것은 아니지만 믿음과 연관 지어 인간의 정신이 어떻게 작용하는지를 이해할 수 있는 중요한 핵심을 짚고 있다.
3. 제임스 파울러, 신앙의 변화: 포스트모던 시대의 삶에서 만나게 되는 사적 공적 도전들, 한국장로교출판사, 2016.
4. Groeschel, Spiritual Passages.
5. 래리 크랩, 영적 가면을 벗어라, 나침반사, 2001. 래리 크랩은 영성에 관한 많은 책을 집필했는데 특히 영적 성숙과 개인 특성의 관계에 대해 예리한 통찰력을 보여주고 있다. 그의 영성 훈련에 대해 더 깊이 알고 싶다면 다음의 홈페이지를 참고하라. http://www.newwayministries.org
6. 피터 스카지로, 정서적으로 건강한 영성, 생명의 말씀사, 2015.
7. Agnes Sanford, The Healing Gifts of the Spirit, Old Tappan, N.J.: Revell, 1966.
8. 존 & 폴라 샌드포드, 속사람의 변화, 순전한 나드, 2006.
9. 데이빗. A. 씨맨즈, 상한 감정의 치유, 두란노, 1992.
10. Leanne Payne, Restoring the Christian Soul, Grand Rapids, Mich.: Baker Books, 1991. 더 많은 참고 자료를 원한다면 다음의 홈페이지를 참고하라. http://www.leannepayne.org
11. MBTI를 더 상세히 알고 싶다면 다음의 책들을 참고하라. Carl Jung, Psychological

Types, New York: Harcourt, Brace, 1923; 데이비드 커시와 메릴린 베이츠, 나의 모습 나의 얼굴, 한국심리검사연구소, 1999; Isabel Briggs Myers and Mary H. McCaulley, Manual: A Guide to the Development and Use of the Myers-Briggs Type Indicator, Palo Alto, Calif.: Consulting Psychologists Press, 1985; MBTI와 영성 혹은 영성 지도력과의 연관성을 알고 싶다면 다음의 책을 참고하라. 로이 오스왈드 외, MBTI로 보는 다양한 리더십, 죠이선교회, 2002.
12. 체스터 마이클 & 마리 노르시, 기질에 따른 기도와 영성, 선교횃불, 2011.
13. 키이스 앤더슨 & 랜디 리스, 영적 멘토링, IVP, 2021.
14. 장 칼뱅, 기독교 강요, Ⅰ. 1. i.
15. 매리앤 윌리암스 Marianne Williamson, A Return to Love, Harper Collins, 1992
16. Susan Howatch, Glittering Images, New York: Ballantine Books, 1987.
17. 이마고 크리스티는 영성개발 사역을 하고 있는 국제 기독교 공동체이자 사역 단체다. 한국 지부도 존재한다. 이마고 크리스티가 하는 중요 사역 중의 하나는 기독교 지도자들이 영적으로 성숙할 수 있도록 도와주는 일이다. 그리하여 그들이 목회하는 교회가 교인들의 영성개발에 힘쓰고 나아가 그리스도의 형상으로 변화되어 전 세계 복음화에 기여하게 하는 것이다. 이마고 크리스티가 지향하는 것은 선지자적 사명과 목양적 돌봄, 세계 선교이다. 따라서 하나님을 사랑하라는 첫 번째 부르심이 교회의 최우선적 사명임을 깨닫게 하는 일에 주력한다. 그 일을 성취하기 위해 먼저는 지도자들의 영성부터 지도하고 코치하며 이마고 크리스티와 같은 영적 공동체를 전 세계로 확산하고자 노력한다. 결국 교회를 아름답고 정결케 해서 하나님을 영화롭게 하는 것이 사역의 목표라고 할 수 있다(마 22:38; 엡 3:19-21; 골 1:27-28; 요일 1:3).

13장 교회 안에서의 영성개발

1. 조지 바나, 레볼루션 교회혁명, 베이스캠프, 2008.
2. 같은 책.
3. 같은 책.
4. 같은 책.
5. John G. Ackerman, Spiritual Awakening: A Guide to Spiritual Life in Congregations, New York: Alban Institute, 1994, 74.
6. 릭 워렌, 목적이 이끄는 교회, 디모데, 2008.

7. Ron Bennett, Intentional Disciplemaking: Cultivating Spiritual Maturity in the Church, Colorado Springs, Colo.: NavPress, 2001.

8. 하워드 라이스, 영성 목회와 영적 지도, 은성, 2000.

9. 빌 하이벨스, 너무 바빠서 기도합니다, IVP, 2008.

10. 영성개발 소그룹에서 사용할 토론 질문이나 영성에 대한 추천 도서를 보고 싶다면 리처드 포스터가 제공한 자료들을 참고하기 바란다. 존 애커먼(Ackerman, Spiritual Awakening) 역시 영성개발을 위해 소그룹을 운영하는 방안을 조언했다. 하나님의 뜻을 분별하는 과정에서 영성개발 그룹이 어떻게 참여해야 할지를 다음의 책이 잘 보여 주고 있다. (Danny E. Morries and Charles M. Olsen, Discerning God's Will Together: A Spiritual Practice for the Church, Grand Rapids, Mich.: Zondervan, 1997.) 로즈 메리 도허티(Discernment: A Path to Spiritual Awakening by Rose Mary Dougherty)는 그룹 영성 지도에 대한 훌륭한 조언을 주고 있다(로즈 메리 도허티, 분별, 한국살렘, 2019).

11. 여섯 번째 표지는 주로 다음 방으로 들어가는 방법을 이야기하는 것이므로, 현재의 위치를 파악하는 데는 그다지 도움이 되지 못한다.

12. 홈페이지 주소는 다음과 같다. http://www.ImagoChristi.org., www.crmkorea.org

13. 요 15:1-11 참조.

14. James Wakefield, Sacred Listening: Discovering the Spiritual Exercises of Ignatius. 이 책은 로욜라의 성 이냐시오(이그나티우스)가 쓴 영성 훈련을 변형해서 24주간 동안 날마다 묵상하고 기도할 수 있는 형태로 만든 것이다. 2021년에 한국어로 번역 출판될 예정이다.

15. 리처드 포스터, 리처드 포스터의 기도, 두란노, 2003.

16. 조이스 허기트, 하나님의 음성 듣기, 서로사랑, 2008.

17. M. 바실 페닝턴, 향심기도, 기쁜소식, 2006.

18. The Philokalia-The Complete Text, Vol. I, 20; Wakefield, Sacred Listening, Part Three.

19. 다음의 홈페이지를 참고하라. http://thespiritualdirector.org, http://www.renovare.org

20. 다음의 홈페이지를 참고하라. http://www.ImagoChristi.org

21. Richard Foster(ed.), in Renovare: Devotional Readings, Wichita, Kans.: Renovare, 1990.

22. 도움이 될 만한 두 가지 자료를 소개하자면 첫째로 이마고 크리스티의 공동체 규정인데, 다음의 홈페이지에서 찾을 수 있다. http://www.ImagoChristi.org. 둘째는 피터 스카지로가 정한 규정으로, 다음의 홈페이지를 참고하기 바란다. http://www.newlifefellowship.org.
23. 다음의 책들을 참고하라. 리처드 포스터, 영적 훈련과 성장, 생명의 말씀사, 2009; 달라스 윌라드, 영성 훈련, 은성출판사, 1993.
24. 애들 알버그 칼훈, 영성 훈련 핸드북, IVP, 2007.

14장 우리의 소명

1. 조지 바나, 21세기 교회를 붙잡으라, 베다니출판사, 1995.
2. 영성에 관련된 역사의 개략을 알고 싶다면 다음의 책을 참고하라. Robin Maas and Gabriel O'Donnell, Spiritual Traditions for the Contemporary Church, Nashville, Tenn.:Abington Press, 1990.
3. 더글러스 홀은 이와 같은 현상을 다음의 책에서 예리하게 지적했다. Douglas John Hall, Confident Witness Changing World: rediscovering the Gospel in North America, the Gospel and Our Culture, ed. Van Gelder, vol. 4, Grand Rapids, Mich.: Eerdmans, 1999, 67-79.
4. 미국에서 1946년부터 1965년까지 출생률이 급상승하던 시기에 태어난 사람들
5. Wade Clark Roof, A Generation of Seekers: The Spiritual Journeys of the Baby Boom Generation, San Francisco: HarperOne, 1993, 147.
6. 그 이후 출생률이 급감하는 시기에 태어난 사람들
7. George Barna, The Invisible Generation: Baby Busters, Glendale, Calif.: Barna Research Group, 1992, 153.
8. Kenneth Boa, Conformed to His Image: Biblical and Practical Approaches to Spiritual Formation, Grand Rapids, Mich.: Zondervan, 2001, 19.
9. 존 웨스터호프, 영성 생활, 한신대학교출판부, 2009.